서민경제의 디딤돌

협동조합으로 성공하기

하 현 봉

삼 우 사

서민경제의 디딤돌

협동조합으로 성공하기

2013년 7월 1일 초판 인쇄
2013년 7월 5일 초판 발행

지은이 | 하현봉
펴낸이 | 조병철

펴낸곳 | 삼우사
등록번호 | 제396-2001-000025호
주소 | 경기도 고양시 일산동구 백석동 1302
동문굿모닝힐 1차 102동 426호
전화 | 02)718-8553
팩스 | 02)718-8554
ISBN | 978-89-91083-57-8

값 22,000원

추천의 글

어느 날, 필자는 대학교 동기이지만 동기생들보다 나이가 많아 형이라고 부르는, 평소에 존경하는 저자에게 이 책을 추천하는 글을 써 달라는 부탁을 받았다. 보통은 다른 사람의 글에 대해 긴 추천의 글을 쓰는 것을 정중히 거절한다. 그 책의 내용이나 분야에 대해 저자만큼 잘 알기 어렵기 때문이다.

하지만, 저자의 협동조합에 대한 열정을 알고 나서는 추천의 글을 쓰기로 했다. 추천을 마음먹은 이상 저자에게 원고를 달라고 해서 내용을 읽어보고, 필자도 이 책을 통해 많은 것을 배울 수 있어서 기뻤다.

이 책은 협동조합에 대한 기본적인 이론의 소개, 일반협동조합시대를 열게 된 협동조합기본법령에 대한 알기 쉬운 해설, 국내외의 협동조합의 성공사례를 담고 있다. 또한 협동조합의 설립과 운영방안에 자세하게 설명하고 있는데, 경영학도답게 자금조달, 운영, 회계관리, 총회와 이사회 운영, 조직과 인사관리, 대외사항 관리에 대해 자세히 설명하고 있다. 협동조합의 설립과 운영에 관심을 갖는 사람들에게 매우 유용한 정보를 제공하고 있는 것이다.

저자는 협동조합기본법이 5명의 조합원만 있으면 협동조합을 설립할 수 있으니 사회적으로 협동조합의 운영을 너무 안이하게 받아들일 수도 있음을 지적하고, 협동조합의 운영이 그리 만만한 일이 아니라는 것을 경고하고 있다. 또한 협동조합의 설립 및 운영주체가 자주 · 자립 · 협동이라는 협동조합의 고유의 원칙에 충실할 것을 크게 강조하고 있다. 추천자로서 필자도 저자의 이러한 주장에 동의하지 않을 수 없다.

요즘 일자리 부족, 청년실업, 양극화, 저출산과 고령화 등 우리나라 경제가 해결해야 할 난제가 너무나 많다. 참여, 공감, 설득, 협동을 바탕으로 한 협동조합이 활성화되어 공유경제, '자본주의 4.0'을 실현한다면, 이런 문제가 완화될 것으로 기대된다. 그런 일을 하려는 사람들에게 이 책이 큰 기여를 할 것으로 본다.

저자가 심혈을 기울여 저술한 이 책에서 협동조합의 설립과 운영에 관심을 가진 모든 분들이 큰 도움을 얻어 공유경제 창출에 기여하길 바라며, 저자의 건투를 빌어마지 않는다.

2013년 6월

서울대 경영대학 교수 이 경 묵

책머리에

협동조합기본법과 동법(同法) 시행령 및 시행규칙이 2012년 12월부터 모두 발효되었다. 이제 바야흐로 협동조합기본법시대로 들어섰다. 우리나라가 8개 개별법(특별법)만의 협동조합 시대를 마감하고 드디어 협동조합이 사회 · 경제적 활동의 중심에 서게 되는 시기를 맞이하게 된 것이다.

이것은 협동조합으로 보다 많은 일을 할 수 있게 되었음을 의미한다. 다시 말해서 폭넓게 협동조합 활동을 할 수 있는 법적 기반이 마련되고, 협동조합이 기업 비즈니스나 사회적 활동의 제도적 수단으로 등장하게 된 것이다.

1976년에 유엔(UN)은 협동조합이 사회적 취약계층이나 저소득층에게 사회 · 경제적으로 도움이 될 수 있음을 확인한 바 있다. 세계협동조합연맹(ICA)도 1995년 100주년 기념식에서 협동조합의 지역사회에 대한 기여 의무를 추가한 협동조합 7원칙을 발표하였고, 2012년을 '세계협동조합의 해'로 지정하는 등 협동조합이 활성화되도록 제도적 환경과 그 분위기 조성에 많은 노력을 하고 있다.

우리나라도 현재 중앙정부와 지방자치단체 모두 협동조합에 대한 지원과 육성 방안을 찾느라 분주하다. 이런 현상은 매우 바람직한 현상이기도 하지만, 한편으로는 매우 우려되는 측면도 있다. 협동조합에 대한 이해나 그 실무적인 준비는 취약한 상태이기 때문이다.

그런 의미에서 우리나라에서 협동조합의 활성화 내지 정착은 참으로 제대로 성취해야 할 도전적 과제가 아닐 수 없다. 급할수록 돌아가야 한다는 속담도 있다. 성급하게 접근하지 말고 협동조합의 정신과 가치에 충실하게 협동조합 활동을 하고, 협동조합 정책도 만들어야 할 것이다.

그러나 협동조합법령을 체계적으로 해설하고, 실제로 협동조합을 설립하고 운영하는 데 실무적인 조언자 역할을 할 안내서는 아직 많이 부족한 것으로 보인다.

저자는 그동안 우리나라 전통시장 특성화(활성화)시장 육성사업에 참여하고, 특히 정선아리랑과 산나물 등 특산물로 유명한 전통시장인 정선아리랑시장의 상인회가 협동조합으로 전환하는 데 일조한 바 있다. 정관을 작성하고 협동조합을 설립하는 데 필요한 단계별 업무지침서도 만들어 제시하기도 하였다.

저자는 또한 동네의 미장원이나 빵집들이 너무 자주 창업을 하고 또 사라지는 것을 보아왔으며, 영세 자영업자나 소상인들의 현실을 많이 접하고 그분들의 사연도 들었다. 그러한 어려움과 아픔에 깊이 공감한 바 있다.

이와 같이, 저자는 전통시장과 협동조합 전문 컨설턴트로서 소상인 내지 영세 자영업자들의 절절한 사정을 몸소 체험하였고, 현재는 중소기업청 산하기관인 소상공인진흥원의 협업(협동조합) 전담 컨설턴트로 위촉을 받고, 「소상공인협업화 시범사업」에 참여하여 소상공인이나 영세 자영업 사업자분들의 협동조합 설립 및 운영을 지원해주는 활동을 하고 있다. 이러한 가운데, 저자는 협동조합의 설립과 운영에 좀더 체계적인 실무지침서로서의 역할을 할 만한 협동조합 전문서와 성공지침서의 필요성을 절실히 느끼게 되어 이 책을 집필하게 된 것이다.

따라서 이 책은 협동조합을 통해서 사업을 하려는 분, 협동조합을 설립 · 운영해서 사회적으로 의미 있는 일을 하려는 분, 협동조합에 대한 실무적 이해를 높이려는 분, 그리고 실제로 협동조합에 몸담고 있으면서 협동조합 실무나 운영을 담당하고 있는 분들에게 협동조합을 좀 더 잘 이해하고, 실제 협동조합을 설립 · 운영하는 데에 길라잡이가 되고자 한다.

또한 이 책은 협동조합으로 창업을 하고, 동네 슈퍼마켓들이 소상인협동조합을 만들어서 기업형 슈퍼마켓(SSM)과 경쟁해서 살아남을 수 있고, 아파트 단지의 주민들이 공동육아협동조합을 만들어서 안심하고 귀여운 자녀들을 맡길 수 있다는 것을 알리기 위해서 만들어졌다. 협동조합으로, 협동조합 기업으로도 사회 · 경제적으로 생존할 수 있을 뿐만 아니라 성공도 할 수 있음을 증명하고자 한다.

협동조합은 단순히 몇 사람이 모여서 사업하는 동업(同業) 이상의 사회 · 경제적 의미를 지닌다. 모든 사람이 가지고 있는 '협동'이라는 미덕 또는 장점을 활용하여 사회 · 경제적 해법을 찾아보자는 것이 바로 협동조합이다.

우리가 아는 '서울우유'는 (주)서울우유가 아니라 서울우유협동조합이다. 그렇다! 지난 70여년간 우리나라 우유시장 점유율 1위를 지켜온 협동조합 기업을 말한다. 어디 서울우유뿐이겠는가? 국내외에서 협동조합으로 성공한 사례는 많다. 그렇다고 협동조합으로, 또는 협동조합을 설립 · 운영하기만 하면 무조건 성공하거나 경쟁력을 가질 수 있다는 등식(等式)이나 믿음은 성립되지 않는다.

이 책의 발간을 위한 자료를 연구함에 있어서 실무적으로 참고할 만한 자료 부족으로 어려움을 겪었다. 이 책에 사용된 서식은 「협동조합기본법 시행규칙」에서 제시한 '규칙'서식과 기획재정부에서 만든 〈협동조합 업무지침〉에 나오는 '지침서식'을 그대로 사용하였다. 이에 더하여 협동조합 관계자 여러분들께서 실무적으로 필요할 것이라고 판단되는 서식('참고서식')은 필자가 직접 만들어 제시하였다.

저자는 협동조합 사업에 직접 참여하는 등의 활동과 체험 외에도, 본서를 집필하기 위해 세계협동조합연맹(ICA)의 「글로벌300 보고서－세계의 협동조합」 등 국내외의 협동조합 총람자료와 사례를 섭렵하였을 뿐만 아니라, 협동조합 분야의 세계적 전문가들인 스테파노 자마니 교수(이탈리아), 알렉스 F. 레이들로(캐나다), 그레그 맥레오드 신부(캐나다) 등의 저서, 논문 및 보고서 등을 연구하고 분석하였다.

또한, 우리나라에서도 협동조합운동이 비교적 활발한 원주시, 안산지역, 서울 성미산마을 등의 협동조합 및 사회적기업의 네트워크 활동에 대해서도 심층적으로 살펴 보았다.

따라서, 본서는 저자 혼자만의 역작이라기보다는 협동조합 분야의 역사적 선구자들(로버트 오웬 등), 협동조합에 관한 존경할 만한 전문가들, 그리고 국내외에서 지금도 협동조합운동에 열정을 바치고 있는 분들이 이루어 놓은 업적과 발자취에 힘입은 바가 크다고 하지 않을 수 없다.

이 책의 체계에 대해서도 간단히 소개하고자 한다. 이 책은 모두 5부로 구성되어 있으며, 협동조합의 설립뿐만 아니라, 설립 후의 조합의 운영에 대해서도 매우 비중 있게 다루었다.

[제1부 협동조합에 대한 이해]에서는 협동조합에 대해 먼저 이론적으로 이해할 수 있도록 협동조합의 가치와 원칙 등을 서술하고, 2012년 12월부터 발효된 협동조합기본법령을 알기 쉽게 핵심내용을 추려내고, 도표화하여 제시한다.

[제2부 협동조합으로 성공하기]에서는 국내외적으로 협동조합으로 성공하거나 사회 · 경제적 역할을 훌륭히 수행하고 있는 사례들을 소개한다. 또한 우리나라에서도 협동조합으로 성공할 수 있음을, 즉 주식회사 등 일반 기업만이 아니라, 협동조합도 분야나 업종에 따라 성공적인 사회적 활동 및 경제활동 수단이 될 수 있음을 살펴본다.

[제3부 협동조합 설립 따라하기]에서는 직접 협동조합을 설립할 때 이 책이 실무적인 지침서의 역할을 충분히 할 수 있도록 서술하였다. 협동조합 설립 단계별로 필요한 절차를 정리하고, 해설하였으며 필요한 서식을 삽입하여 놓았다.

[제4부 협동조합, 운영하고 관리하기]에서는 설립된 협동조합의 실제 운영과정에서 유의하여야 할 경영관리 항목들에 대해 자세하게 다루었다. 협동조합은 장점만 있는 것이 아니라 주식회사 등 상법상의 회사(일반기업)에 비해 자본조달 등에 있어서 불리한 측면도 적지 않다. 본서는 협동조합의 특성상 또는 운영상 이러한 불리한 점을 극복할 수 있는 방안을 찾아보려고 노력하였다.

[제5부 우리나라 협동조합의 미래]에서는 '고장난 자본주의'라는 비판을 받고 있는 현재의 신자유주의 시장경제의 모든 문제점을 해결할 수 있는 만병통치약은 아니지만, 협동조합이 서민경제의 의미 있는 대안(代案)으로서 멀지만 '가야 할 길'임을 말하고 있다.

저자는 이 책에서 협동조합의 모든 것을 담으려고 노력했지만 그래도 미흡하고 부족한 점이 없지 않을 것이다. 앞으로 나올 재판(再版)에서는 보다 충실한 내용으로 독자 여러분을 만나뵙기를 바란다.

협동조합은 자발적인 열정을 그 출발점으로 한다. 저자도 협동조합에 대한 열정으로 이 책을 시작했으며, 이러한 열정에 공감해 주신 서울대학교 경영대학 교무부학장 이경묵 교수님께 한없는 감사를 표하는 바이다.

아울러, 출판 시기가 계속 늦어지고 있음에도, 수정과 보완을 거듭하려는 저자의 고집(?)을 묵묵히 받아주고, 드디어 이 책이 나올 수 있도록 수고해준 도서출판 삼우사 조병철 사장에게는 뜨거운 우정을 느낀다. 원고를 조판 · 편집 · 디자인하느라고 수고를 아끼지 않은 관계자분에게도 고마울

따름이다. 책을 너무 좋아하는 탓으로, '현실적'이지 못한 남편 곁에서 오랫동안 함께 해 준 아내 윤수현에게는 진심으로 사랑하는 마음을 전하고 싶다. 어엿한 숙녀로 성장한 두 딸 은하, 수영이에게도 아버지의 깊은 부정(父情)을 보낸다. 부디 이 책이 이미 협동조합에 관계하고 있는 분들이나 협동조합을 설립 및 운영을 계획하고 있는 분들에게 많은 도움과 참고가 되길 진심으로 바라마지 않는다.

2013년 6월

저자 올림

차 례

주요 서식 차례

제1부

협동조합과 기본법에 대한 이해

1장

이것이 협동조합이다

1. 협동조합의 정의, 가치, 특성

1) 협동조합이란 무엇인가?

2012년 '세계협동조합의 해' 공식로고

왜 이렇게 근래에 갑자기 협동조합이 커다란 사회적 이슈로 등장하고, 왜 UN은 2012년을 '세계협동조합의 해'로 선포하였던 것이며, 왜 세계협동조합연맹(ICA)[1]은 각 나라로 하여금 협동조합에 관한 통합법을 제정하도록 권고하면서 협동조합 7원칙을 발표하고

1 우리나라에서는 협동조합에 관한 국제적 기관인 'International Cooperative Alliance'(ICA)를 세계협동조합연맹 또는 국제협동조합연맹으로 혼용하여 사용하고 있으나, 본서에서는 '세계협동조합연맹'으로 통일하여 사용하기로 한다.

협동조합을 전 세계적으로 확산 · 전파하기 위해 노력하는 것인가? 왜 우리나라는 그동안 협동조합기본법 제정을 위한 정치 · 사회적인 노력을 해 왔던 것인가?

이렇게 협동조합이 국내외적으로 사회 · 경제적 주요 이슈로 등장한 배경을 알기 위해서는 우선 협동조합에 대한 정의부터 파악할 필요가 있을 것이다.

협동조합은 사업조직의 일종이기는 하지만 일반적인 기업조직과는 그 정의, 목적, 운영방법이 크게 다른 사업조직이다. 그러한 까닭으로 협동조합에 대해 자본주의적 관점, 사회주의적 관점, 순수협동조합주의적 관점이라는 사상적 측면으로 접근한 이론도 있고, 자유주의적 관점, 사회주의적 관점, 생태적 관점으로 접근한 이론도 있다. 그러나 협동조합에 대한 이러한 사상적 접근은 본서의 범위를 벗어나므로 이 정도로 언급해보는 선에서 넘어가기로 한다.

협동조합이 무엇인가 또는 협동조합의 정의에 관하여는 세계협동조합연맹(ICA)의 전(前)집행위원을 지냈으며, 협동조합에 관한 세계적 이론가인 레이들로(Laidlaw, A.F.)가 ICA 제27차 연차총회에 제출한 보고서 「21세기로 향하는 협동조합」(The yesterday, today and tomorrow of the Co-operatives toward 21 Century)에서 인용한 바 있는 샤를르 지드(Charles Gide)의 협동조합에 관한 정의를 참고하는 것이 좋을 것이다.

샤를르 지드(1847-1932, 프랑스 소비협동조합의 이론적 지도자)는 협동조합에 대하여, "협동조합은 경제적, 사회적 및 교육적 목적을 달성하기 위해 공동으로 사업을 경영하고자 하는 사람들의 집합체"라고 하였다.

그렇다! 협동조합은 공동으로 또는 협동해서 경제적 또는 사회적 목적을 이루기 위해 모인 사람들의 집합체라고 할 수 있는 것이다.

2012년 12월 1일자로 모두 발효된 우리나라의 협동조합기본법령은 협동조합에 대하여, "재화 또는 용역의 구매 · 생산 · 판매 · 제공 등을 협동으로 영위함으로써 조합원의 권익을 향상하고 지역사회에 공헌하고자 하는 사업조직을 말한다."라고 정의하고 있다.

이러한 협동조합기본법상의 협동조합에 대한 정의는 협동조합 분야에 관한 전문적 국제기관인 세계협동조합연맹(ICA)의 협동조합에 대한 정의를 그대로 반영한 것이다.

ICA의 [협동조합의 정체성에 관한 선언](1995)은, "협동조합은 공동으로 소유되고 민주적으로 운영되는 사업체를 통하여, 공동의 경제적 · 사회적 필요와 욕구를 충족시키고자 하는 사람들이 자발적으로 결성한 자율적인 단체(association)이다."라고 선언하고 있다. 이는 '협동조합은 자발적 참여, 조합원의 공동소유, 조합원 모두가 참여하는 민주적 운영, 조합원 자신의 복리충족'이라는 고유의 특성을 가진다는 의미이다.

ICA의 협동조합의 정의와 가치를 비교하여 보면, 협동조합의 정의와 가치 모두 공동적 소유, 민주적 운영, 자주적 활동을 기본이념으로 하고 있음을 알 수 있다.

ICA의 협동조합의 정의와 가치

협동조합의 정의	"협동조합은 공동으로 소유되고 민주적으로 운영되는 사업체를 통하여 공동의 경제적 · 사회적 필요와 욕구를 충족시키고자 하는 사람들이 자발적으로 결성한 자율적인 조직이다."[2]
협동조합의 가치	"협동조합은 자조, 자기책임, 민주, 공정, 연대 등의 가치를 기본으로 하며, 조합원은 협동조합 선구자들의 전통에 따라 정직, 공개, 사회적 책임, 타인에 대한 배려 등의 가치를 신조로 한다."[3]

2 원문 : A Cooperative is an autonomous association of persons united voluntarily to meet their common economic and social needs and aspirations through a jointly-owned and democratically-enterprise.

우리나라 협동조합기본법, ICA 외에도 미국 농무부(USDA)의 협동조합에 대한 정의가 있다. 이에 의하면, "협동조합이란 이용자에 의해 소유되고, 통제되며 이용고(利用高)를 기준으로 이익을 배분하는 사업체"라는 것이다. 협동조합은 소유자, 경영자, 이용자가 일종의 3위 1체적 특성을 가진다는 것이다.

미국 농무부의 협동조합 정의

소유자 = 경영자 = 이용자

이상에서 우리나라 협동조합기본법, 세계협동조합연맹,[4] 그리고 미국 농무부의 협동조합에 대한 정의를 살펴보았지만, 이러한 협동조합에 대한 정의들을 종합해보면 협동조합은 다음과 같이 3가지 특성이 있음을 알 수 있다.

첫째, 협동조합은 공통의 목적을 가진 사람들의 결합체(association), 즉 조직(단체)이라는 것이다. 둘째, 협동조합은 이러한 공통의 목적을 가진 사람들이 자발적으로 참여하여 협동하는 조직이라는 것이다. 셋째, 협동조합은 경제적 · 사회적 · 문화적 수요를 충족하기 위한 조직 또는 사업체라는

3 원문 : Cooperative are based on the value of self-help, self-responsibility, democracy, equality, equity, and solidarity. In the tradition of their founders. Cooperative members believe in the ethical values of honesty, openness, social responsibility, and caring for others.

4 세계협동조합연맹(ICA)은 협동조합의 정체성을 보호하고 협동조합이 시장경제에서 경쟁력을 가질 수 있도록 지원하기 위해 만들어진 기구이다. 1895년 영국 런던에서 영국, 덴마크, 프랑스, 독일, 네덜란드, 이탈리아, 스위스, 미국 등의 국가대표가 참석한 가운데 설립되었다. ICA는 세계 각국의 정부와 연구단체, 개인들에게 협동조합의 사업적인 가능성을 전파하기 위해 노력하고 있다. 또한 협동조합이 성장하는 데 필요한 법률의 도입과 협동조합 지원절차를 만들어 내기 위한 로비스트 역할도 겸하고 있다. ICA의 산하에는 국제협동조합농업기구, 국제협동조합은행연합, 세계소비자협동조합, 국제보건협동조합기구, 국제협동조합주택기구 등을 두고 있으며, 본부는 스위스 제네바에 있다.

것이다.[5]

이와 같이 협동조합은 본질적으로 '자발적 참여'와 '협동'이 아주 중요하므로 협동조합을 일명 '협동적 기업'(cooperative enterprise) 또는 협동조합기업이라고 부르기도 한다.

뿐만 아니라, 협동조합은 그 조합이 소재하고 있는 지역사회에 대한 기여적 활동을 빼놓을 수 없다. 이렇게 협동조합이 지역사회에 기여하게 되는 것은 세계협동조합연맹의 협동조합 제7원칙인 '지역사회에 대한 관심'으로 표현되었다. 따라서 우리나라의 협동조합기본법도, 이러한 세계협동조합연맹의 협동조합원칙 중 제7원칙을 반영하여 협동조합은 조합원의 권익을 보호 · 향상시켜야 할 뿐만 아니라, '지역사회에 대해 공헌'하고자 하는 사업조직임을 분명히 하고 있다.

이러한 협동조합에 대한 정의나 가치, 특성을 종합하면, 협동조합은 조합원이 서로 힘을 합하고 상호부조의 정신으로 조합원 공동체의 이익을 달성하고, 지역사회에 기여(공헌)하기 위해 모인 사람들의 사업조직이라고 할 수 있다. 또는 '협동조합은 각종 제품 및 서비스의 생산자 또는 소비자들, 그리고 각종 이해관계자들이 자주적으로 만든 단체로서, 조합원의 권익과 복리증진을 위한 단체'라고 표현해 볼 수도 있을 것이다.

그러므로 협동조합은 조합원들의 자발적인 열정과 조합운영상의 '민주성'을 바탕으로 하여 조합원과 지역사회에 사회 · 경제적 이익과 서비스를 지속적으로 제공할 수 있는 경쟁력과 영속성을 확보하여야 한다.

우리나라는 협동조합기본법 발효 이전에도 사회적기업 등이 최근 몇 년간 상당한 사회적 붐을 일으켜 온 것이 사실이다. 이러한 '사회적기업'이

---

5 협동조합의 인적 결합체와 사업체로서의 복합적 특성에 대해서는 김기섭, 『깨어나라! 협동조합』(도서출판 들녘, 2012)에 자세하게 서술되어 있다. 협동조합의 복합적 특성에 대해 보다 심층적인 이해가 필요한 분은 참조하기 바란다.

라는 명칭에서도 드러나듯이 사회적 요소와 경제적 요소가 복합되어 있어 사회적기업 등은 '사회적 경제'의 틀에 포함하여 분류되기도 한다. 세계협동조합연맹이, 협동조합은 공동의 경제적 · 사회적 욕구를 충족시키고 사회적 책임을 달성해야 하는 것으로 협동조합의 특성과 가치에 대해 정의하고 있는 데에서도 나타나는 바와 같이 협동조합도 사회적 경제의 수행주체임은 틀림없는 것이다.

사회적 경제의 개념은 신자유주의적 자본주의의 경쟁과 이익추구 우선적 사고의 부작용에 대한 반성에서 나오게 되었다고 볼 수 있다. 이러한 사회적 경제의 개념[6,7]에는 공동체 또는 공유 지향적 사상이 녹아들어 있기 때문이다.

사실상 현대 경제는 마치 주식회사만이 최상의 경제활동수단이고, 경쟁과 효율만이 최고의 가치인 것처럼 부지불식간에 인식되어 온 것을 부인할 수만은 없을 것이다. 그러나 사회적 경제는 시장경제를 부정하거나 수정하고 대체하는 것이라기보다는 시장경제에 대한 보완적, 대안적(代案的)인 개념이라고 할 수 있다.

이런 취지에서 협동조합이 시장경제 시스템을 보완하는 대안적인 경제시스템일 수도 있다고 보고 '대안경제'라는 용어로 사용되기도 한다. 협동조합이라는 조직형태를 통해서 시장경제의 문제점을 보완하는, 그러한 대안적인 관점이라 볼 수 있는 것이다. 협동조합은 경쟁보다는 협동을 지

---

6 교육, 보건, 사회복지, 환경 및 문화 분야의 서비스, 그 밖에 이에 준하는 서비스로서 교육, 보건, 사회복지, 환경 및 문화 분야의 서비스 등의 서비스를 말한다.

7 경제사상가 칼 폴라니(Karl Polanyi, 1886~1964)는 인간은 본래부터 창조적 개성과 평등을 지향하는 공동체성을 가지고 있다고 주장하고, 현대의 과도한 자유주의 경제체제에 대하여 강력히 비판하였다. 〈The Great Transformation〉 (위대한 전환)이라는 폴라니 자신의 저서에서 이제는 시장만능주의 또는 경쟁지상주의에서 공동체에 의한 인간다운 삶으로서의 '위대한 전환'을 도모해야 한다고 하였다.

향하는 이른바 '협력적 생산', '협력적 소비'를 통한 조합원 복리와 권익증진을 추구하기 때문이다.

협동조합의 사회 · 경제적 특징

1. 인적 특성 : 조합원간 인적 결합, 자본보다 인격에 초점
2. 가입 · 탈퇴의 임의성 : 조합원 본인의 의사 존중
3. 민주적 특성 : 1인1표제도(출자규모 무관), 운영의 자율성
4. 상부상조적 특성 : 자율을 바탕으로 공동소유, 공동운영
5. 지역지향적 특성 : 지역사회에 대한 기여 의무화
6. 지향점의 특이성 : 사회 · 경제적 취약계층 복지 지향

위 표의 내용과 같이 협동조합은, 사회 · 경제적인 측면에서 상대적으로 취약한 위치에 있는 계층이나 분야에서 경제적, 사회 · 문화적 이익을 얻기 위해 '자발적'으로 설립하고, 그 운영에 있어서는 '민주적'이고, 사업수행에서는 '자조적'(自助的)이며, 그 경영적인 측면에서는 '자율적'이어야 한다는 것이다. 그것이 바로 협동조합의 정체성이다.

다시 말해서, 협동조합은 인적 색채가 매우 강한 조직으로서 가입의 자발성, 운영의 민주성, 경영의 자율성(자조성)을 바탕으로 민주적이고, 상부상조적이고, 지역지향적 특성을 지녀야 한다는 것이 된다.

한편, 협동조합의 순기능 또는 역할에 대해 살펴보자.

현대사회는 많은 정보의 혜택을 누리고는 있으나 한편으로는 '착한 정보'나 '좋은 정보'만 있는 것은 아니어서 오히려 불신의 늪에 빠지게 되는 경우도 드물지 않다.

우선 소비자에 한정해서 생각해보자. 소비자들은 자신들에게 제공되는 각종 제품이나 서비스의 품질을 제대로 믿지 못한다. 실제로 제품이나

서비스의 품질을 속이는 사례가 적지 않기 때문이다. 제품이나 서비스의 제공자(생산자, 사업자 등)의 정보(좋든 나쁘든, 진실이든 거짓이든)를 제품 또는 서비스의 구입자(이용자)로서의 소비자는 잘 모르거나 모르는 경우가 많다. 그러나 제품이나 서비스의 생산자 또는 제공자들은 그것을 알고 있다. 이러한 '정보의 비대칭' 속에서 소비자들은 알고 싶어한다. 아니 믿을 수 있는 사회적 시스템을 필요로 한다. 바로 협동조합이야말로 그러한 '신뢰'를 소비자들에게 가져다 줄 수 있는 제도라고 하지 않을 수 없다. 소비자들이 협동조합으로 뭉침으로써 신뢰할 만한 제품 또는 서비스를 소유하거나 누릴 수 있는 것이다.

이러한 신뢰를 기본으로 하는 협동조합은 자본지향적인 물적 조직이 아니라 위에서 말한 대로 인적(人的) 색채가 강한 조직이기 때문에 더욱 그렇다.

협동조합은 미국 농무부의 정의와 같이 '이용자=소유자'라는 조직특성을 바탕으로 '협동'을 그 주요 특성(정체성)으로 하는 조직일 뿐만 아니라, 그 '협동'에 절대적으로 필요한 '신뢰'가 뒷받침되어야 하는 사업조직이기 때문이다.

아무래도 제품이나 서비스를 제공하는 주체가 바로 그 제품이나 서비스의 이용자(소비자)라면 보다 더 신뢰가 가지 않겠는가? 이익창출한다며 품질을 떨어뜨리거나 구태여 속일 이유가 없을 것이기 때문이다. 이는 개별법상의 협동조합인 '한살림', '아이쿱' 등의 소비자생활협동조합(생협)이 비교적 성공적인 운영을 해 온 것으로 증명된다고 할 수 있다. 농산물소비자라면 이들 생협이 제공하는 친환경농산물에 더 깊은 신뢰를 하고 그 농산물을 구입하려는 경향이 높아지는 것은 당연한 것이다.

2. 협동조합의 역사

근대적 협동조합운동은 주로 영국 등 유럽에서 시작되었다고 볼 수 있다. 시기적으로는 19세기 중엽부터이며, 오늘날처럼 유럽 각국에서 협동조합이 활성화되는 데는 170년 가까운 시간이 소요되었다.

초창기 협동조합운동은 영국의 로버트 오웬, 윌리엄 킹, 프랑스의 샤를르 푸리에, 독일의 라이파이젠 등 선구적 지도자들이 협동조합운동을 주도하였다.

영국의 로치데일 협동조합에서 시작된 협동조합운동은 오늘날 전 세계에서 알리안츠생명보험(Allianzlife), 프랑스의 협동조합은행 크레디 아그리콜(Credit Agricole), 네덜란드의 라보(RABO)방크, 스페인의 FC바르셀로나 프로축구클럽과 몬드라곤협동조합복합체(MCC), 이탈리아의 에밀리아 로마냐(Emilia Romagna) 협동조합도시, 미국의 선키스트협동조합, 우리나라의 서울우유협동조합, 원주협동사회경제네트워크 등 수많은 협동조합들이 각 분야에서 대표적인 협동조합으로 성장하였다.

여기서 좀 더 로치데일협동조합에 대한 얘기를 해 보기로 하자.

역사적으로 로치데일협동조합 이전의 협동조합운동은 19세기 영국의 로버트 오웬에 의해 주도되었다. 로버트 오웬은 생시몽(Saint-Simon), 샤를르 푸리에 등과 함께 이른바 '공상적 사회주의'(Utopian Socialism)를 주도한 사람이다. 이들은 공상적 사회주의에 이어 출현하였던 마르크스 등에 의한 사회주의와는 접근방식이 크게 달랐다.

오웬 등이 주장하는 사회주의는 계급적 투쟁을 배제하고 상호부조와 협력을 통한 노동자들을 위한 보다 나은 세상을 시도했던 것이다. 이러한 협동사회를 위한 오웬 등의 노력은 바로 오늘날 우리나라를 포함하여 전 세계적으로 왕성하게 일어나고 있는 협동조합운동이라는 사회적 움직임의 기원을 이루고 있는 것이다.

오웬은 처음에 조합원들에게 원가 이하로 상품을 공급하려는 목표를 가지고 있었다. 그러나 오웬의 시도는 '뜻은 아름다우나 오래갈 수는 없는' 방식이었다. 오웬의 이 아름다운 시도는 얼마가지 않아 당연히 실패하고 말았다.

이러한 오웬의 실패에 대한 반성으로 나타난 것이 바로 '로치데일공정선구자조합'(The Rochdale Society of Equitable Pioneers)이라고 하는 로치데일협동조합이다.

영국의 작은 도시 로치데일 방직공장의 28명 노동자들은 동맹파업에 실패한 이후 힘에 의한 권리쟁취의 한계성을 크게 느끼고 자신들의 노동운동의 방향을 전환하게 된다. 그들은 1848년 12월, 자구적(自救的)으로 1파운드씩의 출자금을 모아서 일상생활에 필요한 밀가루나 버터 등의 식료품을 공동구입 · 판매하기 위한 장소를 확보하고 판매를 시작하였는데, 이것이 바로 로치데일협동조합의 시초가 된 것이다.

협동조합의 발상지, 로치데일 소재지

이러한 조합활동을 기초로 로치데일협동조합은 일명 '로치데일 원칙'이라고 하는 협동조합 원칙을 형성하게 된다. 이와 같은 로치데일 원칙 외에도 오늘날 협동조합 관계자들에게 많은 시사점을 주는 협동조합 원칙들이 탄생되었다. 예를 들면, 독일의 '라이파이젠 원칙', 스페인의 '몬드라곤협동조합복합체(MCC)의 원칙' 등이 그것이다.

이와 같은 협동조합 원칙들은 구체적 항목이나 표현에 있어서 다소 차이가 있으나 협동조합의 원칙과 가치들을 잘 담고 있다고 볼 수 있고, 1995년 세계협동조합연맹의 협동조합 7원칙에 구현되어 있으며, 전 세계 협동조합의 운영원리의 역할을 하고 있다.

유명한 협동조합의 원칙들

협동조합 원칙	구체적 항목
로치데일 원칙	• 시가주의 원칙 (시중가격 공급) • 현금거래 원칙 • 이용액 배당의 원칙 (출자금비례배분 금지)
라이파이젠 원칙	• 조합규모 소규모 원칙 • 엄격한 조합 가입조건 유지 원칙 • 민주적 조합 관리 원칙 • 엄격한 차입금사용 제한 원칙 • 조합의 비영리적 단체 원칙 • 소액출자금 원칙 • 조합원 무한 책임 원칙 • 조합 임원 · 서기의 무보수 원칙
몬드라곤협동조합복합체 원칙	• 조합원 자율가입 원칙 • 민주적 조직운영 원칙 • 노동자 주권원칙 • 경영관리 참가 원칙 • 임금의 내부연대 원칙 • 협동조합간의 협동 원칙 • 사회 · 경제조직과 연대 원칙 • 보편적 가치 추구원칙 (평화, 공정 등) • 조합원 교육 원칙

현재 전 세계적으로 협동조합 활동이 강한 국가는 캐나다, 핀란드, 스웨덴 등으로서 인구의 과반수가 조합원이며, 국민소득에서 협동조합의 비

중이 높은 나라는 낙농조합인 '폰테라 협동조합'으로 유명한 뉴질랜드를 포함하여 스위스(미그로소비자협동조합 등), 네덜란드 등이다.

한편, 세계협동조합연맹(ICA)이 2011년에 선정한 세계 300대 협동조합에는 이탈리아, 미국, 독일, 프랑스의 협동조합들이 많이 포함되어 있다.

3. 협동조합의 7원칙에 대한 이해

1995년, 세계협동조합연맹(ICA)이 창립 100주년에 개정하여 발표한 '협동조합 7원칙'은 협동조합에서 있어서 '헌법'이라고 할 만하다.

물론 협동조합의 원칙이 반드시 지켜야 한다는 기준으로서의 의미라기보다는 자주 · 자립 · 협동으로 3대가치(이념)로 요약되는 자조 · 자기책임 · 민주 · 공정 · 연대 등의 협동조합의 가치를 실현하기 위한 일종의 실천지침으로서 의의가 가장 크다고 할 수 있다.

협동조합이 지향하는 이러한 3대가치(이념)를 실현하기 위한 협동조합 7원칙에서 벗어나는 협동조합은 이미 협동조합의 정체성을 잃게 된다고 할 수 있기 때문이다. 여기서 협동조합의 정체성이란 바로 협동조합이 '협동조합'이기 위한 존재형식을 말한다고 할 수도 있을 것이다. 협동조합으로서의 정체성 또는 존재형식을 상실한 협동조합은 실질적으로 협동조합이라고 할 수 없을 것이기 때문이다.

이러한 협동조합원칙 중에서 자발적이고 개방적인 조합원 참여를 규정한 제1원칙과 조합원 1인1표제를 기본으로 하는 민주적 의사결정을 내용으로 하는 제2원칙은 협동조합의 정체성을 특징짓는 가장 핵심적인 원칙이라고 할 수 있다.

① 제1원칙: 자발적, 개방적인 조합원제도 (Voluntary and Open Membership)

우리나라 협동조합기본법(제20조)은 조합원의 자격으로, “협동조합의 설립 목적에 동의하고 조합원으로서의 의무를 다하고자 하는 자”로 정의하고 있다. 또한 동법은 제21조에서, 협동조합은 정당한 사유 없이 조합원의 자격을 갖추고 있는 자에 대하여 가입을 거절하거나 가입에 있어 다른 조합원보다 불리한 조건을 붙일 수 없도록 하고 있다. 이것은 바로 ICA의 협동조합 제1원칙인 ‘자발적, 개방적인 조합원제도’를 법조항으로 규정한 것이다.

따라서 협동조합기본법에서 규정하고 있는 바와 같이, 협동조합의 조합원이 되고자 하는 자로서 ‘협동조합의 설립목적에 동의하고 조합원으로서의 의무를 다하고자 하는 자’는 자발적으로 조합에 가입하여 조합원이 될 수 있다. 이러한 자발적, 개방적 조합원제도는 조합원의 진입이나 탈퇴상의 장벽 또는 제한을 방지하기 위한 원칙으로서, 협동조합의 자주 · 자조 · 협동을 위한 가장 기본적인 발판이 된다고 할 수 있다.

② 제2원칙: 민주적 의사결정 원칙 (Democratic Member Control)

협동조합은 민주적 의사결정을 조합운영의 기본원리로 한다. 협동조합의 조합원은 자신이 가진 출자좌수나 출자액에도 불구하고 동일하게 1인 1표제의 의사결정권을 행사한다.

조합의 운영이나 정책결정 또는 의사결정에 조합원이 적극적으로 참여하지 않으면 조합의 유지는 어렵다.

그래서 보유주식수에 따라 의결권이 좌우되는 주식회사와는 달리 조합원 1인 1표라는 평등한 의결권을 행사하도록 한 것이다. 이러한 1인1표제가 흔들리는 협동조합, 즉 1인1표제를 유명무실하게 만드는 변칙적인 제도를 지나치게 도입하는 협동조합은 이미 협동조합으로서의 장점과 강점을 발휘하기 어렵다고 할 수 있다. 예컨대, 출자좌수가 상대적으로 많은 조합원에게 의결권상의 우선권이나 배당상의 특혜를 부여하게 되면 조합원 1인1표제를 근간으로 하는 협동조합의 민주적 운영은 크게 흔들릴 수밖에 없을 것이기 때문이다.

따라서 협동조합의 가치를 준수하고 의무를 다하려는 자는 누구나 조합원이 될 수 있다고 하는 자발적이고 개방적인 조합원제도를 규정한 제1원칙과 함께 조합의 민주적 운영원칙은 협동조합을 떠받치는 중요한 원칙인 것이다.

③ 제3원칙: 조합원의 경제적 참여 (Member Economic Participation)

협동조합의 조합원은 반드시 자본적인 참여가 있어야 한다는 원칙이다. 조합의 운영과 사업자금으로 쓰여질 자본은 조합원 스스로 모아야 하는 것이다.

이 점은 자본과 경영이 분리되는 주식회사와는 크게 다른 점이다. 주식회사는 경영에 직접 참여하지는 않고 투자이익만 기대하는 외부투자자도 얼마든지 있을 수 있지만 협동조합은 조합원 스스로가 낸 출자금으로 조합을 운영하며, 또한 조합의 운영에 직접 참여하게 된다.

④ 제4원칙: 자율과 자립 (Autonomy and Independence)

한마디로 협동조합은 조합원 자신이 조합의 주인인 것이다. 이 제4원칙은 대내적인 자율과 자립뿐만 아니라 대외적인 자율과 자립의 의미도 포함한다.

우리나라 협동조합기본법(제10조)은 협동조합의 자율성을 침해할 수 없도록 하고 있다. 기획재정부 장관이 협동조합에 대한 기본계획을 수립하고, 실태조사를 하도록 규정하고 있지만 이것은 어디까지나 협동조합이 자율적으로 활동할 수 있도록 지원한다는 취지일 뿐이다. 다시 말해서 협동조합은 조합원 스스로가 운영하고, 조합원 스스로 조합의 활동을 관리 · 통제할 수 있어야 한다.

5 제5원칙: 교육, 훈련 및 정보 (Education, Training and Information) 제공

협동조합의 궁극적인 목적은 결국 조합원의 권익과 복리를 증진하자는 것이다. 그러기 위해서는 조합활동의 수행을 위한 조합원의 역량을 강화해야 하고(교육 · 훈련), 조합의 사업과 활동에 대해 대내외적으로 널리 알리고(홍보), 또한 협동조합의 여러 이해관계자에게 조합의 운영상황을 알려야(정보제공) 한다.

6 제6원칙: 협동조합간의 협동 (Co-operation Among Co-operatives)

협동조합의 '힘'이나 경쟁력은 연대와 협력에서 나온다. 물론 협동조합은 단위조합이나 개별 조합만으로도 조합활동을 수행할 수 있기는 하다. 그러나 개별 조합의 역량만으로는 조합의 목적사업을 효율적으로 수행할 수 없는 경우가 많다. 스페인의 몬드라곤협동조합복합체(MCC)나 우리나라의 원주협동사회경제네트워크는 이러한 경우의 대표적인 사례에 속한다고 할 수 있다.

따라서 협동조합간 연대와 협력이 필요하고, 경우에 따라서는 국가간 협동조합끼리 협력할 수도 있을 것이다. 우리나라의 협동조합기본법도 협동조합연합회와 사회적협동조합연합회에 대해 규정하여 협동조합간 협력의 기반을 마련해 놓고 있다.

⑦ 제7원칙: 지역사회에 대한 기여 (Concern for Community)

이 제7원칙은 ICA가 1995년 100주년 기념식 때 협동조합원칙을 수정하여 발표할 때 새로 추가된 원칙이다. '지역사회에 대한 기여'의 원칙은 협동조합 활동을 하면서 주변 지역사회에 관심을 가지고 지역에 밀착하여 사업을 수행함으로써 그 지역사회에 기여하라는 것이다. 한마디로 협동조합은 지역공동체에 대한 관심을 보여야 한다는 것이다.

우리나라 협동조합기본법상의 사회적협동조합은 지역사회를 위한 사업 등 공익사업을 주사업(主事業)으로 전체 사업의 40% 이상 수행하도록 되어 있으며, 지역일자리 창출, 지역이 필요로 하는 사회적 서비스 제공 등 공익증진사업을 해야 하며, 이것은 바로 ICA가 강조하듯이 협동조합은 지역사회에 대한 기여를 조합활동의 중심에 두어야 함을 의미한다.

실무포인트

협동조합의 7원칙

- 제1원칙 : 자발적, 개방적인 조합원제도
- 제2원칙 : 민주적 관리 원칙
- 제3원칙 : 조합원의 경제적 참여
- 제4원칙 : 자율과 자립
- 제5원칙 : 교육·훈련, 홍보, 정보 제공의 원칙
- 제6원칙 : 협동조합간 협동
- 제7원칙 : 지역사회에 대한 기여(관심)

4. 협동조합의 종류

2012년 12월, 협동조합기본법과 동법(同法) 시행령 및 시행규칙이 일제히 발효되기 전까지만 해도 우리나라 협동조합 체제는 크게 8개 분야의 개별법 또는 특별법상의 협동조합이었다는 것은 앞서 살펴본 바와 같다. 이러한 개별법상의 협동조합은 농업협동조합(농협), 수산업협동조합(수협) 외에도 산림조합, 엽연초생산협동조합, 중소기업협동조합, 새마을금고, 신용협동조합(신협), 소비자생활협동조합(생협)을 말한다.

2012년 말까지만 해도 개별법상으로는 협동조합을 설립하고 싶어도 최소조합원(생협은 300명, 지역농협은 1,000명 등) 규모를 충족하는 것이 거의 불가능했다. 또한 최소조합원 조건을 충족시킨다 하더라도 협동조합의 법인격을 부여할 수 있는 법 자체가 존재하지 않았으니 다양한 분야의 다양한 협동조합 설립은 애당초 불가능했던 것이다.

물론 개별법 협동조합 시대에도 비영리사단법인이나 사회적기업 형태로 협동조합기본법상의 사회적협동조합의 기능을 상당부분 수행할 수는 있었다. 그러나 주식회사와 비영리법인의 특성이 혼합된 사회적기업은 그 운영에 있어서 많은 문제점이 노출되었다.

2012년 말에 발효된 협동조합기본법은 이러한 '족쇄'를 풀어버린 것이다. 소규모 조합원만 있어도, 사업성이 있는 (사업)아이템만 있어도 협동조합의 설립이 가능해진 것이다. 협동조합기본법 시대에는 사회적 · 경제적으로 다양한 분야에서 갖가지 협동조합이 설립될 것임을 예상해볼 수 있는 것이다.

협동조합의 유형이나 종류에 관한 정해진 구분(분류)방법은 없다. 학자나 전문가에 따라 분류방법이 다소 차이가 나기도 하고, 분류의 초점을 어디에 두느냐에 따라 서로 다르게 분류가 되기도 한다.

그동안 우리나라는 생산자협동조합이라고 하면 '농 · 수 · 축협'을, 소비자협동조합이라고 하면 '생협'(생활소비자협동조합)을, 그리고 '신협'(신용협동조합) 등 사업형태에 의한 분류가 일반적이었다. 그러나 이제는 협동조합기본법이 발효되어 시행되고 있으므로 다른 관점에서 협동조합의 종류를 분류해 볼 필요는 있을 것이다.

첫째는 협동조합기본법상의 **법인유형에 의한 구분**으로, 협동조합기본법상의 **일반협동조합**과 **사회적협동조합**으로 나누는 것이다.

둘째는 **조합의 주체에 의한 구분**으로서, 조합의 운영주체인 조합원의 구성에 따라 생산자협동조합, 소비자협동조합, 직원협동조합, 사업자협동조합, 노동자협동조합, 다중이해관계자협동조합, 사회적협동조합 등으로 구분할 수 있다.

셋째는 **조합사업** 또는 **서비스의 대상에 의한 구분**으로, 조합의 기능에 따라 협동조합의 유형을 구분할 수 있는데, 생산자협동조합과 소비자협동조합은 기능별, 대상별로 세부적으로 구분이 가능하다.

협동조합의 종류

구분 기준	협동조합의 종류	비 고
법령상 기준	• 일반협동조합 • 사회적협동조합	협동조합기본법상 법인 유형 2가지
조합의 주체	• 생산자협동조합 • 소비자협동조합 • 직원협동조합 • 사업자협동조합 • 노동자협동조합 • 다중이해관계자협동조합 • 사회적협동조합	생산자협동조합과 소비자협동조합은 서비스의 대상별 세부 구분 가능
조합의 기능	• 구매조합 • 생산조합 • 판매조합 • 가공판매조합	생산·판매 과정의 일부 기능 전문화

1) 생산자협동조합

생산자협동조합은 주체 또는 기능에 따라 다시 세부적으로 구분해 볼 수 있다.

첫째는 조합구성원의 특성에 따라 농협·축협(농민), 수협(어민), 중소기업협동조합(중소기업자) 등으로 분류할 수 있다. 즉 우리나라 개별법 협동조합시대에는 농협, 수협, 중소기업협동조합 등이 이러한 분류의 생산자협동조합에 해당한다.

한편 앞으로는 영세자영업자나 소상공인들이 대형마트 등에 대응하여 경쟁력을 확보하기 위한 공동사업을 하기 위해 생산자협동조합 또는 사업자협동조합이 결성될 것이다. 시장에서 대형마트, 대기업들과 경쟁에서 협상력·교섭력을 확보하여 원자재 공동구매, 공동판매 등의 단합된 힘을 발휘할 수 있을 것이다.

둘째는 생산제품의 원료구입·생산·판매 등 생산과정 중의 어느 부분을 전문화하여 그 협동조합의 사업항목으로 하느냐에 따라 구매조합, 생산조합, 이용조합, 판매조합, 가공판매조합 등으로 나눌 수 있다.

생산자협동조합은 독립적 소규모 생산자들이 대부분 설립에 참여하게 되며 농민, 어민, 중소기업가 등이 각자의 생산의 독립성은 유지하고 판매사업, 구매 등 일부 기능만을 협동사업으로 하는 협동조합의 형태를 유지한다.

여기서 이용조합은 추가적 설명을 필요로 한다. 독립적 소규모 생산자들은 일반적으로 고가 또는 고급생산시설이나 장비를 갖추기가 어렵다. 그래서 그러한 고가·고급의 시설·장비를 공동으로 설치, 이용하기 위해 결성된 조합을 이용조합이라고 한다.

2) 소비자협동조합 (소비조합)

소비자협동조합은 소비자들이 생활필수품 구매, 생활 및 문화서비스 · 설비 이용 등과 같이 소비생활을 '같이'(협동)하는 협동조합을 말한다. 이러한 소비자협동조합은 공동구매에 중점을 두느냐, 공동이용에 중점을 두느냐에 따라 크게 두 종류의 소비자협동조합으로 구분할 수 있다. 예를 들면 육아와 관련해서, 육아용품을 공동으로 구매하는 하는 것이 주목적인 조합이라면 육아용품을 공동으로 구매하기 위한 '공동구매협동조합'이 될 것이고, 육아서비스를 공동으로 이용하는 것을 주목적으로 하는 협동조합은 '공동이용협동조합'으로 공동육아협동조합이 될 것이다.

그동안 우리나라는 소비자협동조합이라고 하면 1998년에 입법된 소비자생활협동조합법에 의해 설립된 소비자생활협동조합을 의미하는 경우가 많았다.[8]

소비자생활협동조합법에는 제1조에서, "이 법은 상부상조의 정신을 바탕으로 한 소비자들의 자주 · 자립 · 자치적인 생활협동조합활동을 촉진함으로써 조합원의 소비생활 향상과 국민의 복지 및 생활문화 향상에 이바지함을 목적으로 한다."라고 되어 있다.

따라서 소위 '생협'은 조합원이 필요로 하는 물품 및 서비스를 값싸게 조달 · 공급하여 조합원의 생활향상을 도모하는 것이고, 영리추구는 생협의 주된 활동목적이 아니다.

---

8 소비자생활협동조합법 이전에는 우리나라에서는 소비자협동조합이란 명칭이 주로 사용되다가 일본의 영향을 받아 생활협동조합이라는 명칭도 혼용되기도 했다.

5. 협동조합은 다른 조직과 어떻게 다를까?

우리나라 협동조합기본법에서도 협동조합이 일종의 사업조직임을 분명히 하고 있다. 다만 협동조합은 조합원에 의한 공동소유, 민주적 운영, 배당제한 등 상법상의 기업모델(주식회사 등)과는 그 패러다임(paradigm)을 달리하는 '특수한' 기업모델, 즉 사업조직인 것이다.

이하에서 좀 더 자세히 살펴보자.

협동조합이 다른 조직과 구별되게 하는 가장 중요한 특징은 공동체 전체의 이익을 추구한다는 것이다. 이러한 협동조합의 이념은 ICA의 협동조합 7원칙이나 로치데일협동조합 등 선구자적 협동조합들의 조합경영원칙에도 잘 나타나 있다.

이에 비해 주식회사 등 상법상의 일반기업의 궁극적인 목적은 주주의 이익극대화라고 할 수 있다. 주식회사에는 주주와 경영진뿐만 아니라 노동자, 채권자, 소비자 등 다양한 이해관계자가 있다. 그 중에서도 주주는 가장 중요한 이해관계자인 것이다. 대부분의 주주들은 투자자일 뿐이고 회사에 상근하지도 않으며, 오로지 보다 높은 배당과 보유주식가격 상승에 의한 자본차익에 주로 관심이 있는 것이다.

협동조합과 일반기업(주식회사 등)은 조직이념에서의 근본적 차이, 즉 최우선적으로 중요시하는 가치 · 이념이 이윤극대화인가 공동체 구성원인 조합원 모두의 이익추구인가에 따라 다음과 같이 구체적인 차이로 나타난다.

① 조직운영 패러다임

협동조합은 **조직운영과 사업수행을 위한 의사결정**에서 1인 1표제를 근간으로 하는 민주적 운영방식을 지향하는 반면, 주식회사는 1주 1표제에 따라 보유주식수에 따라 의사결정이 좌우된다.

② 소유방식

협동조합은 ICA가 정의한 협동조합원칙에서도 정의된 것처럼 **'조합원 공동으로 소유되는' 조직**이지만, 주식회사는 극단적으로 거대 투자자 1인소유도 가능하며, 과반수 이상의 주식을 소유할 경우에도 의사결정을 독점할 수 있다.

③ 책임범위

협동조합은 구성원인 **조합원의 출자금 한도에서 유한책임**을 지지만, 일반기업은 상법상의 법인유형에 따라 유한책임, 무한책임, 유한책임과 무한책임 공존 등 책임유형이 다양하다.

④ 조직의 양태(樣態)

협동조합은 **'조합원 공동으로 소유되고, 민주적으로 운영되는' 조직운영방식**과 연관되어 인적 결합의 속성을 지니게 되지만, 주식회사 등 일반기업은 이익창출 가능성이 높은 사업 추진을 위한 조직 구성이 중요시된다.

⑤ 사업추진

협동조합은 구성원 공동결의에 의한 조합원 모두의 복리를 위한 사업추진도 가능하지만, 주식회사 등 일반기업은 영리추구가 주목적이므로 큰 이익창출이 예상되지 않은 사업은 추진되기 어렵다.

협동조합과 주식회사의 비교

구 분	협동조합	주식회사
목적	조합원의 공동이익 · 복리 추구	이윤극대화 추구(경제적 이익)
가치관	자조 · 자립 · 협동	경쟁 · 효율
소유	조합원 공동소유	주주(투자자) 소유
의결권	1인 1표(민주적 운영)	1주 1표
출자	출자좌수 제한	무제한 투자 가능
배당	출자배당 제한 이용고 배당 장려	무제한 배당 가능 실질적 이용자배당 제도 없음
책임범위	출자액 기준 유한책임	대주주의 무한책임
운영	조합원 중심의 공동소유 민주적인 운영	대주주 중심의 지배적 운영 주주와 경영의 분리
수익처분	이윤배당, 조합원 복지	주식배당, 사업확대
이용자	조합원 및 일반인 (출자자≒이용자)	불특정 다수 고객 (투자자≠이용자)
사업규모	적정이익 확보 차원의 적정규모	이윤극대화 차원의 확대지향성
가입·탈퇴	조합원 자격변동은 스스로 결정	주식보유시 주주 자격 획득
지역사회 기여	지역은 조합원들의 활동기반 지역경제 활성화 기여	지역사회를 고객집단으로 인식

협동조합기본법과 관련법의 비교

구분	협동조합기본법		민법	상법				
구분	협동조합		사단법인	주식 회사	유한 회사	유한책임 회사	합명 회사	합자 회사
사업 목적	일반	사회적		이윤 극대화				
운영 방식	조합원 실익증진		공익 또는 영리를 추구하지 않을 것	1주 1표	1좌 1표	1인 1표		
설립 방식	1인 1표		1인 1표	신고제				
책임 범위	신고 (영리)	인가 (비영리)	허가제	유한책임			무한 책임	무한책임 + 유한책임
규모	유한책임		해당 없음	대규모	주로 중·소규모			
성격	소규모 + 대규모		주로 소규모	물적 결합	물적·인적 결합	물적·인적 결합	인적 결합	물적·인적 결합
사업 (예)	인적결합		인적결합	대기업 집단	중소기업 세무법인 등	(美) 벤처, 컨설팅, 전문서비스업 등	법무 법인 등	사모투자 회사 등
	일반 경제 활동 분야	의료 협동조합 등	학교, 병원, 자선단체, 종교단체 등	삼성 전자(주) 등	세무법인 하나 등	(美) DreamWorks Animation L.L.C	법무 법인 율촌 등	미래에셋 PEF 등
	영리 법인	비영리법인		영리법인				
	사회적기업							

자료: 기획재정부

6. 우리나라 협동조합의 뿌리, 현황

우리나라는 두레, 향약 등 넓게 봐서 협동조합 개념에 포함시킬 수 있는 것이 있었지만, 서구적인 협동조합의 역사는 그리 길지는 않다고 할 수 있다. 또한 우리나라 협동조합의 유래가 일본 제국주의 식민통치에 그 기원을 두고 있다는 견해가 있는 것은 사실이다. 이것은 일제시대에 식민통치적 차원에서 협동조합에 관한 제도와 정책들이 조선총독부 주도로 실시되었기 때문에 나온 견해가 아닌가 싶다.

1) 일제의 식민정책적 조합 정책

일제는 식민지배가 시작되었던 1910년대에 금융조합, 1920년대에 산업조합을 만든데 이어 1930년대 중반에는 소위 '식산계'(殖産契)[9]라는 조직을 만들었다. 특히 식산계는 1930년대 당시 우리 민족의 주축인 농민들의 삶이 너무 황폐해진 나머지 불만이 누적되어 독립운동으로 이어질 것을 우려한 일제가 식민정책적 차원에서 실시하게 되었던 것이다.

이 식산계는 마을에 거주하는 자로 조직되는 소규모의 조합으로서, 법인격을 갖추도록 되어 있었다. 그러나 그 당시 식산계는 우리 민족의 자발적인 협동조직이 아니었던 만큼 일제의 식민농업정책의 도구에 그쳤다고

9 식산계는 금융조합과 산업조합의 하부조직으로 1935년 3월, '식산계령'(殖産契令)이 발표되면서 조직되었다. 식산계령의 공포를 계기로 금융조합은 우선 1개 조합당 4~5개의 부락으로 계를 조직하였다. 이후 식산계 확충 5개년계획을 실시하여 일제가 패망할 즈음인 1944년에는 그 당시 우리나라 전국에 4만 8천여 개소의 금융조합계가 설립되었다. 이들 조합계의 주요 취급품목은 곡물, 임산물, 직물 등이었다.

볼 수 있다. 다시 말해서 일제는 금융조합과 산업조합을 만들고 식산계로 하여금 이들의 대행기관의 역할을 하도록 한 것이라고 볼 수 있다.

그러다 보니, 일제의 식민통치기간의 식산계가 아이러니컬하게도 우리나라 근대적 협동조합의 계기가 되었다고 보는 빌미를 주게 된 것이다. 즉 식산계를 단위조직으로 하는 일제의 협동조합 정책은 우리 농민의 생활 안정보다는 일제 식민체제의 안정화라는 저의가 숨어 있었다고 보는 것이 정확할 것이다.

결국 협동조합의 원칙과 정신에 부합하면서도 우리 민족 스스로의 자생적 · 자율적 협동조합 활동은 해방 이후로 미루어질 수밖에 없게 된 측면도 없지 않다.

2) 우리 민족의 자생적 협동조합운동, 역사

그러나 일제시대에 우리 민족의 자체적인 협동조합운동이 전혀 없었다고는 말할 수 없다. 우리나라의 전통적 사회제도 중에서도 두레, 품앗이, 계, 향약 등에는 자조 · 자립 · 협동이라는 협동조합적 정신이나 가치가 그대로 녹아 있다고 할 수 있다.

뿐만 아니라 일제시대에도 우리 민족의 자생적인 협동조합운동으로 볼 수 있는 사회적 움직임이 상당히 활발했다. 특히 그 당시 기독교계 지도자들이 중심이 되어 협동조합운동에 앞장섰었다. 그 대표적인 예가 기독교인이면서, 독립운동가로 유명한 조만식 선생이다. 선생은 물산장려회(1923년)를 통한 조선물산장려운동을 주도하고, 평양소비조합을 창립(1929년)하였다. 물산장려회는 민족자본 육성과 경제적 자립을 도모하기 위한 것으로 생활개선운동, 농촌운동, 자작자급운동 등 구체적 실행방안을 제시하였다.

이러한 물산장려운동은 이후 소비절약운동과 함께 생산증진운동을 함께 추진하면서 소비자와 생산자를 연결시키는 움직임으로 이어졌다. 이것은 협동조합운동이나 협동조합의 가치 · 이념에 상당히 근접한 선구적 협동조합운동이 아닐 수 없다.

이와 같이 우리 민족의 자생적인 협동조합운동과 일제의 협동조합 정책의 양방향으로 그 역사적 맥락을 이어온 우리나라의 협동조합은 크게 생산자협동조합과 소비자(신용)협동조합이라는 두 가지 방향으로 전개되었다. 우리에게 익숙한 농업협동조합과 수산업협동조합이 대표적인 생산자 협동조합이고, 흔히 '생협'이라고 부르는 생활소비자협동조합과 신용협동조합이 협동조합기본법 발효 이전에도 상당히 활성화되어 있었다.

그동안 농협과 수협이 협동조합으로서의 정체성을 유지하며 협동조합 고유의 역할을 해왔는지에 대해서 논하는 것은 본서의 범위는 아니다. 다만 자발적인 농어민 협동조직이기보다는 소위 '위로부터' 주도된 '협동조합적' 조직으로서, 정부 등 농어민정책 수행을 위한 하향식 협동조합이란 비판[10]을 적지 않게 받아왔던 점만을 언급하기로 한다.

한편 소비자생활협동조합은 민간인 조합원 주도로 자생적으로 설립되었고, 상당한 효과도 거두었다고 할 수 있겠다. 생협의 성공사례 등은 뒤에 가서 자세히 설명되므로 참고하기 바란다.

---

10 대법원 2007.11.30, 선고 2007도6556 판결 참조.
대법원은 농업협동조합중앙회를 '정부관리기업체'의 하나로 규정한 특정범죄가중처벌 등에 관한 법 시행령 제2조 제48호가 모법(특정범죄가중처벌 등에 관한 법률)의 위임범위를 벗어난 것인지 여부(소극)에 대한 판결에서 "국가의 농업협동조합중앙회에 대한 실질적 지배력이 없어진 것으로 볼 수는 없다."라고 판시한 바 있다. 한편, 대법원은 같은 판결에서 "농업협동조합법 제9조 제1항에 신설된 '국가와 공공단체는 조합과 중앙회의 자율성을 침해하여서는 아니 된다'라는 규정은 국가가 농업협동조합중앙회에 대한 포괄적인 지도·감독을 행함에 있어 가능한 한 그 자율성을 존중하여야 한다는 선언적 의미를 갖는 것으로 이해된다."라고 하였다.

3) 우리나라 협동조합의 양적 규모

2012년 말까지 우리나라의 협동조합은 개별법 협동조합 시대였으므로 현재까지 우리나라 협동조합의 규모 등 현황은 8개 개별법 협동조합들에 대한 기록이라고 해도 과언이 아닐 것이다. 따라서 협동조합기본법 시대를 맞이한 현재, 이전 협동조합들의 양적 규모가 어떠했는가는 큰 의미를 지니는 것은 아닐 것이다. 그러므로 개별법상의 협동조합에 대해서는 총괄적인 모습 정도만 간단히 살펴보고자 한다.

그동안 우리나라 협동조합은 이러한 법적 기반, 즉 근거법령(개별법)이 있는 '제도권 협동조합'과 근거법이 없는, 이른바 '법외(法外)협동조합'으로 구분하여 파악하는 것이 적절할 것이다.

농협, 수협, 산림조합, 신협, 생협 등 개별적 설립근거법을 가지고 있는 제도권 협동조합은 단위조합 기준으로 8~9천여 개 정도 되며, 사회적기업이나 자활공동체 등 협동조합적 근거법이 없는 법외협동조합은 3~4천개 정도 된다.

우리나라 대표적인 협동조합으로 알려져 온 농업협동조합의 경우 농협중앙회 산하에 지역농협 및 품목농협, 지역축협 및 품목축협, 인삼농협 등의 단위조합이 1,100여 개가 있다. 자산규모 248조원, 조합원 규모는 245만명 정도[11]에 이를 정도로 성장했다. 농 · 수 · 축협 전체적으로는 조합원이 약 400만명, 자산규모 약 400조원이며, 한살림 · 아이쿱 등 전국에 소재하는 생협의 조합원이 50여만 명 정도가 된다.

이를 보면, 2012년 이전의 우리나라 협동조합은 자산규모 등 외형적인

11 우리나라 농가인구(농민)의 수는 296만명(통계청, '2011 농림어업조사결과' 참조)으로서, 1990년의 600여만 명에 비해 절반 수준 이하로 떨어졌다.

규모에서는 자산규모가 크게 성장하였다는 것을 알 수 있다. 다만 분야가 생산자협동조합, 소비자협동조합 모두 농·수·축산물 등 1차산업 위주였다는 것을 알 수 있다. 이는 협동조합기본법 이전의 협동조합 분야에서는 1차산업과 친환경농산물 중심으로 운영되어 온 까닭으로 보인다.

2장

협동조합기본법은 왜 만들어졌나?

우리는 앞 장에서 협동조합에 관한 일반사항, 즉 협동조합의 원칙과 가치, 협동조합의 종류, 협동조합이 다른 조직과 어떻게 다른지에 대하여 알아보았다. 그러면 왜 2012년 12월부터 이러한 협동조합들의 '헌법'과도 같은 역할을 하게 될 협동조합기본법과 동법(同法) 시행령 및 시행규칙이 일제히 발효되어 시행에 들어가게 되었는지에 대한 그 사회 · 경제적 배경에 대한 이해가 필요하다.

1. 사회통합과 국민경제의 균형적인 발전 도모

협동조합기본법은 새로운 경제 · 사회 발전의 대안으로 인식되고 있는 협동조합을 활성화함으로써 자주 · 자립 · 자치적 협동조합의 활동을 촉진하여 사회통합과 국민경제의 균형 있는 발전에 기여하고자 한다. 좀 더 구체적으로 표현하면, 협동조합기본법 제정을 통해 소상공인 또는 영세 자영업자, 사회적 취약계층이 협동조합의 조합원이 되어 협동하여 자주 · 자립적으로 소비나 생산, 판매나 유통, 일자리 창출이 가능하다는 것을 알리고자 하는 것이다.

법제처 국가법령정보센터의 자료에 따르면 협동조합기본법의 제정이유를 다음과 같이 서술하고 있다.

> 새로운 경제사회 발전의 대안으로 인식되고 있는 협동조합을 활성화하기 위하여 「농업협동조합법」 등 기존 8개의 개별법 체제에 포괄되지 못하거나 「상법」에 의한 회사설립이 어려운 경우 생산자 또는 소비자 중심의 "협동조합"을 설립하여 경제적 활동이 가능하도록 하고, 취약계층에 대한 사회서비스 또는 일자리 제공, 지역사회 공헌활동 등을 주로 수행하는 "사회적협동조합"을 별도로 도입하며, 협동조합 등의 설립·운영에 관한 기본적인 사항을 정함으로써 자주·자립·자치적 협동조합의 활동을 촉진하고, 사회통합과 국민경제의 균형 있는 발전에 기여하려는 것이다.

또한 이러한 협동조합기본법의 취지와 목적을 실현하기 위해 크게 3가지 관점에서 협동조합기본법의 입법체계와 법안내용을 구성하였음을 밝히고 있다.

첫째, 협동조합기본법은 기존의 농업협동조합법 등 기존 8개의 개별법 체제에 포괄되지 못하거나, 상법상의 회사설립이 어려운 경우 생산자 또는 소비자 중심의 '협동조합' 설립에 의한 경제활동이 가능하도록 (일반) '협동조합'을 설립할 수 있는 법적 여건 또는 기반을 조성한다.

둘째, 여러 면에서 경쟁력이 약한 사회적 취약계층[12]에 대한 사회적 서

12 취약계층고용 사업으로서의 취약계층은 「국민연금법」에 따른 국민연금, 「국민건강보험법」에 따른 국

비스 또는 일자리 제공, 지역사회 공헌활동 등을 주로 수행하도록 일반협동조합과는 별도로 '사회적협동조합'을 설립한다.

셋째, 협동조합 등의 설립 · 운영에 관한 기본적인 사항을 정한다.

이러한 사회 · 경제적 필요성과 함께, 우리나라의 경우 상당히 오래 전에 시작된 소비자생활협동조합 외에도 1998년 IMF사태 이후 사회적으로 자활모임 등 비교적 활발한 자활공동체 운동이 계속되어 왔다. 21세기에 들어와서는 사회적기업진흥법(2007)이 제정되어 사회적기업을 지원하는 정부산하기관(한국사회적기업진흥원)이 설립되었다. 그만큼 우리나라에서도 협동조합이 활성화될 수 있는 사회 · 경제적 분위기나 기반이 형성되고 있었던 것이다.

2. 개별법(특별법) 협동조합의 문제점 개선

위와 같이 협동조합기본법을 제정하고, 협동조합을 활성화함으로써 개별법(특별법) 협동조합 시대의 문제점을 개선하고자 한다.

지금까지 우리나라에는 실질적으로 협동조합의 원리와 원칙, 가치에 따라 협동조합 활동을 하면서도, 8개 개별법에 의한 협동조합 외에는 일반

민건강보험, 「고용보험법」에 따른 고용보험 및 「산업재해보상보험법」에 따른 산업재해보상보험에 가입되어야 하며(단, 관계법령에 따라 4대 사회보험 가입대상에서 제외되는 경우는 예외), 최저임금법에서 정한 임금 이상(단, 관계법령에 따라 최저임금의 적용을 제외하는 경우는 예외)을 지급받아야 한다. 택배기사, 학습지교사, 대리운전기사 등 사회적 약자로 간주되는 소위 '비전형근로자' 또는 특수형태 근로자들도 사회적 취약계층에 속한다고 볼 수 있다.

협동조합을 설립할 수 있는 법적 기반이 없었기 때문에 자유롭게 협동조합을 설립 및 운영할 수 있는 길이 사실상 막혀 있었다고 볼 수 있다. 협동조합기본법 이전에는 협동조합을 설립하려면 300명~1,000명의 조합원이 필요했다. 예를 들면 지역농협의 경우에는 1,000명, 소비자생활협동조합은 300명, 신협 · 새마을금고는 100명 이상의 최소 조합원이 필요했다는 점에서도 알 수 있듯이 일반인들이 협동조합을 설립하기는 사실상 어려웠다.

'생협'(소비자생활협동조합)의 경우에도 친환경농산물 중심으로 부분적인 협동조합운동이 있었을 뿐이다. 농협(농업협동조합)의 경우도 조합원인 농민보다는 금융사업(농협중앙회)에 더 중점을 두어 온 측면이 없지 않았다. 농협이나 생협이나 자조 · 자립 · 협동이라는 협동조합 가치나 정신 측면에서는 많이 미흡했다고 할 수 있을 것이다.

뿐만 아니라 영농조합법인, 농업회사법인, 작목반, 공선출하회, 품목조합 등 어느 정도 협동조합의 성격을 가지고 있는 단체들도 협동조합의 역할을 제대로 하지 못하고 상당수가 부실화되고 있다.

이러한 기존 협동조합이나 협동조합에 유사한 활동을 펼쳐온 단체, 기관, 조직들이 그렇게 성공적이지는 못했던 것은 협동조합의 대전제(大前提) 또는 원칙이라고 볼 수 있는 '자조 · 자립 · 협동'에서 상당히 벗어나 있었기 때문이다.

한편 협동조합기본법이 부칙 제2조와 제3조에서 규정하고 있는 바와 같이, '유사 협동조합'(사실상 협동조합)에 대해 일정한 유예기간을 거쳐 협동조합기본법상의 협동조합으로 인정해 주게 되었다. 이것은 협동조합과 유사한 목적으로 이미 설립된 사단법인, 비영리법인이 많았음을 의미하며, 입법당국자들도 이를 충분히 인지했던 까닭으로 보인다.

3. 세계협동조합연맹 등의 협동조합통합법 제정 권고

협동조합에 관한 비정부조직으로서는 세계적 권위를 가지는 세계협동조합연맹(ICA)은 1995년 기존의 협동조합원칙을 수정 · 보완한 협동조합 7원칙을 내 놓은데 이어, UN은 2012년을 '세계협동조합의 해'로 선포한 바 있다.[13]

협동조합에 관한 이러한 일련의 국제적인 움직임은 전 세계적인 금융위기를 경험하면서 협동조합에 대한 관심이 크게 높아지고 있음을 의미한다. 즉 우리나라의 사회 · 경제적 필요성, 즉 영세 자영업자나 취약계층의 경쟁력 향상을 위한 협동조합통합법[14]을 제정하도록 ICA 등 국제기구로부터 권고를 받은 것도 우리나라의 협동조합기본법이 제정된 배경이 되었던 것이다.

위와 같이 협동조합기본법이 제정된 배경을 3가지 관점에서 살펴보았다. 이러한 일련의 과정과 사회 · 경제적 및 정책적 배경들이 협동조합기본법이 제정 · 발효되는 기본토양이 되었다고 볼 수 있는 것이다. 이렇게 협동조합기본법이 발효되어 시행됨으로써 이전의 개별법 시대와는 확연히 다른 협동조합의 신기원(新紀元)을 이루게 되었다는 것만은 부인할 수 없는 사실일 것이다. 바야흐로 협동조합의 신시대가 열렸다고 해야 할 것이다.

---

13 UN과 세계협동조합연맹 등 국제기관들도 협동조합공통법의 제정을 각국에 권고하였고, 나아가서 UN은 제도개선권고와 더불어 2012년을 세계협동조합의 해를 선포한 바 있다.

14 외국의 경우 다양한 형태로 협동조합 설립을 규정하고 있다. 독일, 스페인 등 15개국은 협동조합관련법을 기본법으로 규정하고 있으며, 일본 등 4개국은 특별법으로 규정하고 있다. 영국, 이탈리아 등 8개국은 민·상법에서 협동조합을 규정하고 있다.

3장

협동조합기본법령에 대한 소개

1. 협동조합기본법의 체계, 특징, 핵심사항

협동조합기본법이 제정 · 발효됨으로써 우리나라는 협동조합에 관한 기본법과 개별법이 공존하는 협동조합 관련법 2원화시대를 맞게 되었다. 지금까지는 8개 개별법으로 협동조합이 설립되었으나 협동조합기본법이 정식 발효되게 됨으로써 이전보다 훨씬 용이하게 협동조합을 설립할 수 있게 된 것이다.

넓은 의미에서의 우리나라 협동조합기본법령은 협동조합기본법, 동법(同法) 시행령 및 시행규칙으로 이루어진다.

1) 협동조합기본법의 체계

협동조합기본법은 **제1장(총칙)**부터 **제7장(벌칙)**까지 **본문 119개 조항,**

부칙 3개 조항으로 이루어졌다. 이를 재분류해보면 총칙, 보칙, 벌칙, 부칙의 4칙과 (일반)협동조합과 사회적협동조합, 이들 두 유형에 대한 각각의 연합회에 관한 내용의 4개의 장으로 구성된다고 볼 수 있다. 즉 협동조합기본법은 4장(章), 4칙(則)으로 법조문을 체계화한 것이다.

- 제1장 총칙 : 제1조~제14조
- 제2장 협동조합 등(일반협동조합) : 제15조~제70조
- 제3장 협동조합연합회 : 제71조~제84조
- 제4장 사회적협동조합 등 : 제85조~제113조
- 제5장 사회적협동조합연합회 : 제114조~제115조
- 제6장 보칙 : 제116조
- 제7장 벌칙 : 제117조~제119조
- 부칙 : 제1조~제3조

2) 협동조합기본법의 입법적 특징

① 협동조합법 목적, 명칭, 정의 (제1~3조)

협동조합의 설립범위 · 영역을 경제 · 사회 · 문화 등 모든 범위로 확대하고, (일반)협동조합과 사회적협동조합만이 각각 '협동조합'과 '사회적협동조합'이라는 명칭을 사용할 수 있도록 하였다.

「협동조합기본법」으로 탄생

② 법인격 (제4조)

입법목적(협동조합 법인격 부여)과 사회적협동조합(비영리)에 대한 수요를 동시에 고려하여 '다층구조(2층)'의 입법체계로 구성하였다.

다층구조 : 협동조합(영리) + 사회적협동조합(비영리)

③ 주무관청 (제11조)

기획재정부는 총괄, 관계부처는 사회적협동조합에 대한 인가 · 감독, 시 · 도는 일반협동조합의 신고에 대한 접수 및 수리 역할을 수행한다.

기획재정부(관계 중앙행정기관의 장으로 위임 가능) + 시 · 도지사

④ 정책지원 (제11조, 제12조)

협동조합 관련 정책 수립을 위해 실태조사를 실시하고, 협동조합의 날, 협동조합의 활성화를 위한 환경조성[15] 등을 포함한다.

15 협동조합기본법에 대한 초기의 입법논의과정에서는 '협동조합 육성 기본계획' 관련 규정이 있었으나 협동조합에 대한 직접적인 자금지원 등은 협동조합의 특성상 조합의 자율을 저해할 수도 있다는 비판적인 견해가 많아 삭제되었다. 다만, 2012.11.28.(수) 정부의 위기관리대책회의(기획재정부 장관 주재)에서 관계부처 합동으로 마련한 「'협동조합기본법' 시행과 향후 정책방향」을 의결하고, 제도의 조기 정착을 유도하기 위한 향후 대책을 발표하였다. 이러한 대책의 실행의 일환으로, 2013년 초에 중소기업청 산하 소상공인진흥원은 소상공인들이 대형프랜차이즈나 SSM 등에 대응할 수 있는 경

- 기본계획
- 자금 등 지원 (선언적)
- 실태조사 (3년 주기)
- 협동조합의 날(매년 7월 첫째 토요일)

⑤ 타법상 협동조합과의 관계 (제13조 제1항)

농업협동조합, 수산업협동조합, 산림업, 엽연초, 신용협동조합, 새마을금고, 중소기업협동조합, 소비자생활협동조합 등 다른 개별법상 협동조합 등은 「협동조합기본법」을 적용하지 않는다.

협동조합기본법과 8개 개별법(특별법)은 별개 적용

⑥ 공정거래법 적용배제 (제13조 제3항)

협동조합이 주로 사회적 취약계층에 의해 소액 · 소규모로 운영되는 열악한 여건을 감안, 공정거래법 적용배제의 필요성은 인정되나, 기존 기업과의 형평성, 특혜시비, 담합의 가능성 등을 고려하여 예외적인 범위에 한하여 적용배제(예: 화물기사, 배송 등)하도록 하였다.

쟁력을 제고시키고자 하는 정책적 취지를 가지고 「소상공인 협업화 사업」을 시작하였다. 여기서 '협업화 사업'은 사업자등록증이 있는 소상공인들을 협동조합적 가치와 원칙하에 조직화(협동화)시키기 위한 사업으로, 이렇게 협업화되는 사업자들은 일종의 생산자협동조합 또는 사업자협동조합이다.

공정거래법 적용을 제한적으로 배제하되, 부작용 발생시 적용
(공정거래법 제60조)

7 공직선거 관여 금지 (제9조)

협동조합이 공직선거에서 특정 정당을 지지 · 반대하거나, 특정인을 당선 · 낙선되도록 하는 행위를 금지하고 있다.

공직선거 관여 금지
(공직선거에 협동조합의 관여 또는 협동조합 활용 금지)

8 소액대출 및 상호부조 (제94조)

신용사업 위주의 편법적인 협동조합 활동을 막기 위해 (일반)협동조합은 소액대출 및 상호부조사업을 할 수 없고, '사회적협동조합'만이 총 출자금의 한도 내에서 '소액대출 및 상호부조'를 할 수 있도록 허용한다.

소액대출 및 상호부조의 원칙적 금지(예외: 사회적협동조합)

3) 협동조합기본법의 핵심사항

제1장은 **(일반)협동조합**에 관한 **총론적 사항**으로서, 협동조합의 법인격, 협동조합에 대한 정책주관 부처(기획재정부) 등을 규정하고 있다.

제1장 총칙	
(법인격)	• 협동조합을 '법인'으로 하고, 사회적협동조합은 '비영리법인'으로 규정(제4조)
(정책)	• 재정부가 협동조합정책 총괄, 기본계획을 수립(제11조) • 3년 주기 협동조합 실태조사 실시, 국회(상임위원회) 보고(제11조) • 협동조합 활성화를 위해 협동조합의 날 제정(제12조)
(타법과 관계)	• 타법상의 협동조합 등에 대해서는 동법 적용배제 • 제한적 공정거래법 적용배제(제13조)

제2장은 **(일반)협동조합**에 관하여, 협동조합의 의결 · 선거권, 조합의 설립 · 등록, 적립금, 조합해산 사항 등을 규정하고 있다.

제2장 협동조합	
(의결·선거권)	• 출자좌수에 관계없이 1개의 의결권 및 선거권을 가짐 → 1인 1표(제23조)
(설립등록)	• 5인 이상, 협동조합 설립시 시 · 도지사에게 신고(제15조)
(적립금)	• 잉여금의 100분의 10 이상 적립 등(제50조)
(해산)	• 잔여재산을 정관이 정하는 바에 따라 처분(제59조)

제3장은 **(일반)협동조합연합회**에 관한 사항으로서, 연합회의 설립 등록과 연합회 내부의 의결 및 선거권에 관한 사항을 규정하고 있다.

제3장 협동조합연합회	
(설립등록)	• 협동조합연합회 설립 신고(기획재정부 장관)(제71조)
(의결·선거권)	• 협동조합연합회의 의결권은 협동조합의 조합원수, 연합회 사업참여량 등을 기준으로 함(제75조)

제4장은 **사회적협동조합**에 관한 사항을 규정하고 있으며, 사회적협동조합에 대한 설립인가, 적립금에 관한 사항, 조합원에 대한 소액대출 및 상호부조, 조합의 해산 등에 관한 내용을 포함하고 있다.

제4장 사회적협동조합	
(설립인가)	• 사회적협동조합은 기획재정부 장관 인가로 설립(제85조) • 설립절차, 사업, 소액대출 등을 협동조합과 구분(제86-88조, 제93-95조)
(적립금)	• 잉여금의 100분의 30 이상 적립 등(제97조)
(소액대출)	• 사회적협동조합은 총 출자금 범위 내에서 조합원을 대상으로 하는 소액대출 및 상호부조 가능(제94조)
(해산)	• 사회적협동조합의 경우 국고 등에 귀속(제104조)

제5장은 **사회적협동조합연합회**에 관한 사항을 규정하고 있으며, (일반) 협동조합과 구별되는 사항으로서 설립인가 사항을 규정한다.

제5장 사회적협동조합연합회	
(설립인가)	• 사회적협동조합연합회 설립: 인가(기획재정부 장관)(제114조)

제6장은 협동조합기본법 규정에 대한 **보칙**(補則)을 규정하고 있다.

제6장 보칙	
(권한의 위임)	• 기획재정부 장관의 협동조합에 권한의 일부를 대통령령으로 정하는 바에 따라 관계 중앙행정기관의 장 또는 시 · 도지사에게 위임 • 권한위임 대상규정 : 제11조(협동조합에 관한 정책), 제71조(설립신고 등), 제96조(운영의 공개), 제102조(해산), 제103조(청산인), 제108조(해산등기), 제112조(설립인가의 취소), 제114조(설립인가 등), 제119조(과태료) 등

제7장은 협동조합 설립 · 운영과 관련된 **벌칙규정**을 포함하고 있다.

제7장 벌칙	
(벌 칙)	• 의무 위반사항에 대한 벌칙을 규정(제117조~제119조)

실무포인트

협동조합의 정의, 적용

• 협동조합(사회적협동조합)의 정의

협동조합은 재화 또는 용역의 구매, 생산, 판매, 제공 등을 협동으로 영위함으로써 조합원의 권익을 향상시키고 지역사회에 공헌하고자 하는 사업조직이다. 사회적협동조합은 기본법상의 협동조합 중에서 지역주민들의 권익, 복리 증진과 관련된 사업을 수행하거나, 취약계층에게 사회서비스 또는 일자리를 제공하는 등 영리를 목적으로 하지 않는 협동조합이다.

• 협동조합기본법의 적용

기본법은 다른 법률에 따라 설립되었거나 설립되는 협동조합에 대해서는 적용되지 않는다. 다만 협동조합의 설립 및 육성과 관련되는 다른 법령을 제정하거나 개정하는 경우 협동조합기본법의 목적과 원칙에 맞도록 해야 한다.

2. 협동조합기본법 시행령

협동조합기본법 시행령은 총 23조(부칙 2개조 제외)로 구성되어 있으며, 특히 다른 형태의 법인과 차별 해소, 협동조합 활성화, 협동조합으로의 원활한 전환을 위한 제도개선[16] 등이 포함되어 있다.

1) 제정취지, 의의

협동조합기본법 시행령은 자주 · 자립 · 자치적인 협동조합의 활동을 촉진하고, 협동조합 및 사회적협동조합 등의 설립 · 운영에 관한 기본적인 사항을 정하기 위해 제정되었다.

즉 「협동조합기본법」이 제정됨에 따라 협동조합 및 사회적협동조합의 운영에 관하여 협동조합기본법이 위임한 사항, 그 시행에 필요한 사항, 즉 협동조합 및 사회적협동조합의 설립신고 및 설립인가, 임직원 겸직의 허용 범위, 조합원이 아닌 자의 사업 이용 범위 등을 정하려는 것이다.

협동조합기본법 시행령 23개 조문의 핵심적인 내용은 아래에 정리되어 있다. 실무를 추진할 때 중요사항이므로 숙지하여야 한다.

16 협동조합으로 전환 과정에서 발생할 수 있는 과세 부담경감, 업력(業歷) 및 인·허가 승계, 기타 정책 지원 자격 또는 권리 유지 등을 말한다. 예를 들면, 사회적기업으로 인증받을 수 있는 조직형태로서 '(일반)협동조합' 및 '사회적협동조합'을 추가한다든가, 지정기부금 단체로 지정받을 수 있는 대상 법인에 '사회적협동조합'을 추가함으로써 사회적협동조합의 원활한 자금조달 지원을 하고, 소비자생활협동조합법에 의한 의료생협 중에서, '사무장병원' 문제 해결을 위해 소비자생협법상 의료기관 설립 요건 및 관리감독을 강화하는 내용 등이다.

2) 시행령의 주요 사항

① 협동조합 등의 유사 명칭 사용 금지(제2조)

협동조합 및 사회적협동조합 등은 동일한 특별시·광역시·특별자치시·시·군에서 다른 협동조합 및 사회적협동조합 등이 등기한 명칭을 사용하지 못하도록 한다.

② 협동조합 정책에 관한 기본계획 수립 (제3조)

기획재정부 장관은 3년마다 협동조합 정책에 관한 기본계획을 수립하도록 하며, 기본계획에는 협동조합 및 사회적협동조합 등의 활성화를 위한 정책방향 및 법령과 제도 개선사항 등이 포함되도록 함으로써 협동조합 정책 추진의 기반을 마련한다.

③ 공정거래법의 적용배제 요건 규정 (제5조)

임의로 설립되고, 조합원 등이 임의로 가입 또는 탈퇴할 수 있는 등 일정한 요건을 갖춘 협동조합 및 사회적협동조합 등의 행위에 대하여는 「독점규제 및 공정거래에 관한 법률」(이하 '공정거래법')을 적용하지 아니하도록 함으로써 소규모 협동조합 등의 활성화를 도모한다.

④ 협동조합 등의 설립신고(제6조)

협동조합 등의 설립신고를 하려는 자는 협동조합 설립신고서에 사업계획서 등의 서류를 첨부하여 시·도지사에게 제출하고, 시·도지사는 특별한 사유가 없는 한 30일 이내에 신고필증을 발급하도록 한다.

⑤ 임직원의 겸직 허용범위(제8조 및 제13조)

조합원의 3분의 2 이상이 직원이고, 조합원인 직원이 전체 직원의 3분의 2 이상인 협동조합, 조합원 수가 10인 이하인 소규모 협동조합 및 사회적협동조합에 대하여는 해당 협동조합의 임원이 직원을 겸직할 수 있도록 한다.

⑥ 조합원이 아닌 자의 사업이용 범위 (제9조 및 제17조)

부패 또는 변질의 우려가 있는 재고물품의 처리, 홍보를 위한 견본품의 공급, 조합원과 같은 가구에 속하는 자의 사업 이용 등 협동조합 및 사회적협동조합 등의 조합원이 아닌 자의 사업 이용 범위를 정한다.

⑦ 사회적협동조합 등의 설립인가 (제11조 및 제12조)

사회적협동조합의 설립인가를 신청하려는 경우 설립인가신청서에 사업계획서 등 서류를 첨부하여 제출하도록 하고, 보건 · 의료서비스를 제공하는 사회적협동조합은 개설되는 의료기관 1개소당 설립동의자를 500인 이상, 설립동의자 1인당 최저출자금 5만원 이상으로 하여 설립인가 기준을 강화한다.

⑧ 조합원에 대한 소액대출 및 상호부조 (제15조 및 제16조)

사회적협동조합의 사업성격 및 규모의 다양성, 사업운영의 자주 · 자립 · 자치성을 존중하여 소액대출의 최고이자율 및 대출한도, 상호부조의 지급사유 및 한도 등 소액대출과 상호부조에 관한 구체적인 사항은 사회적협동조합의 정관으로 자율적으로 정할 수 있도록 위임한다.

⑨ 보건 · 의료 사회적협동조합의 조합원이 아닌 자의 사업이용 (제18조)

사회적협동조합이 보건 · 의료서비스를 제공하는 경우 총공급고(總供給高)의 100분의 50의 범위에서 응급환자, 의료급여 수급권자, 장애인 등 조합원이 아닌 자에게 사업을 이용할 수 있도록 한다.

⑩ 권한의 위임 · 위탁 (제21조)

기획재정부 장관은 사회적협동조합의 인가 · 감독권한을 사회적협동조합의 주사업(主事業) 소관 중앙행정기관의 장에게 위탁하도록 하되, 그 소관 중앙행정기관이 분명하지 아니한 경우에는 기획재정부 장관이 소관 중앙행정기관의 장을 정하여 위탁하도록 한다.

3. 협동조합기본법 시행규칙

협동조합기본법 시행규칙은 전체 14개 조문 및 부칙, 협동조합 및 협동조합연합회 설립신고서 등 16개 서식('규칙서식')으로 이루어져 있다.

1) 제정취지, 의의

법 시행규칙의 제정이유는 협동조합기본법 제정에 따라 동 법률에서 위임한 사항과 그 시행에 관하여 필요한 사항을 규정하고자 하는 것이다. 다시 말해서, 시행규칙은 자주 · 자립 · 자치적 협동조합의 활동을 촉진하기 위하여 협동조합 및 사회적협동조합 등의 설립 · 운영에 관한 기본적인 사항을 정한다.

「협동조합기본법」및 동법 시행령이 제정됨에 따라 협동조합 및 사회적협동조합 등의 설립신고 및 설립인가 절차, 운영의 공개, 사회적협동조합의 주사업의 판단기준 등 협동조합 및 사회적협동조합 등의 설립 및 운영에 관하여 법률 및 시행령에서 위임된 사항과 그 시행에 필요한 사항을 정하려는 것이다.

협동조합기본법 시행규칙의 주요 내용은 다음과 같다.

2) 시행규칙의 주요 사항

① 협동조합정책심의위원회 구성 및 운영 (제2조 및 제 3조)

협동조합정책심의위원회는 위원장을 포함한 관계 중앙행정기관과 민간위원 등 20인 이내의 위원으로 구성하고 재적위원 과반수 출석과 출석위원 과반수의 찬성으로 의결한다.

② 협동조합 및 사회적협동조합 등의 운영의 공개 (제6조 및 제13조)

협동조합 및 사회적협동조합 등은 매 회계연도의 결산일부터 3개월 이내에 정관, 사업계획서, 사업결산 보고서, 사업결과 보고서 등 주요 경영 공시자료를 공개하도록 한다.

③ 사회적협동조합 등의 설립인가 (제8조 및 제9조)

사회적협동조합 등의 설립인가신청서 서식과 수입 · 지출 예산서, 출자 1좌당 금액과 조합원 또는 회원별로 인수하려는 출자좌수를 적은 서류 등 설립인가신청에 필요한 첨부서류를 정한다.

④ 사회적협동조합의 주사업 판단기준 및 방법 (제11조 및 제12조)

사회적협동조합의 주사업의 세부기준 및 사회적협동조합의 목적사업이 주사업에 해당하는지를 판단하는데 필요한 판단방법을 정한다.

4. 협동조합기본법과 타 법령과의 관계

협동조합기본법이 협동조합에 관한 모법(母法)으로서의 역할을 한다고 볼 수 있지만 기존에 8개의 협동조합 특별법(개별법)이 있어서 우리나라의 경우 협동조합에 관한 통합법체제는 아니라고 할 수 있다. 또한 협동조합기본법이 협동조합의 활동에 관한 모든 것을 규율 또는 규정할 수는 없는 일이다.

앞에서 간단히 언급하였으나 협동조합기본법 제13조 및 제14조에서 규정하고 있는 다른 법률과의 적용관계, 즉 협동조합기본법과 기존의 협동조합 개별법(특별법)의 관계를 좀 더 살펴보기로 한다.

협동조합기본법 제13조 제1항에서는 다른 법률에 따라 설립되었거나 설립되는 협동조합에 대해서는 협동조합기본법이 적용되지 않음을 명시하고 있다.

다시 말하면, 협동조합기본법은 기존의 협동조합 개별법상의 협동조합에 대해서는 그 적용이 배제되는 것이다. 그런 의미에서 현행 협동조합기본법은 협동조합을 규율하는 법으로서 완전한 의미에서의 '기본법'이라고 하기에는 미흡한 점이 없지 않다. 그렇기 때문에 협동조합기본법 이전의 협동조합 관계법을 협동조합 '특별법'이라고도 부르는 것이다.

예를 들어, '아이쿱' 같은 소비자생활협동조합(생협)의 경우 협동조합기본법이 적용되는 것이 아니라 소비자생활협동조합법이 적용된다.

한편, **협동조합기본법 제13조 제3항**에서는 협동조합등 및 사회적협동조합등의 행위에 대해서는 공정거래법의 적용을 배제하고 있다.

즉 협동조합이 소규모의 사업자 또는 소비자의 상부상조를 목적으로 하고, 임의로 설립되고, 조합원 또는 회원의 가입 · 탈퇴가 자유로운 협동조합으로서, 각 조합원이 평등한 의결권을 가지며, 조합원에 대한 이익배분한도를 정관에 미리 정하여 놓은 경우에는 공정거래법을 적용하지 않도록 규정하고 있는 것이다. 물론 협동조합 등이 어떤 거래분야에서 부당하게 경쟁을 제한하는 경우에는 공정거래법이 적용된다.

다음으로 **협동조합기본법과 민법 · 상법과의 관계**에 대해 알아보자.

협동조합기본법이 어떤 측면에서는 민법과 상법의 중간영역에 위치한다고 볼 수 있다. 협동조합기본법은 일반협동조합과 사회적협동조합이라는 두 가지 유형의 법인형태를 규정하고 있는데, 일반협동조합은 상법상의 영리적 법인에 더 가깝고 사회적협동조합은 민법상의 비영리사단법인과 공통점이 많다.

이것이 의미하는 바는 일반협동조합은 영리적인 성격이 강하여 협동조합기본법에서 미처 규정하지 못한 사항은 상법의 일부 규정을 준용할 수 밖에 없다는 것이며, 실제로 협동조합기본법도 상법의 일부 규정을 준용하도록 하고 있다. 즉 협동조합기본법은 제14조 제1항에서 상법 「제1편 총칙」 외에 「제2편 상행위」 중 일부 규정을 준용하도록 하였다. 뿐만 아니라 '상법 제3장의2 유한책임회사'에 대한 규정의 내용을 일부 준용하도록 한다. 이와 같이 협동조합이 상법의 규정을 준용하는 사항을 좀 더 세부적으로 살펴본다.

첫째, 상법 「제1편 총칙」의 경우, 자기명의로 상행위를 하는 자를 협동조합이라 한다든가, 동일한 영업에는 단일상호를 사용해야 한다든가, 지점의 상호에는 본점과의 종속관계를 표시해야 하고, 부정한 목적으로 타인의 영업으로 오인될 수 있는 상호를 사용할 수 없도록 하는 것 등이다. 뿐만 아니라 협동조합 등은 영업상의 재산 및 손익상의 상황을 명백히 하기 위하여 회계장부 및 대차대조표를 작성해야 하고, 이를 10년간 보존해야 하는 것도 상법의 규정을 준용한 경우에 해당한다.

둘째, 협동조합기본법 제14조 제2항은, 사회적협동조합등이 협동조합기본법에서 규정한 사항 외에 민법의 법인, 즉 비영리법인에 관한 규정을 준용하도록 한다. 이에 관한 민법의 규정은 주로 민법 「제1편 총칙」 제3장의 법인에 관한 규정이 될 것이다. 그 주요 내용은 다음과 같다.

- 이사의 대표권 제한에 관한 사항:

  민법 제41조, 이사의 대표권은 미리 정관에 기재하지 아니하면 제한할 수 없다.

- 이사의 직무집행정지 및 직무대행자선임가처분에 관한 사항(가처분변경 또는 취소 포함):

  민법 제52조의2, 이사직무집행정지, 직무대행자선임, 가처분변경 또는 취소 등을 주사무소와 지(支)사무소에 등기를 하여야 한다.
- 조합원의 지위양도 또는 상속에 관한 사항:

  민법 제56조, 조합원의 지위는 양도 또는 상속불가하다.
- 이사의 장기부재 또는 결원시 임시이사 선임에 관한 사항:

  민법 제63조, 이사의 부재 또는 결원으로 손해발생의 염려가 있을 때 법원은 임시이사를 선임하여야 한다.
- 이사의 업무집행시 선량한 주의의무 준수에 관한 사항:

  민법 제65조, 연대배상책임에 관한 규정 등을 준용한다.
- 이사의 임무해태시 손해배상책임에 관한 사항
- 청산인의 채권자고지의무에 관한 사항

제2부

협동조합으로 성공하기

1장

협동조합으로 성공할 수 있다!

1. 경쟁보다 협력

노벨경제학상 수상자 엘리노어 오스트럼은 그녀의 저서 『공유의 비극을 넘어』(2010년)에서 "불안정한 경제환경하에서는 경쟁보다 협력이 우월할 수도 있다."라고 하였다. 여기서 '협력'은 협동조합 같은 공동체를 말한다.

협동조합은 수정자본주의적 정부주도나 신자유주의적 시장주도적 문제해결 방식이 아니라 '공동체적' 문제 해결을 지향한다. 어느 한쪽에 치우친 해결방식이 아니라는 의미에서 대안적(代案的) 제3의 문제해결 방식인 것이다.

우리나라 협동조합의 시대적 의미는 협동조합기본법 발효 이전과 발효 이후로 확연히 달라졌다. 협동조합기본법 발효 이전은 특정 부문에 대한 정책적 차원의 개별법 협동조합 시대였다면, 협동조합기본법 발효 이후는 자유롭게 협동조합을 만들고, 그 조합의 운영에 참여할 수 있게 된 협동조합 시대가 된 것이다.

우리나라는 8개 개별법 협동조합 시절에도 여러 협동조합 유관단체가 활동하고 있었고, 소비자생활협동조합(생협)을 중심으로 상당히 활발한 협동조합 활동이 있었다. 아이쿱, 두레 같은 생활협동조합, 의료생활협동조합, 신용협동조합, 각종 분야의 사회단체들이 협동조합 형태로 운영을 해온 것이다(다음 페이지 표 참조). 이러한 협동조합이나 '유사' 협동조합들이 협동조합 본연의 원칙과 가치의 발현에서는 다소 미흡했을지는 몰라도 우리나라의 협동조합의 역사에서 한 축을 담당하여 왔던 것만은 분명한 사실일 것이다.

오늘날 세계적으로 성공한 기업 못지않은 성공적인 협동조합들이 많다. 주식회사 등 일반기업의 궁극적인 지향점은 이익극대화이겠지만, 그러기 위해서는 충성고객을 최대한 많이 확보하는 것일 것이다. 하지만 협동조합은 조합설립과 함께 이미 자주·자립·협동하는 조합원이라는 충성스런 '내부고객'을 보유하게 되는 것이다. 이렇게 보면 협동조합은 이미 설립시점부터 장기적인 존속 및 성장발전이라는 조직으로서의 비전을 달성할 수 있는 중요한 여건을 갖추었다고 할 수 있지 않을까?

이제는 '비즈니스=기업'이라는 비즈니스 등식에서도 벗어나야 한다. 다중(多衆)의 협동과 자조에 의해서도 비즈니스를 할 수 있다는 것이다. 협동조합 활동은 비즈니스를 하는 또 '다른 방법'의 하나라는 사실에 유의하자!

따라서 무슨무슨 주식회사(기업)만 사업을 할 수 있는 것이 아니라는 것이다. 협동조합기본법도 협동조합에 대해, '재화 또는 용역의 구매·생산·판매·제공 등을 행하는 사업조직'임을 분명히 하고 있다.

다만 협동조합은 그러한 '사업'을 경쟁보다는 협력에 중점을 두어 추진하는 것이다. 이제는 정말 협동조합에 대한 막연한 편견과 오해에서 벗어나야 할 때이다.

협동조합 관련단체 및 사이트(일부)

[협동조합기본법 발효 이전]

아이쿱(iCOOP) 소비자활동연합회	http://www.icoop.or.kr
농업협동조합	http://www.nonghyup.com
농촌사랑 범국민운동본부	http://www.ifarmlove.com
농협경제연구소	http://www.nheri.re.kr
두레생협연합	http://www.dure.coop
민들레 전원주택 협동조합	http://cafe.naver.com/mhouse2012
사회적경제센터	http://www.center4se.org
수협중앙회	http://www.suhyup.co.kr
신용협동조합	http://www.cu.co.kr
여성민우회생협 연합회	http://www.minwoocoop.or.kr
여행생활협동조합 사랑채	http://tcoop.so
완주 CB센터	http://wanjucb.tistory.com
주민생활협동조합	http://www.jucoop.com
주택건설 협동조합	http://cafe.daum.net/housecoop
코사마트(한국슈퍼마켓협동조합회)	http://www.kosamart.net
통신소비자 생활협동조합	http://www.tong.or.kr
품앗이생활협동조합	http://www.poomcoop.or.kr
한국부동산사업협동조합	http://www.correco.or.kr
한국사회적기업진흥원	http://www.socialenterprise.or.kr
한국소비자생활협동조합연합회	http://www.kococo.org
한국의료생활협동조합연대	http://www.medcoop.or.kr
함께일하는재단	http://www.hamkke.org
함께걸음 의료생활협동조합	http://www.healthcoop.or.kr
협동조합형 창업 희망자 모임	http://cafe.daum.net/pipls3
환경연합 에코생협	http://www.ecocoop.or.kr

협동조합은 이미 170여 년 동안 자본주의적 주식회사 형태의 기업과 같이 경제활동을 해온 역사를 가지고 있다. 뿐만 아니라 특정 분야에서는 협동조합이 주식회사 등 일반기업보다 더 큰 효율성을 보여왔다. 그 예로서, 뉴질랜드의 대표적 낙농기업 폰테라, 스페인의 몬드라곤 같은 협동조합은 충분히 성공적이었다.

이들 협동조합을 포함한 전 세계적 협동조합의 상황과 추세는 협동조합원수가 약 10억 명에 달하고, 협동조합으로 1억 개의 일자리가 창출되었으며, 세계 300대 협동조합의 총매출은 1조 6천억 원에 이를 정도로 협동조합은 세계 제9위 경제대국과 비슷한 경제활동규모를 나타내는 것으로 보고[1]되고 있다. 자조와 협동에 의한 공동체적 사업방식도 충분히 성공적일 수 있음이 전 세계적으로 입증되고 있는 것이다.

협동조합이 활발한 국가는 프랑스, 미국, 독일 등이며, 산업에서 협동조합의 비중이 높은 분야는 농업, 임업, 은행 · 신용조합, 소비자 · 소매업 분야로 나타났다.

아울러, 정부에서도 협동조합기본법 시대에 협동조합으로 사업을 하고, 고용창출에 많은 기여를 할 것으로 전망하고 있다. 기획재정부는 협동조합이 경제적 효과와 사회적 효과[2]라는 2가지 측면에서 사회 · 경제에 기

---

1 기획재정부는 2012년, 해외 및 국내 협동조합 사례를 정리해 「글로벌 300보고서-세계의 협동조합」이라는 제목의 보고서를 발표했다. '글로벌 300 보고서'는 세계협동조합연맹(ICA)에서 발간한 것으로 2008년 기준 세계 300대 협동조합(매출액 기준)의 실적 자료가 담겨 있다. 이 보고서에 따르면 세계 300대 협동조합의 총 매출은 1조 600억 달러로 국내총생산(GDP) 기준으로 세계 9위권 나라의 규모에 해당한다. 우리나라에서는 농업 · 임업 분야의 농협중앙회가 총 매출 약 320억 달러를 기록하며 세계 9위를 차지했다. 협동조합 활동이 가장 활발한 국가는 프랑스로 전 세계 협동조합 매출의 28%를 차지하고 있다. 또한, 이 보고서는 각국의 대표적인 협동조합도 소개하고 있다.

2 2012년 7월 3일자 기획재정부 보도자료 참조. 경제적 효과는 창업활성화를 통한 일자리 확대, 유통구조 개선을 통한 물가안정, 경제위기시 경제안정 효과를 기대하는 것이고, 사회적 효과는 사회적 취약계층에게 일자리 및 사회서비스를 제공하여 사회적으로 취약한 복지시스템을 보완하고 '일을 통한 복지' 이른바 생산적 복지 또는 생산복지에 기여하는 것을 말한다. 실례로 스페인의 3대 기업규모에

여할 것으로 보고 있다.

좀 더 구체적으로는, 협동조합기본법의 시행 이후 5년간 최소 8,000개에서 최대 1만개의 협동조합이 설립되고, 이를 통해 취업자수는 향후 5년간 4~5만 명 정도 증가할 것으로 전망하고 있다.[3]

이것은 협동조합이 충분히 독립적이고 성공할 수 있는 비즈니스 활동의 수단임을 여실히 보여주는 것이다. 또한 협동조합으로 사업을 하면 오히려 성공할 수 있는 분야와 업종, 품목 및 서비스가 분명히 존재한다는 것이다.

이렇게 볼 때, 협동조합기본법의 시행은 다음과 같이 협동조합이 **서민경제의 '디딤돌'** 역할을 할 가능성을 의미한다고 하겠다.

첫째, **협동조합을 자유롭게 설립**할 수 있게 되었다.

최소 5명의 조합원(발기인, 설립동의자)만 있으면 된다. 즉 협동조합기본법상으로는, 30명으로도 가능하고 극단적으로는 5명의 조합원만 모집되면 조합설립이 가능하다는 점에서 조합설립이 쉬워진 것이다. 이전 지역농협의 경우 1,000명 이상, '생협'의 경우 300명 이상의 조합원이 있어야 설립이 가능했다는 점에 비하면 협동조합기본법 체제에서의 협동조합 설립은 훨씬 쉬워진 것은 분명해 보인다.

다만, 여기서 유의해야 할 점이 있다.

협동조합기본법상으로 협동조합 설립이 협동조합 개별법에 의한 설립보다 그 설립요건이 훨씬 완화된 것은 사실이다. 그렇다고는 해도 이것

포함된다고 하는 몬드라곤 협동조합 복합체(MCC)는 협동조합간 협동을 통해 2008년 금융위기를 극복한 바 있다.

3 2012년 11월 28일에 개최된 관계부처 합동 위기관리대책회의(기획재정부 장관 주재)에서 의결된 「'협동조합기본법' 시행과 향후 정책방향」 참조.

은 어디까지나 상대적으로 그렇다는 것이다.

실제로 조합을 설립하다 보면 조합원규모에 상관없이 조합원간 갈등이나 의견차이로 조합설립에 차질이 발생하여 조합설립이 지연되거나 아예 조합설립이 불가능한 경우도 발생할 수 있다는 점에서 협동조합기본법 체제에도 협동조합 설립이 마냥 수월하기만 한 것은 아니라고 할 수 있다.

둘째, **협동조합 설립**이 거의 **모든 분야에서 가능**해졌다.

협동조합 개별법 시대에는 농 · 수 · 축산 등 1차산업 및 금융 · 소비부문 위주로 협동조합 설립이 이루어졌다. 하지만 이제는 2 · 3차산업, 특히 서비스업이 다양화되어 이들 분야에서 다양하게 협동조합을 설립(금융업과 보험업은 제외)할 수 있게 되었다는 것이다.

협동조합기본법은 그동안 협동조합을 설립할 사회 · 경제적 필요성이 제기되어 왔는데, 이러한 사회 · 경제적 분위기를 반영한 것이다.

셋째, 사회적 목적 실현을 우선시하는 **사회적협동조합을 설립**할 수 있게 되었다.

협동조합기본법은 사회적협동조합으로 하여금 생산자, 소비자, 직원, 자원봉사자 및 후원자 등 다양한 이해관계자를 발기인 또는 설립동의자로 구성할 것을 설립인가 기준으로 하고 있다. 지금까지는 사회적기업이 설립취지(공익목적)와 조직형태(영리적 주식회사 법인)가 불일치했던 것을 협동조합기본법의 발효로 해결할 수 있게 되었다.

사회적협동조합을 통해 자활기업, 돌봄사업 등 국가나 지방자치단체가 수행하는 복지사업에 참여할 수도 있다. 자활기업이나 돌봄사업 종사자들이 5명 이상 모여 협동조합을 설립하여 자조 · 협동하면서 운영하면 자생력 또는 경쟁력을 높일 수 있을 것이다.

2. 자본에서 사람 중심으로!

1987년, 한겨레신문이 많은 사람들이 낸 기금으로 창간되었다. 당시로서는 참 특이한 발상이었다고 할 수 있다. 그때 지금의 협동조합기본법이 있었더라면 아마 한겨레신문은 일반시민들이 조합원이 되고, 이들 조합원들의 헌신적인 참여와 출자금으로 운영되는 '한겨레신문협동조합'이 되었을지도 모를 일이다. 마치 미국의 뉴스 공급 협동조합인 AP통신사처럼 말이다.

이렇게 가정을 해볼 수 있는 경우가 어디 한겨레신문뿐이겠는가? 수많은 소기업, 자영업 소상공인들이 자금부족과 제대로 된 준비 없이 창업과 폐업을 반복하고 있다. 그러다 보니, 자영업 업종은 창업후 생존기간이 점차 짧아지고 있고, 평균수입은 감소하고 있다. 이것은 자영업자 단독으로는 창업이나 운영을 해서 경쟁력을 갖기가 점점 어려워진다는 것을 의미한다. 사회적 서비스 분야에서 2007년 이후 많이 창업된 사회적기업도 마찬가지다. 이들이 만약에 단독창업을 하지 않고 최소 5명만이라도 모여 협동조합을 설립했더라면 어땠을까라는 가정도 해볼 수 있는 것이다.

그러므로 영세 자영업자나 소상공인들, 택배업자나 학습지 교사, 대리운전 기사 등 자본금이 부족한 취약계층과 미취업자들이 일반기업 형태의 창업에만 집착할 것이 아니다. 수많은 프랜차이즈 빵집, 기업형 슈퍼마켓(SSM), 대기업 커피 전문점 등등에 대하여 동네 개인 자영업 단위의 빵집, 커피숍이 이들과의 경쟁에서 이기리라고 보는 것은 안이한 판단이다.

또한 도시의 취약지구, 도서(島嶼), 산간벽지 같은 낙후지역의 주민들은 사회적 서비스를 절실히 필요로 한다. 이런 지역에 영리추구에 몰두하는 기업이나 자본이 투입되기를 기대하기는 어렵다. 이럴 경우 사회적협동조합이 중요한 역할을 할 수 있게 된다.

근래에 커다란 사회문제로 등장하다시피 한 대형마트, 기업형 슈퍼마켓(SSM)과 영세상인 및 소상공인간의 사회 · 경제적 이해관계 대립을 현재의 소상공인 지원 정책만으로는 해결하기 어렵다는 것은 이미 분명해진 사실이다. 협동조합기본법의 입법취지도 이른바 '골목상권'으로 상징되는 소상공인의 생존과 사회적 취약계층의 자력갱생을 지원한다는 것이다. 이들은 아무래도 자본력이나 영업능력도 부족한 것이 일반적일 것이다.

뭉치고 합쳐서 커진 '사람'의 힘으로 경쟁력을 확보하는 것, 바로 그것이 협동조합의 방법이며, 해결책은 협동조합 외에는 없다고 할 수 있는 것이다. 즉 '더불어' 협동조합을 만들어 비즈니스를 시작하고, 소상인들이 협동조합을 통해서 공동으로 물류, 판촉, 홍보 등을 통해 경쟁력을 확보하는 것이 더 나을 수 있는 것이다.

2012년 12월부터 협동조합기본법이 시행된 이후 거의 모든 사업 영역에서 협동조합 설립이 가능해졌다. 앞으로는 사회적 서비스를 중심으로, 제조업 · 농어업 업종을 포괄하는 다양한 협동조합이 생겨날 것으로 예상된다.

국가경제적으로도 협동조합으로 창업이나 비즈니스를 촉진해야 할 시대적 전환기에 서 있음을 의미한다. 이제는 아나톨 칼레츠키(Anatole Kaletsky)[4]가 말한 이른바 '자본주의 4.0시대'[5]이다. 여기에는 자본보다는 '사람'이 중심이 되어 공생발전하는 시대적 소명이 녹아들어 있는 것이다.

협동조합을 설립하여 원재료 공동구매부터 공동생산, 공동배송, 공

---

4 러시아 태생의 경제학자 아나톨 칼레츠키는 2011년 11월 8일에 방한하여 '자본주의 4.0시대 기업의 역할과 책임'이라는 주제를 가지고 새로운 자본주의 시대에 적합한 기업가정신에 대해 강연을 한 바 있다.

5 기획재정부는 사회양극화 해소와 서민경제의 활성화를 도모하는 대안모델로서, 기존 주식회사나 비영리법인과 달리 소액 · 소규모 창업, 취약계층 자활을 통한 '공생발전' 모델의 의미로서 '자본주의 4.0시대'라는 용어를 사용한 바 있다.

동판매 등 종합적인 '협력비즈니스' 또는 공동사업이 가능해졌다. 이른바 '사회적 약자'인 취약계층도 생존을 넘어서 인간다운 생활로 진입할 수 있는 좋은 기회를 맞이한 것만은 분명해 보인다. 정부(중소기업청)에서는 이미 2013년 초부터 '소상공인협업화 시범사업'을 시작했다. 2013년에는 300~400개의 협동조합 설립을 지원하고 연차적으로 지원규모를 늘려갈 계획이다.

3. 국내의 사례 [6]

협동조합을 통해 경제활동의 기회를 넓히고, 일자리를 창출하며, 원하는 서비스를 충족시키는 사례는 적지 않다. 그리고 한 도시 전체가 협동조합 활동으로 유명한 곳이 있다. 복합적 협동조합이 활발한 원주시의 원주협동사회경제네트워크, 서울 마포의 '성미산마을' 등이 이에 해당된다.

1) 원주협동사회경제네트워크

'원주협동사회경제네트워크'는 2003년에 원주협동조합협의회라는 단체가 만들어졌고, 2009년에 19개의 협동조합과 사회적기업들이 네트워크를 형성하면서 현재의 이름으로 개칭했다. 원주협동사회경제네트워크는

6 「협동조합기본법」 설명자료(기획재정부, 2012).

말 그대로 사회적 경제네트워크이다. 협동조합과 사회적 기업 등이 중심이 되어 20여 개의 단체들로 이루어진 일종의 복합단체이다. 처음에는 도농(都農) 직거래 위주의 조합활동을 했으나 이후 육아문제, 노인문제 등으로 영역이 확대되었다.

그러던 것이 1997년 IMF라는 국가적인 경제위기에 직면하면서 개별적 협동조합 활동으로는 지역의 다양한 서비스 수요나 문제들을 해결할 수 없다는 것을 깨닫고, 방향전환을 시도하게 되었다. 이전까지의 개별적 조합활동을 지양하고 협동조합간 협력을 하여 오늘날의 원주협동사회경제네트워크에 이르게 된 것이다.

협동조합 도시 원주 협동조합 (일부)

원주협동조합운동협의회	http://www.wjcoop.or.kr
원주의료생활협동조합	http://wjmedcoop.ewonju.com
원주축산업협동조합	http://www.wonjulc.com
원주노인생활협동조합	http://www.coop6080.com
한살림(1호점)	http://www.hansalim.or.kr
원주생협	http://www.wcoop.or.kr
원주에사는즐거움	http://joy.wjcoop.or.kr
원주밝음신협	http://www.bkcu.co.kr

물론 스페인 바스크 지방의 몬드라곤협동조합복합체(MCC)에 비해서는 소규모이고, 아직 완벽한 협동조합공동체(복합체)라고 보기에는 다소 미흡하지만 상당히 주목할 만한 사례가 아닐 수 없다.

원주협동사회경제네트워크에는 친환경농업 분야의 생산과 가공분야, 유통 · 소비분야, 신용분야, 교육 및 사회서비스 분야, 환경생태 · 문화 분

야에 관한 조합 조직들이 참여하고 있다.[7]

2) 성미산 마을공동체

우리나라에는 원주의 '협동사회경제네트워크' 외에도 협동조합네트워크가 활발한 지역이 여러 곳 있다. 그 중에서도 서울 마포 구 성산동의 **'성미산마을'**은 협동조합 시스템, 즉 협동조합네트워크를 이용하여 지역적인 불리한 여건을 극복하고 이른바 '마을재생사업'에 성공할 수 있다는 것을 보여주는 대표적인 사례라고 할 수 있다.

'성미산마을' 지역은 서울에 소재하기는 하지만 사회적 서비스 여건이 그리 좋은 곳이라고는 할 수 없었다. 처음에는 '성미산마을 지키기' 운동으로 시작된 이 '성미산 마을공동체'는 이제 협동조합복합체(네트워크)로서의 특성을 가지고 있으며, '협동조합으로 사업하기'를 하는 사람들이 모여 사는 곳이 되었다.

즉, 이들은 자신들이 필요로 하는 사회적 서비스를 마을네트워크 소속 조합업체들을 통해서 공급받는다. 주거, 보육, 의료 등의 문제를 공동체적으로 해결하고 있는 자생(自生)마을로 다시 태어난 지역이 바로 '성미산마을'이다. 도시 내의 '자생 커뮤니티'라고도 할 수 있을 것이다. 성미산 마을공동체에는 공동육아협동조합, 방과후 어린이집, 생활협동조합, 성미산차병

---

7 협동조합은 조합원이나 이용자가 주인이 되는 사업조직이므로 각각의 협동조합은 한 명의 다중(多衆)이용자에 대해 경쟁하지 않고 협력하며 사업을 수행할 수 있다. 협력하는 공동체적 사업수행이 바로 협동조합활동의 가치이기 때문이다. 원주의 협동사회경제네트워크가 이를 잘 입증해 준다고 할 수 있는데, 20여 개의 네트워크 소속 조합조직들이 협력하여 상호부조적 활동을 수행한다. 그리하여 소속 조합들이 서로 경영안정성을 도모하는 것이다.

원협동조합(자동차 정비소), 동네부엌(반찬가게), 되살림가게(자원 재사용), 한땀두레(바느질 작업장) 등이 공동체를 이루고 있다.

3) 소비자(의료)생활협동조합 : '한살림' 등

협동조합기본법 이전에도 **'한살림'**, **'아이쿱'**과 같은 소비자생활협동조합, '소꿉마당', '영차어린이집'과 같은 공동육아협동조합, '원주의료생협', '안산의료생활협동조합'과 같은 의료생활협동조합이 있어 왔다.

그 중에서도 '한살림생협'[8]은 원주한살림생협 등 전국에 지역매장 100여 군데에 친환경 · 유기농 농산물 공급으로 2012년 현재 총조합원수 30만 명, 총출자금 200여억 원, 매출액규모 수천 억 원으로 성장하였다.

'원주의료생협'[9]은 2002년에 설립되었다. 원주의료생협의 주요 활동은 의원, 공공기관 위탁사업(지역아동센터 등), 건강검진, 요양보호사 교육 등 지역주민 건강을 위한 보건의료 활동이다. 유아용 백신을 일반병원에 비해 낮은 가격으로 접종하는 등 지역의료비 절감에도 일정 부분 기여하였다고 볼 수 있다.

이것은 협동조합 활동이 조합원뿐만 아니라 지역주민 전체에도 이익이 되므로 지역사회에 기여한다는 협동조합원칙에도 부합하는 사례라고

8 '한살림' 생협의 시작은1985년 6월 24일, 원주지역에서 사회운동을 하던 박재일(전 가톨릭농민회)과 몇몇 가구가 먹거리 교류를 위해 원주소비자협동조합을 만들었고, 1986년 12월 4일에는 무농약 쌀과 잡곡, 참기름, 유정란 등을 가지고 서울 제기동에 '한살림농산' 이라는 쌀가게를 열어 판매를 한 것이 그 시작으로 볼 수 있다.

9 '의료생협'이란 지역주민들이 의사를 비롯한 의료전문가들과 협동하여 의료기관을 설립 · 운영하고, 지역사회에서 장애인, 노인 등의 건강취약계층들을 위한 서비스를 주민 스스로의 힘으로 해결하고자 하는 생활협동운동이다.

할 수 있다.

'안산의료생활협동조합'은 2000년 4월에 경기도 안산에 설립된 의료분야 협동조합병원으로서, 안산협동조합협의회 소속이며, 생활협동조합적 성격과 사회적기업이라는 두 가지 특성을 가지고 있다.

이 조합은 '믿을 수 있는 의료기관'으로서 다양한 지역공동체 활동으로 지역사회에 기여하는 것을 목표로 한다. 각 조합원은 최소 출자금인 1만원 이상을 출자하면 조합원이 된다. 의사도 부담 없이 편안하게 진료하게 하고, 조합의 주 이용자들인 지역주민 조합원들도 과잉진료에 대한 걱정 없이 진료를 받을 수 있도록 노력한다.

안산의료생협은 2012년 현재 새안산의원, 치과의원, 한의원 등 7개의 사업체를 운영하는 일종의 협동조합복합체에 속하며, 총 조합원수 5,300여 가구, 사업규모는 30억 원 가까이 된다.

'대학생활협동조합'은 서울대 등 전국의 주요 대학들도 협동조합에서 무풍지대는 아니다. 30여 개의 대학들도 이미 교내에 생활협동조합을 설립하여 재학생, 교수, 교직원들을 대상으로 비교적 성공적으로 운영해 오고 있다.

4) 공동육아협동조합

2013년 현재, 우리나라에는 약 60여 개의 공동육아협동조합이 있다. 물론 이들 협동조합이 현재로서는 모두 협동조합기본법상의 협동조합은 아니지만, 일종의 '협동조합 지향 단체'로서 협동조합적 가치를 지향하면서 협동조합운동의 확산에 노력하고 있다.

이러한 공동육아협동조합 중에서 '영차어린이집'과 '소꿉마당' 등 두

곳을 간단히 소개한다.

'영차어린이집'은 경기도 안산시 상록구에 있다. 2001년 4월, 이 지역의 학부모들이 공동출자하여 설립한 일종의 공동육아 어린이집이다. 이 어린이집은 아이들끼리, 조합원 부모들끼리, 그리고 부모와 교사간에 이른바 '열린 관계'를 지향한다. 그리하여 '영차어린이집'은 협동조합을 지향하는 어린이집답게 교육방향에 대해서 부모와 교사가 같이 의논하여 조합원인 학부모들의 소신과 희망에 따라 "어린이는 어린이답게 키운다"라는 목표를 가지고 읽기, 쓰기 등 선행학습은 최대한 줄이고, 인성교육에 주력하면서, 신나게 잘 놀 수 있도록 한다.

한편, **'소꿉마당'**은 우리나라에서 협동조합 도시라고 할 만한 강원도 원주에 있다. 처음에는 22가구가 400만원씩 출자하여 설립한 협동조합이다. 조합원(학부모) 운영회를 통해 교육프로그램, 급식 등을 직접 결정함으로써 보육만족도와 신뢰도를 높이기 위해 노력하고 있다.

5) 협동조합기업의 선구, 서울우유협동조합

1937년에 창립된 서울우유협동조합은 지난 75년간 성공적으로 협동조합 조직으로 사업을 수행해 왔다.

서울우유의 주요 조합원들은 서울, 경기 등 수도권역과 여기에 인접한 강원권역, 충청권역의 낙농가들이다. 5마리 이상의 젖소 사육농가이면 조합원이 될 수 있는 서울우유의 비전은 "더 나은 식품, 더 나은 생활을 창조하는 식품 및 생활문화 창조자"가 되는 것이다.

또한 서울우유의 핵심가치(core value)는 고객가치 중시, 지속적 혁신, 핵심역량 강화, 기업가정신이다. 이러한 서울우유의 조직가치는 보통의 협동조합의 가치 · 이념이라기보다는 초우량기업의 기업가치 · 이념을 보는 것 같다.

이와 같이 서울우유협동조합은 무려 70년 이상이나 협동조합의 가치와 원칙에 충실하면서도 비즈니스적 마인드를 융합하면서 경쟁력 우위를 지속해 왔다. 서울우유협동조합은 인적 결합체로서의 특성과 사업조직으로서의 특성이라는 협동조합의 2가지 본질이 잘 발휘된 성공사례라고 할 만하다. 서울우유는 일반기업형 우유생산업체와 치열한 경쟁 속에서도 오랫동안 시장점유율 1위를 지켜 왔다.

6) 기타 분야 : '서구맛빵'을 만드는 '풍미당베이커리' 등

성공적 협동조합은 이뿐만 아니다. **'풍미당베이커리'** 같은 동네빵집협동조합도 있고, **'갓골작은가게'**와 같이 학교와 지역사회가 어우러진 협동조합 형태도 있으며, 지역주민의 문화적 서비스 수요를 충족시켜 주는 **'신나는문화학교'**와 같은 협동조합의 가치를 살리는 사회적기업도 있다.

동네빵집협동조합이라고 할 수 있는, 이른바 풍미당베이커리의 '서구맛빵'의 사례를 보자.

2012년 6월, 우리나라 빵집과 관련 단체들이 참가한 〈대한민국 동네빵집 페스티벌〉(서울 삼성동 코엑스)이 개최된 바 있다. 이 행사는 이른바 '동네빵집'에서 생산되는 수제(手製) 빵의 우수성을 알려, 영세한 가운데에서도 생존을 위해 경쟁력을 높이려는 소규모 빵집 업자들을 위한 것이었다. 이렇게 우리나라 영세 자영업 빵집들은 프랜차이즈형 대형 제빵업체들과의 경쟁에서 살아남기 위해 힘겨운 노력을 하고 있다. 이러한 가운데 탄생한 것이 '서구맛빵'이다.

'서구맛빵'은 대구광역시 서구에서 이른바 동네빵집 6개 업자가 대구 서구청과 공동으로 개발한 공동 브랜드명이다. '서구맛빵'의 포장지에는 "색색이 빛깔 고운 우리의 영양 간식", "서구지부 맛있는 빵집" 등의 글이 있다. '서구맛빵'이라는 브랜드명은 '대구 서구의 맛있는 빵집'에서 지어진 것이다. 브랜드 공유에 그치지 않고 아예 협동조합을 조직하고 출자금으로 자금을 확보한 다음 제대로 제빵 비즈니스를 펼친다는 계획을 가지고 있다. 대량생산을 위한 설비시설(공장) 등으로 지속적인 발전을 도모하고 있는 것이다.

'갓골작은가게'는 충청남도 홍성에 있다. 1977년에 시작되어 30여 년의 역사를 가지고 있으며 유기농 잡곡, 통밀빵 등 지역농산물과 가공품을 판매하는 농산물 판매가게이다.

'갓골작은가게'는 마을에서 생산한 통밀로 빵을 만들고, 폐유를 재활용하여 비누를 만들어 팔며, 직접 재배한 친환경 농산물을 판매한다. 사실상 '갓골작은가게'는 영농조합법인[10]인 풀무학교생활협동조합의 농산물 판매소라고 해야 할 것이다.

풀무학교협동조합은 처음에는 협동조합 형태가 아니었으나 1993년에 협동조합으로 전환하였으며, 2009년에는 '갓골유기농업 영농조합법인'으로서 조합의 형태를 가지게 되었다. '갓골'이라는 명칭은 변두리라는 의미가 있다고 하며, 풀무학교생협이 자리잡고 있는 동네 이름이기도 하다.

---

10 영농조합법인은 5인 이상의 농민들이 농업 경영의 합리화를 통해 농업의 생산성을 높이고 농산물의 공동 출하 및 가공 · 수출 등을 통하여 농가소득 증대를 목적으로 설립되는 법인이다. 농업 기계화를 도모했던 농업회사법인은 농어촌발전특별조치법상으로 협업적 농업 경영을 통하여 생산성을 높이고 농산물의 출하, 가공, 수출 등을 공동으로 한다.

이러한 '갓골작은가게'는 지역내 소득증대와 도시의 시민들에게 안전한 먹거리 제공을 목표로 하면서 인터넷을 통한 생산자 · 소비자 직거래를 통한 유통비 절감과 소비자가격 인하 효과를 도모하고 있다.

'신나는문화학교'는 서울 금천구에 소재하는 문화예술공동체로서 '자바르떼'(Jobarte)라는 별칭도 가지고 있다. 2004년도에 '소외계층을 찾아가는 문화예술교육사업'을 펼친다는 사업목표를 가진 사회적기업으로 출발하였다. 그 이후 서울 외에 경기, 인천지역에도 지부를 설치하고 지역주민을 위한 문화예술교육, 공연, 체험활동 등을 수행하여 왔으며, 청년 예술인 등 예술가들에게 고정적 수입을 얻도록 하는 일자리 창출도 하고 있다.

'행복한시루봉'은 원주의 협동사회경제네트워크[11]에 속해 있는 사회적 기업이면서 협동조합의 가치와 원칙의 실현을 지향하고 있다.

주로 노동취약계층들을 고용하여 농산물을 가지고 떡을 생산한다. 일반적인 떡공장에 비해 자금부족 등으로 사업상의 난관에 부딪히는 경우가 많지만 가톨릭농민회나 영농조합법인의 재료공급과 생협의 판매지원 등의 협력적 사업구조를 형성하여 사업을 계속하고 있다.

'시루봉'에서 생산된 떡은 원주한살림, 원주생협 등 원주협동사회경제네트워크에 소속된 단체 등에서 판매되거나 소비된다. 떡 생산에 필요한

11 이 네트워크는 한마디로 협동조합 복합체라고 할 수 있는데, 여기에 참여하고 있는 주요 조합 조직으로서 소비자협동조합 계통으로는 행복한시루봉을 포함해서 원주한살림, 원주생협·원주노인생협 · 원주의료생협·상지대생협·남한강삼도생협, 원주생명농업, 살림농산, 친환경급식지원센터, (합)햇살나눔, 신화마을 등이 있다. 또한 육아관련 조합조직으로는 소꿉마당, 참꽃어린이학교가 있고, 성공회 나눔의집 · 갈거리사랑촌 · 원주지역자활센터 등 사회적 활동을 하는 조직도 있다. 이 외에도 (유)다자원·(주)노나메기·문화생협·(영)신화마을·원주밝음신협·원주YMCA아가야, 가톨릭농민회가 참여하고 있다. 이들 협동조합의 총회원수는 3만 명을 상회하며, 원주시 인구의 10%에 해당하는 규모다.

원부자재(原副資材)도 원주협동조합경제네트워크 내에서 가능한 한 조달하고 있다. 다만, 장애인 고용 등 일자리 창출도 하였고, 자립을 위한 신사업 기회 발굴 등 노력을 하고 있으나, 아직은 충분한 매출액을 이루지 못하고 있다는 것이 아쉬운 점이기는 하다.

경기도 이천에 소재하는 **도드람양돈조합**은 '희망과 함께 더불어 사는 세상'을 지향하며 경제사업, 신용사업 및 교육지원사업을 수행한다.

도드람양돈조합이 창립 초기부터 협동조합으로 출발한 것은 아니었다. 처음에는 양돈농가 위주의 주식회사였으나 곧 협동조합으로 전환하였다. 이후 다른 양돈조합을 인수 또는 합병하고 현재의 기업형 품목조합[12]으로 변신하는 과정을 보여왔다.

도드람은 몬드라곤 협동조합처럼 일종의 복합체 협동조합의 형태를 취하고 있다. 도드람복합체 내에는 도드람푸드, 도드람LPC, 도드람환경연구소, 디에스, 도드람유전자연구소 등의 계열조합들이 소속되어 있다. 이들 도드람 소속 조합은 돼지 사육, 즉 생산에서부터 돼지고기 판매에 이르기까지 수직적 계열화로 네트워크를 형성하여 경쟁력을 확보하고, 원가경영을 추구하며, 사료가격의 인하 등 조합원에 대한 복리증진을 도모하고 있다.

위에서 살펴본 바와 같이 한살림, 소꿉마당, 영차어린이집, 원주의료생협 및 안산의료생협, 신나는문화학교, 풍미당베이커리(서구맛빵), 갓골작은가게, 도드람양돈협동조합 등은 협동조합기본법상의 협동조합은 아니

12 농업협동조합법 제2조는 '품목조합'에 대해, "농업협동조합법에 의하여 설립된 품목별 · 업종별 협동조합을 말한다"라고 규정하고 있다.

다. 이들은 개별법인 소비자생활협동조합법상의 협동조합도 있고, 농협법상의 품목별조합도 있고, 사회적기업도 있다.

이렇게 전국 각지에서 다양한 분야에서 협동조합이 설립되어 운영되어 왔으며, 협동조합은 아니지만 협동조합의 가치와 정신을 잘 살려온 단체(사회적기업 등)도 있어 온 것을 알 수 있다. 앞으로 협동조합기본법에 의해 법인격을 취득하고 협동조합활동을 하게 될 수많은 협동조합들은 앞에서 소개한 바와 같이 국내의 성공적인 협동조합 사례들이 시사하는 바를 잘 새겨서 조합운영의 교훈으로 삼아야 할 것이다.

다음 장에서는 해외의 협동조합의 성공 사례들을 중심으로 다른 나라들의 협동조합을 살펴보기로 한다.

2장

'선키스트'가 협동조합이라구요?

:해외의 협동조합 성공사례

우리가 앞에서 살펴본 것처럼 서울우유가 협동조합인 것을 제대로 모르고 있었던 것만 아니니다. 해외의 사례로 눈을 돌려보자.

뉴질랜드 우유협동조합 폰테라, 스페인 축구단 FC 바르셀로나, 미국 AP통신, 과일주스 브랜드인 선키스트, …

위의 이름들은 유명 축구팀 또는 역사가 오래된 통신사이거나 막연히 주식회사 형태의 기업으로만 알고 있었던 것이다.

환상적인 드리블의 축구선수 리오넬 메시로 더 유명해진 축구팀 'FC 바르셀로나', 오렌지음료의 대명사 '선키스트', 전 세계 언론매체에 뉴스를 공급하는 'AP통신사', 뉴질랜드의 우유수출의 중심축으로 자리매김을 한 '폰테라', 2008년의 세계금융위기에도 안정적이었던 네덜란드 은행 '라보뱅크' 등등 …

아니, 이들이 모두 협동조합이었단 말인가?

이들이 모두 세계적 다국적기업과 당당히 경쟁하고, 영리추구와 경쟁력을 최우선시하는 기업보다 더 효율적인 경영을 하고, 협동조합에는 전혀 어울릴 것 같지 않은 축구팀이 성공적으로 운영될 뿐만 아니라 사회적 · 국제적 기부를 행하고, 어느 프로팀 못지않은 인기 축구단이 될 수 있었단 말인가?

1) 오렌지주스의 상징, 미국의 '선키스트'

세계 자본주의의 총본산이라고 할 만한 경제대국인 미국이 의외로 협동조합이 활발하다. 그 대표적인 것이 '선키스트협동조합'이다.

선키스트는 오렌지주스의 대표적 브랜드이며, 품목농협의 하나라고 할 수 있다. 캘리포니아주와 플로리다주의 6천여 명의 오렌지재배 농민들을 조합원으로 하며, 8개 협동조합이 선키스트를 연결고리로 하여 협력하고 있다.

즉, 소매유통기업과 외식업체에 공급하기 위해 수입을 통한 감귤 연중 공급체계를 구축하고, 이뿐만 아니라 비조합원 농민(농장)이나 경쟁회사와도 계약재배나 공동마케팅을 통한 협력관계를 구축하고 있다.

선키스트는 판매협동조합연합회로서의 특징을 가지며, 농업협동조합의 대표적인 성공사례로 평가받는다. 무려 100여 년의 역사를 지닌 선키스트는 고급오렌지와 그것으로 만드는 오렌지주스의 상징적인 트레이드 마크가 되고 있는 것이다. 선키스트의 최대의 강점은 무엇보다도 '선키스트'라는 강력한 브랜드 파워(Brand Power)이다.

조합의 운영에 있어서는 출하량에 비례하여 의결권을 차등화하는 비레투표제를 채택함으로써 협동조합의 1인 1표제를 약간 변형하여 운영하고 있다.

조합원 직접출자는 자본의 10%가 되지 않을 정도 출자금의 비중이 낮은 편이다. 선키스트의 자본은 잉여금의 대부분을 배당하지 않고 내부유보에 의해 착실히 적립하여 온 공동자본이다.

참고로 선키스트의 연간매출은 12억 달러 수준이고, 세계 50여 국가에서 '선키스트'로 받는 로열티도 수천만 달러가 된다고 한다.

2) 거대한 협동조합복합체, 스페인의 '몬드라곤'

'몬드라곤 협동조합'은 스페인의 바스크 지방에 있다. 스페인 북부 바스크주의 인구 수천 명의 소도시 '몬드라곤'에서 1956년 호세 마리마 신부의 주도로 몬드라곤협동조합복합체(MCC)의 최초의 협동조합 울고르(ULGOR)를 만들면서 시작되었다. 이 '울고르'라는 조합은 5명이 석유난로를 만드는 소규모에 불과했으나 오늘날 몬드라곤협동조합복합체의 시발이 된 것이다. 몬드라곤은 단순히 단일 협동조합이 아니다. 몬드라곤의 정식명칭인 몬드라곤협동조합복합체(MCC)에서 알 수 있듯이 금융기관, 연구소까지 포함하고 있다.

경제규모면에서 볼 때 스페인의 10대 그룹에 포함될 정도이며, 공업협동조합 80여 개소, 신용 · 교육 · 연구개발 등 총 100개가 넘는 협동조합의 복합체이다. 이렇게 몬드라곤은 스페인의 바스크 지방을 경제적으로 '책임'지고 있는 것이다.

이러한 몬드라곤은 사회적 경제수단으로서의 협동조합의 가능성을 보여주었다고 할 수 있으며, 협동조합으로서의 운영방식, 당면한 문제, 생

존전략 등 협동조합에 관한 모든 사항에서 시사점을 던져주고 있는 대표적인 협동조합 모델이다.[13]

3) 국민협동조합, 스위스의 '미그로'와 '쿠프'

스위스에는 '미그로'(Migro)와 '쿠프 스위스'(Coop Swiss)[14]라는 거대 협동조합이 있다. 이 두 협동조합, 특히 미그로는 스위스 국내 곳곳에 거미줄처럼 연결된 매장을 운영하고 있다.

이러한 미그로는 '고트리프 두트바일러'[15]라는 사람의 개인기업으로 출발했으나 이후 협동조합으로 조직전환을 했다.

2012년 현재 미그로협동조합은 스위스 전역에서 약 600개의 매장을 운영(시장점유율 20%)한다. 스위스 인구 약 800만 명의 3분의 1이 조합원이고, 고용인원이 8만 명을 넘는다. '국민협동조합'이라고 할 만하다. 이 협동조합은 생필품을 일반상점보다 30~40% 정도 싸게 판매하며, 스위스의 일자리 창출에도 기여하고 있다.

---

13 몬드라곤협동조합복합체에 대한 좀 더 자세한 분석에 대해서는 「협동조합으로 지역개발하라-몬드라곤을 보는 또 다른 시각」(한국협동조합연구소, 2012, 그레그 맥레오드)을 참고하기 바란다.

14 '미그로'라는 말은 프랑스어 demi(절반)과 gros(도매)의 합성어인데, 스위스에서는 '쿠프'라는 말이 우리나라의 슈퍼마켓에 해당하는 소매점을 지칭하기도 한다.

15 두트바일러는 1925년 버스에서 생활필수품을 판매하는 사업을 시작하였다고 한다. 당시로는 중간마진을 제거하고 직거래 방식을 사용했다. 그는 1941년 자신의 회사를 협동조합으로 바꾸었다. 2009년 스위스 국민들을 상대로 한 설문조사에서 두트바일러는 스위스에서 가장 존경받는 인물 2위에 올랐다.

4) 협동조합 축구팀, 스페인의 'FC바르셀로나'

환상적인 드리블을 하는 축구선수 리오넬 메시와 관계가 깊은 FC 바르셀로나 축구팀은 협동조합이다. 1899년에 창단되어 100년 이상의 역사를 가지고 협동조합 형태를 취하고 있으며, 스페인의 프로축구 1부 리그 프리메라리가 소속 프로축구팀이다. 1928년, 스페인에서 프리메라리가가 시작된 이래 단 한번도 1부 리그에서 강등된 적이 없으며, 레알마드리드와 함께 스페인을 대표하는 명문 축구클럽이다.

소속선수들의 유니폼에 유엔 산하기관인 아동구호기금 유니세프(UNICEF) 마크를 붙이고 경기를 하며, 구단 소속 선수들이 행정관리 업무를 직접 수행하기도 한다. 조합원들은 6년마다 구단주를 직접 선출한다. 구단 운영수익의 일부를 유니세프에 기부하고 있다. 2011년 기준 조합원수는 약 19만 명으로, 그 중에서 4만 명은 외국인을 포함한 국외 거주자이다.

5) 협동조합은행, 네덜란드의 '라보뱅크'

협동조합은행으로 유명한 라보뱅크는 네덜란드에 있으며, 전 세계 은행을 통틀어 신용등급 10위권 이내를 유지하는 최상위급 은행[16]에 속한다.

라보뱅크라는 이름은 지금으로부터 110여 년 전인 1898년, 라이파이젠(Raiffeisen) 은행과 보에렌린(Boerenleen) 은행이 합병하고, 두 은행 이름의 두문자(頭文字)인 'RA'와 'BO'를 합쳐 라보(RABO)가 되었다.

---

16 신용평가사인 무디스(Moody's Corporation), 스탠다드 & 푸어스(S&P: Standard & Poor's) 등으로부터 투자적격등급인 '신용상태 최우수' 평가를 받은 바 있다.

라보뱅크는 네덜란드 국내뿐만 아니라, 40여 개의 국가에 해외사무소를 운영하며, 조합원수는 약 200만 명에 이르고, 국내외 고객수는 거의 1,000만 명에 이른다. 따라서 라보뱅크는 단순히 단일협동조합이라기보다는 협동조합그룹으로서 국제적 종합금융협동조합이라고 보는 것이 더 정확할 것이다. 라보뱅크의 경쟁력은 특히 농식품 분야에 협동조합으로서의 역량을 집중하고, 국내외적으로 폭넓고 유대감이 강한 협동적 네트워크를 구축하여, 철저한 무배당원칙으로 조합의 재무구조를 충실히 하여 조합의 활동력 기반을 마련한 데에 있다고 할 수 있다.

6) 풍력(風力)협동조합, 덴마크의 '미들그룬덴'

덴마크의 코펜하겐에서 인근의 해양 풍력발전 지역에 있는 미들그룬덴(Middelgrunden) 협동조합은 환경 문제에 공통적인 관심을 가진 코펜하겐 시민 8천여 명이 참여하여 1997년에 설립되었다.

이들은 전력회사와 협동조합이 함께 풍력단지를 만들고 풍력 터빈을 설치하여 전력을 생산하기 시작한 것이 본격적인 풍력생산협동조합으로 발전한 계기가 되었다. 이 조합은 일종의 생산자협동조합으로서, 전력회사와 협동조합이 함께 협동조합을 만들고 풍력단지를 만들어서 전력을 생산한다.

이 조합의 직접 출자액은 총자본의 5%선에 불과하며, 나머지 자본은 조합운영 잉여금 등 내부유보로 조달한 공동자금이다.

미들그룬덴 조합은 20기 정도의 풍력발전기로 연간 40메가와트의 전력을 생산하며, 코펜하겐 연간 전력 사용량의 약 4%를 차지한다. 이사회를

구성하는 7명의 이사 모두 자원봉사 차원에서 무보수로 일한다.[17]

이러한 미들그룬덴의 사례는 협동조합이 지역사회와 환경문제(친환경 등), 전력생산 등 주요 산업에도 연관되고 있음을 나타내 준다는 점에서 의의가 크다고 할 수 있다. 우리나라 협동조합기본법이나 세계협동조합연맹의 협동조합 7원칙(1995)에서도 협동조합은 지역사회에 대해 지속적인 관심 부여 또는 기여를 할 것을 규정 또는 요구하고 있다.

17 기획재정부(정책조정국 협동조합팀) 보도자료(2012. 1. 26) 참조.

3장

어떤 협동조합이 좋을까!

협동조합의 설립 그 자체는 그리 어렵지 않을 수도 있다. 다만 설립과정에서 발기인들 간의 이해관계나 갈등을 조정하여 공동사업을 확정하고 정관을 작성하는 등 협동조합의 골격을 갖추는 것은 그리 쉬운 것만은 아니다.

정작 문제는 설립된 조합이 실제로 운영되는 과정에서 발생하게 된다. 그러한 문제들을 성공적으로 극복해야만 그 조합은 조합원의 편익극대화와 조합으로서 조직의 영속성을 확보할 수 있을 것이다.

협동조합의 이러한 영속성은 그 조합이 어떤 사업을 공동사업으로 선택하여 운영하느냐에 달려 있다고 할 수 있다. 조합의 영속성은 그 조합의 사업이 얼마나 조합의 비전과 목적을 잘 반영하고, 조합원의 혁신적 참여를 이끌어낼 수 있는 '매력'이 있는가에 좌우된다고 해도 과언이 아니다.

물론 그 협동조합은 협동조합으로서의 가치적 원칙에 충실해야 함은 당연하다. 협동조합은 일종의 사업조직이기도 하지만 한편으로는 '운동'

(movement)의 성격도 지닌다. 조합원의 희생과 헌신, 협동지향적 운동으로서 말이다. 협동조합이 사업체로서의 성격과 인적 결사체라는 이중적 성격을 지닌다고 보는 이유도 바로 여기에 있다.

인적 결사체로서의 협동조합은 희생과 헌신에 의한 협동이 긴요한 것임은 두말할 필요도 없다.

그동안 우리나라의 개별법 협동조합들은 대부분 정책적 목적, 다시 말해서 정부나 국가적 차원의 정책수행을 위한 '도구적 성격'이 강했다. 그러다 보니 협동조합 고유의 장점 또는 필요적 자질로서 자주 · 자립 · 자조라는 협동조합적 특성이 굳이 강하게 요구되었다고는 볼 수 없다. 국가정책적으로 사업보장이 되는 경우가 적지 않았기 때문이다. 즉 개별법 협동조합들은 일종의 '사업권'이 보장된 것이나 마찬가지이므로 '땅 짚고 헤엄치기' 식의 안이한 사업수행이 없었다고는 단언하기 어렵다고 생각된다.

이것은 협동조합기본법 이전의 협동조합은 생존을 위해 사업의 매력도를 높이기 위한 동기부여랄까 그 필요성을 그리 느끼지 못했을 가능성이 높았음을 의미한다.

그러나 협동조합기본법상으로 설립되는 협동조합들은 이전의 개별법상의 협동조합에 비해 전혀 다른 상황에 놓이게 되었다. 이것은 일반협동조합이나 사회적협동조합이나 마찬가지이다. 지금까지 개별법 협동조합은 '망한' 경우가 거의 없었다. 하지만 협동조합기본법상의 협동조합은 그렇지 못한 것이다.

조합설립이 거의 자유로워졌다는 것은(5명 이상의 조합원만 있으면 설립된다는 점에서) 이제는 조합이 그 영속성을 보장받지 못할 수도 있음을 의미한다. 물론 정부나 정책적으로 협동조합을 육성하기 위한 생태계조성 차원에서 지원제도가 만들어질 것이다. 그렇다고는 해도 이것이 협동조합의 영속성을 보장해 주지는 못한다. 결국 협동조합이 조합원에게 편익과 복리를 제공하고 조직으로서 영속하기 위해서는 그 조합의 수행사업이 매력적이어야 한다는 필요성과 당위성이 있는 것이다. 사업이 경쟁력이 있어야 한다는 것과도 일맥상통한다.

그러나 현실적으로 협동조합의 사업은 그 사업항목 자체로는 매력적이지 못한 경우가 많을 것이다. 기획재정부의 협동조합기본법 입법취지에서도 나타난 바와 같이 협동조합기본법령은 '사회적 소외계층의 경쟁력 향상과 일자리 창출'에 있다.

이러한 사회적 소외계층이나 소상공인 또는 영세 자영업자 중심으로 운영되는 협동조합의 사업이 그 자체적으로는 매력적이기 어렵다는 말이다. 이는 협동조합기본법상으로 설립되는 협동조합 사업수행이 녹록치 않을 것임을 의미한다.

협동조합의 사업이 매력적이기 위해서는 주식회사 등 상법상의 회사를 그 주요 구성요소로 하는, 이른바 '시장'이 경쟁력이 없다고 외면하는(?) 분야에서 협동조합의 장점이자 강점인 협동의 힘을 발휘할 수 있는 분야 또는 업종이어야 한다. 그래야만 그 협동조합의 사업의 매력성 또는 매력도는 높아질 것이다.

그러기 위해서는 협동조합은 '협동조합적'이어야 한다는 것이다. 특히 사업선정 및 수행에서 그렇다는 것이다. 협동조합은 가장 '협동조합적'일 때 성공할 수 있다. 시장과 맞상대하여 경쟁하는 분야에서 협동조합의 성공 가능성은 높지 않다고 봐야 한다.

본서의 협동조합 운영부분에서 설명하겠지만, 협동조합은 아무래도 자본조달, 전문인력 확보 등 여러 면에서 불리하거나 약점을 지닌다. 이를 극복하는 길은 협동조합의 인적 결사체로서의 특성을 최대한 발휘하는 것이며, 이것이 사업선택 및 사업수행과 연계되어야만 한다.

앞 장에서 우리나라와 외국의 다양한 분야의 협동조합 사례 또는 성공적인 운영사례를 살펴보았다.

2012년도 말에 협동조합기본법이 발효된 우리나라와는 달리 외국의 경우에는 시장에서 협동조합이 일반기업과 거의 대등한 수준에 있는 경우가 적지 않음을 알 수 있다. 이와 같이 국내외의 협동조합의 성공사례에서 독자 여러분들은 다음과 같은 공통점을 발견할 수 있었을 것이다.

첫째, 성공한 협동조합들은 협동조합의 독특한 소유제도, 즉 '공동으로 소유되는' 장점이 최대한 발휘될 수 있는 조직으로서, 협동조합이라는 시스템을 선택하였다는 것이다.

둘째, 조합운영상의 무임승차 또는 조합원 이기주의를 최대한 억제하고 조합원의 참여와 협동을 강화할 수 있는 협동조합문화 조성에 노력하였으며, 또한 협동조합의 불리한 여건, 예컨대 자본조달상의 취약점에도 불구하고 조합원의 참여와 헌신으로 이러한 불리한 여건을 극복하고 성공적인 조합활동을 할 수 있는 사업분야를 선택하였다는 점이다.

셋째, 세계협동조합연맹(ICA)의 1995년에 발표한 협동조합 7원칙에서도 나와 있듯이 협동조합은 연대와 기여, 즉 조합간 연대로 힘을 기르고, 지역사회에 대한 기여(고용창출 등)에 충실하였다는 것이다.

이러한 3가지 성공요인을 요약하면, 성공적인 운영을 하여 오고 있는 협동조합들은 조합운영 또는 경영에 협동조합 고유의 단점이나 취약점 등의 마이너스 요인이 덜 작용하는 분야를 선택하는 것이 보다 중요하다는 것이다.

협동조합이 강점을 나타낼 수 있는 분야를 잘 선택하고, 여기에 협동조합의 장점을 잘 적용함으로써 세계적인 협동조합으로서 우뚝 서는 존재감을 발휘한, 경쟁력 있는 협동조합도 많다. 스위스와 같은 나라는 '미그로', '쿠프' 등 양대 협동조합이 국민들의 소비생활에 있어 중심축을 이루고 있기도 하다.

이와 같이 오렌지 등 1차 농산품, 풍력 등 자연력(自然力), 금융서비스, 축구 등 운동종목, 설탕 · 비누 등 생필품 등 거의 모든 분야에서 협동조합이 성공하고 있고 모범적인 운영사례를 보여주고 있는 것이다.

우리나라는 아직 자율적이고 자발적인 협동조합의 역사는 길지 않고, 협동조합 본연의 성공사례도 그리 많다고는 할 수 없다.

그러므로 협동조합이 이미 활발하게 활동하고 있는 나라들의 사례들이 시사하는 바를 배워야 할 것이다. 협동조합에 적합하거나 더 잘 운영할 수 있는 업종 또는 품목 및 서비스를 선택하여야만 성공적인 협동조합이 될 수 있는 것이다.

세계적으로 협동조합이 활발한 나라들은 대부분 100년에서 170년 정도의 협동조합의 역사를 가지고 있다. 이러한 협동조합의 역사 속에서 수많은 시행착오를 거치면서 협동조합에 적합한 업종 · 분야가 협동조합의 가치 · 정신과 결합되어 왔음을 유의해야 한다.

여기서 우리가 얻을 수 있는 교훈은 사람이 옷도 자신에게 맞는 옷을 입어야 하듯이 경제활동도 자신의 상황과 능력에 맞아야 한다는 것이다. 좋은 아이디어나 특허기술이 있다고 무턱대고 일반기업으로 창업할 일은 아니다. 벤처나 일반 중소기업으로 창업을 한다 해도 정부의 지원제도가 충분하지 않고, 또 자립은 하지 않고 정부의 지원제도에만 계속 기댈 수도 없는 노릇이다. 그래서 협동조합의 중요성, 즉 대안적 비즈니스 수단으로서의 협동조합이 필요한 당위성이 있는 것이다.

또한 협동조합에 적합한 품목이나 업종, 분야를 선택하여야 하고, 그러기 위해서는 먼저 기존의 대표적 영리기업인 주식회사와 협동조합의 차이에 대해 확실히 알아야 한다.

따라서 우리의 관심사는 앞으로 협동조합으로 성공할 수 있는 어떤 분야나 업종, 산업별 품목일 것인가에 대한 해답일 것이다. 우리는 앞에서 국내외적으로 실로 다양한 분야와 업종에서 협동조합 활동이 이루어지고 있으며, 그 중에서는 주목할 만한 성공사례도 있음을 보았다.

다시 말해서 170여 년 이상의 근대적 협동조합 역사상 모든 협동조합 시도가 성공적인 것이 아니었으나, 협동조합이기에, 협동조합으로 사업활동을 했기 때문에 성공적일 수 있었음도 또한 부인하기 어려울 것이다.

우리는 사람의 생애주기별(life cycle)로도 협동조합이 가능한 분야를 설명할 수 있음을 볼 수 있다. 예컨대 아이를 임신한 산모를 대상으로 신뢰할 수 있으며, 친절하고 과잉진료에 대한 염려를 덜 수 있는 의료생활협동조합, 영유아 등 어린이들을 대상으로 하는 공동육아협동조합, 사교육 부담을 덜기 위해 취학아동들을 대상으로 방과후 학습조합이나 10대 청소년들을 대상으로 하는 대안학교 협동조합, 취약계층에 속하는 성인남녀를 대상으로 하는 노동자협동조합, 노인들을 대상으로 하는 각종 돌봄사업협동조합 등등 그 예는 적지 않게 들 수 있다.

뿐만 아니다. 분야별, 업종별로도 다양한 협동조합은 가능하다. 혼자 운영하면 수지(收支)를 맞추기 어려운 식당 등 외식분야, 노동법 보호를 제대로 받지 못하는 취약근로자(학습지교사, 택배기사 등) 협동조합, 비싼 집값 문제를 해결하기 위한 주택협동조합, 말도 많고 탈도 많은 학교급식을 신뢰할 수 있도록 하는 친환경 급식협동조합 등등 협동조합으로 사업할 수 있는 분야가 참으로 많이 있음을 인정하지 않을 수 없다.

이것은 또한 협동조합으로 해야 오히려 경쟁력을 확보할 수 있음을 의미하는 것이기도 하다. 일반기업이 아니라 협동조합이기 때문에 더 잘할 수 있고, 오히려 성공할 수 있음을 증명해 주는 것이기도 하다.

물론 협동조합을 운영하다 보면 소위 말하는 '시장'(market)에서 일부 분야나 업종에서는 일반기업 등과 경쟁적 위치에 서는 경우도 없지 않을 것이다. 특히 사업자협동조합은 더욱 그러할 것이다. 그럼에도 불구하고 일반기업과 동일한 경영기법이나 접근방식으로는 일반기업과 필적할 수 있는 경쟁력을 확보할 수는 없다. 협동조합과 일반영리기업은 그 'DNA'가 다른 것이기 때문이다. 그러므로 본서에서 주창(主唱)하는 바와 같이 '협동으로 성공할 수 있는' 분야를 찾아서, '협동조합으로 성공해야' 한다.

이 책에서 소개한 바와 같이, 협동조합으로 성공한 사례들에서 교훈을 얻었고, 협동조합의 특성을 잘 이해하게 되었다는 전제하에 앞으로 독자 여러분과 함께 협동조합으로 성공할 수 있는 분야와 그 운영상의 유의점을 찾아 보기로 하자.

1. 일반협동조합인가, 사회적협동조합인가

– 협동조합의 법인유형, 분야 · 업종 선택

이제 본서에서는 어떤 분야의, 어떤 업종이, 무슨 제품과 서비스가 협동조합에 더 어울리고, 협동조합으로서 더 성공적일 수가 있을까에 대해 본격적으로 탐색해 보려고 한다.

우선 협동조합을 설립하려면 선결과제가 있다.

첫째는 조합을 설립하려는 주체는 자신들의 현재나 향후 예정하는 업종이나 품목 · 서비스를 먼저 결정해야 한다는 것이다.

그 다음 단계는 협동조합의 종류를 결정하는 것이다. 즉 설립하려는 협동조합의 분야(업종 · 품목 · 서비스)가 일반협동조합 중에서 생산자협동조합에 적합한지 소비자협동조합인지, 사회적협동조합에 더 적합할 수도 있는 공동육아나 문화적 서비스 또는 돌봄서비스인지 등을 선택해야 한다는 말이다. 그래야만 일반협동조합으로 할 것인지 사회적협동조합으로 할 것인지를 결정할 수 있을 것이다.

일반협동조합 중에서 생산자협동조합은 소규모 생산자들이 각자의 생산의 독립성을 유지한 채 생산, 판매, 구매, 이용, 기업 조합이 가능하다. 이들 조합의 형태는 생산 · 판매 · 구매 · 이용 분야라는 일부 기능만 협동조합을 만들어 활용하는 방식이 된다.

2013년부터 정부(중소기업청)에서 시작한 「소상공인협업화 시범사업」이 그 좋은 예가 될 것이다. 이 사업은 공동마케팅, 공동설비(이용), 공동브랜드 등 6개 분야로 나누어 협동조합을 만들 경우 협업컨설팅(협동조합설립 전 과정에 대한 컨설팅), 교육, 정책자금을 지원한다.

일반협동조합으로서 소비자협동조합은 조합원이 필요로 하는 물품이나 서비스를 공동으로 조달함으로써 조합원의 이익을 도모하는 조합형태이다. 이러한 소비자협동조합은 소비자생활협동조합과 의료생활협동조합으로 나눌 수 있고, 일반적 소비조합(생필품 등), 주택조합, 직장조합 등으로 세분화할 수 있다.

또한 협동조합기본법에서 협동조합의 법인유형을 2가지, 즉 일반협동조합과 사회적협동조합으로 분명히 구분하여 놓고 사업 분야에 대하여도 서로 다르게 규정해 놓았다는 점에 유의해야 한다.

이것은 우리나라의 협동조합기본법도 입법단계부터 일반협동조합과는 별도로 사회적협동조합을 규정함으로써, 협동조합을 하더라도 수행하려는 사업의 중심사업(주사업)에 따라 일반협동조합 또는 사회적협동조합을 선택해야 함을 시사하고 있다.

이것은 협동조합기본법상으로 조합의 설립절차, 조합사업에 있어서도 일반협동조합과 사회적협동조합이 서로 차이가 있기 때문이다. 다시 말해서 일반협동조합은 설립신고와 설립등기만으로도 조합설립이 가능하지만, 사회적협동조합은 관련 부처(정부)의 인가를 받은 후 설립등기를 거쳐야 한다.

그러므로 설립준비 단계부터 영리적인 운영이 요구되는 일반협동조합으로 할 것인가, 공익사업을 많이 수행해야 하는 사회적협동조합으로 할 것인가에 대한 방향설정이 매우 중요하다. 비영리적 사업을 수행하려고 한다면 공익사업을 40% 이상 수행해야 하는 사회적협동조합이 적합하기 때문이다.

예를 들어, 관심분야가 농업 · 어업 · 축산업이라면 협동조합기본법상의 2가지 협동조합의 법인유형 중 일반협동조합의 생산자협동조합이 적당할 것이고, 동네빵집이나 미장원 등이 모여 협동조합을 하려면 자영업자협동조합(또는 소상인협동조합)이 어울릴 것이다. 관심분야가 자활사업, 돌봄서비스 등 사회적 서비스와 관련이 깊다면 일반협동조합보다는 사회적협동조합을 설립하여 운영하는 것이 더 타당할 것이다. 한편 택배기사, 대리운전기사 등 근로기준법의 보호를 제대로 받지 못하는 직종이라면 노동자협동조합을 고려해 볼 수 있을 것이다.

2. 유망한 협동조합 분야(업종)

다음으로는 현재의 업종이나 향후 협동조합으로 설립하려는 분야, 업종, 품목에 따라 일반협동조합 또는 사회적협동조합이 더 타당한 경우에 대해 좀 더 자세히 알아보기로 한다.

우선 협동조합이 주로 설립될 분야로 초점을 좁혀서 어떤 계층과 분야에서 협동조합이 좀 더 활성화되고 많은 조합의 설립이 이루어질 것인지에 대한 분석이 필요할 것이다. 왜냐하면 협동조합기본법의 제정으로 앞으로 활성화될 협동조합의 중심축이 이동하였기 때문이다.

아래 도표에서 보는 바와 같이 협동조합 개별법 시대에는 농 · 수 · 축산, 산림, 엽연초 등 1차산업 분야와 신협 · 금고 등 금융 분야, 그리고 제조업의 중소기업 분야에 한정해서 정책적으로 협동조합이 만들어진 반면, 협동조합기본법 시대에는 모든 산업분야, 특히 3차산업인 서비스 분야에서도 활발한 협동조합 결성이 이루어질 것이다.

협동조합 설립의 중심축 이동

법 제정 전		법 제정 후
• 1차 산업 : 농협, 수협, 엽연초, 산림 • 2차 산업 : 중소기업 협동조합 • 3차 산업 : 신협, 새마을금고	→	모든 산업(1차, 2차, 3차)에서 자유로운 협동조합 설립
〈 법 제정 전 : 1차 산업 중심 〉		〈 법 제정 후 : 모든 산업 〉

자료: 기획재정부, 협동조합기본법 설명자료.

다음 표에서 보는 바와 같이 협동조합기본법의 입법취지도 협동조합이 주로 설립되어야 할 분야로 중소기업 이하 상대적으로 경쟁력이 취약한 기업이나 계층을 대상으로 한다.

1) 분야별 협동조합 적합유형, 활성화 분야

협동조합 활성화 예상 분야

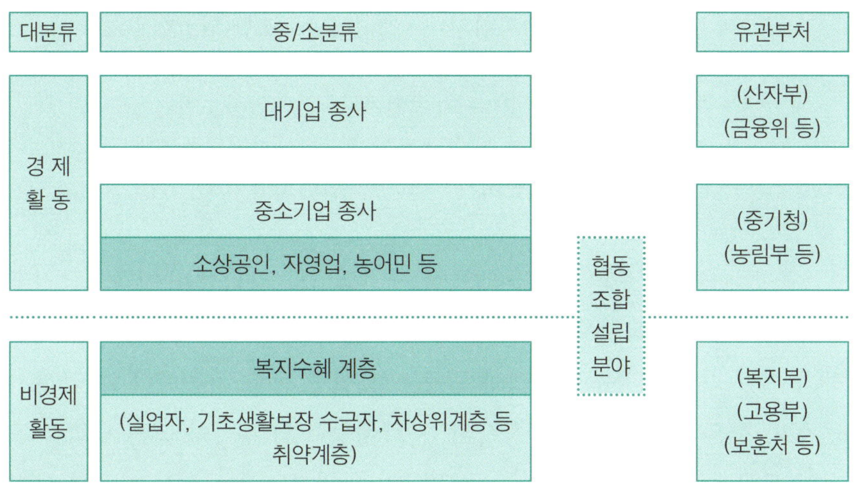

자료: 기획재정부, 협동조합기본법 설명자료.

위의 표에서도 나타나 있듯이 앞으로 협동조합이 활성화될 분야는 중소기업과 소상공인이나 자영업자, 농어민 등과 함께 실업자, 기초생활보장 수급자, 차상위계층 등 이른바 사회적 취약계층이라고 할 수 있는 사회복지 수혜자들이 주로 해당된다고 본다.

한편 정부에서도 협동조합이 주로 활성화될 것으로 예상되는 분야는 주로 소상공인 계층이 될 것으로 보고 있다. 협동조합기본법 공포 당시의 정부 발표에서도 영세 자영업자 등 사회적 취약계층을 위한 입법임을 강조한 바 있다.

우리나라에서 이제야 비로소 모든 분야에서 원칙적으로 자유롭게 협동조합 설립이 가능해진 것은 이미 살펴본 바와 같다. 따라서 영세 자영업자, 소상공인은 **일반협동조합**, 저소득 취약계층의 자활공동체, 돌봄사업 등은 **사회적협동조합**, 학습지교사 · 대리운전 · 퀵서비스 · 택시기사 등은 **노동자협동조합**으로 설립하는 것이 바람직할 것이다.

- 농 · 어 · 축산업(1차산업) → 생산자협동조합(일반협동조합)
- 생활필수품 → 소비자협동조합
- 동네빵집, 미장원 등 → 자영업자(소상인)협동조합
- 자활사업, 돌봄서비스, 공동육아 등 → 사회적협동조합
- 택배기사, 대리운전기사 → 노동자협동조합

뿐만 아니라, 우리나라의 대표적 주거형태로 자리잡은 아파트단지를 중심으로 하는 가정주부들의 공동육아, 자신들의 어려운 활동여건을 개선하기 위한 다양한 문화예술인의 협동조합 설립 등도 가능하다. 지금까지는 이와 같은 자활공동체, 공동육아, 문화예술 등의 분야와 같은 사회적 목적의 실현이나 사회적 서비스를 제공하기 위해서는 주식회사 형태의 사회적기업이 많이 설립되어 왔으나, 그 운영은 당초의 설립목적을 실현하는데 그리 성공적이지 못했다고 할 수 있다.[18]

그러한 까닭으로 앞으로 이러한 사회적기업들이 사회적협동조합으로 전환하거나, 새로운 사회적협동조합이 많이 생겨날 것으로 보인다. 농어촌지역에서도 마을 단위로 통합적 협동조합이 설립될 것으로 전망된다. 근래에 전국의 지방자치단체에서는 '풀뿌리기업'[19] 운동이 활발히 전개되고 있다. 풀뿌리기업은 지역기반으로 재화 · 서비스의 생산, 판매 등의 영업활동

---

18 사회적기업의 운영사례와 성공사례 및 성공스토리, 운영상의 어려운 점이나 문제점에 대해서는 「살맛나는 세상을 꿈꾸는 사회적기업가 21인의 세상 고쳐 쓰기」(한국사회적기업진흥원 외, 2012)를 참고하기 바란다.

19 '풀뿌리기업'이란 사회적 목적 실현에 주목적을 두고 지역주민의 소득증대와 일자리 창출, 그리고 지역공동체의 활성화를 도모하는 활동조직을 의미한다.

을 수행하며 사회적기업 및 예비사회적기업, 마을기업까지를 포괄하는 개념이기도 하다.

풀뿌리기업의 목적이 소득증대, 일자리 창출이나 사회적 목적 실현이므로 바로 일반협동조합이나 사회적협동조합이 지향하는 목적과 유사하기 때문이다. 대표적 마을기업으로는 치즈마을(전북 임실), 개실마을(경북 고령),[20] 송천떡마을(송천정보화마을, 강원도 양양),[21] 앵강다숲마을(경남 남해) 등이다.

사회적기업, 예비사회적기업 및 마을기업 비교

구분	내용
사회적기업	• 재화 · 서비스의 생산 · 판매 등 영업활동을 하는 기업으로서 고용노동부 장관의 인증을 받은 기업 • 취약계층에게 사회적 서비스와 일자리 제공 등 지역사회에 공헌적인 활동을 함으로써 지역주민의 삶의 질을 높이는 등의 사회적 목적 실현을 도모
예비 사회적기업	• 사회적기업으로 인증을 받지는 않았으나 사회적 목적 실현을 위해 사회적 기업으로서의 실체를 갖추고, 사회적기업으로 전환 · 육성하기 위하여 해당 광역지방자치단체장이 지정한 기업
마을기업	• 안정적 소득, 일자리를 창출하기 위해 안전행정부 장관 및 해당 광역지방자치단체장이 선정한 기업 • 해당 지역이나 공동체의 향토 · 문화 · 자연자원 등 특화자원을 활용, 주민이 주도적 비즈니스를 수행

이들 마을(또는 마을기업)들을 포함해서 전국의 수많은 마을기업들이 해

20 개실마을은, 주민들의 소득증대를 위해 채소, 버섯, 고추, 오이 등을 유기농으로 재배하고 이를 체험할 수 있는 'venture농장'을 운영하고 있으며, 마을 브랜드 개발, 민박, 한과 · 안주 등 전통음식과 충효 · 예절 · 한문 · 서예 · 관혼상제 등의 전통문화의 상품화를 도모한다. 그 외에도 전국 각지의 도시 주민들을 대상으로 하는 농산물재배, 전통예절 및 놀이 등 각종 체험프로그램 개발을 통해 도시와 농촌 교류를 활성화하는 노력도 하고 있다.

21 송천정보화마을은 KBS 프로그램인 '다큐멘터리 3일'에서도 소개되었으며, 2011년 대한민국 농어촌 마을 대상 시상식에서 '색깔 있는 마을'로 선정되어 대통령 표창을 받기도 하였다.

당 지역주민의 소득증대와 일자리 창출을 하면서 성공적으로 운영해 오고 있다. 이러한 풀뿌리기업은 협동조합으로 전환하여 더욱 효율적인 운영을 할 수 있지 않을까 전망해 본다.

이와 같이 사회적기업 및 예비사회적기업, 마을기업을 포괄하는 풀뿌리기업은 바로 협동조합기본법이 추구하는 협동조합 활성화로 연결될 수 있는 바탕이 된다고 볼 수 있다. 다시 말해서, 이러한 사회적기업 및 예비사회적기업, 마을기업이 일반협동조합 또는 사회적협동조합으로 흡수되거나 전환될 수 있는 것이다.

2) 다양한 이해관계자의 조화, 사회적협동조합

일반적으로 정부나 지방자치단체와 연계된 사업이 증가하는 경향이 있다. 이것은 사회복지 서비스 등 사회적 서비스 수요가 늘어나고 있는 것과도 관계가 깊다고 할 수 있다.

앞으로 우리나라는 빠른 고령화사회로 진입과 함께 양로원이나 요양원, 장애인단체 등에서 활발한 협동조합, 특히 사회적협동조합 활동이 전개될 것으로 본다. 또한 업종이나 분야가 서로 다른 그룹, 즉 '다양한 이해관계자'들이 모여서 협동조합을 설립하는 '다중이해관계자협동조합'도 앞으로는 많이 설립될 것이다.

우리나라 협동조합기본법은 법조항의 내용상으로 볼 때, 사회적협동조합을 다중이해관계자협동조합과 연계시키고 있다. 조합의 설립동의자를 노동자, 소비자, 생산자, 사회활동가 등 다양한 이해관계자로 구성할 것을 규정하고 있다. 따라서 우리나라 협동조합기본법상의 사회적협동조합을 다중이해관계자협동조합의 유형으로 볼 수 있다.

이러한 다중이해관계자협동조합의 사례로, 우리나라의 대표적 소비자생활협동조합의 하나인 **'한살림'**을 들 수 있다. 한살림은 외형적으로는 소비자생활협동조합의 형태를 취하고 있지만 실질적으로는 다중이해관계자협동조합이라고 본다.

사회적협동조합의 유형

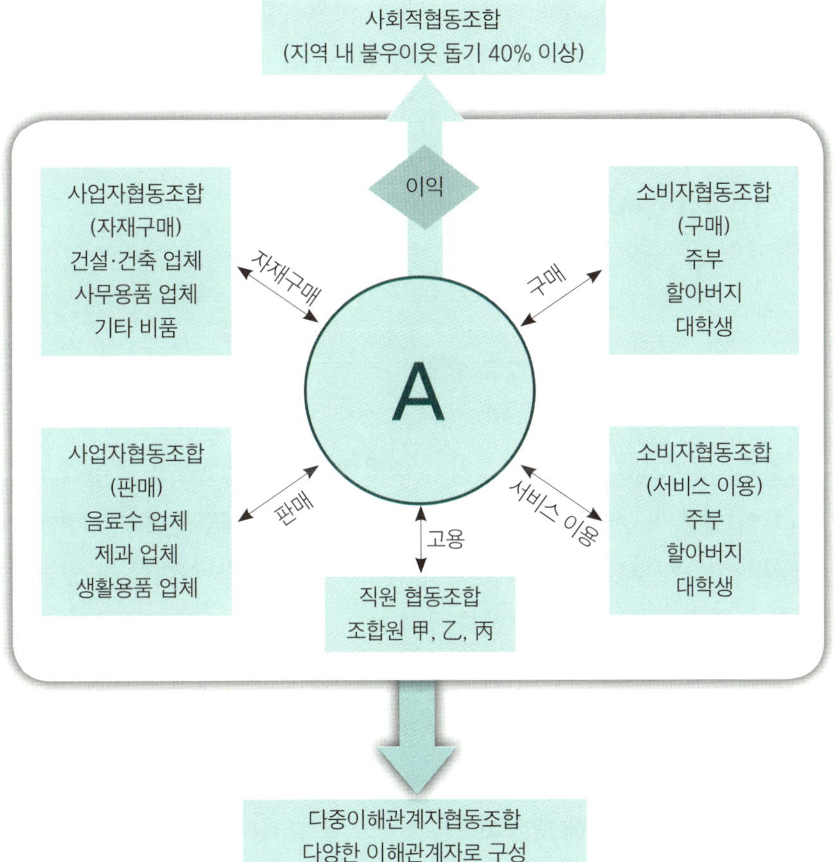

자료: 기획재정부, 「상생과 통합의 미래, 협동조합과 함께」.

'한살림'은 "자연생태계와 조화를 이루며, 먹거리를 생산하고, 이웃과 나눈다"라는 비전 실현을 위해 생산자 · 소비자 직거래를 통한 먹거리 나눔 활동, 건강한 밥상차림을 위한 교육 · 홍보 활동, 먹거리 관련 제도 개선을 위한 정책 참여 활동이라는 3가지 사업목표를 가지고 조합활동을 수행한다. '한살림'은 홈페이지에서 스스로에 대해 정의하기를, "사람과 자연, 도시와 농촌이 생명의 끈으로 이어져 있다는 생각에서 자연을 지키고 생명을 살리는 마음으로 농사짓고 물품을 만드는 생산자들과 이들의 마음이 담긴 물품을 이해하고 믿으며 이용하는 소비자들이 함께 결성한 생활협동조합"이라고 하고 있다.

이와 같은 생산자와 소비자 직거래는 생산과 소비를 직접 연결시킴으로써 생산자와 소비자의 조직화를 도모하는 것이다.

3) 경제민주화 경향과 협동조합

한편, 협동조합은 사회 · 정치적 측면에서 경제민주화를 확대하고 시민사회의 성장과 발전에 기여할 것으로 전망된다. 경제민주화라는 것이 시민들의 '열정'만으로 이루어지는 것이 아니라 그 열정을 실현할 수 있는 수단, 즉 사업(비즈니스)이 있어야 한다.

협동조합은 자주, 자립, 협동의 가치를 중심으로 공동체 실현이라는 열정과 공동사업이라는 사업적 수단이라는 '양 날개'를 모두 가지고 있다. 협동조합은 내부적으로는 **1인 1표제**에 의한 민주적 의사결정을 도모하고, 외부적으로는 **지역사회에 대한 기여**를 협동조합 원칙의 하나로 하고 있을 정도로 공동체의 활성화를 지향하기 때문이다. 근래의 동반성장 정책이나 재벌개혁이 기존의 경제민주화 차원의 문제점을 개선하는 데 주안점이 주어졌다면, 협동조합의 육성과 활성화는 경제민주화의 새로운 프론티어를 개척하는 것이다.

근래에 휴대폰을 중심으로 통신시장에서 통신회사들의 과점적 태도를 비판하고, 통신요금 인하 운동을 하는 통신소비자협동조합 운동이 시작된 것도 경제민주화 차원의 협동조합의 가능성을 보여주는 사례라고 할 수 있다.

협동조합을 처음 설립할 때 유의하여야 할 점과 선택 가능한 협동조합의 유형과 종류에 관하여 이 장에서 살펴본 내용을 요약해 보기로 한다.

- 협동조합은 조합원이 주인이 되는 사업조직이다. 조합원이 각자가 생산자가 되고, 소비자가 되고, 이용자가 되기도 한다. 그러면서 조합원 각자가 상호협력하는 조직이다.
- 각각의 협동조합은 서로 경쟁하기보다는 협력적인 사업을 전개할 수 있는 것이다. 또한 다양한 협동조합의 활동을 결합하여 협동조합간의 시너지효과도 높일 수 있다. 협동조합기본법에서 협동조합연합회에 대하여 규정한 이유도 여기에 있다.
- 영세 자영업자, 소상공인, 자활공동체, 특수고용직 노동자, 예비창업자, 예비사회적기업 및 사회적기업, 마을기업, 문화예술 등의 분야에서 다양하게 협동조합이 조직될 것이다.
- 일반기업, 특히 소기업 부문에서 협동조합기업으로의 조직전환 또는 협동조합 형태의 기업활동이 시도될 것으로 본다.
- 마을기업, 공동주택, 청년 창업, 공동육아, 대안학교, 농촌봉사, 교육기부, 문화예술, 돌봄 노동, 자활단체 등 창의적이고 다양한 형태의 협동조합 출현이 예상된다.

이상으로, **제1부**에서, 협동조합에 대한 기본적 이해와 협동조합기본법의 탄생 배경을 파악할 수 있었으며, **제2부**에서는 성공적 협동조합 활동(비즈니스 및 사회적 활동)과 국내외의 성공사례를 살펴보았다. 또한 협동조합으로 더 적합한 분야나 업종, 품목이나 서비스가 있다는 것도 알게 되었다.

다음 **제3부 [협동조합 설립 따라하기]**에서는 협동조합의 설립절차를 단계적으로 알아보기로 한다.

제3부

협동조합 설립 따라하기

1장

협동조합도 조직이다

협동조합은 기본적으로 사업조직이다. 다만, 사업을 협동조합이라는 조직형태로 운영한다는 점이다. 경쟁보다는 협동을 지향하는 조직이고, 그 조직의 소유자 · 경영자 · 이용자가 원칙적으로 일치하는 것이 협동조합이라는 조직인 것이다.

이러한 협동조합의 조직적 특성, 즉 협동조합을 '협동조합적'이게 하는 특성은 바로 협동조합으로서 정체성을 결정하는 가치와 원칙에서 도출된다고 볼 수 있다.

협동조합의 정체성에 관한 ICA성명에서는 협동조합은 정의, 가치, 원칙이라는 3가지 축을 기본으로 하여야 한다고 하였다. ICA는 이 중에서 협동조합의 '원칙'으로 7가지를 제시하고 있다. 이 협동조합 7원칙은 상부상조 정신을 상징하는 "1인은 만인(萬人)을 위하여, 만인은 1인(一人)을 위하여"라는 표어에 집약되어 있다고 볼 수 있다. 조합원 개개인은 협동조합을 위해 헌신하고 협동조합은 개별 조합원들의 이익을 극대화해야 하는 것이다.

그렇게 되어야만 협동조합은 조합원의 편익을 극대화하면서, 조직으로서 영구히 존재할 수 있게 될 것이다.

협동조합 원칙은 협동조합이 그 가치를 실천하기 위한 지침이기도 하다. 이러한 협동조합의 각 원칙들은 별개의 원칙이나 가치를 말하고 있는 것이 아니다. 이들 원칙들은 협동조합의 가치실현을 위해 서로 깊이 연관되어 있다. 협동조합의 원칙과 가치들은 결국 협동조합이라는 구체적 조직이라는 수단에 의해서 실현될 수밖에 없는 것이다. 그러므로 조직의 구성이나 실제 운영에 있어서도 이 원칙과 가치의 연관성을 높이도록 해야 할 것이다. 그래야만 협동조합의 목적달성을 위한 사업추진과 추진과정에서 발생하는 다양한 문제들에 대해 협동조합으로서 정체성을 잃지 않고 효율적인 대처를 할 수 있을 것이기 때문이다.

일반적으로 조직(組織, orgarnization)이란 목표를 달성하기 위한 협동시스템(체계)을 말한다. 인간 등의 집단 혹은 공동체가 일정한 목적을 달성하기 위해서, 역할 분담과 계속적인 결합이 유지되고 있을 때, 그 집단은 조직 혹은 단체로 불린다. 이러한 집단활동을 조직화하기 위해서는 관리가 필수적이며, 특히 협동조합 조직의 자율적인 활동을 유지하기 위해서는, 창립총회 개최나 임원선출 등의 조직 운영을 위한 여러 가지 규범을 갖추는 것이 필요하다. 따라서 협동조합을 설립한다는 것은 결국 목표를 달성하기 위하여 그 협동조합의 조직구조를 어떻게 할 것인가의 문제가 된다.

경영학자 챈들러(Alfred D. Chandler)는 "전략이 조직구조를 결정한다"고 주장한 바 있다. 이 주장의 핵심논지(論旨)는 조직이 어떤 성장전략을 취하는가에 따라 그 조직구조가 결정된다는 것으로, 기업의 경영전략과 그 기업의 조직구조 사이에는 밀접한 연관성이 있다는 것이다. 즉 조직이 어떤 전략을 선택하느냐에 따라 조직구조가 결정된다는 말이다. 이런 논리는 협동조합에도 그대로 적용될 수 있다. 어떤 협동조합이 일반협동조합으로 갈 것인가, 사회적협동조합으로 갈 것인가의 전략 여하에 따라 그 협동조합의 조직과 사업수행 방식은 달라질 수밖에 없는 것이다.

요약하면, 협동조합의 조직은 협동조합기본법을 기준으로 할 때 영리법인에 속하는 일반협동조합과 비영리조직으로서의 사회적협동조합으로 나뉜다. 협동조합은 협동조합기본법이 그 법인격을 부여하는 법인으로서 일종의 사업조직이며, 일반협동조합은 영리성이 있다는 점에서 상법상의 기업에 상당히 근접한다. 즉 협동조합기본법상의 협동조합은 협동조합의 기본정신과 가치추구에 있어서 호혜평등의 원칙을 근간으로 하는 것은 두 협동조합 유형(일반, 사회적)간에 차이가 없지만 일반협동조합은 영리법인에 가깝고, 반면에 사회적협동조합은 비영리법인(NPO; Non-Profit Organization)에 속하며, 이 점에서 있어서는 민법상의 사단법인과 유사한 측면을 지닌다.

2장

협동조합, 이렇게 설립한다

1. 협동조합 설립을 시작하기 전에

기존의 8개 개별법에 의한 협동조합 설립여건에 비해 새로운 협동조합기본법에 의한 협동조합 설립 자체는 그리 어렵지 않다는 것은 앞에서 살펴본 바와 같다. 협동조합기본법에서 협동조합 설립에 직접 관련되는 규정은 **제2장(협동조합) 제1절(설립) 제15조~제19조**, **제61조**이므로, 이들 규정의 내용을 잘 숙지하고 이에 따르면 된다.

다시 말해서, 기본법의 '**설립신고 등**'에 관한 제15조, 조합의 **정관에 포함되어야 할 사항**을 규정한 제16조, 조합의 정관기재사항 외에 **협동조합의 운영 및 사업에 대해 규약** 또는 **규정**으로 규정하는 사항에 관한 제17조, 조합설립신고 완료 후 **사무의 인수 · 인계**와 **출자금납입**에 관한 제18조, 협동조합은 최종적으로 **설립등기**를 함으로써 성립한다는 내용을 규정한 제19조, 그리고 **설립등기에 관한 세부적인 내용**을 규정한 제61조에 위배되지 않게 설립절차를 이행해 가면 협동조합기본법에 의한 협동조합이 탄생하게 되는 것이다.

이렇게 협동조합으로서 법적인 실체를 갖고 조합운영을 시작할 수 있게 되었다고 해서 협동조합이 저절로 운영되는 것은 아니다. '창업보다 수성(守成)이 어렵다'라고 하듯이 조합의 실제 운영은 그리 만만한 일이라고는 볼 수 없다.

본서는 앞에서 '협동조합도 조직이다'라고 강조한 바 있듯이 협동조합은 인적 결합 성격이 강하기는 하지만 목적달성을 하기 위한 사업조직임은 분명한 것이다. 특히 일반협동조합은 어느 정도의 이익달성과 잉여금 축적은 필수불가결하다고 할 수 있다.

따라서 진실로 중요한 단계는 협동조합 설립 이후의 실제 운영과 그 과정이라고 하지 않을 수 없다. 조합을 운영하면서 협동조합이 협동조합적 가치와 원칙에 충실하면서도 경쟁력을 갖추고, 조합원의 이익과 복리를 충족하려는 조합의 목적을 차질 없이 달성하려면 조합설립을 전후하여 향후 조합운영의 유형, 무형의 기반이 될 사항들에 대한 철저한 검토와 이해가 사전에 이루어져야 한다.

다시 말해서 협동조합을 설립하고 운영하려고 하는 다양한 분야의 각 주체들은 '협동조합이란 무엇인가?'에 대하여 확고한 이해와 철학, 사업아이템 또는 아이디어와 이에 대한 장 · 단기 사업계획, 설립하려는 조합의 구조를 어떻게 가져갈 것인지의 문제, 조합원의 적극적인 참여를 이끌어내고 조합운영을 공유하기 위한 의사소통시스템 구축, 조합의 실제 운영과 사업수행을 위한 자금조달과 이익(잉여금) 창출계획 등에 대한 구체적인 계획이 있어야만 한다.

협동조합의 운영 · 사업수행에 대한 좀 더 구체적이고 도움이 될 내용은 **제4부 협동조합, 운영하고 관리하기**를 참고하기 바란다.

이와 함께 독자 여러분들이 협동조합의 설립을 기획하고, 조합 설립에 관련된 업무를 시작하기 전에 다음 3가지는 미리 짚어보고 넘어가기로 하자.

첫째, 왜 협동조합을 하려는가에 대한 깊은 성찰이 있어야 한다. 즉, 협동조합 설립 주체나 실무를 담당하여 협동조합의 설립·운영에 관련된 수많은 일들을 처리하여야 할 담당자들은 스스로 협동조합을 설립해야 할 필요성이 얼마나 절실한지, 협동조합의 가치와 정신에 얼마나 충실할 수 있는지에 대한 깊은 성찰이 있어야 한다는 점이다.

둘째, 협동조합은 형태 및 운영원리가 일반기업(주식회사 등) 등 다른 조직과 크게 다르다는 사실을 인지해야 한다. 협동조합은 무형적(無形的)인 가치와 원칙 측면에서 일반기업과는 그 패러다임 자체가 완전히 다르다. 효율성과 경쟁에서의 승리를 강조하며, 이윤극대화를 추구하는 일반기업과는 달리 협동조합은 공생(共生)과 협동을 강조하며, 조합원을 위한 복지경영을 추구한다.

협동조합은 '사람'과 '자본'의 결합방식이 일반기업(주식회사)과는 다르다. 즉 협동조합은 **소유자=경영자=이용자** 개념을 바탕으로 인적 중심 결합방식이지만 주식회사와 같은 일반기업은 '소유와 경영의 분리', 즉 사람과 자본의 분리가 가장 큰 특징이다.

이렇게 협동조합기본법상의 협동조합은 상법상의 주식회사 등 일반기업과 그 '철학'과 운영방식을 달리하며, 민법상의 비영리 사단법인과도 그 특징이 상당히 다르다는 것에 유의하자.

셋째, 협동조합을 설립할 때에 일반협동조합과 사회적협동조합의 차이를 분명히 알고 나서 설립을 추진해야 한다. 일반협동조합과 사회적협동조합은 협동조합기본법상으로 조합원이 될 설립동의자의 자격, 사업의 범위 및 특성, 설립신고 및 설립인가 여부, 설립등기 처리기간 등에서 서로 다르거나 차이가 난다는 점을 잘 알아야 시행착오가 없을 것이다.

아래에서는 이 절에서 살펴본 내용을 종합해 본다는 뜻에서 협동조합 설립 주체들이 유의해야 할 점을 6가지 측면에서 점검해 보고, 다음 장에서 협동조합의 실제 설립업무 절차로 넘어가기로 한다.

① 협동조합에 대한 확고한 비전과 달성해야 할 분명한 목표를 가지고 있는가?

논점 협동조합은 경쟁력이 취약한 분야나 업종, 계층을 위한 대안적인 사업시스템이기는 하다. 그러나 협동조합에도 문제점이나 단점이 없지는 않다. 그러므로 협동조합을 설립 · 운영하여야 할 절실한 필요성의 존재, 협동조합의 가치와 정신에 대한 깊은 이해와 조합운영에 대한 열성적인 참여 없이는 조합의 설립 · 운영이 쉽지 않을 뿐만 아니라, 조합의 영속적인 유지는 보장할 수 없게 된다.

② 조합의 자본 조달에 대한 실현 가능한 계획은 있는가?

논점 협동조합도 실체적인 조직이다. 조직운영이나 조합의 목적사업 또는 사회 · 경제적 활동수행을 위해서는 자금이 소요된다. 다만 그 수단이 협동조합일 뿐이다.

그런데 협동조합은 일반기업, 특히 주식회사와 달리 자본조달 수단에 차이가 있다. 주식회사는 불특정 다수의 일반인을 대상으로 주식에 의한 투자자금 모집이 가능하다. 그러나 협동조합은 조합원이라는 비교적 제한된 구성원이 낸 출자금이 자본의 중심이 되는 것이 원칙이다.

이것은 자본조달에 있어서 불리한 요소로 작용한다. 따라서 설립하려는 협동조합의 목적에 충실한 사업계획서를 작성하고, 이를 달성하는데 소요되는 자본규모, 출자금 이외의 다른 자본조달 방안, 연차적인 잉여금 적립 등 주요 사항에 대하여 치밀한 계획과 전략을 수립해 놓아야 한다.

③ 협동조합만의 독특한 정체성(원칙, 가치)에 의거한 조합운영 전략과 실행계획을 가지고 있는가?

논점 협동조합은 극단적으로 5명만 있으면 설립할 수 있다. 그러나, 협동조합 설립을 위한 최소 법적 요건인 5명 이상의 발기인 또는 설립동의자 모집은 겨우 시작에 불과한 것이다. '우리, 협동조합 한 번 해보자!'라는 정도의 의기투합만 가지고 협동조합을 설립 · 운영할 수 있는 것이 아닌 것이다. 일반직원은 없이 조합원들로만 운영하여 '조합원(소유자)=경영자=운영자'의 시스템으로 갈 수도 있다. 또한 전문성을 갖춘 외부 직원을 채용하고 조합활동을 확대할 수도 있다.

이렇게 협동조합의 조직전략 방향을 어떻게 가져가느냐에 따라 조합의 조합원, 직원 등 인력규모 등 조직규모가 결정된다. 따라서 협동조합 설립 주체는 조직 및 인력관리의 운영 방향에 대한 분명한 전략을 가지고 있어야 한다.

④ 협동조합의 고유한 가치와 원칙에 조합의 구성원들을 어떻게 동기부여시키고 의사소통을 해 나갈 것인가?

논점 협동조합기본법이나 세계협동조합연맹의 협동조합의 정의(가치)에도 나와 있듯이 협동조합은 경쟁보다는 '협동', 조합원 스스로의 '자조'(自助), 조합원간의 '협동', 출자좌수에 무관한 1인 1표에 의한 민주적 의사결정으로서 '자주'(自主)라는 기본적 가치가 매우 중요하며, 이러한 가치들이 협동조합의 정체성을 결정한다. 따라서 협동조합으로서의 정체성이 흔들리면 '협동조합은 없다!' 그러므로 협동조합은 조합이라는 공동체로서의 비전과 목표, 협동조합의 고유가치에 대한 공유가 매우 중요하다. 조합 구성원들의 개별적 이해관계를 뛰어넘는 이러한 가치공유를 조합운영에서 어떻게 구현해 나갈 것인가?

또한 협동조합의 조직 내부, 즉 조합의 임원, 일반조합원 및 직원들 간의 활발한 의사소통에 의한 민주적 조직운영은 협동조합의 성과와 조직의 존속을 좌우할 정도로 중요하다.

⑤ 지역사회와 공존공생해야 하는 협동조합의 의무에 대한 신념은 분명한가?

논점 협동조합은 공동과 연대가 조합활동의 기본적 '무기'와도 같다. 세계협동조합연맹은 '지역사회에 대한 기여'를 강조하고 있다. 우리나라 협동조합기본법도 마찬가지다. 협동조합은 지역사회와 함께 출발하고, 지역사회와 함께 운영되며, 지역사회에 활동과 서비스로 기여해야 한다.

이러한 지역사회에 대한 기여는 조합이 소재하는 지역사회와 공생발전하는 것을 의미한다. 자, 우리 협동조합은 어떤 활동과 서비스로 지역사회에 기여하고, 지역사회로부터 협력을 이끌어낼 것인가?

이상으로 협동조합을 실제로 설립하기 전후에 미리 유의하고 짚고 넘어가야 할 사항들에 대해 살펴보았다.

이와 같이 현실적이면서도 구체적으로 '협동조합할 준비가 되어 있는가?'라고 스스로에게 물어보아야 한다. 즉 자발적 참여와 민주적 운영을 위한 '협동'할 의지와 설립 후의 실제 운영을 위한 튼튼한 실무적 준비가 되어 있는가? 협동조합은 협동조합적 가치와 원칙에 충실하게 운영되고, 조합원의 적극적인 참여와 치밀한 실행계획(action plan)이나 업무(사업)추진 로드맵이 준비되어 있을 때에만 성공한다.

2. 협동조합 설립 실무절차

독자 여러분이 본서의 조합설립 실무절차를 살펴보면서 하나의 조합설립 상황을 가정해보는 것도 협동조합에 대한 이해와 실무지식 습득에 도움이 될 것이라고 본다. 그래서 '동네빵집' 6곳이 모여 '맛빵베이커리협동조합'이라는 협동조합을 설립하게 되었다는 상황을 가정하여 다음과 같이 제시하였다.

독자 여러분들은 아래의 가상 사례를 염두에 두고, 본서에서 협동조합 기본법을 근거로 체계적으로 정리하여 제시하는 협동조합 설립단계별 절차와 처리사항을 직접 적용해 보기 바란다.

맛빵베이커리협동조합 설립하기

인천광역시 계양구 효성동 관내에 동네빵집 6곳의 사업자들이 모여 협동조합기본법 발효를 계기로 협동조합을 만들기로 하였다. 이렇게 협동조합을 만들기로 의기투합은 하였지만 설립할 협동조합의 이름만 겨우 '맛빵베이커리협동조합'으로 지어 놓았다. 앞으로 발기인회를 구성하고, 정관을 작성하고, 창립총회를 개최하고, 임원도 선임해야 한다. 그 다음 시 · 도지사에게 설립신고를 마치고, 조합원들이 출자금을 납입하도록 하고 설립등기도 해야 한다. 그러나 막상 설립절차를 진행하려고 하니 모두들 막막해 할 뿐이다.

한편, 본서의 '**제3부 협동조합 설립 따라하기**'를 서술하면서 사용한 실무 서식에 대한 안내를 먼저 하기로 한다.

본서에 사용된 서식 중 협동조합기본법 시행규칙에서 제시한 서식('규칙서식')을 기본으로 하고, 기획재정부가 「협동조합 업무지침」으로 만들어 제시한 서식('지침서식'), 협동조합의 등기를 위한 법원행정처 서식을 부가적으로 사용하였다.

이제 본격적으로 협동조합을 설립하기 위한 실무절차를 따라가 보기로 한다. 협동조합기본법에 따른 조합설립은 실무적인 측면에서 볼 때 보통 8단계이지만, 이를 단계별 특성에 따라 설립준비단계, 설립진행단계, 설립종결단계라는 3단계로 구분할 수 있다.

① 설립준비단계

- 협동조합기본법상 설립 1단계에 해당한다.
- 협동조합을 설립하기 위해서는 설립하려는 조합의 설립 및 운영 여건에 대한 사전 환경조사가 필요하다. 또한 설립준비단계는 발기인을 모아 발기인회를 구성하는 단계이기도 하다.

② 설립진행단계

- 협동조합기본법상 설립 2~6단계에 해당한다.
- 발기인회가 구성되고 나면 정관을 작성하고, 사업계획을 수립하여 설립동의자를 모집하며, 창립총회 준비 등 조합설립을 위한 실무절차가 본격적으로 진행되는 단계를 말한다.
- 이러한 발기인회가 중심이 되어 진행하는 설립진행단계는 설립신고(일반협동조합)나 설립인가(사회적협동조합) 절차를 완료한 후 지금까지

진행해 오던 설립절차 업무를 이사장에게 인계한다. 이사장은 실무적으로는 발기인대표가 통상적으로 초대 이사장을 겸임하는 경우가 많을 것이다. 업무인수와 함께 예비조합원이나 출자금미납 조합원은 출자금을 납입(협동조합 설립 6단계)하도록 한다.

③ 설립종결단계

- 협동조합기본법상 설립 7~8단계에 해당한다.
- 이사장이 발기인회로부터 업무를 인수한 후 예비조합원으로부터 조합의 경영 및 운영활동의 바탕이 될 출자금 납입을 받은 후, 조합설립등기신청서와 첨부서류를 갖추어 등기신청을 한다.
- 등기가 완료되면 조합으로서 법인격이 부여되며, 조합의 일상적인 운영을 개시한다. 뿐만 아니라, 조합의 목적사업 및 부대사업도 실행을 시작하게 되는 단계이다.
- 실제로 사업을 시작하면, 관할 세무서에 사업자등록(법인)을 완료하여야 한다.

협동조합 설립 3단계와 세부 추진 8단계

단계 구분	설립준비	설립진행	설립종결
주체	준비위원회	발기인회/이사장	이사장
세부적 실무 단계별 구분	1. 발기인 모집	2. 정관작성(기타 설립 필요절차 포함) 3. 창립총회 4. 설립신고 5. 업무인계 6. 출자금 납입	7. 설립등기 8. 법인격 부여

단계별 설립절차 총괄표

발기인 모집 (설립준비)	➡	▶ 설립준비위원회 구성 • 사전 준비사항 체크 및 협동조합 설립 · 운영 환경조사 • 발기인회 구성(발기인 5인 이상) 및 발기인명부 작성
정관 작성 등	➡	▶ 협동조합 정관작성 • 조합설립 · 운영 · 해산 등에 필요한 정관 • 조합원 명부 작성 • 사업계획서와 예산서 작성
창립 총회	➡	▶ 정관, 사업계획서 및 예산안 승인, 임원 선임 • 설립동의자 과반수 출석 및 출석자 3분의 2 찬성 의결 • 이사장 포함 이사 3명, 감사 1명 선임
설립 신고	➡	▶ 주사무소 소재지 시 · 도지사에 조합설립 신고 또는 설립인가신청 • 신고를 받은 시 · 도지사는 설립신고증/기획재정부 장관(또는 관계 중앙행정기관의 장)은 설립인가증 발급
업무 인계	➡	▶ 조합업무의 인수 · 인계 • 설립신고 완료 후 : 발기인회 → 이사장
출자금 납입	➡	• 출자금의 납입 및 출자증서 발행(현물출자 가능)
설립 등기	➡	▶ 조합의 주사무소 소재지 관할 지방법원 등기소 • 등기신청서에 창립총회의사록, 정관, 출자자산 내역 등 첨부 • 출자금 납입 종료 후 14일 이내
법인격 부여	➡	▶ 일반협동조합 또는 사회적협동조합 설립 완료

1) 설립 준비단계

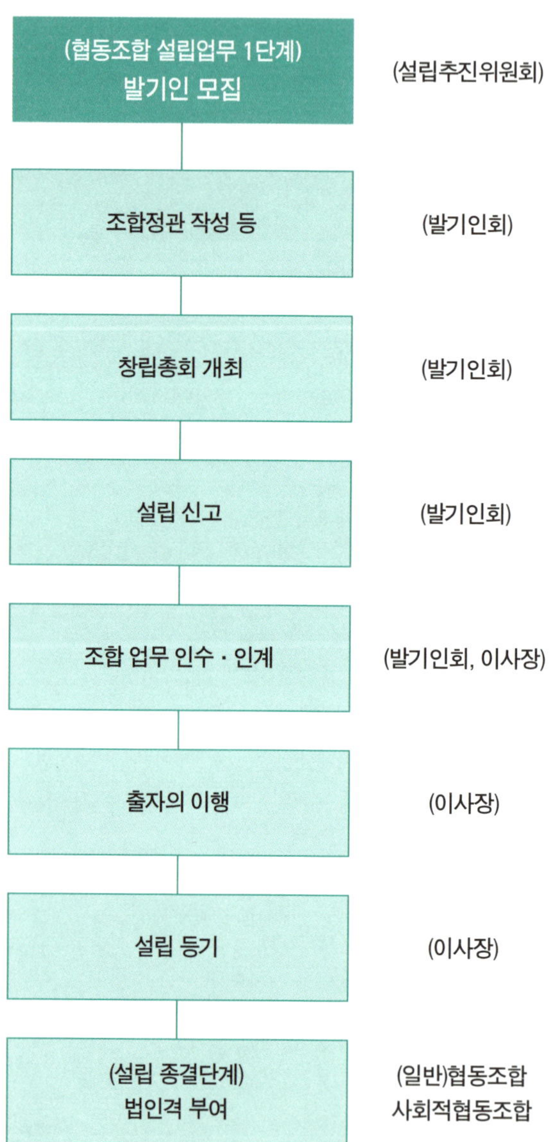

(협동조합 설립업무 1단계)
발기인 모집
(설립추진위원회)
조합정관 작성 등
(발기인회)
창립총회 개최
(발기인회)
설립 신고
(발기인회)
조합 업무 인수 · 인계
(발기인회, 이사장)
출자의 이행
(이사장)
설립 등기
(이사장)
(설립 종결단계)
법인격 부여
(일반)협동조합
사회적협동조합

(1) 기본사항

발기인 모집 (설립준비)	➡	• 설립준비위원회 구성 • 사전 준비사항 체크 및 협동조합 환경조사 • 반드시 5인 이상 필요 • 발기인회 구성 및 발기인명부 작성

(2) 설립준비위원회 구성과 활동

협동조합을 설립하고자 할 때, 우선 설립준비 업무를 담당할 기구가 필요하게 된다. 즉, 조합을 설립하려는 설립주체는 초기단계의 준비작업을 담당할 임시조직 성격의 기구(설립준비위원회 등)를 설치하는 것을 고려해봐야 한다. 그런 다음 이 기구를 통해서 조합설립을 위한 사전정지(事前整地) 작업 차원의 기초적인 준비를 해 놓은 다음 구체적인 설립준비를 위한 발기인회를 조직하여 설립절차를 본격적으로 진행하면 보다 효율적으로 조합설립을 추진할 수 있을 것이다.

다만, 반드시 설립준비위원회를 구성해서 조합설립 절차를 진행해야 하는 것은 아니므로, 협동조합의 설립주체들이 상당한 수준으로 조합설립을 위한 준비가 되어 있다면 곧바로 발기인회를 구성하여 설립절차에 들어가도 좋다. 이러한 설립준비위원회는 협동조합기본법상의 법적 효력을 갖는 조직은 아니지만 실제로 조합을 설립하는 과정에서 조합설립을 위한 전문가상담, 자료조사, 발기인회 구성 등 기초업무를 수행하도록 한다.

특히 발기인회 구성은 설립준비위원회의 핵심 업무가 된다. 발기인회가 협동조합설립신고나 설립인가 후 이사장에게 조합업무를 인계할 때까지 조합업무를 수행해야 하기 때문이다.

발기인회는 협동조합 설립에 동참할 사람 5인 이상으로 구성되며, 통상적으로는 설립주체가 설립준비위원회 위원이 되며, 대부분 그대로 발기인회를 구성하게 된다. 이렇게 발기인회가 구성되면 본격적인 창립절차 진행에 들어가게 된다.

발기인회에 의한 설립절차의 본격적 진행단계에서 그 조합의 정관이 작성되고, 임원이 선출되는 등 그 협동조합의 조직운영 골격이 마련되는 것이다.

한편, 발기인회 구성과 관련하여 유의할 사항이 있다. 그것은, 발기인 모집 또는 발기인회 구성과 관련하여 발기인 모집이 순조롭게 진행되지 않을 경우 발기인회가 편법적으로 가족(친지)이나 지인 중심으로 구성되어질 가능성이 있으므로, 발기인회가 소수의 발기인 또는 실질적으로는 1인 단독조합으로 운영될 수도 있는 모순이 발생하게 된다는 점이다.

그러므로 협동조합 설립시에 비정상적인 방법으로 발기인을 모집하거나 또는 발기인회를 구성하는 것은 참으로 바람직하지 못한 것이다. 우여곡절 끝에 협동조합으로 설립은 된다고 하더라도 협동조합으로서 정상적으로 운영되기 어렵다.

따라서 정말로 '신뢰'할 수 있고, '협동'할 수 있는 발기인회가 구성되어야 하며, 서류상으로만 협동조합 설립을 위한 최소한의 발기인 수를 채우는 일은 없어야 한다.

실무포인트

협동조합의 명칭사용, 법인의 성격

- 협동조합의 명칭사용 : 협동조합기본법에 따라 설립된 협동조합등 및 사회적협동조합등이 아니면 '협동조합 또는 사회적협동조합'이라는 문자를 명칭에 사용할 수 없다.
- 협동조합의 법인 성격 : 협동조합은 일반법인, 사회적협동조합은 비영리법인의 형태이다.

(3) 발기인회의 조직과 역할

협동조합에서 발기인이란, 간단히 말해서 '협동조합에 대한 비전을 가지고 설립을 주체적으로 추진하는 자'라고 할 수 있겠다. 이러한 발기인들이 모인 발기인회는 해당 협동조합 설립을 추진하는 주체가 된다.

발기인회가 효과적으로 설립절차를 진행하기 위해서는 적절한 업무분장이 반영된 조직을 구성해야 한다. 그 중에서도 발기인대표 1인과 자료정리 및 문서수발, 회계업무를 담당하는 간사 또는 총무를 반드시 선출 또는 임명해야 한다. 이 외에도 발기인회는 필요에 따라 몇 개의 '소위원회'를 둘 수 있다.

발기인회 조직구성

발기인대표	• 조합설립신고(인가) 때까지 조합을 대표. • 초대 이사장이 되는 경우가 많을 것으로 예상됨.
발기인회 간사	• 설립준비 과정에서 행정업무를 담당하며, 사무국장(총무)이라고도 함. • 보통 조합설립 완료후 상근임원이나 간부직원이 담당.
소위원회	• 정관작성소위원회, 사업계획 및 예산안작성소위원회, 교육홍보소위원회, 초대임원선출위원회 등.

이 발기인회는 설립준비위원회로부터 조합설립을 위한 기초작업 결과를 넘겨받아 본격적으로 협동조합 설립과정 및 절차를 진행한다. 즉 발기인회는 설립신고 후 조합 설립업무를 이사장에게 인계할 때까지 정관 등 창립총회에서 의결할 안건을 만들고, 창립총회의 준비에 필요한 업무를 수행하는 '집행기관'으로서 역할을 담당하게 되는 것이다.

다시 말해서, 발기인회는 설립하려는 협동조합 운영의 골격이 되는 정관을 작성하고, 조합의 비전과 목적 실현을 위한 실행계획으로서 사업계획을 수립하는 등 창립총회 개최준비를 하며, 조합의 '주인'으로서 조합원을 모집하고, 임원선출을 위한 준비, 기타 향후 조합운영의 토대가 되는 활동을 하게 된다.

설립서류 작성

- 조합설립·운영·해산 등에 필요한 정관(표준정관례(본서 부록) 참조)
- 사업계획서와 예산서 작성
- 조합원 명부 작성 등

아래에서 발기인회의 설립업무의 각 준비사항에 대해 좀 더 자세히 알아보도록 한다.

① 정관작성이나 사업계획을 수립한다

- 조합의 목적 및 사업을 구현한 정관을 작성하고, 당해 연도 사업과 향후 2~3년의 중기계획도 수립하여 공유한다.
- 설립하게 되는 협동조합의 사업계획과 그에 따른 예산안을 편성하여 창립총회에서 의결을 받도록 한다.

② 설립동의자 모집 활동을 시작한다

- 설립동의자는 협동조합기본법(제20조)상 조합원의 자격을 가진 자로서, 창립총회 개의(開議) 전까지 발기인에게 설립동의서를 제출한 사람이다. 이러한 설립동의자는 예비조합원이라고 할 수 있다.
- 발기인들은 이러한 예비조합원들을 대상으로 설립하게 될 협동조합의 비전 및 사업을 홍보함으로써 자발적으로 설립에 참여하도록 권유하는 활동을 한다. 드문 경우이겠지만 초기 발기인만으로도 5 인 이상이면 창립총회 개최가 가능하다. 이 경우 발기인은 곧 설립동의자이기 때문이다.

• 협동조합의 설립과정에서 제일 중요한 것은 설립동의자 모집과 출자금 수납이라고 할 수 있는데, 이것은 실제 실무상으로는 발기인대회로서의 성격을 가진 창립총회 이후부터 진행된다.

③ 창립총회 준비활동을 구체화한다

• 정관에 규정된 대로 조합원의 출자금을 확보(1좌 이상 출자)하고, 조합원 모집 등 필요한 행사를 실행한다.

④ 초대 임원을 선임한다

• 발기인회는 초대 임원에 대한 선임절차를 준비하고, 임원후보를 추천하고 창립총회에서 선임하도록 한다.
• 즉, 발기인과 설립동의자 중에서 임원후보자를 추천할 위원을 발기인회가 선임하도록 한다.
• 임원을 선출할 위원은 임원후보자로 추천될 수 없다는 점에 유의하여 선거관리위원을 위촉하고, 선거관리위원회를 구성한다.

⑤ 발기인회의 개최와 기타 창립준비를 한다

• 발기인회의를 개최하여 정관(안) 및 제 규약(안), 사업계획 및 예산(안), 임원후보의 추천 및 초대 임원 선거를 위한 선거관리위원회를 구성하고 이를 발기인회의록에 기록하여야 한다.
• 발기인회의록은 협동조합의 설립신고시 제출필요서류는 아니지만 설립기록 보존, 설립신고시 보완자료 제출 등을 위해 필요할 수도 있으므로 잘 정리하여 보존하는 것이 좋다.
• 발기인회는 창립총회 개최공고 및 설립동의자에 대한 창립총회 개

최통지를 하도록 한다.

⑥ 설립신고 및 업무 인수 · 인계를 한다

- 발기인은 설립준비를 완료해서 설립신고를 하고 나면 지체 없이 진행해 오던 사무를 이사장에게 인계해야 하며, 이로써 발기인회의 임무는 종료된다.
- 이사장은 업무를 인수한 후 일정한 기일 내에 조합원이 되려는 자에게 출자금을 납입하게 하여야 한다.
- 발기인회에서 이사장에게 업무 인수 · 인계를 하면 발기인회의 임무는 끝나게 된다.

2) 설립 진행단계

(1) 조합정관 작성 등

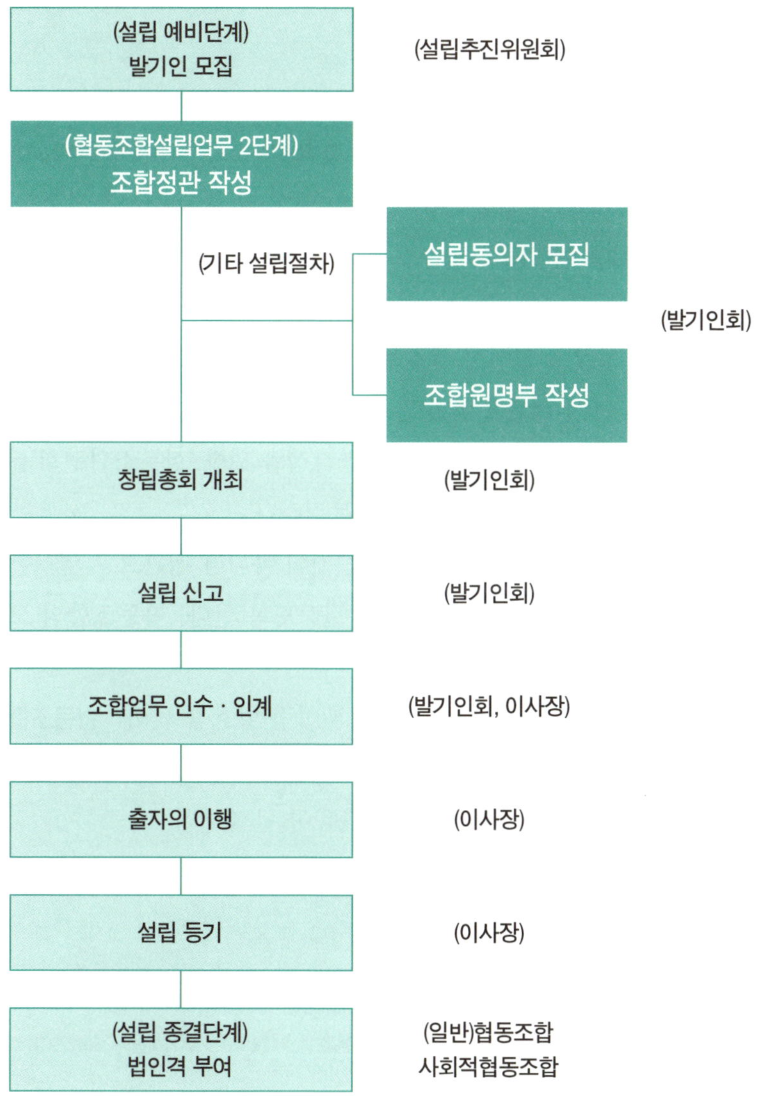

① 조합정관의 작성

㉠ 기본사항

협동조합도 조직으로서 그 운영에 필요한 기본적인 절차와 규정이 필요하다. 즉 설립하고자 하는 협동조합의 사업, 조직과 운영을 규정하기 위해 정관을 작성해야 한다.

'정관'이란, 단체나 법인의 조직활동을 정하는 근본규칙을 정한 서면을 말하며, 협동조합의 설립행위에는 반드시 정관작성이 포함되어야 한다. 협동조합기본법은 제16조에서 협동조합의 목적, 명칭 및 주된 사무소의 소재지 등 14개 사항에 대하여 의무사항으로서 협동조합의 정관에 포함하도록 규정하고 있다.

실제 정관을 작성함에 있어서 설립동의자 모집 이후에 발기인 및 설립동의자가 모두 참여[1]하여 정관을 작성할 수도 있을 것이다. 그러나 이렇게 하면 번거롭고 혼란이 있을 수 있으므로 정관작성을 위한 '실무소위원회'를 설치하여 작성실무를 추진하는 것도 고려해봄직하다.

이때 유의해야 할 점은 정관만 작성하는 것이 아니라 정관으로 명시한 부속규약도 함께 작성하여 창립총회에서 의결하도록 한다. 협동조합의 모든 사항을 정관으로 규정하기는 어렵기 때문이다.

한편 기획재정부는 2012년 협동조합기본법령 발효를 맞아 「**협동조합 업무지침**」을 확정하여 발표하였다. 여기에는 **표준정관례**[2]도 포함되어 있으므로 협동조합 정관을 작성할 때 참고하면 도움이 될 것이다.

---

1 다만, 이 경우에 정관작성에 참여한 모든 사람이 날인 또는 서명하는 것이 아니라 발기인만이 날인 또는 서명해야 한다.

2 기획재정부 「협동조합 업무지침」의 표준정관례는 일반협동조합 71개 조문, 사회적협동조합 72개 조문으로 작성하여 제시하고 있다. 본서에서는 부록으로 실었다.

협동조합 정관에 포함되어야 할 항목

1	목적	정관 제16조 제1항 (제1호~제14호)
2	명칭 및 주된 사무소의 소재지	
3	조합원 및 대리인의 자격	
4	조합원의 가입, 탈퇴 및 제명에 관한 사항	
5	출자 1좌의 금액과 납입 방법 및 시기, 조합원의 출자좌수 한도	
6	조합원의 권리와 의무에 관한 사항	
7	잉여금과 손실금의 처리에 관한 사항	
8	적립금의 적립방법 및 사용에 관한 사항	
9	사업의 범위 및 회계에 관한 사항	
10	기관 및 임원에 관한 사항	
11	공고의 방법에 관한 사항	
12	해산에 관한 사항	
13	출자금의 양도에 관한 사항	
14	그 밖에 총회 · 이사회의 운영 등에 필요한 사항	

㉡ 정관의 구성과 체계

다음 페이지의 표는 기획재정부의 「협동조합업무지침」과 표준정관례를 참고하여 일반협동조합과 사회적협동조합의 정관의 체계[3]를 상호 비교해 본 것이다. 표준정관례의 예시조문 중에서 설립하려는 협동조합과 무관하거나 필요 없다고 판단되는 조항은 정관작성시에 생략해도 된다(표에서 ■ 표시된 조항).

한편, 이 비교표에서 밑줄로 표시된 조항은 일반협동조합과 사회적협

3 일반협동조합과 사회적협동조합의 정관체계 비교표에서 제1장~제8장의 장별(章別) 구분, 이름은 저자가 편의상 정하였으므로 유의하기 바란다.

동조합의 특성상의 차이로 인하여 삽입되거나 다르게 규정된 것을 의미한다. 예를 들면, 사회적협동조합의 표준정관례 제9조, 제56조, 제57조 및 제64조가 이에 해당된다.

이를 좀 더 부연설명해 보면 두 협동조합 법인유형의 정관이 대부분 일치하지만, 사회적협동조합의 특성을 반영하여 일반협동조합 표준정관례[4]의 **제64조(잉여금의 배당 및 이월)**는 사회적협동조합 정관에는 없다. 또한, 사회적협동조합 정관의 경우 **제9조(조합원의 자격 및 유형), 제56조(소액대출), 제57조(상호부조)**의 조문은 일반협동조합 정관에는 없다.

협동조합 정관의 체계 비교표

[기획재정부 표준정관례 기준] [■ 가 표시된 항목은 생략 가능]

일반협동조합의 경우	사회적협동조합의 경우
제1장 총 칙	제1장 총 칙
제1조(설립과 명칭)	제1조(설립과 명칭)
제2조(목적)	제2조(목적)
제3조(조합의 책무)	제3조(조합의 책무)
제4조(사무소의 소재지)	제4조(사무소의 소재지)
제5조(공고방법)	제5조(공고방법)
제6조(통지 및 최고방법)	제6조(통지 및 최고방법)
제7조(공직선거 관여 금지)	제7조(공직선거 관여 금지)
제8조(규약 또는 규정)	제8조(규약 또는 규정)
제2장 조합원	제2장 조합원
제9조(조합원의 자격)	제9조(조합원의 자격 및 유형)
제10조(조합원의 가입)	제10조(조합원의 가입)
제11조(조합원의 고지의무)	제11조(조합원의 고지의무)
제12조(조합원의 책임)	제12조(조합원의 책임)
제13조(탈퇴)	제13조(탈퇴)
제14조(제명)	제14조(제명)
제15조(탈퇴·제명조합원의 지분환급청구권)	제15조(탈퇴·제명조합원의 지분환급청구권)
제16조(탈퇴조합원의 손실액 부담)	제16조(탈퇴조합원의 손실액 부담)

4 표준정관례의 개별 조문별 내용은 본서의 부록에 첨부된 표준정관례를 참조하기 바란다.

제3장 출자와 지분

제17조(출자)
제18조(출자증서 등의 교부)
제19조(지분 등의 양도와 취득금지)
제20조(경비의 부과 및 징수)
제21조(사용료 및 수수료)
제22조(과태금)

제4장 총회와 이사회

제23조(총회)
제24조(대의원총회)
제25조(대의원의무 및 자격상실)
제26조(선거운동의 제한)
제27조(선거관리위원회의 구성·운영)
제28조(정기총회)
제29조(임시총회)
제30조(총회의 소집절차)
제31조(총회의 의결사항)
제32조(총회의 의사)
제33조(합병·분할 및 해산등의 의결)
제34조(의결권 및 선거권)
제35조(대리인이 될 자격)
제36조(총회의 의사록)
제37조(총회의 운영규약)
제38조(총회의 회기연장)
제39조(이사회)
제40조(이사회의 의결사항)
제41조(이사회의 의사)
제42조(이사회의 의사록)

제5장 임원과 직원

제43조(임원의 정수)
제44조(임원의 선임)
제45조(임원의 결격사유)
제46조(임원의 임기)
제47조(임원의 의무와 책임)
제48조(임원의 해임)
제49조(임원의 보수 등)
제50조(이사장 및 이사의 직무)
제51조(감사의 직무)

제3장 출자와 지분

제17조(출자)
제18조(출자증서 등의 교부)
제19조(지분 등의 양도와 취득금지)
제20조(경비의 부과 및 징수)
제21조(사용료 및 수수료)
제22조(과태금)

제4장 총회와 이사회

제23조(총회)
제24조(대의원총회)
제25조(대의원의무 및 자격상실)
제26조(선거운동의 제한)
제27조(선거관리위원회의 구성·운영)
제28조(정기총회)
제29조(임시총회)
제30조(총회의 소집절차)
제31조(총회의 의결사항)
제32조(총회의 의사)
제33조(합병·분할 및 해산등의 의결)
제34조(의결권 및 선거권)
제35조(대리인이 될 자격)
제36조(총회의 의사록)
제37조(총회의 운영규약)
제38조(총회의 회기연장)
제39조(이사회)
제40조(이사회의 의결사항)
제41조(이사회의 의사)
제42조(이사회의 의사록)

제5장 임원과 직원

제43조(임원의 정수)
제44조(임원의 선임)
제45조(임원의 결격사유)
제46조(임원의 임기)
제47조(임원의 의무와 책임)
제48조(임원의 해임)
제49조(임원의 보수 등)
제50조(이사장 및 이사의 직무)
제51조(감사의 직무)

제52조(감사의 대표권)
제53조(임직원의 겸직금지)
제54조(직원의 임면 등)

제6장 사업과 회계
제55조(사업의 종류)
제56조(사업의 이용)
제57조(사업계획과 수지예산)
제58조(회계연도 등)
제59조(특별회계의 설치)
제60조(운영의 공개)

제7장 적립금과 잉여금 등
제61조(법정적립금)
제62조(임의적립금)
제63조(손실금의 보전)
제64조(잉여금의 배당 및 이월)
제65조(출자금액의 감소의결)
제66조(출자감소 의결에 대한 채권자의 이의)
제67조(결산 등)

제8장 합병, 분할 및 해산
제68조(합병과 분할)
제69조(해산)
제70조(청산인)
제71조(청산 잔여재산의 처리)

부칙

제52조(감사의 대표권)
제53조(임직원의 겸직금지)
제54조(직원의 임면 등)

제6장 사업과 회계
제55조(사업의 종류)
제56조(소액대출)
제57조(상호부조)
제58조(사업의 이용)
제59조(사업계획과 수지예산)
제60조(회계연도 등)
제61조(특별회계의 설치)
제62조(운영의 공개)

제7장 적립금과 잉여금 등
제63조(법정적립금)
제64조(임의적립금)
제65조(손실금의 보전)
제66조(출자금액의 감소의결)
제67조(출자감소 의결에 대한 채권자의 이의)
제68조(결산 등)

제8장 합병, 분할 및 해산
제69조(합병과 분할)
제70조(해산)
제71조(청산인)
제72조(청산 잔여재산의 처리)

부칙

「**협동조합업무지침**」은 소비자협동조합·사업자협동조합·직원협동조합 등은 일반협동조합의 표준정관례 조문을 대부분 준용하되, **제2조(목적)** 는 해당 협동조합의 특성에 맞게 별도로 규정하고, 직원협동조합은 **제9조(조합원의 자격)**, **제56조(사업의 이용)**를 별도의 내용으로 작성하도록 예시하고 있다. 그리고 직원협동조합의 정관작성시 일반협동조합 정관 **제14조**(제명) 제1항 제5호를 추가하도록 하고, 일반협동조합 **제53조**(직원의 임면 등)의 내용 중 제3항을 삭제하도록 하였다.

한편 사회적협동조합의 '보건의료사회적협동조합' 정관작성시에는 사회적협동조합 표준정관례의 **제9조**(조합원의 자격 및 유형), **제10조**(조합원의 가입) **제3항**, **제17조**(출자), **제24조**(대의원총회) **제1항**, **제31조**(총회의 의결사항), **제58조**(사업의 이용)를 별도의 내용으로 규정하도록 하였다.

따라서 기획재정부의 표준정관례 중에서 필수적 기재조항('필수사항')은 빠뜨리면 안되지만, 협동조합의 사업종류나 특성에 따라 선택적 기재조항('선택사항' ; '협동조합 정관의 체계 비교표'에서 ■ 표시)은 실제로 정관을 작성할 때 필요에 따라 생략해도 될 것이다.

협동조합 (법인)유형별 정관 차이 [협동조합의 법인유형별 특례규정]

일반협동조합	사회적협동조합	비고
제2조(목적)	-	소비자협동조합 · 사업자협동조합 · 직원협동조합 등은 일반협동조합 표준정관례와 달리 별도 규정
제9조 (조합원 자격)	제9조 (조합원 자격/유형)	사회적협동조합의 특성을 반영하여 조합원의 유형(다중이해관계자) 추가
-	제10조 (조합원의 가입)	'보건의료사회적협동조합' 정관작성시 별도 규정
제14조(제명)	-	직원협동조합의 정관작성시 일반협동조합 정관 제14조(제명) 제1항 제5호를 별도로 추가
-	제17조(출자)	보건 · 의료 사회적협동조합 정관작성시 별도 규정
-	제24조(대의원총회)	
-	제31조 (총회의 의결사항)	

第53条 (임직원 겸직 금지)	-	직원협동조합 정관은 일반협동조합 정관례 第53조 第3항 삭제
-	第56条(소액대출)	협동조합기본법 第94조 반영
-	第57条(상호부조)	협동조합기본법 第94조 반영
-	第58条(사업의 이용)	보건 · 의료 사회적협동조합 정관작성시 별도 규정
第64条 (잉여금의 배당/이월)	-	협동조합기본법 第98조 第2항에 따라 사회적협동조합은 잉여금 배당 제한

㉢ 정관작성 요령

위에서 자세하게 살펴본 바와 같이, 현행 협동조합기본법 체제에서 기획재정부가 제정한 「협동조합업무지침」에 표준정관례가 나와 있으므로 실무적으로는 이 표준정관례를 참고하면 정관작성에는 별다른 어려움이 없을 것이다.

따라서 실무적으로 협동조합 설립을 위한 정관을 작성할 때 기획재정부의 표준정관례를 기본으로 하면서 해당 협동조합의 업종이나 다른 특수성을 감안하여 적절하게 변경하여 사용할 수 있기를 바란다. 다만, 정관을 작성할 때 다음과 같이 몇 가지를 유의해야 한다.

첫째, 정관 작성시 협동조합기본법(第16조 등)에 규정된 내용(항목)을 임의적으로 수정이나 변경을 하면 나중에 설립신고를 할 때 반려사유가 될 수도 있다.

둘째, 조합유형, 즉 설립하려는 조합이 일반협동조합인지 사회적협동조합인지 결정한 다음 정관작성에 들어가야 한다. 앞에서 살펴본 것처럼 두 협동조합의 유형은 수행하게 되는 사업내용, 정관체계와 정관조문의 구성 및 내용이 다소 다르다.

따라서 설립하려는 협동조합이 수행하려는 사업계획을 정확히 반영한 정관작성이 이루어져야 설립신고를 할 때 업무에 차질이 발생하지 않는다.

아울러, 협동조합기본법 제16조에서 협동조합의 정관에 포함되도록 규정되어 있는 항목들에 대한 일반적인 작성요령에 대한 이론적 이해도 필요할 것으로 생각된다.

그래서, 정관작성요령과 관련하여, 협동조합기본법 제16조에서 반드시 정관에 포함되도록 규정된 사항을 중심으로 하여 협동조합의 정관을 작성할 때 협동조합기본법상의 정관작성 항목에 벗어나지 않도록 하면서, 본서 나름대로 정관작성과 관련하여 일반적으로 유의 또는 참고해야 할 사항을 항목별로 정리하여 제시한다.

| 조합의 명칭 | 우선 유의할 점은 설립하려는 협동조합의 명칭이 다른 협동조합의 이름과 중복되지 않아야 한다는 것이다. 앞으로 영역별, 분야별로 많은 협동조합이 설립될 전망이므로 주의를 요한다.

따라서 협동조합 설립주체는 소속된 협동조합연합회에 명칭 중복여부를 확인해 본다든가, 인터넷 검색, 대법원 인터넷등기소사이트[5] 등을 활용하여 명칭의 중복 여부를 확인한 다음 설립절차를 진행하여야 한다. 그렇지 않으면 나중에 설립신고나 설립등기뿐만 아니라 조합의 운영과정에서도 대외적으로 소송 등의 문제로 복잡해지게 된다.

또한 설립할 조합의 명칭에는 반드시 '협동조합'이라는 용어가 포함되어야 한다.[6] 다만, 협동조합기본법 시행 당시 협동조합과 동일한 기능을 수

---

5 설립하려는 협동조합 명칭의 중복 여부를 확인하려면, 먼저 대법원 인터넷등기소(http://www.iros.go.kr)에 접속하고 나서, '법인등기' 선택 → '열람' 선택 → '상호로 검색'에서 '전체등기소' 선택 → '법인 종류'에서 '설립할 법인의 종류'로 검색 → '상호' 검색을 순차적으로 실행하면 된다.

6 관련규정 : 협동조합기본법 제3조(명칭)
① 협동조합은 협동조합이라는 문자를, 협동조합연합회는 협동조합연합회라는 문자를, 사회적협동조합은 사회적협동조합이라는 문자를, 사회적협동조합연합회는 사회적협동조합연합회라는 문자

행하고 있으나, 협동조합기본법에 의거 설립되지는 않은 단체에 대하여는 협동조합기본법 시행일부터 2년까지는 해당되지 아니한다.

| 조합의 목적 | 협동조합의 설립목적은 협동조합기본법(제5조)에 규정한 바와 같이 "조합원의 복리 증진과 상부상조를 도모하고, 조합원 등의 경제적 · 사회적 · 문화적 수요에 부응하는 것"이다.

따라서 설립하려는 협동조합은 그 조합의 비전이나 수행하려는 공동사업을 반영하여 조합의 목적을 정의하도록 하며, 설립할 조합의 특성에 맞게 부가할 목적사항이 있다면 추가해도 된다. 다만 협동조합기본법령의 입법 목적 또는 취지나 그 해석상 협동조합의 가치나 정체성에 어긋나지 않는지 잘 검토하여야 한다.

| 조합원과 출자금 | 협동조합의 설립목적에 동의하고 조합원으로서의 의무를 다하고자 하는 자로서, 1좌 이상을 출자하는 것은 조합원이 되기 위한 기본조건이다. 협동조합기본법(제22조)은 반드시 정관으로 출자에 관한 사항을 정하도록 하고 있다.

그러므로 조합원은 최소 1좌 이상은 출자하여야 하며(단, 총 출자좌수의 100분의 30 이내), 출자금은 일시에 납입하는 것이 원칙이나 불가피할 경우 분납(2회)할 수도 있다.

협동조합은 정당한 사유 없이 조합원의 자격을 갖춘 자에 대하여 가입

를 각각 명칭에 사용하여야 한다.

② 이 법에 따라 설립되는 협동조합과 협동조합연합회("협동조합등") 및 이 법에 따라 설립되는 사회적협동조합과 사회적협동조합연합회("사회적협동조합등")는 대통령령으로 정하는 바에 따라 다른 협동조합등 및 사회적협동조합등의 명칭과 중복되거나 혼동되는 명칭을 사용하여서는 아니 된다.

③ 이 법에 따라 설립된 협동조합등 및 사회적협동조합등이 아니면 이에 따른 문자를 명칭에 사용할 수 없다.

거절 또는 다른 조합원보다 불리한 가입조건을 붙일 수 없다. 다만 해당 조합의 설립목적 및 특성에 따라 정관으로 미리 정하여 조합원 자격을 일부 제한할 수 있다. 조합원의 자격을 가진 자가 가입신청서를 조합에 제출하면, 조합은 신청서 접수일로부터 2주 이내에 신청인에게 가입의 가부(可否)를 결정하여 서면 또는 전화 등의 방법으로 통지하여야 한다.

| 총 회 | 총회는 협동조합의 필수기관이다. 정기총회는 사업연도(통상 1년)내 정관으로 정하는 시기에 반드시 1회 이상 개최해야 한다. 임시총회의 개최 등에 관한 사항도 정관에 미리 규정해 놓아야 한다. 또한 협동조합기본법상으로 조합원수가 200명을 초과하는 협동조합은 총회 대신에 대의원총회로 갈음할 수 있으므로 유의한다.

| 의결권행사 | 협동조합은 원칙적으로 조합원 총회를 통해서 조합의 중요사항을 결정한다. 다만, 총회 대신에 대의원총회를 운영할 경우 서면 또는 대리인에 의한 의결권행사를 할 수 없다. 따라서 협동조합은 의사결정기구로서 총회 또는 대의원총회 중 어느 것을 운영할 것인지 결정하여야 한다. 다만 조합의 합병, 분할, 해산 등은 대의원총회로 의결할 수 없으므로 서면 또는 대리인에 의한 행사를 정관에 반드시 기재하도록 한다.

| 의사록 서명날인인 | 총회의 의사록에 대한 서명날인을 위해 총회의 장이 3인 이상을 지명하여 선임하여야 한다는 내용을 삽입한다.

| 조합의 임원과 임기 | 협동조합의 임원은 이사와 감사로 구성된다. 임원의 임기에 대하여는 협동조합기본법에서 4년의 범위에서 정관에 자율적으로 정할 수 있도록 하고 있으며, 통상 3년 이내에서 정하는 것이 바람

직하다. 또한 연임조항을 규정할 수도 있으므로 정관에 2차에 한하여 연임 가능하다는 조항을 넣을 수 있다.

조합의 상근임원은 일정 보수를 지급받는 상근하는 임원을 말하므로 무보수임원을 임명할 경우 정관에는 포함시키지 않아도 된다.

| 사업 및 사업의 이용 |

- **사업영역** 협동조합기본법은 협동조합이 수행할 사업에 관하여 제한을 두고 있다(협동조합기본법 제45조(사업)). 일반협동조합은 일종의 '필수사업'으로, 즉 조합원과 직원에 대한 상담, 교육 · 훈련 및 정보 제공 사업, 협동조합간 협력을 위한 사업, 협동조합의 홍보 및 지역사회를 위한 사업은 반드시 그 조합의 사업에 포함하여야 한다. 그 외에는 조합이 필요한 사업을 자율적으로 정관으로 정할 수 있다. 다만 사회적협동조합은 사업영역으로 주사업과 기타사업(상호부조 및 소액대출)을 수행할 수 있는데, 주사업으로 지역사회 활성화 등 공익사업을 전체 사업량의 40% 이상 수행하도록 해야 한다.
- **사업구역** 일반협동조합은 기본법이나 법 시행령 및 시행규칙에 특별한 규정이 없으므로 사업구역의 제한 없이 사업을 수행[7]할 수 있다고 보여진다. 그러나 사회적협동조합은 협동조합기본법 시행령 제11조 제2항 제5호에서, 특별시 · 광역시 · 특별자치시 · 도 또는 특별자치도의 관할구역을 사업구역으로 하며, 실제 생활권이 2개 이상의 특별시 · 광역시 · 특별자치시 · 도 또는 특별자치도에 걸쳐 있는 경우에는 그 생활권 전체를 사업구역으로 할 수 있도록 하

7 종전 협동조합 개별법상의 생활협동조합의 경우에는 특별시 · 광역시 · 특별자치시 · 도 또는 특별자치도의 관할구역으로 하며 실제 생활권이 2개 이상의 특별시 · 광역시 · 특별자치시 · 도 또는 특별자치도에 걸쳐 있는 경우에는 그 생활권 전체를 사업구역으로 할 수 있도록 하였다.

고 있다. 그 이유는 사회적협동조합은 그 '주사업'으로 지역사회 기여 사업을 할 수 있기 때문이다. 다만 단일 행정구역을 사업구역 또는 사업단위로 하는 것이 지방자치단체 등과의 협조에서 유리할 것이다.

- **사업의 이용** 협동조합은 원칙적으로는 조합원이 아닌 자에게 협동조합의 사업을 이용하게 할 수 없으나, 협동조합기본법은 동법 시행령으로 조합원이 이용하는 데에 지장이 없는 범위에서 조합원이 아닌 자에게 그 사업을 이용할 수 있도록 하고 있다. 따라서 정관을 작성할 때 비조합원의 사업이용에 관하여 규정할 때 유의하도록 한다.

| 규약 작성 | 협동조합기본법은 협동조합의 운영 및 사업실시에 필요한 사항 중에서 정관으로 정하는 것을 제외하고는 규약[8] 또는 규정으로 정할 수 있도록 하고 있다. 정관의 변경, 규약의 제정 · 변경은 총회의 의결사항이므로 제정이나 개정이 쉽지 않다. 그러므로 협동조합기본법 등 법령으로 반드시 정관에 포함되도록 명시된 항목 외에 총회운영이나 출자금 관련 내용 등 기타 사항은 비교적 제 · 개정이 쉬운 규약으로 정하는 것이 바람직하다.

| 적립금 | 법정적립금은 협동조합기본법에서 의무적으로 적립하도록 하고 있다. 반면에 임의적립금으로 사업준비금 등을 정관으로 정하여 적립할 수 있다. 다시 말해서 임의적립금은 조합이 자율적으로 정할 수 있

---

8 소비자생활협동조합의 경우, 종전 기획재정부 장관이 고시한 '표준정관례'에는 총회운영규약, 임원선출규약, 대의원선출규약, 위원회설치 · 운영규약, 출자금감소규약, 잉여금배당규약, 범칙금규약 등 9개의 규약을 예시한 바 있다.

으므로 적립하지 않을 수도 있지만, 조합재정의 건전성이나 조합의 사업추진 등을 위해 임의적립금을 적립하는 것이 바람직하다.

이상으로 정관에 포함되어야 할 주요 항목에 대하여 개략적인 지침이나 유의사항을 제시해 보았다. 다만 일반협동조합은 상법의 총칙과 상행위 규정, 사회적협동조합은 민법규정에 관계되는 사항이 많다는 점을 유의해야 한다.

실무포인트

협동조합의 정관작성 요령

① 협동조합의 정관은 협동조합기본법 제16조에 규정된 항목을 체계적으로 배열하여 작성하여야 한다.

② 정관은 협동조합의 목적사업 등 조합의 사업 범위를 포함하는 사업계획서를 작성하여야 하며, 예산서가 첨부되어야 한다.

③ 정관은 다음과 같은 지침에 의해 작성하도록 한다.

■ 조합의 명칭
- 주사무소 소재지 내에 다른 협동조합과 명칭이 중복되지 않아야 한다.

■ 조합의 목적
- 협동조합의 특성(지리적, 문화적 특성 등)에 맞게 조합의 목적사항과 이에 부합하는 추가사항이 있다면 추가한다.

■ 조합원과 출자금
- 협동조합의 조합원이 되기 위해서는 반드시 출좌 1좌 이상을 출자하여야만 한다.
- 조합원이 출자할 수 있는 출자금의 한도는 총 출자금의 30%를 넘을 수 없다.
- 이사장은 조합원에게 출자증명서(출자증서)를 교부한다.

■ 적립금
- 협동조합은 의무적으로 법정적립금을 적립해야 하며, 총 출자금액의 3배 이상이 될 때까지 적립해야 한다.

■ 총회개최

- 협동조합은 매년 1회 이상 정기총회를 개최하여야 하고, 조합운영상 필요시 임시총회를 개최할 수 있다.
- 조합원수가 200명을 초과할 경우 조합은 대의원총회를 할 것인지 총회를 할 것인지를 결정하여야 한다.

■ 의결권행사

- 총회를 개최할 경우에는 서면 또는 대리인에 의한 의결권 및 선거권을 행사할 수 있다.

■ 조합의 임원과 임기

- 협동조합은 3명 이상의 이사와 1명 이상의 감사를 선임하여야 한다.
- 임원의 임기에 대하여는 4년 이내에서 협동조합은 자율적으로 정할 수 있고, 연임조항을 둘 수도 있다.

■ 사업 및 사업의 이용

- 협동조합은 조합의 설립 목적을 달성하기 위하여 필요한 사업을 자율적으로 정관으로 정해 시행할 수 있다.
- 다만, 협동조합은 다음과 같은 3가지 사업을 반드시 포함하여야 한다.
  - 조합원 · 직원에 대한 상담, 교육 · 훈련 및 정보 제공 사업
  - 협동조합간 협력을 위한 사업
  - 협동조합의 홍보 및 지역사회를 위한 사업

■ 규약, 규정 제정

- 조합의 정관에서 별도로 제정하도록 위임한 사항은 규약 또는 규정으로 제정할 수 있다.
- 규약관련 사항으로는 총회운영, 임원선출, 대의원선출(조합원 200명 이상의 경우 대의원총회 적용시), 직원 관련 사항, 현물출자, 출자금 관련(출자금감소 등) 사항 등 조합운영에 필요사항이며, 필요시 추가로 제정할 수 있다.
- 규정 관련 사항으로는 이사회 및 감사 운영, 직제 · 인사 · 근무 · 보수 · 회계 등 협동조합 내부운영에 관한 사항들이 주로 포함된다.

② 설립동의자의 모집

㉠ 기본사항

협동조합을 설립하기 위해서는 5인 이상의 조합원 자격을 가진 자가 발기인이 되어 정관을 작성하고, 창립총회의 의결을 거친 후 주된 사무소의 소재지를 관할하는 시·도지사에게 신고하여야 한다.

통상적으로 초창기 발기인들만으로 조합설립을 하기보다는 추가로 조합원을 모집하게 된다. 이를 위해 해당 협동조합의 설립목적과 비전을 기재한 설립취지서를 작성하여 설립동의자를 모집하고 출자금을 받기 위해서는 기본적인 설립 안내자료와 필요한 서류양식을 준비해 두어야 한다.

㉡ 설립동의자 모집 절차(서식)

일반협동조합과 사회적협동조합의 설립동의자 요건이 다르다. 일반협동조합이 설립동의자 요건에 있어서 '조합원 자격을 가진 자로서, 창립총회 개의 전까지 발기인에게 설립동의서를 제출한 자'(기본법 제15조 제2항)인 반면, 사회적협동조합은 생산자, 소비자, 직원, 자원봉사자 및 후원자 등 다양한 이해관계자(기본법 시행령 제12조 제1항 제1호)로 설립동의자(5명 이상)를 구성하여야 한다.

다만, 설립하려는 조합이 직원협동조합일 경우에는 일정기간 이상(예컨대, 6개월) 근무할 것을 내용으로 하는 제한을 할 수도 있다. 다중이해관계자협동조합의 경우에도 기본법 시행령에서 예를 든 5가지 유형의 이해관계자 중 2가지 이상의 이해관계자가 조합원으로 참여해야 한다.

| 설립취지서 | 협동조합을 설립하고자 하는 목적과 비전, 설립추진 경과 등을 기재하여 설립동의자 모집에 활용하도록 한다.

| 설립동의서 | 협동조합 설립취지에 공감하고 조합 설립후 조합원으로 가입하겠다는 의사를 기재한 서식이다.

협동조합은 창립총회 개의 전까지 발기인에게 설립동의서를 제출한 자의 과반수의 출석과 출석자 3분의 2 이상의 찬성으로 조합의 주요사항을 의결하게 되어 있다. 설립동의서 대신 '조합원가입신청서'를 사용하는 경우도 있다.

발기인회는 일반협동조합에 접수된 설립동의서에 의해 설립동의자명부(기획재정부 '협동조합 업무지침' 서식 참조)를 작성하여 창립총회시 의결참가자 확인을 위한 자료로 활용하고, 사회적협동조합의 경우도 인가신청시에 설립동의자 명부를 제출한다.

| 조합원(설립동의자)의 규모 | 협동조합기본법에서 규정한 최소 조합원 수(설립동의자)는 5인이다. 그러나 처음 협동조합을 시작하는 단계에서는 5명의 설립동의자를 모집하는 일조차 쉽지 않은 일일 수도 있다. 그러다 보니, 협동조합의 조합원으로 법인도 가능하다는 점이 설립동의자 모집에 편법적으로 이용될 수도 있으나, 조합설립 주체들은 이런 유혹(?)을 받지 말아야 한다.

예를 들어, 동일인 A가 B라는 법인의 대표라고 가정해 보자. 이때 A가 C협동조합의 설립동의를 하고 설립동의서를 제출한 다음 또 B법인의 대표자격으로 설립동의서를 제출하고 발기인이 될 경우 모두 발기인으로 인정될 수 없다고 본다. 실질적으로 동일인 또는 동일주체이기 때문이다.

만일 이런 경우가 실제로 발생하여 설립신고가 이루어질 경우 설립동의자의 수와 출자자 명부상의 조합원 수가 불일치하여 설립신고가 반려될 수도 있고, 또한 극단적인 가정이지만 최소 조합원이 5명 미만이 되어 조합설립 자체가 불가능해질 수도 있다.

이런 점들을 감안한다면 협동조합기본법에서 정한 최소 설립동의자의 수는 협동조합을 지속 가능하게 위한 필수적인 조건이라고 할 수 있다. 이는 협동조합이 인적 결합체로서 협동과 연대의 장점을 최대한 살려야 하기 때문이다. 그러므로 협동조합 설립등기 이후 본격적으로 조합활동을 개시한 이후에도 지속적인 조합원 증대를 위해 노력해야 한다.

설립동의서

본인은 귀하가 발기한 ◯◯협동조합의 목적과 취지에 동의하여 설립에 참여하고자 이에 동의서를 제출합니다.

20 년 월 일

성 명 : ◯ ◯ ◯ (서명 또는 날인)

주소 : 인천광역시 계양구 길마로 ◯◯번길 ◯◯
(전화번호: 010-1234-5678)

주민등록번호 : ◯◯◯◯◯◯-◯◯◯◯◯◯◯

◯◯ 협동조합 (가칭)
◯◯◯ 발기인대표 귀하

■ 기획재정부 협동조합업무지침 서식

설립동의자 명부

연번	성 명	주민등록번호	연락처	이해관계자
1	□ □ □	-	010-0000-0001	소비자
2	○ ○ ○	-	010-0000-0002	소비자
3	▷▷▷	-	010-0000-0003	직 원
4	…	…	…	…
…				

* 이해관계자란은 사회적협동조합인 경우만 기재: 소비자, 생산자, 직원, 자원봉사자, 후원자 등

③ 조합원명부 작성

㉠ 기본사항

협동조합기본법(제20조)은 조합원에 대하여 "협동조합의 설립 목적에 동의하고 조합원으로서의 의무를 다하고자 하는 자"로 정의하고, 정당한 사유 없이 조합원의 자격을 갖추고 있는 자에 대하여 가입을 거절하거나, 가입에 있어 다른 조합원보다 불리한 조건을 붙일 수 없도록 하고 있다. 다만, 정관으로 정하는 바에 따라 협동조합의 설립 목적 및 특성에 부합되는 자로 조합원의 자격을 제한할 수는 있게 하고 있다.

또한, 협동조합기본법(제16조)은 정관으로 조합원 및 대리인의 자격, 조합원의 가입 · 탈퇴 및 제명, 조합원의 출자좌수 한도에 관한 사항에 관하여 규정하게 한다.

협동조합에서 조합원은 조합의 구성원으로서, 운영과 사업수행에 있어서 주체로서, 조합원의 자격과 가입 · 탈퇴, 출자금,[9] 조합의 중요사항에 대한 의결을 위한 정족수의 관리가 매우 중요한데, 조합원명부는 그러한 관리를 위한 기초자료가 된다.

한편, 협동조합기본법상으로 일반협동조합과 사회적협동조합의 조합 설립 최소 조합원수는 원칙적으로 5명이지만, 사회적협동조합이 의료기관을 개설하는 경우는 조합의 설립인가기준이 개설되는 의료기관 1개소당 설립동의자가 500명 이상[10]이어야 한다는 점에 유의해야 한다.

---

9 [협동조합기본법] 제22조(조합원의 출자와 책임)
① 조합원은 정관으로 정하는 바에 따라 1좌 이상을 출자하여야 한다. 다만, 필요한 경우 정관으로 정하는 바에 따라 현물을 출자할 수 있다.
② 조합원 1인의 출자좌수는 총 출자좌수의 100분의 30을 넘어서는 아니 된다.

10 참고로, 향후 많은 설립이 예상되는 의료협동조합과 관련하여 두 법령을 비교해보면, 협동조합기본법은 최소조합원 규모가 500명인데, 소비자생활협동조합법상으로는 300명 이상이면 의료협동조합 설립이 가능한 것으로 되어 있다.

㉡ 조합가입 절차

'협동조합의 설립 목적에 동의하고 조합원으로서의 의무를 다하고자 하는 자'는 협동조합기본법(제20조)에 의해 조합원의 자격을 가진 자로서 인정된다. 이렇게 조합원의 자격을 가진 자가 어떤 협동조합에 가입하려면 소정의 서식을 갖추어 가입신청서를 제출하여야 한다.

조합은 조합원의 자격을 가진 자가 가입신청서를 접수하면 해당 협동조합의 업종이나 특성을 감안하여 신청인의 조합원으로서의 적정성 등을 심사하여 가입 여부를 결정하여야 한다. 가입허용 여부에 대한 최종심사 결과는 서면으로 신청자에게 통보하여야 한다. 조합(설립주체)으로부터 가입 승낙을 받은 자는 출자금과 가입금(정관으로 규정하였을 경우)을 협동조합에 납부함으로써 조합원이 될 수 있다.

| 출자금납입증명서 | 설립동의서를 제출한 자를 대상으로 설립동의자 명부를 작성하고, 이들 설립동의자로부터 출자금을 받도록 한다. 다만, 설립절차가 진행중인 조합은 아직 출자증서를 교부할 수 없으므로 설립할 협동조합이 창립총회를 거친 후 출자증서로 교환해 주어야 한다.

(2) 창립총회 개최

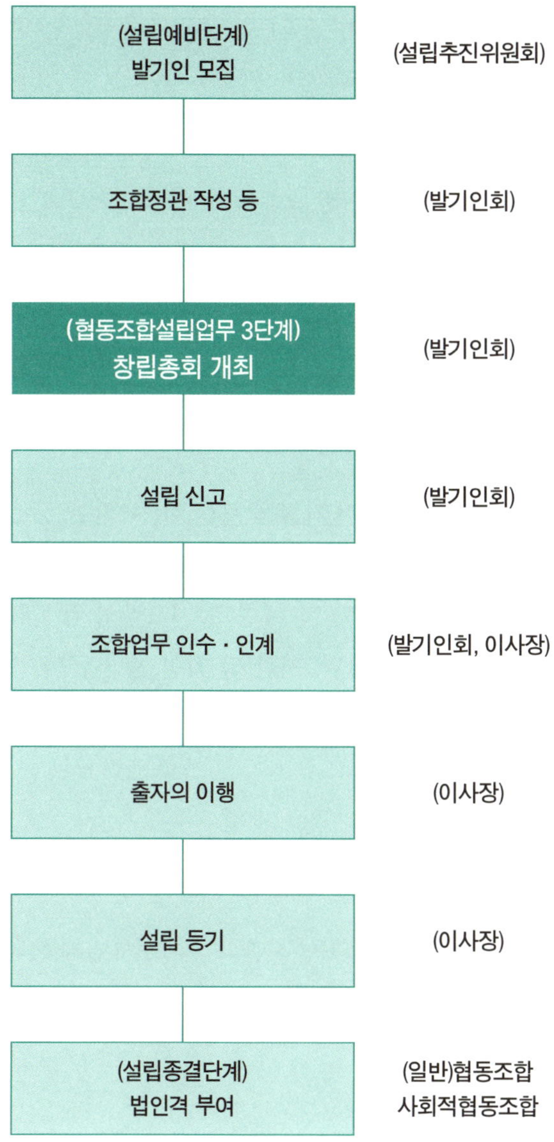

(설립예비단계)
발기인 모집
(설립추진위원회)
조합정관 작성 등
(발기인회)
(협동조합설립업무 3단계)
창립총회 개최
(발기인회)
설립 신고
(발기인회)
조합업무 인수 · 인계
(발기인회, 이사장)
출자의 이행
(이사장)
설립 등기
(이사장)
(설립종결단계)
법인격 부여
(일반)협동조합
사회적협동조합

① 기본사항

창립총회 개최		• 정관의 승인, 출자금 납입 • 사업계획서 및 예산안 승인 등 • 이사장 포함 이사 3명, 감사 1명 선임

앞에서 살펴본 대로 협동조합 설립주체에 의해 발기인회가 구성되고, 발기인회에 의해 협동조합 운영의 기본토대인 정관을 작성하고, 설립동의자를 모집하고 출자금 납입이 이루어지면 그 다음 절차는 해당 협동조합의 창립총회[11]를 개최하는 것이다. 창립총회는 발기인 및 창립 당시의 조합원으로 구성된다. 즉 5인 이상의 조합원 자격을 가진 자가 발기인이 되는 것이다.

이 창립총회에서는 정관의 확정 · 승인이 가장 중요한 바, 이러한 정관에는 협동조합기본법 제16조의 내용, 즉 설립하려는 협동조합의 목적, 조합원 및 대리인의 자격, 조합원의 가입 · 탈퇴 및 제명, 출자 1좌의 금액과 납입 방법, 조합원의 권리와 의무, 사업의 범위, 기관 및 임원, 출자금의 양도, 총회 · 이사회의 운영 등에 대한 의결(승인)이 이루어지게 된다.

② 창립총회의 진행

㉠ 창립총회 개최준비(공고)

협동조합 설립 및 운영의 기본토대가 되는 정관의 확정, 사업계획의 승인, 임원의 선임 및 조직구성의 확정을 위해서는 반드시 거쳐야 하는 절

11 창립총회 외에 협동조합기본법 제28조에 규정된 정기총회와 임시총회에 관한 사항은 본서 [제4부 협동조합 운영하고 관리하기]의 〈제5장 총회와 이사회 운영에 대하여〉를 참고하기 바란다.

차가 창립총회의 개최라는 것은 이미 설명한 대로이다.

따라서 이러한 창립총회를 개최하기 위한 구체적인 준비사항 또는 절차, 즉 개최일시 및 장소, 조합원 자격요건, 의결사항(안건) 등을 최소한 창립 총회 개최일 7일 전까지는 공고하여야 한다.

또한 조합원 자격이 있는 자가 쉽게 구독할 수 있는 일간지 등에 게재하는 방법으로 공고를 하되, 다만 사정에 따라 게시물에 의한 공고, 등기우편물 발송, 전자우편(메일) 등 설립동의자가 쉽게 충분히 알 수 있는 방법으로 하도록 한다. 공고기간은 7일 이상으로 하되, 조합원의 이해에 중대한 영향을 미칠 수 있는 내용은 공고와 별도로 서면으로 조합원에게 통지하는 것이 바람직하다.

창립총회 개최 공고

__________________ 귀하

아래와 같이 ○○협동조합의 창립총회를 개최하고자 하오니 조합가입에 동의하거나, 설립동의서를 제출한 분께서는 부디 참석하셔서 의결권을 행사해 주시기 바랍니다.

- 다 음 -

1. **일 시** : (개최 연월일 및 시각 표시)
2. **장 소** : (개최장소를 구체적으로 기재)
3. **조합원의 자격 요건** : (해당 조합의 설립취지와 목적에 동의하는 것 등의 요건 기재)
4. **심의안건** : (정관, 사업계획, 임원선임 등 조합설립의 운영에 대한 주요 의결사항을 개조식으로 기재)

년 월 일

○○협동조합(가칭)

발기인(대표) (인)

㉡ 주요 사항 의결

- 조합 설립 · 운영 관련 정관을 심의, 승인한다.
  - 조합의 목적과 사업종류, 기관의 구조(유형: 총회 또는 대의원총회 등)를 명시한 정관을 승인하여 협동조합의 운영기반을 확립한다.
- 협동조합의 경영(운영)을 담당할 임원을 선임한다.
  - 협동조합기본법은 이사의 정수 및 이사 · 감사의 선임방법 등은 정관으로 정하도록 하고 있다.
  - 승인된 정관에서 정한 임원 수에 따라 조합의 임원을 선출한다. 총회에서 선출하는 임원은 이사장, 이사, 감사이다.
  - 이사장은 이사 중에서 정관으로 정하여 총회에서 선임한다.
  - 임원이 되고자 하는 조합원은 조합원확인절차를 거쳐야 하며, 이때 조합원확인서, 후보등록신청서, 이력서 등의 서식을 사용하면 된다.
- 출자금납입에 관한 사항을 정한다.
  - 출자금의 확보, 관리에 관한 사항을 말한다.
- 조합의 사업계획서 및 예산, 조합의 사업 및 기타 업무를 담당할 직원(실무자)조직 등을 승인한다.

㉢ 창립총회 의결 절차

창립총회의 의결은 창립총회 개의(開議) 전까지 발기인에게 설립동의서를 제출한 자 과반수의 출석과 출석자 3분의 2 이상의 찬성으로 한다. 다시 말해서, 협동조합 설립동의자 명단이 확정되고 그 설립동의자의 과반수가 참석해야 창립총회를 개최할 수 있는 성립요건이 충족된다.

협동조합의 의결방식 및 의의

1인 1표	출자액수에 관계없이 1인 1개의 의결권, 선거권 부여	주식회사(1주 1표)와 다른 민주적 운영방식

설립동의자의 최소인원 규정이 없기 때문에, 불가피할 경우 발기인 5명이 창립총회를 한 후 협동조합 설립신고를 해도 된다.

협동조합은 의결기구로서 이사장과 조합원으로 구성되는 총회를 두는 것이 원칙이다. 그리고 일정한 경우(협동조합기본법 제31조 제1항) 대의원총회를 둘 수 있는데, 이러한 대의원총회는 조합원 중에서 선출한 대의원으로 구성된다.

한편 대의원총회는 (일반)총회와는 달리 의결사항 및 의결권 · 선거권에서 일부 제한을 받는다. 즉, 대의원은 대리인에 의한 의결권행사를 할 수 없으며, 협동조합의 합병 · 분할 및 해산에 관한 사항은 의결할 수 없다. 다만, 대의원총회는 이러한 제한 외에는 총회에 관한 규정을 준용한다.

㉣ 실제 창립총회 개최 및 진행

조합설립 실무추진 주체는 설립하려는 협동조합의 창립총회에서 의결사항의 누락 없이 원만한 진행을 위하여 미리 총회진행 식순 등 시나리오를 준비해 두는 것이 좋다.

창립총회 식순은 협동조합 창립을 기념하는 기념식과 창립총회를 구분하여 1, 2부로 나누어 개최함으로써 집중적으로 안건 의결 및 확정을 할 수 있도록 하는 것이 바람직하다.

창립총회 절차

제1부 창립기념식

1. 개회선언 및 국민의례
2. 설립과정 경과보고(발기인회)
3. 내, 외빈소개
4. 발기인대표 인사
5. 축사 및 격려사
6. 폐회선언

제2부 창립총회

1. 개회선언 및 출석인원 보고
2. 의사일정 확정
3. 의사록 서명 날인인 선임
4. 안건 심의 및 확정
   1) 정관 심의, 확정
   2) 사업계획 및 예산(안) 심의, 확정
   3) 조합임원 선임
   4) 관련사항
      - 규약 · 규정 제정 위임
      - 임원선임권 위임
      - 기타 사항
5. 임원(이사), 감사 취임인사
6. 폐회선언

다음은 창립총회 식순에 따라 총회를 진행할 때 유의할 사항을 정리한 것이다.

| 총회의 의장과 사회 | 창립총회의 의장은 발기인대표가 맡게 된다.[12] 따라서 발기인대표가 의장으로서 사회까지 맡으면 된다. 사회자와 의장을 별개로 하는 것은 오히려 번거로워질 수 있다.

다만, 총회 진행중에 상세한 설명이 필요한 안건에 대해서는 의장의 요청에 따라 발기인회 간사가 별도로 담당할 수는 있을 것이다. 한편, 창립총회의 기념식의 경우는 발기인회의 간사 또는 다른 발기인이 사회를 보는 것이 좋다.

| 출석인원 점검 및 개회선언 | 의장은 미리 준비한 설립동의자 명부에 근거해 창립총회에 참석한 설립동의자 수를 실무담당자(접수자)에게 파악하게 하여 총회장에서 보고하게 한다. 협동조합 설립동의자의 과반수가 참석해야 창립총회를 개최할 수 있는 성립요건이 충족되므로 사전에 참석 여부를 체크해 놓아야 한다.

| 의사록 서명날인인 지명 | 의장이 의사록 서명날인인으로 3명 이상을 지명해야 한다. 지명된 자는 바로 현장에서 승낙 여부를 표시하고 서명날인하도록 한다.

| 의사일정 확정 | 총회의 의사일정은 발기인회가 사전준비된 안건의

12 협동조합 설립등기가 종료되어 설립절차가 완료된 후 조합이 실제 운영에 들어간 이후에 개최되는 총회의 의장은 이사장이 맡는다.

심의순서에 대해 참석한 설립동의자들에게 의견을 물어 확정한다. 설립동의자들이 의견을 말할 때는 동의, 긴급동의, 재청 등을 활용하도록 한다.

| 안건심의 | 먼저 의장이 설립할 협동조합에 관한 안건에 대하여 설명하고, 그 안건들에 대해 승인 여부를 의결할 것을 요청한다. 이에 대하여 참석한 설립동의자 중에 동의와 재청이 있으면 의장은 다른 의견이 있는지를 확인한 다음, 다른 의견이 없으면 동의된 의견으로 확정한다.

만일, 의장이 의결을 요청한 심의안건 중의 하나에 대해 수정을 요구하는 동의(의견)와 재청에 대해 다른 의견이 없다면 해당 안건은 확정된다. 그러나 심의안건에 따라서는 여러 개의 동의(의견)와 재청이 있을 수 있으므로, 이 경우에 의장은 각각의 동의와 재청에 대해 표결에 의해 결정하도록 한다. 통상적으로 표결 순서는 제일 나중에 제기된 동의부터 표결을 실시한다.

㉤ 총회 의사록 작성

협동조합은 기본적으로 총회 개최시 의사록을 작성하여야 한다(협동조합기본법 제30조). 특히 창립총회 의사록은 해당 협동조합의 설립근거로서 절차적 정당성을 부여하는 아주 중요한 의미를 지닌다. 또한 창립총회 의사록은 협동조합 설립 신고시 제출서류로서, 정관 사본 및 사업계획서 · 임원명부 등과 함께 반드시 첨부되어야 한다. 뿐만 아니라, 협동조합 설립 후에도 그 조합의 주된 사무소에도 비치되어야 한다. 한편 창립총회 의사록의 작성에 있어서는 개최 당일의 의사진행 상황과 결과를 기재하고, 의장과 총회에서 선임한 조합원 3인이 기명날인 또는 서명하면 된다.

창립총회 의사록

1. 회의종류 : ○○협동조합 창립총회

2. 개최일시 : 20 년 월 일(요일) 시 분

3. 개최장소 :

4. 회의진행 :

1) 제1부 개회식

(식순을 참고하여 진행된 상황을 요약하여 기록한다.)

2) 제2부 창립총회

① 의사정족수 확인

(설립동의자 ( )명 중 ( )명이 참석하여 성원이 되었음을 보고한다.)

② 총회의장 취임

(발기인대표가 의장이 되어 '창립총회 개최'를 선언한다는 내용을 기재한다.)

③ 의사록 서명날인인 선임

(의장이 총회의 동의를 얻어 3명의 조합원(예컨대 갑, 을, 병)을 의사록 서명날인인으로 지정한다는 내용을 기재한다.)

④ 의결내용 및 심의순서 확인

(발기인회에서 창립총회에서 심의하기로 결의한 사항을 총회에 상정토록 하고 이 안건들의 심의순서를 정한 내용을 기재한다.)

(발기인회가 창립총회에 심의하기로 결의한 사항(안건)을 순서대로 심의한다.)

(안건에 대해 심의한 내용을 안건 제안설명, 동의, 재청, 표결 등의 총회경과 순서로, 육하원칙에 의하여 간결 · 명확히 기재한다.)

(임원선출은 임원선거규약에 따라 진행하도록 한다.)

⑤ 폐회

(안건에 대한 심의를 완료하고 폐회하였음을 기재하고, 폐회시각을 명시하도록 한다.)

⑥ 의사록 서명날인

(의사록 작성이 완료된 때에는 해당 조합의 정관 제30조 제2항에 의거, 총회의 장과 의사록 서명날인인이 서명날인하도록 한다.)

(의사 진행 및 선출경과 등 그 결과를 명확히 하기 위하여 본 의사록을 작성하고, 의장 및 의사록 서명날인인이 서명날인한다는 취지를 기재한다.)

의 장 : (인)

의사록 서명날인인 : (인)

(인)

(인)

(3) 설립신고(설립인가 신청) 절차

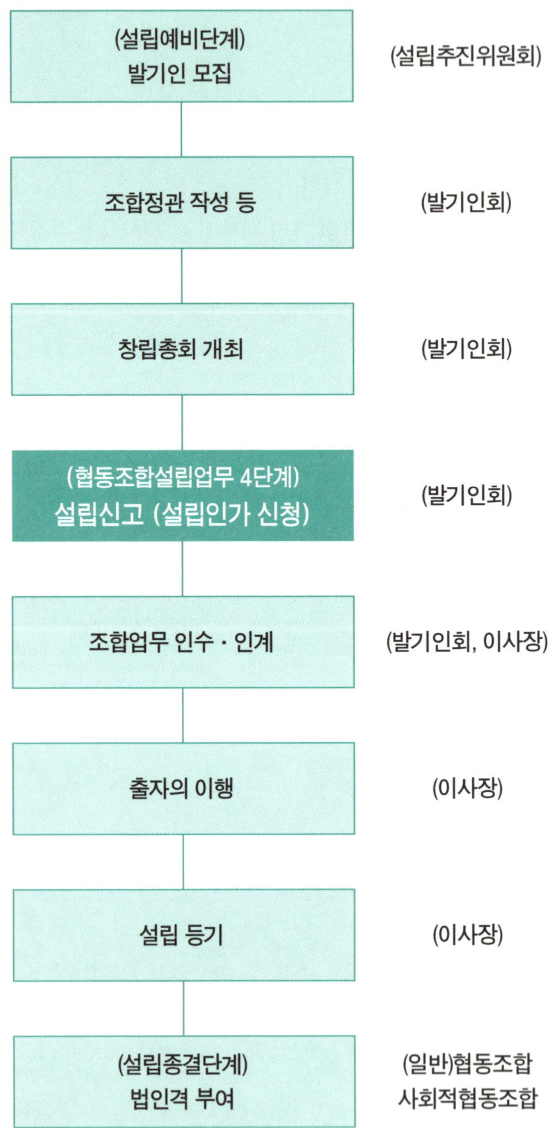

 설립신고 (일반협동조합)

설립신고 절차	➡	• 조합설립 주사무소 소재지 시 · 도지사에 조합설립 신고 • 조합업무의 인수 · 인계 → 설립신고 완료 후 : 발기인회 → 이사장

협동조합의 설립절차 중 일반협동조합과 사회적협동조합이 가장 두드러진 차이를 나타내는 부분이다. 그것은 협동조합의 설립주체가 설립신고만으로 설립필증을 받고 협동조합으로서 설립이 되는가, 별도로 관계 중앙관청의 설립인가 절차를 거쳐야 하는가에 대한 것이다.

협동조합기본법에 의하면 일반협동조합은 설립신고 절차만으로 조합으로 설립신고를 할 수 있도록 하고, 설립신고 처리기간도 접수일로부터 30일 이내에 신고필증을 교부하도록 하고 있다.

한편, 사회적협동조합은 설립하려는 조합이 관계되는 중앙행정관청의 설립인가 절차를 거치도록 하고, 설립인가 처리기일도 60일 이내로 되어 있다.

㉠ 시 · 도지사 신고 (관할지역)

협동조합을 설립하고자 하는 때에는 5인 이상의 조합원 자격을 가진 자가 발기인이 되어 정관을 작성하고, 창립총회의 의결을 거친 후 기획재정부령으로 정하는 설립신고서(협동조합기본법 시행규칙 별지 제1호 서식)를 작성하여 주된 사무소의 소재지를 관할하는 시 · 도지사에게 신고하여야 한다(협동조합기본법 제15조 제1항).

이때 설립신고서에는 정관, 창립총회 의사록, 사업계획서, 임원 명부,

설립동의자 명부,[13] 출자금, 납입증명, 합병 또는 분할을 의결한 총회 의사록[14]을 첨부하여 제출하여야 한다(협동조합기본법 시행령 제6조).

이 외에도 기획재정부 장관이 별도로 정하는 서류(기본법 시행규칙 제4조)가 있으면 첨부하여야 하는데, 여기에는 설립취지서, 수지예산서, 출자 1좌(座)당 금액과 조합원이 인수하려는 출자좌수를 적은 서류, 임원의 이력서 · 사진, 창립총회 개최 공고문 등이 있다.

㉡ 신고필증 교부 및 수령

협동조합 설립주체(발기인회 등)로부터 조합설립신고서 및 첨부서류를 접수한 해당 시 · 도지사는 첨부서류가 미비되었을 경우에는 보완을 요구하고, 설립신고서류에 특별한 사유(미비사항 등)가 없는 한 설립신고 접수일로부터 30일 이내에 신고필증(기본법 시행규칙 별지 제2호서식)을 발급하여야 한다. 일반협동조합의 설립신고 절차는 협동조합연합회에 그대로 적용할 수 있다.

13 창립총회가 열리기 전까지 발기인에게 설립동의서를 제출한 자의 명부를 말한다.

14 협동조합기본법 제56조에 따른 합병 또는 분할에 의한 설립의 경우만 해당되며, 합병 또는 분할로 인하여 존속하거나 설립되는 협동조합이 승계하여야 할 권리 · 의무의 범위가 의결사항으로 적혀 있어야 한다.

■ **협동조합기본법 시행규칙** [별지 제1호서식]

[ ] 협동조합 [ ] 협동조합연합회 설립신고서

※ 첨부서류를 확인하시기 바라며, 색상이 어두운 난은 신청인이 작성하지 않습니다.

접수번호		접수일		처리기간	30일

설립신고인	성 명(명칭)	생년월일(사업자등록번호)
설립신고인	주 소	전화번호

신고내용	설립동의자 수	총 출 자 금 액	발기일 및 창립 총회 개최일
신고내용			

법 인	조합명(연합회명)	전화번호
	소재지	
	이사장(회장) 성명	주민등록번호 (외국인등록번호)
	주소	전화번호

「협동조합 기본법」 제15조 제1항 또는 제71조 제1항에 따라 위와 같이 설립하였음을 신고합니다.

년 월 일

신고인 (서명 또는 인)

기획재정부장관
시 · 도지사 귀하

첨부서류	1. 정관 사본 1부 2. 창립총회 의사록 사본 1부 3. 사업계획서 1부 4. 임원 명부(임원의 이력서 및 사진 첨부) 1부 5. 설립동의자 명부 1부 6. 수입 · 지출 예산서 1부 7. 출자 1좌당 금액과 조합원 또는 회원별로 인수하려는 출자 좌수를 적은 서류 1부 8. 창립총회 개최 공고문 1부 9. 합병 또는 분할을 의결한 총회 의사록[「협동조합 기본법」 제56조(제83조에서 준용하는 경우를 포함한다)에 따른 합병 또는 분할로 인하여 설립하는 경우에만 제출합니다) 1부	수수료 없 음

처리절차

설립신고서 작성	⇨	접 수	⇨	서류 확인 및 검토	⇨	결 재	⇨	신고필증 교부
신고인		처리기관(기획재정부장관 또는 시·도지사)		처리기관 (기획재정부장관 또는 시·도지사)		처리기관 (기획재정부장관 또는 시 · 도지사)		

■ **협동조합기본법 시행규칙** [별지 제2호서식]

신고번호 제　　호

(협동조합 · 협동조합연합회) 신고필증

조　합　명 :
(연 합 회 명)

대표자 성명 :

주　　　소 :

「협동조합 기본법」 제15조제1항 또는 제71조제1항에 따라 위와 같이 설립을 신고하였음을 확인합니다.

년　　월　　일

기획재정부장관
시·도지사

직인

② 설립인가 (사회적협동조합)

㉠ 설립인가 부서

설립하려는 사회적협동조합이 수행하려는 구체적인 사업 내용, 성격 등을 고려하여 협동조합기본법 및 동법(同法) 시행령으로 정하는 바에 따라 기획재정부 장관의 인가를 받도록 되어 있다.

다만, 인가업무 절차의 편의를 고려해서 사회적협동조합 설립 인가권은 협동조합기본법에서 기획재정부 장관이 관계 중앙행정기관(보건복지부 등)에게 위임할 수 있도록 하였다.

㉡ 설립인가 기준

사회적협동조합의 설립인가 기준[15]은 다음과 같다.

- 조합원 자격이 있는 설립동의자가 5인 이상이어야 한다.
  - 여기서 '설립동의자'의 의미는 창립총회 개의(개회) 전까지 발기인에게 설립동의서를 제출한 자를 말한다. 다만, 설립동의자는 생산자, 소비자, 직원, 자원봉사자 및 후원자 등 둘 이상의 서로 다른 이해관계자로 구성되어야 한다는 점에 유의하여야 한다. 이때 후원자의 요건 및 범위 등은 기획재정부 장관이 정할 수 있도록 하였다.
- 설립동의자(조합원 자격이 있어야 한다)의 출자금 납입총액은 정관으로 정해 놓아야 한다.
- 사회적협동조합의 주사업[16]으로 적합한 업종이나 분야를 사업으로 수행할 것을 표시하여야 한다.

15 협동조합기본법 시행령 제11조 참조.

16 사회적협동조합의 '주사업'은 협동조합기본법 제93조 제1항에 규정되어 있으며, 본서의 후반부에 자세히 설명되어 있다. 주사업 판단기준과 방법 등에 관하여 필요한 사항은 협동조합기본법 제93조, 동법 시행령 제14조 및 동법 시행규칙 제11조 · 제12조에 규정되어 있다.

이러한 인가기준에도 불구하고 사회적협동조합이 의료기관을 개설할 경우에는 특례규정이 별도로 정해져 있다. 다음의 조건을 모두 충족시켜야만 조합설립 인가를 받을 수 있다.[17]

- 설립동의자가 500인 이상이고,
- 그 설립동의자 1인당 최저출자금[18]은 5만원 이상이어야 하며,
  (다만 이때의 설립동의자는 조합원이거나 조합원 자격 보유해야 함)
- 조합원 1인당 최고출자금이 총출자금 납입총액의 10% 이내여야 하며,
  (2인 이상의 조합원이 기획재정부 장관이 정하는'특수한 관계'[19]가 있는 자'에 해당하는 경우에는 그 2인 이상의 조합원의 출자금 총액이 총출자금 납입총액의 10% 이내일 것)
- 출자금 납입총액이 1억 원 이상이면서 총자산 대비 100분의 50 이상이어야 하고,
  (다만, 인가관청(부서)의 승인을 받은 경우 총자산 대비 출자금 납입총액의 비율이 100분의 50 미만 가능)
- 사업구역은 특별시 · 광역시 · 특별자치시 · 도 또는 특별자치도의 관할구역이어야 한다.
  (다만, 실제 생활권이 2개 이상의 특별시 · 광역시 · 특별자치시 · 도 또는 특별자치도에 걸쳐 있는 경우에는 그 생활권 전체가 사업구역 가능)

위와 같은 인가기준 외에 기획재정부 장관이 필요하다고 인정할 경우

17 이 부분은 협동조합법기본법 시행령 입법예고와 재입법 예고시 논란이 많았다. 의료생활협동조합의 경우, 이른바 '사무장병원'과 같은 폐해를 우려하는 의견이 많았던 것이다.

18 다만 협동조합기본법 시행령 제12조 제2항 제2호에서는 이러한 최저출자금 제한에 예외를 두었다. 즉 「의료급여법」 제3조에 따른 수급권자, 장애인고용촉진 및 직업재활법」에 따른 장애인, 「한부모가족지원법」에 따른 보호대상자, 「재한외국인 처우 기본법」에 따른 결혼이민자, 보건복지부 장관이 정하여 고시하는 희귀난치성질환을 가진 자, 기획재정부 장관이 관계 중앙행정기관의 장과 협의하여 필요하다고 인정하는 자를 말한다.

19 '특수한 관계가 있는 자'란 6촌 이내의 혈, 4촌 이내의 인척, 배우자(사실상 혼인관계에 있는 사람 포함), 그 밖에 기획재정부 장관이 정하여 고시하는 자 중의 어느 하나에 해당하는 자를 말한다.

에는 관계 중앙행정기관의 장과 협의하여 별도로 규정할 수 있다. 또한 사회적협동조합의 주사무소가 소재한 시 · 군 · 구(지방자치단체인 시 · 군 및 자치구) 및 인접 시 · 군 · 구 이외의 지역에서 의료기관을 개설할 경우에도 위의 인가기준을 준용(準用)해서 적용한다.

㉢ 설립인가 신청, 첨부서류

사회적협동조합의 설립인가를 신청하려면, 설립인가신청서(기본법 시행규칙 별지 8호 서식)에 정관, 창립총회 의사록, 사업계획서(기본법 시행규칙 제12호 서식, 추정재무제표 포함), 임원 명부, 설립동의자 명부를 첨부하여야 한다. 이때 사회적협동조합의 경우 창립총회 의사록에 대하여 공증면제를 해 줄 수 있다. 다만 공증면제신청서(기획재정부 「협동조합업무지침」 서식 참조)를 제출하여 공증면제인증을 받아야 한다.

위와 같은 첨부 또는 제출서류 외에도 기획재정부령(시행규칙)으로 정하는 서류[20]가 있으면 별도로 첨부하여 기획재정부 장관에게 제출하여야 한다. 다만, 협동조합이 합병 또는 분할에 의해 설립되는 경우에는 합병 또는 분할을 의결한 총회 의사록[21]도 첨부하여야 한다.

㉣ 설립인가 진행과정

기획재정부 장관(또는 위임받은 중앙행정기관장)은 사회적협동조합의 설립주

---

20 '기획재정부령으로 정하는 서류'에는 수입 · 지출 예산서, 출자 1좌(座)당 금액과 조합원 또는 회원별로 인수하려는 출자좌수를 적은 서류, 창립총회 개최 공고, 주사업의 내용이 설립인가 기준을 충족함을 증명하는 서류 등이 포함된다.

21 사회적협동조합의 설립인가 신청절차는 협동조합기본법 제85조 제1항과 동법 시행령 제12조에서 규정하고 있으며, 합병 또는 분할을 의결한 총회 의사록에는 합병 또는 분할에 따라 신설되는 조합이 승계하여야 할 권리 · 의무의 범위가 의결사항으로 기재되어 있어야 한다.

체로부터 설립인가 신청을 받으면 협동조합기본법 시행령 제12조에서 규정한 '사회적협동조합 설립인가기준'을 적용하여 심사하여야 하며, 원칙적으로 신청일로부터 60일 이내에 인가하여야 한다. 이 경우 협동조합기본법 시행규칙 별지 제10호 서식에 의한 설립인가증을 교부하여야 한다. 다만, 설립인가 구비서류 미비, 설립의 절차 · 정관 및 사업계획서의 내용이 법령을 위반한 경우, 설립인가 기준에 맞지 않는 사항이 있는 경우 등의 사유가 있으면 60일 이내에서 1회에 한하여 그 기간을 연장할 수 있다.

한편, 사회적협동조합에 대한 설립인가를 취소할 수 있는 경우도 발생하게 된다. 이 경우 기획재정부 장관은 사회적협동조합의 설립인가 취소를 공고할 때에는 「신문 등의 진흥에 관한 법률」(2009. 7. 31. 공포) 제9조 제1항에 따라 전국을 보급지역으로 등록한 일반일간신문, 관보 또는 인터넷 홈페이지에 공고하여야 한다. 또한 사회적협동조합의 설립인가를 취소하면, 기획재정부 장관은 즉시 그 사실을 공고하여야 한다.

ⓜ 설립인가 거절 사유

사회적협동조합이 설립인가를 거절당하는 경우는 다음 4가지가 해당된다.[22]

- 정당한 사유 없이 설립인가를 받은 날부터 1년 이내에 사업을 개시하지 아니하거나 1년 이상 계속하여 사업을 실시하지 아니한 경우
- 사회적협동조합에 대한 정책을 수립하기 위한 조사 · 검사 · 확인 또는 자료의 제출 요구 또는 시정조치 명령에 불응한 경우
- 사회적협동조합 설립인가 기준에 미달하게 된 경우
- 거짓이나 그 밖의 부정한 방법으로 설립인가를 받은 경우

22 협동조합기본법 제85조 제4항, 제112조(설립인가의 취소), 제115조 제3항 및 동법 시행령 제20조(사회적협동조합의 인가 취소)의 공고 참조.

정관, 설립신고, 설립인가, 등기

- 협동조합의 정관

협동조합의 정관 기재사항으로는 목적, 명칭 및 주된 사무소의 소재지/ 조합원 및 대리인의 자격/ 조합원의 가입, 탈퇴 및 제명에 관한 사항/ 출자 1좌의 금액과 납입 방법 및 시기/ 조합원의 출자좌수 한도/ 조합원의 권리와 의무에 관한 사항/ 잉여금과 손실금의 처리에 관한 사항/ 적립금의 적립방법 및 사용에 관한 사항/ 사업의 범위 및 회계에 관한 사항/ 기관 및 임원에 관한 사항/ 공고의 방법에 관한 사항/ 해산에 관한 사항/ 출자금의 양도에 관한 사항/ 그 밖에 총회 · 이사회의 운영 등에 필요한 사항 등이 있다.

- 협동조합의 설립신고

협동조합의 설립신고는 5인 이상의 조합원이 발기인이 되어 소재지 관할 시 · 도지사에게 신고하면 된다.

설립신고서에는 정관, 창립총회 의사록, 사업계획서, 임원 명부, 설립동의자 명부, 출자금, 납입증명, 합병 또는 분할을 의결한 총회 의사록, 설립취지서, 수지예산서, 출자 1좌당 금액과 조합원이 인수하려는 출자좌수 기재 서류, 임원의 이력서 및 사진, 창립총회 개최 공고문을 첨부하여 신고한다.

- 사회적협동조합의 설립인가 신청

설립인가신청서에 정관, 창립총회 의사록, 사업계획서(추정재무제표 포함), 임원 명부, 설립동의자 명부, 기획재정부령으로 정하는 서류, 협동조합이 합병 또는 분할에 의해 설립되는 경우에는 합병 또는 분할을 의결한 총회 의사록도 첨부하여 기획재정부 장관에게 신청한다.

- 협동조합의 설립등기

협동조합은 협동조합기본법(제61조)에 규정한 대로 그 주된 사무소의 소재지에서 설립등기를 함으로써 성립한다.

■ **협동조합기본법 시행규칙** [별지 제8호서식]

[ ] 사회적협동조합 [ ] 사회적협동조합연합회 설립인가 신청서

※ 첨부서류를 확인하시기 바라며, 색상이 어두운 난은 신청인이 작성하지 않습니다.

접수번호	접수일	처리기간 60일

설립 신청인	성 명(명칭)	생년월일(사업자등록번호)
	주 소	전화번호
법 인	조합명(연합회명)	전화번호
	소재지	
	이사장(회장) 성명	주민등록번호
	주소	전화번호

구분	설립동의자 수	총 출자금액 /1인당 최저출자금(*)	출자금 납입 총액 (*) 및 총자산 대비 비중(%)(*)	발기일 및 창립 총회 개최일
설립신청 내용				
	(*) 항목은 보건의료 사업을 하는 사회적협동조합의 경우에만 작성			

구분	내용
설립목적	[ ] 지역사업형(「협동조합 기본법」 제93조제1항제1호) [ ] 취약계층 사회서비스 제공형(「협동조합 기본법」 제93조제1항제2호) [ ] 취약계층 고용형(「협동조합 기본법」 제93조제1항제2호) [ ] 위탁사업형(「협동조합 기본법」 제93조제1항제3호) [ ] 기타 공익증진형(「협동조합 기본법」 제93조제1항제4호) [ ] 혼합형

「협동조합 기본법」 제85조제1항 또는 제114조제1항에 따라 위와 같이 설립인가를 신청합니다.

년 월 일

신청인 (서명 또는 인)

기획재정부장관
중앙행정기관장 귀하

첨부 서류	1. 정관 사본 1부/ 2. 창립총회 의사록 사본 1부/ 3. 사업계획서(추정재무제표 포함) 1부/ 4. 임원 명부(임원의 이력서 및 사진 첨부) 1부/ 5. 설립동의자 명부 1부/ 6. 합병 또는 분할을 의결한 총회의사록(「협동조합 기본법」 제101조 및 제115조에 따른 합병 또는 분할로 인하여 설립하는 경우에만 제출합니다) 1부/7. 수입 · 지출 예산서 1부/ 8. 출자 1좌당 금액과 조합원 또는 회원별로 인수하려는 출자 좌수를 적은 서류 1부/ 9. 창립총회 개최 공고문/ 10. 주 사업의 내용이 설립인가 기준을 충족함을 증명하는 서류	수수료 없음

■ **협동조합기본법 시행규칙** [별지 제10호서식]

인가번호 제 호

(사회적협동조합 · 사회적협동조합연합회)
설립인가증

조 합 명 :
(연 합 회 명)

대표자 성명 :

주 소 :

「협동조합 기본법」 제85조제1항 또는 제114조제1항에 따라 위의 설립을 인가합니다.

년 월 일

기획재정부장관
중앙행정기관장

직인

■ 기획재정부 협동조합업무지치침 서식

총회 의사록 공증 면제 추천 신청서

<table>
<tr><td rowspan="9">조직
개요</td><td colspan="3">조합명</td><td>업종(표준산업분류번호)</td></tr>
<tr><td colspan="3">설립연월일</td><td>업태</td></tr>
<tr><td colspan="3">협동조합 신고(인가)번호</td><td>사업자등록번호</td></tr>
<tr><td></td><td></td><td colspan="2"></td></tr>
<tr><td rowspan="3">주소</td><td>본사</td><td colspan="2"></td></tr>
<tr><td>제1사업장</td><td colspan="2"></td></tr>
<tr><td>제2사업장</td><td colspan="2"></td></tr>
<tr><td colspan="3">출자 자본금
백만원</td><td></td></tr>
<tr><td>주사업
유형</td><td colspan="3">[ ]지역사업형 [ ]취약계층배려형 [ ]위탁사업형 [ ]기타공익증진형 [ ]혼합형</td></tr>
</table>

<table>
<tr><td>설립
근거</td><td>〈협동조합기본법〉
제2조(정의)
3. "사회적협동조합"이란 협동조합 중 지역주민들의 권익·복리 증진과 관련된 사업을 수행하거나 취약계층에게 사회서비스 또는 일자리를 제공하는 등 영리를 목적으로 하지 아니하는 협동조합을 말한다.
4. "사회적협동조합연합회"란 사회적협동조합의 공동이익을 도모하기 위한 연합회를 말한다.
제4조(법인격과 주소) ② 사회적협동조합등은 비영리법인으로 한다.
제93조(사업) ① 사회적협동조합은 다음 각 호의 사업 중 하나 이상을 주 사업으로 하여야 한다.
1. 지역사회 재생, 지역경제 활성화, 지역 주민들의 권익·복리 증진 및 그 밖에 지역사회가 당면한 문제 해결에 기여하는 사업
2. 취약계층에게 복지·의료·환경 등의 분야에서 사회서비스 또는 일자리를 제공하는 사업
3. 국가·지방자치단체로부터 위탁받은 사업
4. 그 밖에 공익증진에 이바지하는 사업
제80조(사업) ① 연합회는 설립 목적을 달성하기 위하여 필요한 사업을 정관으로 정하되, 다음 각 호의 사업은 포함하여야 한다.
1. 회원에 대한 지도·지원·연락 및 조정에 관한 사업
2. 회원에 속한 조합원 및 직원에 대한 상담, 교육·훈련 및 정보 제공 사업
3. 회원의 사업에 관한 조사·연구 및 홍보사업
제115조(준용규정) ② 사회적협동조합연회에 관하여는 제80조를 준영한다. 이 경우 "연합회"는 "사회적협동조합연합회"로 본다.</td></tr>
</table>

사업의 공익성	※ 사업의 공익성에 대하여 핵심사항 위주로 기재

위와 같이 총회 의사록 공증 면제 추천을 신청합니다.

년 월 일

신청인(대표자) (서명 또는 인)

0000 장관 귀하

구비서류	1. 정관 이외에 사업의 공익성과 관련한 참고자료

■ 기획재정부 「협동조합업무지치침」 서식

총회 의사록 공증 면제 검토의견서

<table>
<tr><td rowspan="9">조직
개요</td><td colspan="3">조합명</td><td>업종(표준산업분류번호)</td></tr>
<tr><td colspan="3">설립연월일</td><td>업태</td></tr>
<tr><td colspan="3">협동조합 신고(인가)번호</td><td>사업자등록번호</td></tr>
<tr><td></td><td></td><td colspan="2"></td></tr>
<tr><td rowspan="3">주소</td><td>본사</td><td colspan="2"></td></tr>
<tr><td>제1사업장</td><td colspan="2"></td></tr>
<tr><td>제2사업장</td><td colspan="2"></td></tr>
<tr><td colspan="3">출자 자본금
백만원</td><td></td></tr>
<tr><td>주사업
유형</td><td colspan="3">[ ]지역사업형 [ ]취약계층배려형 [ ]위탁사업형 [ ]기타공익증진형 [ ]혼합형</td></tr>
<tr><td>설립
근거</td><td colspan="4">〈협동조합기본법〉
제2조(정의)
3. "사회적협동조합"이란 협동조합 중 지역주민들의 권익·복리 증진과 관련된 사업을 수행하거나 취약계층에게 사회서비스 또는 일자리를 제공하는 등 영리를 목적으로 하지 아니하는 협동조합을 말한다.
4. "사회적협동조합연합회"란 사회적협동조합의 공동이익을 도모하기 위한 연합회를 말한다.
제4조(법인격과 주소) ② 사회적협동조합등은 비영리법인으로 한다.
제93조(사업) ① 사회적협동조합은 다음 각 호의 사업 중 하나 이상을 주 사업으로 하여야 한다.
1. 지역사회 재생, 지역경제 활성화, 지역 주민들의 권익·복리 증진 및 그 밖에 지역사회가 당면한 문제 해결에 기여하는 사업
2. 취약계층에게 복지·의료·환경 등의 분야에서 사회서비스 또는 일자리를 제공하는 사업
3. 국가·지방자치단체로부터 위탁받은 사업
4. 그 밖에 공익증진에 이바지하는 사업
제80조(사업) ① 연합회는 설립 목적을 달성하기 위하여 필요한 사업을 정관으로 정하되, 다음 각 호의 사업은 포함하여야 한다.
1. 회원에 대한 지도·지원·연락 및 조정에 관한 사업
2. 회원에 속한 조합원 및 직원에 대한 상담, 교육·훈련 및 정보 제공 사업
3. 회원의 사업에 관한 조사·연구 및 홍보사업
제115조(준용규정) ② 사회적협동조합연회에 관하여는 제80조를 준영한다. 이 경우 "연합회"는 "사회적협동조합연합회"로 본다.</td></tr>
<tr><td rowspan="3">검토
의견</td><td colspan="2">공익성</td><td colspan="2"></td></tr>
<tr><td colspan="2">지도감독</td><td colspan="2"></td></tr>
<tr><td colspan="2">의사록 인증 제외
추천 여부</td><td colspan="2">추천</td></tr>
</table>

<table>
<tr><td rowspan="2">작성자</td><td>기관명</td><td>부서명</td><td>직급</td><td>성명</td><td>전화번호</td></tr>
<tr><td></td><td></td><td></td><td></td><td></td></tr>
</table>

(4) 조합업무 인수 · 인계

협동조합설립업무 5단계

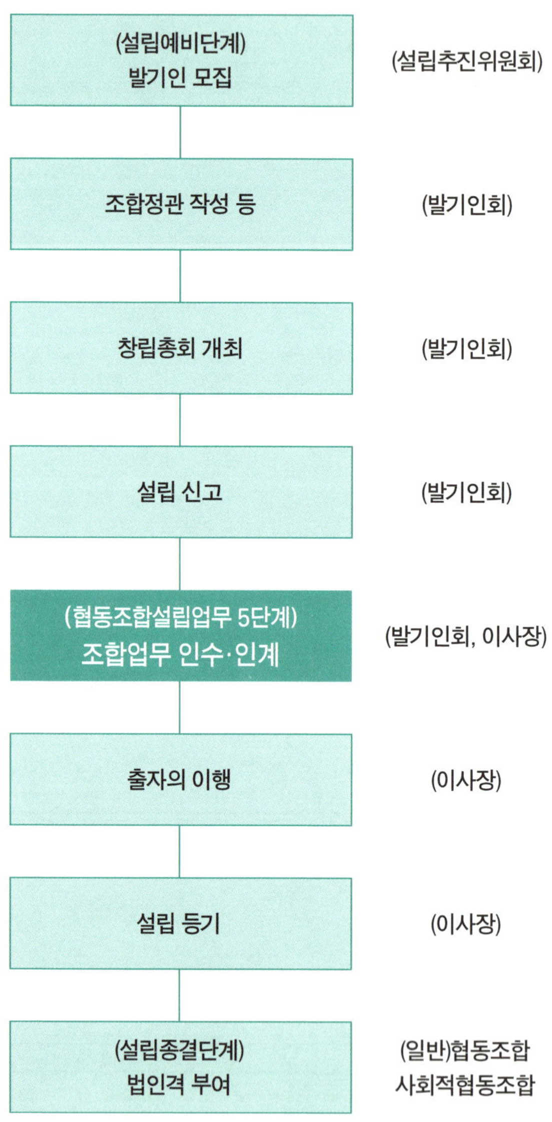

발기인은 설립신고를 완료함과 동시에 지체 없이 그 사무를 이사장에게 인계하여야 한다. 이사장은 그 사무를 인수하면 기일을 정하여 조합원이 되려는 자에게 출자금을 납입하게 하여야 한다.[23]

조합업무를 인계하는 때에는 업무인계 · 인수서를 작성하여 관계서류와 진행업무 일체를 인계 · 인수하여야 하는 바, 조합감사의 입회하에 인수자와 인계자가 인수 · 인계서에 각각 서명날인하여 보관함으로써 책임소재를 분명히 하여야 한다.

조합업무의 인수 · 인계는 방대한 자료 및 확인절차 등으로 인하여 많은 시간을 소요하게 되므로 각 분야별로 업무를 분담하여 인수하는 등 각별한 주의가 요망된다. 즉 조합업무 인수 · 인계시 다음과 같은 사항을 준비하고 확인해야 한다.[24]

- **조합 정관, 규약 및 내부규정, 창립총회 및 각종 총회 의사록 등에 이르기까지의 조합업무 서류 일체의 원본과 조합 직인, 조합임원 선출 총회와 선거 관련 자료**
- **조합설립 및 운영 자료, 조합운영비 관련 자료**
- **회계 관련 자료**
- **기타 조합업무와 관련하여 제작된 일체의 서류 : 조합명의로 수신되거나 발신된 일체의 서류, 업무추진 로드맵 자료 및 일정표 등**

23 협동조합기본법 제18조(설립사무의 인계와 출자납입): ① 발기인은 제15조(설립신고 등) 제1항에 따라 설립신고를 하면 지체 없이 그 사무를 이사장에게 인계하여야 한다. ② 제1항에 따라 이사장이 그 사무를 인수하면 기일을 정하여 조합원이 되려는 자에게 출자금을 납입하게 하여야 한다. ③ 현물출자자는 제2항에 따른 납입기일 안에 출자 목적인 재산을 인도하고 등기·등록, 그 밖의 권리의 이전에 필요한 서류를 구비하여 조합에 제출하여야 한다.

24 또한, 운영비예산 및 조합운영비지출 내역서 월별결산서 및 증빙자료철, 업무추진비규정 및 지급자료, 인사규정, 경리업무 및 임직원 근로계약서와 급여명세서 총 수입현황 및 조합 세무신고자료 일체, 현금출납장부 및 총계정원장, 각 보조원장, 자산명세서(토지, 건물, 비품, 시설과 장치, 임차권 등), 회계관리규정, 급여 · 퇴직금 관련 제규정 등도 업무 인수 · 인계서류에 포함된다.

(5) 출자금 납입

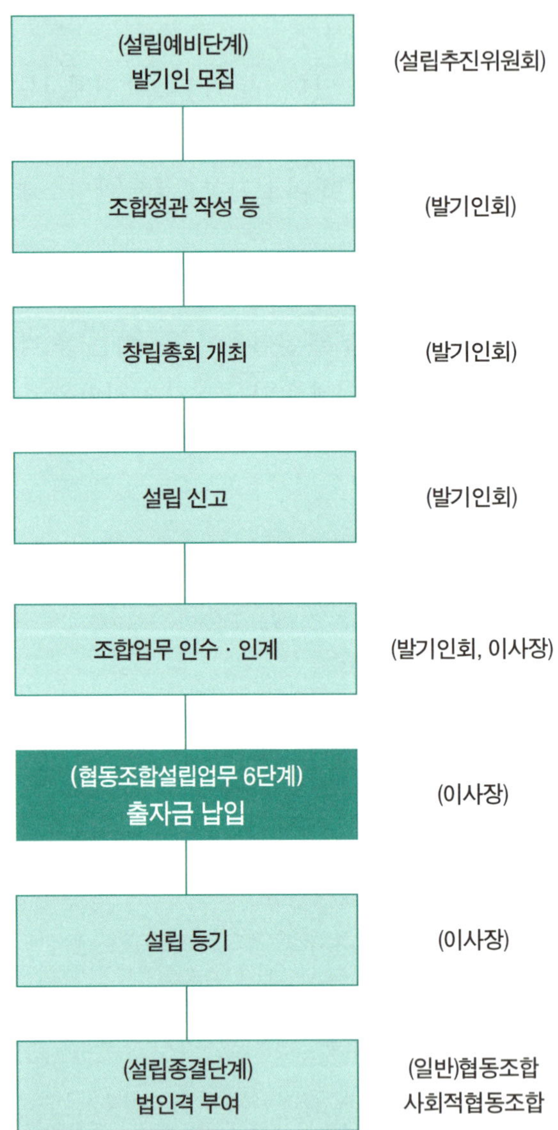

(설립예비단계)
발기인 모집
(설립추진위원회)
조합정관 작성 등
(발기인회)
창립총회 개최
(발기인회)
설립 신고
(발기인회)
조합업무 인수 · 인계
(발기인회, 이사장)
(협동조합설립업무 6단계)
출자금 납입
(이사장)
설립 등기
(이사장)
(설립종결단계)
법인격 부여
(일반)협동조합
사회적협동조합

① 기본사항

출자금 수납		출자금의 불입 및 출자증서 발행(현물출자 가능)

협동조합 설립신고와 동시에 발기인회로부터 조합의 업무를 인수받은 협동조합의 이사장은 기일을 정하여 조합설립동의자 등 조합원이 되려는 자에게 출자금의 납입을 하도록 조치하여야 한다(협동조합기본법 제18조).

② 주요 내용

협동조합의 출자는 현금, 건물, 토지 등을 출자할 수 있다. 현물출자의 경우에는 토지, 건물 등에 대하여 전문가의 자문을 받든지 해서 출자조합원이 동의하는 금액평가가 이루어져야 한다.

이 단계에서 후일 지분환급과 관련하여 이해관계의 충돌이 발생할 수 있으므로 현물출자와 관련해서 발생할 수 있는 법적인 문제의 확인에 유의하여야 한다.

현물출자는 설립되는 협동조합의 자본이나 자산의 충실성과 관련하여 협동조합 설립에 중대한 관계가 있고, 현물출자가 남용될 경우 조합의 재산적 기초를 약화시키는 요인이 될 수도 있다. 그러한 까닭으로 상법상의 법인 설립에서는 상법에 의한 엄격한 설립경과 조사를 받도록 하는 등 그 절차를 까다롭게 하고 있다.

따라서 협동조합의 설립 초기에 현물출자의 등기·등록에 필요한 서류의 구비 여부 등을 철저히 점검하도록 하여야 한다. 현물출자시 유의사항은 등기·등록을 요하는 재산의 경우에는 출자목적인 재산을 조합법인에 양도하고 이전에 필요한 서류를 협동조합에 제출하여야 한다.

특히 부동산을 현물출자하는 경우 관련법령에 의해 조합원에게 양도세가 부과될 수 있으므로 유의하여야 한다.

이렇게 출자가 이루어지고 나면 출자를 완료한 조합원에 대하여 출자증서를 발행하여야 한다. 출자증서에는 출좌좌수, 출좌금액 및 출자재산을 기재하여 발급하도록 한다. 또한 현물출자한 재산에 대하여 출자조합원의 서면동의 없이 처분할 수 없도록 정관에서 정한 경우에는 그 내용을 출자증서에 기재하도록 한다.

(6) 설립등기 절차

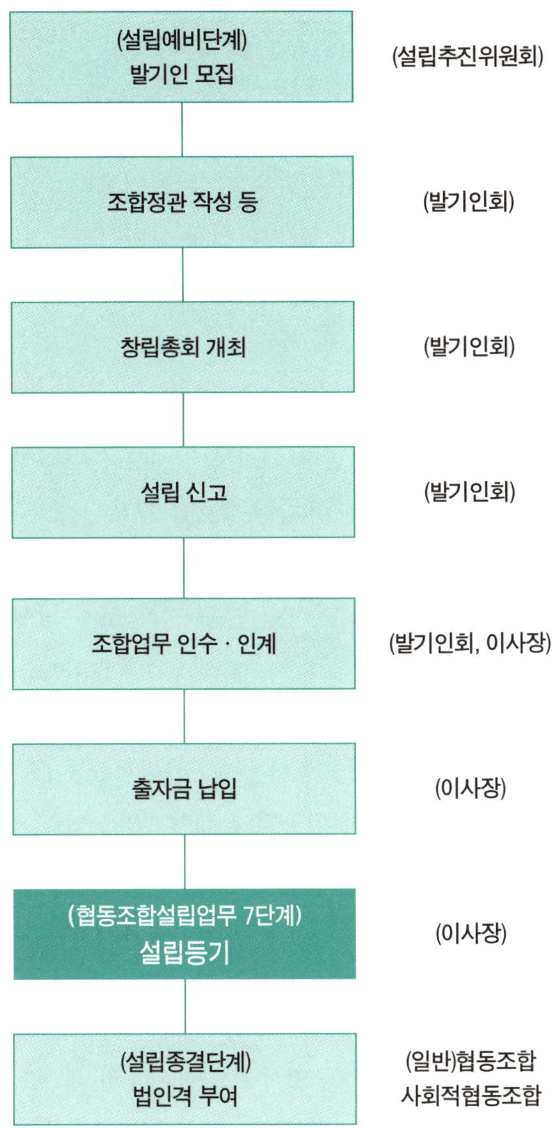

(설립예비단계)
발기인 모집
(설립추진위원회)
조합정관 작성 등
(발기인회)
창립총회 개최
(발기인회)
설립 신고
(발기인회)
조합업무 인수 · 인계
(발기인회, 이사장)
출자금 납입
(이사장)
(협동조합설립업무 7단계)
설립등기
(이사장)
(설립종결단계)
법인격 부여
(일반)협동조합
사회적협동조합

1 기본사항

설립등기 절차 

- 등기신청서에 창립총회 의사록, 정관, 출자자산 내역 등 첨부
- 조합이 설립될 주사무소 소재지 관할 지방법원 등기소

협동조합은 발기인을 5인 이상 모집하고 정관을 작성, 설립동의자 모집 및 창립총회 의결을 완료한 후에 관할 시·도지사에게 설립신고를 한 다음 설립등기신청서에 의해 설립등기를 하면 성립한다.

2 등기신청 기한

협동조합의 설립신고는 처음 조합을 설립할 때의 설립신고와 합병이나 분할로 인한 협동조합의 설립신고라는 두 가지 유형으로 구분된다. 주무관청에 이러한 설립신고를 마친 후에 이를 근거로 하여 법원에 설립등기를 하게 되는 것이다. 이렇게 설립등기를 하고 나면 협동조합으로서 성립하게 된다.

일반협동조합은 조합원의 출자금납입이 완료된 날로부터 14일 이내에 주사무소 소재지 법원등기소에 설립등기를 해야 하고, 사회적협동조합은 설립인가를 받은 날로부터 21일 이내에 설립등기를 해야 한다. 만약에 어떤 협동조합이 지사무소(支社務所)를 설치하였으면 주된 사무소의 소재지에서는 21일 이내에, 지사무소의 소재지에서는 28일 이내에 등기하여야 한다는 점을 빠뜨리지 않도록 한다.

본서의 뒷부분에 가서 다루겠지만 협동조합기본법에서는 협동조합과 관련된 등기절차로서 위에서 언급한 설립등기, 지사무소 설치등기 외에도 이전등기, 변경등기, 합병등기, 해산등기, 청산인등기, 청산종결등기 등이

있다.

③ 등기신청서 및 첨부서류 준비

설립등기신청서(기획재정부「협동조합업무지침」서식)에는 협동조합의 목적, 명칭 및 주된 사무소의 소재지, 출자 총좌수와 납입한 출자금의 총액, 설립신고 연월일, 임원의 성명 · 주민등록번호 및 주소 등을 기재해야 한다. 또한 설립등기신청서에는 설립신고서, 창립총회 의사록 및 정관의 사본을 첨부하여야 한다.

협동조합기본법상으로는 설립신고 시점부터 설립등기까지 반드시 준수해야 할 법정 등기기간에 대해 규정된 것은 없으나, 출자금 납입이 끝난 날부터 14일 이내에 해당 협동조합의 주된 사무소의 소재지에서 설립등기를 해야 한다. 설립등기를 할 때에는 이사장이 신청인이 된다.

④ 등기신청서 제출(법원등기소)

협동조합설립 신청과 관련해서 법원등기소는 협동조합등기부를 구비하고 비치해 놓아야 하며, 협동조합의 등기에 관하여 협동조합기본법에서 규정하고 있는 사항 외에는「비송사건절차법」및「상업등기법」의 내용 가운데 등기에 관한 규정에 준해서 처리(협동조합기본법 제70조)하게 되어 있음도 유의하도록 한다.

■ 기획재정부 「협동조합업무지침」 서식

(사회적)협동조합 설립등기신청

접수	년 월 일	처리인	접 수	조 사	기 입	교 합	각종통지
	제 호						

등기의목적	(사회적)협동조합 설립					
등기의사유						
주사무소/분사무소 신청구분	1. 주사무소 신청	□	2. 분사무소 신청	□	3. 주 · 부사무소 일괄신청	□
등 기 할 사 항						
명 칭						
주사무소						
이사와 감사의 성명 · 주민 등록번호						
이사장의 성명 · 주민등록번호 및 주소						

(제2쪽)

등 기 할 사 항	
목적	
분 사 무 소	
출자 총좌수	
납입한 출자금의 총액	
설립신고 또는 설립인가 연월일	

<table>
<tr><td colspan="7">신청등기소 및 등록면허세/수수료</td></tr>
<tr><td>순번</td><td>신청등기소</td><td>구분</td><td>등록면허세</td><td>지방교육세</td><td>세액합계</td><td>등기신청수수료</td></tr>
<tr><td></td><td></td><td></td><td>금 원</td><td>금 원</td><td>금 원</td><td>금 원</td></tr>
<tr><td></td><td></td><td></td><td></td><td></td><td></td><td></td></tr>
<tr><td></td><td></td><td></td><td></td><td></td><td></td><td></td></tr>
<tr><td></td><td></td><td></td><td></td><td></td><td></td><td></td></tr>
<tr><td colspan="3">합 계</td><td></td><td></td><td></td><td></td></tr>
<tr><td colspan="4">등기신청수수료 은행수납번호</td><td colspan="3"></td></tr>
<tr><td colspan="2">과 세 표 준 액</td><td colspan="5">금 원</td></tr>
<tr><td colspan="7">첨 부 서 면</td></tr>
<tr><td colspan="4">1. 정 관 통
1. 창립총회의사록 통
1. 취임승낙서와 인감증명서 통
1. 주민등록표등(초)본 통
1. 주무관청의 설립신고필증 또는 설립인가증 통
1. 출자금 총액의 납입이 있음을 증명하는 서면 통</td><td colspan="3">1. 인감신고서 통
1. 등록면허세영수필확인서 통
1. 위임장(대리인이 신청할 경우) 통
<기 타></td></tr>
<tr><td colspan="7">년 월 일

신청인 명 칭
주사무소
대표자 성 명 (인) (전화 :)
주 소
대리인 성 명 (인) (전화 :)
주 소

지방법원 등기소 귀중</td></tr>
</table>

- 신청서 작성요령 및 등기수입증지 첩부란 -
1. 해당란이 부족할 때에는 별지를 이용합니다. 1. 해당 등기신청과 관계없는 사항에 대하여는 "해당없음"으로 기재하거나 삭제하고, 필요한 사항은 추가 기재합니다. 1. 등기신청수수료 상당의 대법원등기수입증지를 이 난에 붙입니다.

■ 기획재정부 「협동조합업무지침」 서식

(사회적)협동조합연합회 설립등기신청

접수	년 월 일	처리인	접 수	조 사	기 입	교 합	각종통지
	제 호						

등기의목적	(사회적)협동조합연합회 설립					
등기의사유						
주사무소/분사무소 신청구분	1. 주사무소 신청	□	2. 분사무소 신청	□	3. 주 · 부사무소 일괄신청	□
등 기 할 사 항						
명 칭						
주 사 무 소						
이사와 감사의 성명 · 주민 등록번호						
회장의 성명 · 주민등록번호 및 주소						

(제2쪽)

등　기　할　사　항	
목적	
분 사 무 소	
출자 총좌수	
납입한 출자금의 총액	
설립신고 또는 설립인가 연월일	

신청등기소 및 등록면허세/수수료						
순번	신청등기소	구분	등록면허세	지방교육세	세액합계	등기신청수수료
			금 원	금 원	금 원	금 원
합 계						
등기신청수수료 은행수납번호						
과 세 표 준 액	금 원					

첨 부 서 면	
1. 정 관 통 1. 창립총회의사록 통 1. 취임승낙서와 인감증명서 통 1. 주민등록표등(초)본 통 1. 주무관청의 설립신고필증 또는 설립인가증 통 1. 출자금 총액의 납입이 있음을 증명하는 서면 통	1. 인감신고서 통 1. 등록면허세영수필확인서 통 1. 위임장(대리인이 신청할 경우) 통 <기 타>

년 월 일

신청인 명 칭

주사무소

대표자 성 명 (인) (전화 :)

주 소

대리인 성 명 (인) (전화 :)

주 소

지방법원 등기소 귀중

- 신청서 작성요령 및 등기수입증지 첨부란 -

1. 해당란이 부족할 때에는 별지를 이용합니다.
1. 해당 등기신청과 관계없는 사항에 대하여는 "해당없음"으로 기재하거나 삭제하고, 필요한 사항은 추가 기재합니다.
1. 등기신청수수료 상당의 대법원등기수입증지를 이 난에 붙입니다.

(3) 설립종결단계

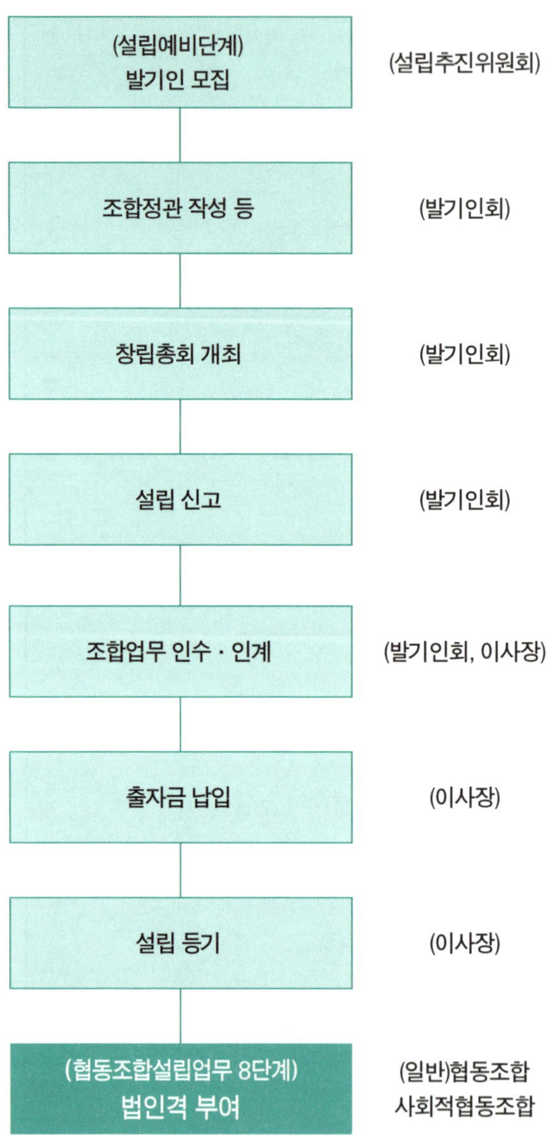

(설립예비단계)
발기인 모집
(설립추진위원회)
조합정관 작성 등
(발기인회)
창립총회 개최
(발기인회)
설립 신고
(발기인회)
조합업무 인수 · 인계
(발기인회, 이사장)
출자금 납입
(이사장)
설립 등기
(이사장)
(협동조합설립업무 8단계)
법인격 부여
(일반)협동조합
사회적협동조합

지금까지 협동조합의 발기인 모집 등 설립준비 단계와 정관작성, 창립총회, 설립신고(인가), 설립등기 등의 설립절차 진행 단계에서 설립에 필요한 단계별 절차를 알아보았다.

협동조합은 설립등기를 마치면 비로소 협동조합기본법이 부여하는 협동조합으로서의 법적인 실체를 가지게 되는 것이다. 기본법이 부여하는 협동조합의 법인격에는 영리적 특성이 강한 일반협동조합과 비영리법인인 사회적협동조합의 2가지 유형이 있음은 앞에서 살펴본 바와 같다.

이렇게 설립되어 법인격을 가지는 협동조합은 설립과정에서 승인받은 정관에서 정한 목적과 비전을 실현하기 위한 목적사업을 수행하게 되고, 조합원의 이익과 복리를 증진시키기 위한 운영을 하게 되는 것이다.

또한 협동조합도 조직으로서 '생명'을 가지게 된다는 것을 항상 염두에 두어야 한다. 운영을 잘하면 영속적으로 존재하는 협동조합이 될 것이고, 기타 이와 반대로 여러 가지 사유로 합병, 소멸, 해산 등의 결말을 맞을 수도 있다. 다음 제3장에서 이에 대해 살펴보기로 한다.

나아가서는 **[제4부 협동조합, 운영하고 관리하기]**에서는 여러 단계와 절차 또는 과정을 거쳐 설립된 협동조합의 성공적 운영과 관리에 필요한 사항과 유의사항을 알아보게 될 것이다.

3장

협동조합도 생명이 있다

본서 제3부의 '**제2장 협동조합, 이렇게 설립한다**'에서 발기인회를 구성하고 일련의 설립준비 과정을 거쳐 설립등기를 하면 협동조합이 설립되는 과정을 알아보았다.

이러한 과정을 거쳐 설립된 협동조합은 조직으로서 일종의 라이프사이클을 가지게 된다. 성장 · 발전하기도 하고, 쇠퇴하여 소멸하기도 한다. 합병하여 보다 큰 규모의 협동조합이 되기도 하며, 조직 축소라는 경영상의 필요 때문에 분할하기도 한다.

이렇게 협동조합은 합병 · 분할, 해산 · 청산을 통해 조직변경을 하게 되며, 조직으로서 그 존재형태가 변하게 되는 것이다. 따라서 조직변경을 하게 되는 과정에서 일부 조합은 신설되고 또한 협동조합의 설립절차가 준용되기도 하므로 협동조합 조직변경 관련 내용을 '**제2장 협동조합, 이렇게 설립한다**'에 바로 이어 서술하기로 한다.

우선 협동조합기본법에서는 협동조합의 조직규모의 확대 · 축소 및 소멸에 관하여 각각 제56조(합병과 분할), 제57조(해산)에서 규정하고 있다. 또한 협동조합이 해산하여 소멸할 경우에 대하여 협동조합기본법 제58조, 제59조에서 해산되는 협동조합에 대해서 청산인과 잔여재산처리에 대해 규정하고 있다.

협동조합이 합병 · 분할로 조직변경을 하게 되었을 때는 합병 또는 분할신고를 하고 등기를 마쳐야만 법적인 성립요건을 갖추게 된다.

1) 조직변경 신고

협동조합이 합병 또는 분할을 하게 되었을 때는 합병후 존속하는 협동조합은 합병신고를, 합병으로 소멸되는 협동조합은 해산신고를, 분할 후 신규설립되는 협동조합은 설립신고를 각 사무소 소재지에서 실시하여야 한다.

협동조합이 해산하게 되면 파산의 경우 외에는 청산인이 취임후 해산한 날로부터 14일 이내에 기본법 시행규칙에 제시된 해산신고서(법 시행규칙 별지 제7호 및 제16호 서식 사용)를 작성하여 당초 조합 설립신고를 한 시 · 도지사에게 신고하여야 한다.[25] 협동조합이 해산 신고를 할 때는 해산신고서에 해산을 결의한 총회의 의사록을 첨부하여야 하며, 전자문서[26]로 된 신고도 가능하다.

25 협동조합기본법 시행규칙 제7조 참조.

26 컴퓨터 등 정보처리 능력을 가진 장치에 의하여 전자적인 형태로 작성되어 송·수신 또는 저장된 문서 형식의 자료로서 표준화된 것을 의미한다.

2) 협동조합의 합병·분할 및 등기

협동조합이 합병한 경우에는 합병계약서를 작성하고 총회의 의결을 받고 나서 합병신고일부터 14일 이내에 그 사무소의 소재지에서 실시하여야 한다. 한편 합병후 존속하는 협동조합은 변경등기를 하고, 합병으로 소멸되는 협동조합은 해산 사유를 증명하는 서류를 첨부하여 해산등기를 해야 한다.

협동조합이 합병을 하게 된 경우 합병으로 설립되는 협동조합의 설립등기[27]와 소멸되는 협동조합의 해산등기는 각 사무소의 소재지에서 협동조합의 이사장이 신청인이 되어 실시하여야 한다.

다만 협동조합은 무제한으로, 아무런 제약 없이 합병 또는 분할을 할 수 있는 것은 아니다. 협동조합기본법(제56조)은 이 법에 따른 협동조합 이외의 법인, 단체 및 협동조합 등과 합병하거나 이 법에 따른 협동조합 이외의 법인, 단체 및 협동조합 등으로 분할할 수 없도록 하고 있다.

3) 협동조합의 해산 및 등기

협동조합기본법은 협동조합의 소멸원인으로 다음의 두 가지의 경우로 나누어 규정하고 있다(협동조합기본법 제57조 제2항).

- 파산으로 인하여 협동조합이 해산하여 소멸하는 경우
- 파산 이외의 기타 사유로 해산하는 경우

27 협동조합기본법 제61조.

파산 이외의 기타 사유로 협동조합이 소멸하는 사유는 정관으로 정한 해산 사유의 발생, 총회의 의결(해산결의), 합병 · 분할이 있다. 이 경우에는 이사장이 청산인이 되는 것이 원칙이나 총회에서 다른 사람을 청산인으로 선임하였을 경우에는 그것에 따른다.

해산등기의 기한은 파산의 경우 외에는 청산인이 해산한 날로부터 주된 사무소의 소재지에서는 14일 이내에 해야 하고, 지(支)사무소의 소재지에서는 21일 이내에 해산 사유를 증명하는 서류를 첨부하여 해산등기를 하여야 한다. 이때 해산등기의 신청인은 청산인이 된다.

4) 출자감소, 채권자 이의제기

협동조합의 합병 또는 분할과정에서 출자 1좌 금액의 감소를 의결하게 될 경우 의결한 날부터 14일 이내에 대차대조표를 작성하여야 한다.

출자감소에 대해 이의를 제기하는 채권자가 있으면 30일 이상의 기간을 정하여 이의신청을 할 수 있도록 공고해야 한다. 다만, 출자감소에 대해 이미 알고 있는 채권자에 대하여는 개별적으로 최고하여야 한다. 한편, 조합원에 대한 통지 및 최고는 조합원 명부에 기재된 주소지로 하고, 통지 및 최고기간은 7일 이상으로 한다.

만약, 채권자가 이의신청 기간에 출자감소에 대한 이의를 신청하지 아니하면 출자 1좌의 금액의 감소를 승인한 것으로 보며, 채권자가 이의를 신청하면 협동조합은 채무를 변제하거나 상당한 담보를 제공하여야 한다.

5) 권리 · 의무의 승계, 잔여재산의 처리

합병 또는 분할로 인하여 존속 또는 설립되는 협동조합은 합병 또는 분할로 소멸되는 협동조합의 권리 · 의무를 승계한다.

한편, 협동조합이 해산하여 소멸할 경우 채무를 변제하고 잔여재산이 있을 때에는 정관으로 정하는 바에 따라 이를 처분한다.

6) 청산인 관련 사항

청산인은 그 취임일부터 14일 이내에 주된 사무소의 소재지에서 그 성명 · 주민등록번호 및 주소를 등기하여야 한다. 이때 이사장이 청산인이 아닌 경우에는 신청인의 자격을 증명하는 서류를 첨부하여야 한다.

청산인은 취임후 지체 없이 협동조합의 재산상태를 조사하고, 재산목록과 대차대조표를 작성한 다음 재산처분의 방법을 정하여 총회의 승인을 받아야 한다.

청산사무가 종결된 때에는 청산인은 지체 없이 결산보고서를 작성하여 총회의 승인을 받아야 한다. 총회의 승인과 관련해서는 총회를 2회 이상 소집하여도 총회가 구성되지 아니할 때에는 출석조합원 3분의 2 이상의 찬성이 있으면 총회의 승인이 있은 것으로 본다.

청산이 끝나면 청산인은 주된 사무소의 소재지에서는 14일 이내에, 지사무소의 소재지에서는 21일 이내에 청산종결의 등기를 하여야 하는데, 등기신청서에는 협동조합기본법 제58조 제3항에 따른 결산보고서의 승인을 증명하는 서류를 첨부하여야 한다.

■ **협동조합기본법 시행규칙** [별지 제7호서식]

[ ] 협동조합
[ ] 협동조합연합회 해산신고서

※ 첨부서류를 확인하시기 바라며, 색상이 어두운 난은 신고인이 작성하지 않습니다.

접수번호	접수일	처리기간 7일

청산인	성 명	주민등록번호(외국인등록번호)
	주 소	전화번호

신고내용	첨부서류 참조

「협동조합 기본법」 제57조제2항 또는 제83조에 따라 위와 같이 해산을 신고합니다.

년 월 일

신고인(이사장 · 회장) (서명 또는 인)

기획재정부장관
시 · 도지사 귀하

첨부서류	해산을 결의한 총회 의사록 1부	수수료 없음
담당공무원 확인사항	법인 등기사항증명서	

처 리 절 차						
신고서 작성	⇨	접 수	⇨	서류확인 및 검토	⇨	결 재
신고인		처리기관 (기획재정부장관 또는 시 · 도지사)		처리기관 (기획재정부장관 또는 시 · 도지사)		처리기관 (기획재정부장관 또는 시 · 도지사)

■ **협동조합기본법 시행규칙** [별지 제16호서식]

[ ] 사회적협동조합 [ ] 사회적협동조합연합회 해산신고서

※ 첨부서류를 확인하시기 바라며, 색상이 어두운 난은 신고인이 작성하지 않습니다.

접수번호	접수일	처리기간 7일

청산인	성 명	주민등록번호(외국인등록번호)
	주 소	전화번호
신고내용	첨부서류 참조	

「협동조합 기본법」 제102조제2항 또는 제115조제3항에 따라 위와 같이 해산을 신고합니다.

년 월 일

신고인(이사장 · 회장) (서명 또는 인)

기획재정부장관
중앙행정기관장 귀하

첨부서류	1. 해산 당시의 재산목록 1부 2. 잔여재산 처분방법의 개요를 적은 서류 1부 3. 해산 당시의 정관 1부 4. 해산을 결의한 총회 의사록 1부	수수료 없음
담당공무원 확인사항	법인 등기사항증명서	

처 리 절 차						
신고서 작성	⇨	접 수	⇨	서류확인 및 검토	⇨	결 재
신고인		처리기관 (기획재정부장관 · 중앙행정기관장)		처리기관 (기획재정부장관 · 중앙행정기관장)		처리기관 (기획재정부장관 · 중앙행정기관장)

7) 협동조합기본법령상의 경과규정

이 규정은 협동조합기본법 발효 이전에 실질적으로 협동조합 활동을 하고 있던 조직이나 단체들을 위한 일종의 전환적 조치 또는 '배려적 조치'라고 할 수 있다. 이에 대해서는 협동조합기본법에 크게 두 가지를 규정하여 놓았다.

협동조합 유사조직에 대한 경과규정과 협동조합 동일기능 수행단체에 대한 경과규정이 그것인데, 협동조합기본법 부칙 제2조와 제3조에서 각각으로 '협동조합등'에 대한 경과조치와 명칭에 관한 경과조치를 규정해 놓고 있다.

즉, 부칙 제2조에서는 협동조합 유사조직에 대하여 일정한 기간 내에 요건을 갖추면 협동조합으로 인정한다는 것이고, 부칙 제3조에서는 협동조합과 동일한 기능을 수행하는 단체에 대해서는 협동조합 명칭 사용에 관하여 일정기간 허용한다는 것이다.

- **협동조합 유사조직에 대한 경과규정**

  협동조합기본법 시행 당시 협동조합과 유사한 목적을 위하여 이미 설립된 사업자 또는 법인이 이 법에 의한 협동조합이 되기 위해서는 이 법 시행일로부터 2년 이내에 조합원 5인 이상의 발기인 구성 등 최소설립기준(협동조합기본법 제15조)을 갖추어 총회의결, 설립절차, 설립등기 등의 절차를 완료하면 이 법에 의한 협동조합으로 인정된다(사회적협동조합에 대해서도 동일하다).

• 협동조합 동일기능 수행단체에 대한 경과규정

협동조합기본법 시행 당시 이 법에 의한 설립단체는 아니라고 할지라도 협동조합기본법에 의한 협동조합과 동일한 기능을 수행하는 단체에 대해서는 이 법 시행일로부터 2년까지는 협동조합 명칭을 사용할 수도 있다. 즉 협동조합기본법 제3조는 협동조합만이 '협동조합'이라는 명칭을 사용할 수 있도록 규정하고 있기 때문이다.

제4부

협동조합, 운영하고 관리하기

1장

경영에 관하여

1. 협동조합 경영은 달라야 한다

협동조합의 경영에 대해서 살펴 보기에 앞서 우선 '경영'(management)의 개념 또는 정의에 대해서 한 번 짚어보고 넘어가기로 하자.

'경영'은 일반적으로 '기업 등의 개별 경제주체 또는 단위의 경제적 목표를 합리적으로 달성할 수 있도록 계획 · 실행 · 통제하는 과정'이라고 일컬어진다. 이러한 경영의 개념은 기업뿐만 아니라 본서에서 집중적으로 다루는 협동조합을 포함해서 교육, 종교단체에서 노동조합에 이르기까지 확장적용되고 있다고 볼 수 있다. 또한 '경영'의 목표는 효율성과 능률성 추구를 통해 경쟁력을 확보함으로써 달성된다고 할 수 있다.

그렇다고 협동조합이, 아담 스미스 이후 생산수단의 사적 소유를 이념적 기반으로 하고, '시장'을 중시하며 오랫동안 발전해 온 자본주의의 대표적 기업형태라고 할 수 있는 주식회사와 같은 방식으로 경영을 할 수는 없는 것이다. 기존의 상법과는 별도로 협동조합기본법령을 제정한 취지와 목적도 바로 그 때문이라고 할 수 있다.

물론 협동조합기본법은 제14조에서, 협동조합에 관하여 이 법(기본법)에서 규정한 사항 외에는 「상법」 제1편 총칙 및 제2편 상행위에 관한 규정 등을 준용하도록 하고 있다. 그럼에도 불구하고 협동조합이 협동조합의 가치와 원칙에 충실하면서 영속적으로 존속하려면 조합경영의 '출발선'부터 달라야 한다는 것이다.

본서의 제1부에서 살펴본 바와 같이 세계협동조합연맹의 협동조합 7원칙 중 제2원칙으로서, 1인 1표제에 근거한 조합조직의 민주적 운영원칙은 협동조합이 주식회사와는 그 태생적 'DNA'가 다르다는 것을 극명하게 나타내 주고 있다.

협동조합의 가치와 원칙 중에서 출자좌수에 상관없이 1인 1표제에 의한 평등한 의결권 부여와 이에 의한 민주적 운영은 그 장점에도 불구하고 의사결정이 늦어지는 문제점이 있다. 또한 다음 장에서 다루겠지만, 협동조합은 자본조달 측면에서 주식회사 등에 비해 크게 불리하다.

이러한 태생적 특성으로 협동조합은 그 많은 장점에도 불구하고 극복하기 쉽지 않은 약점을 가지고 있다. 그러한 약점을 극복하기 위해 협동조합 경영은 '달라야 한다'는 것이다. 따라서 이 장에서는 협동조합의 경영이나 운영의 과정에서 부딪히게 되는 문제점 및 그 대처 방안을 주로 다루고, 또 협동조합의 태생적 약점을 극복하지 않으면 안된다는 것을 강조하려고 한다.

어차피 협동조합은 '자본중심적' 조직이 아니라 '사람중심적' 조직이다. 협동조합에게 자본이 중요하지 않다는 얘기를 하고 있는 것이 아니다. 출자금을 중심으로 하는 협동조합의 자본은 주식회사의 그것과는 그 성격이 판이하게 다르다는 것이다.

우선 그 영속성에 있어서 협동조합의 자본(출자금)은 주식회사의 자본에 비해 지속성이 짧은 속성을 지닌다. 협동조합기본법상의 일반협동조합의 경우 조합원이 탈퇴하면 원칙적으로 출자금을 반환해야 한다. 이는 협동조합의 자본, 즉 출자금 총액이 상당히 유동적으로 변할 수 있음을 의미한다. 즉 자본규모가 불안정하다는 뜻이다. 반면에 주식회사의 자본금의 경우 주식이 거래된다 해도 이는 주주구성의 변동이지 자본금의 변동을 의미하는 것이 아니다. 회사가 의도적으로 감자(자본감소) 결의라도 하지 않는 한 그렇다는 말이다.

결국 협동조합의 자본, 즉 출자금 총액은 조합운영의 기반이라는 측면에서 주식회사의 자본에 비해 취약하다고 할 수 있는 것이다. 따라서 협동조합의 경영은 자본적 측면에서 취약한 것을 협동조합의 정체성, 즉 본질적 특성인 사람 중심적 조직으로서 조합원과 협동, 그리고 연대에서 경영상의 가능성과 활로를 찾아야 한다.

앞에서도 살펴본 바와 같이 협동조합은 다수의 조합원(5인 이상)이 공동설립하여 운영하는 자발적 조직이다. 그러므로 협동조합의 경영자는 이 점에 유의하여 자조 · 자립 · 협동의 정신을 바탕으로, 다음과 같은 6가지의 관점을 경영상의 이정표로 삼아야 할 것이다.

1 협동조합의 정체성을 벗어나는 경영은 안된다

협동조합의 경영은 기본적으로 이윤극대화를 추구하는 것이 아니다. 협동조합 설립 초기 또는 운영 도중에 운영상황이 어렵다고 기업방식의 경영기법이나 전략을 무분별하게 도입하거나 적용하면 안된다는 것이다. 즉, 협동조합 경영은 주식회사와 같은 기업 방식의 경영을 그대로 따라하거나 모방하지 말아야 한다. 조합의 사업 및 운영이 어렵고 많은 난관에 부딪히더라도 협동조합의 근본 또는 정체성은 조합원에 있음을 한시도 잊지 말아야 할 것이다.

이러한 협동조합의 특성이 조합 경영자나 실무자들에게 무엇을 의미하는가? 협동조합의 고유한 가치와 원칙에서 벗어나는 경영은 오래 가지 못한다는 것이다.

협동조합의 경영은 또한 '원가경영'(business at cost)이다. 이 원가경영은 이익이나 잉여금을 남기지 않는 경영을 하라는 것이 아니라, 조합원의 복리를 보장하는 한 최소한의 이윤을 추구하는 경영을 의미한다. 협동조합이 이윤극대화를 추구하는 주식회사처럼 경영의 중점을 수익성 등 이익추구에 두게 되면 조합원의 복리를 우선시하는 조합경영과는 멀어지게 된다.

② 외부의 지원에 의지하는 경영을 하지 마라

협동조합을 설립·운영하다 보면 정부나 지방자치단체의 사업을 수행할 수도 있고(특히 사회적협동조합의 경우), 정관에 규정된 목적사업 등 협동조합 고유의 사업을 수행하기도 할 것이다. 또한 중소기업이나 소상공인지원제도와 같이 정부나 지방자치단체의 직접적 지원제도 또는 지원금을 기대하는 경향이 커질 수도 있다.

그러나 이렇게 되면 그 조합은 이미 협동조합이 아니다. 협동조합의 정체성을 상실할 위험이 커진다. 물론 우리나라의 경우 협동조합기본법 시대가 막 열렸으니 협동조합생태계 조성 차원에서 간접적인 지원제도를 이용하는 것은 별개의 문제라고 할 수 있다. 또한 협동조합이 차입금에 의존하는 경영도 바람직하지 않다.

우리나라의 많은 사회적기업은 사회적 경제 목적 달성을 위해, 사회적기업육성법의 지원을 받아 자립적 운영을 향하여 노력중이지만, 아직은 그리 성공적인 결과를 창출하고 있다고는 볼 수 없다. 이것은 사회적 경제 차원의 협동조합 운영에 있어서, 자립을 위한 경쟁력을 갖추기가 그리 쉽지 않다는 것을 의미하며, 동시에 외부의 지원이 협동조합의 자립의 결정적

요소라고 할 수 없음을 의미한다.

③ 조합원 확대 노력을 지속적으로 하라

적정한 조합원의 확보와 조합활동에 대한 적극적인 참여는 협동조합 목표 달성의 핵심요소라고 할 수 있다. 조합원의 동질성만 확보할 수 있다면 가능한 한 조합원이 많을수록 바람직할 수도 있다.

앞서 미국 농무부의 협동조합의 정의에서, 조합원은 '소유자이면서 경영자이고 또 이용자'라고 한 바 있다. 그렇다! 조합원은 조합출자금이라는 자본형성의 기반이고, 또한 사업이나 서비스의 안정적인 이용자이기도 하다. 조합원의 조합활동에 대한 적극적 참여는 조합의 사업, 특히 신규사업 수행의 강력한 추진력으로 작용한다.

또한 주식회사처럼 보유주식비율에 따르는 의사결정[1]이 아니라 1인 1표제를 근간으로 하는 조합원의 민주적 의사결정 또는 공동의사결정을 하므로, 조합의 운영에 대한 합의만 이루어지면 사업수행의 효율성은 크게 높아지게 된다.

④ 조합 내부의 의사소통과 교육 · 홍보에 주력하라

협동조합 설립 초기의 설립동의자 모집부터 설립 이후 추가적인 조합원 모집, 조합의 사업 및 활동에 대한 홍보, 효율성 있는 조합활동을 위한 조합원 교육, 조합원의 만족도 조사 및 개선방안 수립 등 그 어느 한 가지라도 의사소통이 중요하지 않은 항목이 없다.

---

1 협동조합은 모든 조합원이 의사결정에 참여하는 것이 원칙이지만, 주식회사는 극단적으로 1인 대주주에 의한 독단적(?) 의사결정이 가능하다. 대주주 1인이 과반수 이상의 주식을 보유하고 있다면 그 대주주의 의사에 따라 기업의 전략이 결정될 것이다.

특히 조합설립 초기에는 협동조합은 운영자금상의 어려움 등 여러 가지 난관에 직면할 가능성이 높은데, 이를 극복하기 위해서는 조합원의 자조·자립정신을 바탕으로 하는 적극적이고 자발적인 참여 외에는 다른 해결책이 있을 수 없다. 이를 위해 조합구성원간의 활발한 의사소통과 역량강화교육, 조합사업 및 활동에 대한 조합 내·외부에 대한 활발한 홍보만큼 긴요한 것도 없을 것이다.

협동조합기본법상으로 5명의 조합원만 있으면 협동조합이 설립될 정도로 설립 자체는 쉬워진 것은 맞다. 그러나 협동조합의 운영까지도 덩달아 쉬워졌다고 보면 안될 것이다. 협동조합이 설립은 되었다 해도 규모가 너무 작으면 협동조합의 특성 또는 장점으로서의 '협동'의 효과를 기대할 수 없고, 또 규모가 커지면 조합원간 의사소통과 민주적 운영이 어려워지게 된다.

그러므로 조합원을 조합활동 참여에 적극적이 되도록 동기부여시키고, 단순한 조합사업이나 서비스 이용자에서 조합의 진정한 소유자로 거듭나도록 하며, 조합원간 신뢰감을 높여 협동의 밀도가 높아지도록 하기 위해서는 조합 내부의 모든 구성원간 의사소통의 원활화를 위한 경영진의 노력이 지속적으로 이루어져야 할 것이다. 협동과 연대로 그 조직목표를 달성해야 하는 협동조합에게 있어서 조합원 상호간, 그리고 협동조합 구성원간의 의사소통의 중요성은 매우 크다고 할 것이다.

특히 협동조합은 상대적으로 부족한 자본과 한정된 인적 자원을 가지고 협동조합적 가치를 유지하면서 조합의 목표를 달성해야 하므로 조합원, 직원을 위한 의사소통과 능력개발을 위한 교육에도 경영역량을 기울여야 할 것이다.

⑤ 전략수립과 구성원 역할분담에 철저하라

협동조합기본법에서도 일반협동조합과 사회적협동조합의 설립목적[2]을 규정해 놓고 있다. 이것은 협동조합도 조직이며, 조직으로서 달성해야 할 목적이 있음을 의미한다. 일반기업과 마찬가지로 협동조합이 목표를 달성하기 위한 경영전략은 아주 중요하다. 경영전략은 대양을 항해하는 배의 나침반과도 같다. 전략이 없는 협동조합 경영은 '불꺼진 항구'요, '오아시스 없는 사막'과도 같다. 주먹구구식 경영이 될 수밖에 없으며, 성과를 낼 수 없는 경영이 될 수밖에 없다는 것이다.

다시 말해서, 협동조합이 조합의 비전이나 목적을 구현하기 위해서는 그 비전과 목적을 구체화한 전략, 즉 경영전략을 최우선적으로 세워야 한다. 그 다음 단계로 그 경영전략을 경영성과로 연결시키는 실행계획이 있어야 한다. 다시 말해서 경영전략을 실현할 세부경영계획과 그 실행과정에서 필요한 구체적인 관리기능 및 업무수행기능이 필요하다.

이와 같이 협동조합이 그 설립목적을 달성하기 위해 경영상의 여러 기능이 필요한 것은 일반기업과 전혀 다를 것이 없다. 다만 협동조합은 일반기업에 비해 인적 결합체로서의 성격이 좀 더 강하게 나타날 뿐인 것이다.

협동조합을 포함한 모든 조직은 최종적으로 그 구성원인 직원이 업무수행과 업무관리기능을 행하게 된다. 이러한 업무관리기능은 일반적으로 기획관리기능(전략 수립 포함), 재무기능, 생산기능, 판매기능, 일반관리기능이라는 5가지 기능에 의한 역할분담이 이루어져야 한다. 세부적으로 일반관리기능에는 인사, 조직, 노무, 서무관리 기능으로 나누어진다. 이들 여러 기능은 조직의 원리상 상호밀접하게 유기적으로 작동되어야 하며, 각 기능

2 협동조합의 설립목적(협동조합기본법 제5조) : "구성원(협동조합의 조합원, 회원 등)의 복리 증진과 상부상조를 목적으로 하며, 조합원 등의 경제적 · 사회적 · 문화적 수요에 부응하여야 한다."

들이 서로 독립적인 것은 아니다.

협동조합에서도 구성원(조합원, 직원)이 조합의 목적달성을 위해 활동하게 되므로 협동조합 고유의 조직문화가 형성되고 인사관리, 노무관리 기능 등 경영상의 기능들이 철저하게 역할 분담이 되고, 또한 그러한 경영기능들이 시스템적으로 결합되어야 협동조합의 목표를 달성할 수 있게 된다.

따라서 협동조합 경영자들이나 실무관리자들은 경영상의 여러 기능을 충분히 이해하고, 각 기능의 중요항목이나 세부항목을 충분히 이해하여 능률적으로 수행할 수 있는 업무상의 전문성을 길러야 할 것이다. 또한 협동조합이 경쟁보다는 협동, 이윤극대화보다는 적정이익 추구를 지향한다고 해서 경영전략의 중요성이 경시되어서는 안 될 것이다.

⑥ 협동조합의 사회적 기여 의무를 항상 기억하라

세계협동조합연맹의 협동조합 7원칙 중 제6, 7원칙이 '협동조합간의 협동'과 '지역사회에 대한 기여'인 데서도 알 수 있듯이 협동조합은 지역사회에 대한 그 사회적 역할을 다하지 않으면 안된다.

우리나라의 협동조합기본법에서도 협동조합의 사회적 기여 의무, 특히 지역사회에 대한 기여를 명시적으로 규정하고 있다. 또한 사회적협동조합은 전체 사업자금의 40%를 공익사업으로 수행해야 한다.

이상에서 크게 6가지 관점에서 협동조합 경영진이나 조합 운영 관계자로서 유의해야 할 사항에 대하여 살펴보았다.

그러나 공동의사결정에 의한 민주적 조합운영과 협동 및 연대에 의한 사회적(지역사회) 기여라는 협동조합의 두 수레바퀴를 끌고, 자본조달 및 확충의 한계라는 '멍에'를 쓰고 시장이라는 영역, 즉 시장경제에서 일반기업과 경쟁적 위치에 섰을 때 '어떻게 경쟁력을 확보하고, 조합원 공동의 이익과 복리달성이라는 목표를 향해 앞으로 나아갈 것인가'라는 협동조합의 경영은 오히려 일반기업의 경영보다 더 어려운 문제일 수도 있는 것이다.

또한 협동조합의 경영자는 협동조합의 경영성과가 반드시 재무제표상으로만 나타나는 것이 아니라는 데에 유의해야 한다. 이것이 무슨 의미냐 하면, 협동조합은 이익지향경영(profit-oriented management)보다는 원가경영(business-at-cost)[3]을 지향하기 때문에 조합원에 대한 가격정책을 어떻게 가져가는가에 따라 재무제표상의 성과, 즉 경영성과가 다르게 나타날 수 있다는 말이다. 협동조합의 역사상 로버트 오웬은 자신이 운영하는 공동체 구성원들에게 원가 이하로 공급하기도 했지만 오래가지 못했던 것이 그 좋은 예에 속한다.

다시 말해서, 협동조합이 조합원이나 이용자에 대한 공급가를 높이면 재무제표상의 성과는 분명히 좋아지고 이에 따라 잉여금이 보다 많이 발생하면 출자배당이나 이용배당은 높아지는 점도 있으나, 조합원으로서는 높은 공급가는 곧 구입가가 높아지는 것이므로 결국 조합원의 복리수준은 낮아지는 것이 된다.

이것은 조합경영이 기업경영처럼 단순히 영리추구가 아니라 조합원의 복리와 권익, 지역사회에 대한 기여 등 복잡하고 복합적인 요소에 영향을 받게 되므로 협동조합의 경영자, 곧 이사회(이사장, 임원 등)는 이에 유의해서 조합의 경영전략을 수립하고 실행해야 할 것이다.

협동조합은 자조 · 자립적인 특성을 가지고 있기는 하지만 사실상 시장경제와 밀접하여 있으며, 협동조합과 시장경제의 경계선은 불분명하기까지 하다. 협동조합이 자본주의의 대안적 시스템 혹은 대안경제라고는 하

3 조합의 유지 · 존속을 위한 최소한의 잉여금(이익)을 확보하는 선에서 조합원의 복리와 권익을 지향하는 경영을 의미한다.

지만 협동조합이 시장경제와 완전히 무관할 수는 없는 것이다. 조합원이 자신이 소속한 조합보다 외부(시장)에서 더 좋은 조건으로, 더 편리하게 서비스를 구입할 수 있다면 그 어떤 조합원이 조합을 탈퇴하지 않고 조합에 남아 있으리라고 기대할 수 있겠는가?

그렇다고 조합의 잉여금 등 조합의 이익을 무분별하게 조합원에게 배당하라는 것은 아니다. 조합의 존속과 성장을 위한 잉여금 유보도 필요한 것이다. 이렇게 두 마리 토끼를 잡아야 하니 조합경영도 고도의 전문성을 필요로 하는 것이다.

2. 협동조합의 관리

1) 기획관리(경영기본) 부문

① 개 요

협동조합의 기획관리기능은 협동조합 경영활동에 있어서 종합적 · 총괄적인 역할을 하는 기능으로서, 재무 · 생산 · 판매 · 일반관리 등에 대한 계획을 수립하는 기본기능이라 할 수 있다.

② 경영전략

협동조합의 경영전략은 협동조합과 대내외적 환경의 상관관계를 미래지향적인 계획으로 나타낸 것으로서 협동조합 내의 여러 이해관계자들의 의사결정 지침으로 정의할 수 있겠다.

협동조합의 경영전략은 두 단계로 나누어진다. 하나는 협동조합 전체전략(협동조합 레벨의 전략)이고, 다른 하나는 세부경영전략(단위사업 전략)이다. 협동조합 전체전략은 어느 사업분야에 참여할 것인가 하는 문제와 조합 내부 자원을 어떻게 배분할 것인가에 초점을 맞춘다. 세부경영전략은 그 협동조합의 사업분야에서 어떻게 하면 경쟁우위를 유지할 것인가에 대한 대응방안을 수립하는 것이다.

③ 경영계획

협동조합의 각 부문별 또는 전문기능별로 배치된 관리직에 대하여 경영방침이나 경영계획 작성을 위한 지침을 시달하고, 협동조합 경영에 관한 협동조합 활동 및 예산을 작성케 하고 이를 총회와 이사회에서 결정하는 것으로서, 협동조합 경영전략의 실행계획(action plan)이라고 할 수 있다.

④ 경영능력

협동조합의 성장 · 발전의 가능성을 나타내는 지표로서의 역할을 한다. 협동조합의 경영활동을 담당하는 경영진(이사회 구성원)의 능력과 자질, 실무급 간부들의 전문적인 능력과 경험의 정도를 나타낸다.

⑤ 경영조직

협동조합의 경영조직은 그 조합의 총체적인 능력이 배분된 결과라고 할 수 있다. 이것은 조합의 경영전략에 따라 그 조합의 조직이 달라질 수 있음을 의미한다. 따라서 일반협동조합이나 사회적협동조합을 불문하고 그 조합의 목적사업이나 주(主)사업에 따라 그 조합의 목적을 가장 효율적으로 달성할 수 있도록 조직을 구성해야 할 것이다.

⑥ 사업성

협동조합에서 사업성은 어떤 사업이 가장 효율적으로 조합의 목적을 달성할 수 있을 것인가에 대한 바로미터(척도)가 된다. 사업성은 그 협동조합의 경쟁력 또는 경영능력에 따라 다르며, 사업성에 따라 경영전략 수립 시 조합 전체 자원의 배분이 달라지게 된다.

⑦ 신뢰성

협동조합의 경영에서 대외적 신뢰성 확보는 조합활동의 핵심사항임을 유의해야 한다. 협동조합은 조합의 이해관계자들, 특히 협동조합의 지역과 연대 필요성 측면이나, 금융 · 상거래 등에 있어서 신뢰성의 유무는 협동조합 유지의 기본이 된다.

2) 재무관리(회계관리) 부문

재무관리는 협동조합의 자금 흐름과 관련된 활동을 관리 · 통제하는 기능을 말한다. 구체적으로 자금의 조달 및 운용과 관련된 계획과 통제가 주된 관리대상이 된다.

협동조합의 재무관리는 조합의 활동을 자금의 측면에서 다루는 것이므로 협동조합의 목표와 일치해야 하며, 협동조합 재무관리의 궁극적인 목적은 협동조합 가치의 실현과 조합원 이익의 극대화라고 할 수 있다.

① 회계처리

재무관리는 조합의 활동을 재무적으로 기록하여 최종적으로 재무제표의 작성으로 이어진다. 재무관리는 회계관리라고도 할 수 있다. 협동조합의 이해당사자(조합원, 직원, 이용자 등)에게 재무상태와 운영성과를 재무제표로 정확히 작성하여 알려야 한다. 또한 재무제표는 장래 협동조합 경영계획의 수립을 위한 의사결정의 중요한 자료로서 활용되므로 중요하다.

따라서 회계처리는 전문지식을 가진 전문가가 수행하고 회계기준에 따라 적합하게 처리해야 하며, 업무처리 과정의 오류와 비리를 방지하기 위한 내부통제(internal control)의 기반이 된다.

회계자료는 수작업 처리가 어려우므로 최대한 전산화하여, 최근의 자료가 필요적절하게 제시될 수 있어야 재무관리 결과의 활용도가 높아지고 조합운영에 기여할 수 있다.

2 재무구조

협동조합 활동에 당연히 자금이 필요하고, 필요한 자금은 적절한 방법과 경로로 조달되어야 하며, 자금구성(즉 재무구조; 포트폴리오)이 안정적이어야 한다. 협동조합도 조합원의 출자금이나 잉여금만으로 운영하기는 쉽지 않아 사실상 외부차입금을 이용하게 된다.

주요 체크포인트로는 자기자본과 타인자본(부채)에 의한 자금조달은 적정한지, 매출채권 및 재고자산의 보유가 과다하여 자금흐름을 악화시키고 있지는 않은지, 고정자산은 장기성 자금으로 투자되고 있는지 등이 협동조합의 안정성에 관계되는 주요 항목이다.

3 자본운용

조달한 자금(출자금, 차입금 등)은 대차대조표의 차변항목인 여러 자산으로 분산되어 투입된다. 즉 일부의 자금은 유동자산으로, 나머지 일부의 자금은 고정자산 구입에 투입되거나 사업자금으로 사용된다.

일반기업과 마찬가지로 협동조합도 유동자산과 고정자산의 어느 한 쪽에 과다투입되면 조합운영이 어려워지거나 위태로워진다. 특히 제조나 판매부문 협동조합의 경우 외상매출금이나 재고자산의 비중이 높거나 금액이 과다하면 조합의 자금흐름이 나빠져서 위험해진다. 지불불능 상태에 빠질 수도 있다는 것이다. 따라서 외상매출금 등 매출채권과 재고의 규모가 너무 과다해지지 않도록 철저히 관리 · 통제하는 것이 중요하다.

한편 조합의 자금이 시설투자 등 고정자산에 높은 비율로 투자되는 것도 바람직하지 않다. 물론 고정자산투자가 조합의 목적사업과 관련성이 높다 할지라도 투입된 자금이 오래 고정되면(묶이면) 원활한 자금흐름이 어려워진다. 유동자산과 고정자산을 적정수준으로 관리하는 것이 조합의 재무 유동성 또는 재무 안정성의 관건이다.

④ 잉여금과 비용관리

협동조합의 궁극적 목표는 적정이익을 창출하여 조합원의 복지에 기여하고, 유지 · 성장하는 것이다. 그러므로 잉여금 창출의 원천인 매출이나 서비스 제공을 증가시키고 비용 측면에서 고정비 등 원가를 낮추는 비용 통제가 중요하다.

이를 위해 중요한 것은 잉여금과 비용항목을 포함하는 손익계산서의 세부계정별로 예산과 실적을 비교하면서 대처할 수 있어야 한다. 특히 신사업이나 서비스 개발을 추진할 때에는 적정수준을 검토하여 잉여금 등의 확보와 자금조달 계획에 차질이 없도록 통제하여야 한다.

⑤ 회계자료의 이용

재무제표 자료는 비록 과거의 실적에 대한 것이지만, 시장에서 경쟁적 위치에 있는 일반기업과 비교, 즉 재무분석을 통하여 협동조합의 경쟁력을 파악하고 미래를 위한 경영계획을 수립하는데 긴요하게 사용된다.

3) 생산관리(구매 포함) 부문

생산은 물리적인 제품뿐만 아니라 서비스의 산출도 생산의 개념에 포함된다. 협동조합은 비교적 단시간에 좋은 품질의 제품을 최소의 비용으로 생산할 수 있어야 한다. 그러므로 생산계획, 공정관리, 작업관리, 품질관리, 설비 · 기술, 작업환경 등 생산과정별로 철저하게 관리하는 것이 중요하다.

협동조합은 일반 제조기업에 비해 생산관리의 중요성이 떨어진다고 할지 모른다. 물론 협동조합은 생산자협동조합 외에는 제조부문의 비율이 비교적 낮을 수는 있으나, 사회적 서비스도 일종의 생산임을 고려할 때 조합관계자들도 생산관리의 기본개념과 기능들을 숙지하고 있어야 한다.

① 생산계획

생산계획은 판매정보나 수요예측을 바탕으로 이루어진다. 생산계획은 조합 전체의 재고현황과 자체 생산능력을 감안하여 생산기간의 장 · 단기 계획을 수립해야 한다.

② 공정관리

공정관리란 생산품의 불량률을 최대한으로 줄이면서도 최단시간 내에 제품이 생산되도록 설비배치, 공정계획과 라인관리를 실행하는 것을 의미한다. 2차산업 분야의 협동조합의 경우 공정관리는 품질관리(Quality), 원가관리(비용; Cost), 판매 · 유통관리(Delivery)에 있어서 공정관리는 특히 중요하다.

③ 작업관리

작업을 표준화 또는 매뉴얼화하여 작업자가 업무에 적용할 수 있도록 교육훈련과 작업지도를 충분히 해야 한다. 또한, 정확한 직무분석(job analysis)에 의한 적재적소의 작업자(직원)배치는 중요한 작업관리 요소이다.

④ 품질관리

품질관리수준의 목표를 정하여 조합 전체적으로 실행하도록 한다. 이른바 '전사적(全社的)품질관리'를 말한다. 그리고 조합원, 일반이용자 등 고객불만에 대한 정보가 관리되고 해당 부서에 피드백되어 시정되도록 한다. 여기에는 조합의 최고경영자, 조합원, 직원 및 이용자의 자발적인 참여가 필요하다.

⑤ 설비 · 기술 관리

제조업분야이든 서비스분야이든 협동조합이 제공하는 제품이나 서비스의 창출과정에서 설비부문은 생산성을 좌우하는 주요한 요소이므로 설비계획, 설비운영, 설비점검 등이 적절하게 이루어져야 한다.

⑥ 작업환경

사무공간 등 작업장 환경은 작업의 능률을 많이 좌우한다. 작업장 내의 온도, 통풍, 휴식공간, 안전, 위생 등이 잘 정리되도록 한다. 협동조합의 생산성은 이러한 작업환경에 대한 내부 구성원의 만족도에 크게 좌우된다.

⑦ 외주관리

협동조합도 자체적인 생산시설(능력)이 부족하거나 생산일정을 맞추기 위해서 아웃소싱을 해야 할 상황에 처하게 될 수 있다. 다른 한편으로는 굳이 자체생산하는 것보다는 외주에 의한 생산이 더 효율적일 수도 있다. 이러한 경우 협동조합은 시장에서 경쟁적 위치에 있는 일반기업의 제품과 동일한 수준의 품질을 적시적기에 생산하기 위해서는 외주관리가 필요하다.

⑧ 원재료, 구매관리

구매활동은 생산활동 및 판매활동과 밀접한 관계가 있다. 필요한 원·부자재를 적시적기에 적절한 가격으로 구입하는 것은 생산활동의 '알파와 오메가'라고 하지 않을 수 없다. 전문가로 구성된 구매조직으로 하여금 구매자재를 표준화하고, 재료의 낭비나 감손(減損)에 대비한 구매관리를 하도록 해야 한다.

⑨ 재고관리

협동조합이 사업을 할 때 재고가 부족하면 제대로 사업수행이나 판매를 할 수 없게 되고, 재고를 필요 이상으로 과다하게 보유하고 있으면 재고보유비용이 발생한다. 재고가 부족하거나 과다하거나 모두 비용이 발생하게 되는 것이다. 그러므로 매입과 재고의 주기적 수량 파악(재고조사)과 조정, 반품이나 불량품처리 상태, 제품보관 상태 등을 밀착관리해야 한다.

4) 판매관리 부문

아무리 좋은 품질의 제품을 빠른 기간 내에 저렴한 원가로 생산하더라도 그 제품을 판매하지 못하면 아무 소용이 없다. 그러므로 모든 경영활동의 궁극적 목적은 사실상 판매(영업)에 의한 이익획득으로 귀결된다고 해도 과언은 아닐 것이다. 협동조합이라고 해서 예외일 수는 없다.

협동조합기본법 시대에 앞으로 많이 설립되어 운영될 협동조합의 경영은 궁극적으로 조합원, 이용자 등의 이해관계자나 고객의 욕구를 충족시켜 이들을 만족하게 함으로써 얻은 결과로 협동조합의 목표가 달성되고, 또 존속 · 유지될 것이다.

2장

공동사업에 관하여

1. 두 협동조합 유형의 개요 및 비교

우리나라 협동조합기본법은 두 가지 협동조합의 유형, 즉 일반협동조합과 사회적협동조합에 대한 규정이 주요 골격을 이루고 있다. 다시 말해서 제1장 총칙, 제6장 보칙, 제7장 벌칙을 제외하면 제2장부터 제5장까지 일반협동조합, 사회적협동조합과 각각의 연합회에 대한 규정으로 구성되어 있다.

일반협동조합과 사회적협동조합은 수행하는 목적사업에 있어서 협동조합기본법에서 이미 서로 다르게 규정해 놓고 있다. 일반협동조합은 원칙적으로 자율적으로 사업을 정할 수 있지만, 사회적협동조합은 공익사업을 40% 이상 수행하도록 하고 있다.

사업수행 방식에 있어서도 기본법은 협동조합으로서 일반협동조합[4]

4 협동조합기본법에서는 '일반협동조합'이라는 용어를 사용하고 있지는 않다. 다만, 필자가 사회적협동

과 공통적으로 적용되는 사항은 기본법의 일반협동조합의 규정을 준용(準用)[5]하기도 하지만, 제85조(설립인가 등)부터 제110조(준용규정)까지 사회적협동조합에 관하여 별도로 규정하고 있다.

협동조합기본법상으로 일반협동조합과 사회적협동조합은 법인격, 설립시 신고 또는 인가 여부, 수행사업에 대한 제한, 잉여금의 적립의무 한도, 배당 및 청산절차 등의 분야에서 차이점이 있다. 아래의 표를 참고하기 바란다.

유형별 협동조합의 수행사업

일반협동조합	사회적협동조합	[범례]
(유형별) 협동조합연합회		
• 조합원과 직원에 대한 상담,교육 · 훈련 및 정보제공사업(필수사업) • 협동조합간 협력을 위한 사업(필수사업) • 협동조합의 홍보 및 지역사회를 위한 사업(필수사업) • 정관으로 규정한 사업(협동조합설립 목적 사업)		• 지역사회 재생, 지역경제 활성화, 지역주민들의 권익 · 복리 증진 및 그 밖에 지역사회가 당면한 문제 해결에 기여하는 사업 • 취약계층에게 복지, 의료, 환경 등의 분야에서 사회서비스 또는 일자리를 제공하는 사업 • 국가 · 지방자치단체의 위탁 사업 및 기타 공익증진 사업 • 조합원 소액대출 및 상호부조
• 회원에 대한 지도 · 지원 · 연락 및 조정에 관한 사업 • 회원에 속한 조합원 · 직원에 대한 상담, 교육 · 훈련 및 정보 제공 사업 • 회원의 사업에 관한 조사 · 연구 및 홍보 사업		

조합과 비교되는 차원으로 사용한다. 사회적협동조합은 공익사업을 조합의 전체 사업량의 40% 이상으로 수행해야 하지만, 기본법상의 '협동조합'은 금융 · 보험을 제외하고는 수행할 수 있는 목적사업에 거의 제한이 없다고 할 수 있으므로 '일반협동조합'이라고 하여도 별 문제가 없을 듯하다. 따라서 본서에서는 사회적협동조합과 구별하는 측면에서 기본법상의 '협동조합'을 '일반협동조합'이라고 부르기로 한다.

5 사회적협동조합의 등기에 있어서 일반협동조합의 규정을 준용하는 것은 협동조합기본법 제62조~제64조, 제67조~제70조의 등기에 관한 내용이다.

2. 일반협동조합의 사업

일반협동조합 사업의 경우 원칙적으로 자율적으로 사업을 할 수 있다고 해도 다음과 같이 세 가지의 제한사항 또는 유의사항이 있다.

첫째, 일반협동조합의 사업에는 '협동조합 필수사업'으로서 반드시 정관에 포함시켜야 하는 3가지 사업이 있다.

> 조합원과 직원에 대한 상담, 교육 · 훈련 및 정보제공, 협동조합간 협력, 협동조합의 홍보 및 지역사회를 위한 사업 등 3가지 사업을 말한다. 이것은 세계협동조합연맹(ICA)의 '협동조합 7원칙' 중 5, 6, 7번째 원칙을 사업적으로 반영한 것이다.

둘째, 협동조합의 사업은 관계 법령에서 정하는 목적, 요건, 절차, 방법 등에 따라 적법 · 타당하게 시행되어야 한다.

> 그 사업과 관계되는 법령에서 인 · 허가가 요구되는 경우 사업 자체의 수행에 필요한 요건 외에도 신고 · 등록 · 허가 · 면허 · 승인 · 지정 등을 받아야 한다는 것을 의미한다.

셋째, 어떠한 경우에도 통계청장이 고시하는 한국표준산업분류에 의한 금융 및 보험업을 영위할 수 없다.

> 따라서 일반협동조합은 신용 및 공제사업을 하는 것은 허용되지 않는다. 다만, 사회적협동조합은 조합원 상호복리 증진의 차원에서 조합원을 대상으로 일정 한도의 소액대출과 상호부조는 가능하다.

3. 일반협동조합의 사업의 이용

일반협동조합은 원칙적으로 조합원이 아닌 자에게 사업을 이용하게 해서는 안된다. 그럼에도 불구하고 예외적으로, 조합원의 이용에 지장을 주지 않는 범위에서 비조합원에게도 사업을 이용하게 할 수는 있다. 다만, 무제한으로 이용할 수 있는 것은 아니고, 조합원이 이용하는 데에 지장이 없는 범위에서 대통령령으로 정하는 바에 따라 그 사업을 이용하게 할 수 있다.

협동조합기본법 시행령(제9조)은 조합원 등이 아닌 자가 사업을 이용할 수 있는 경우로서, 다음과 같이 11가지의 경우를 나열하고 있다.

- 협동조합이 재고로 보유하고 있는 물품으로서 부패 또는 변질의 우려가 있어 즉시 유통되지 아니하면 제품의 품질을 유지하기 어려운 물품을 처리하기 위한 경우
- 조합원으로 가입하도록 홍보하기 위하여 견본품을 유상 또는 무상으로 공급하는 경우. 다만, 협동조합이 「사회서비스 이용 및 이용권 관리에 관한 법률」 제2조 제4호에 따른 사회서비스 제공자인 경우는 제외한다.
- 공공기관 · 사회단체 등이 공익을 목적으로 주최하는 행사에 참여하는 경우
- 협동조합이 정부, 지방자치단체 및 「공공기관의 운영에 관한 법률」 제4조에 따른 공공기관과 공동추진사업에서 일반국민이 해당 사업의 목적에 따라 사업을 이용하는 경우
- 다른 법령에서 조합원이 아닌 자에게 의무적으로 물품을 공급하게 하거나 용역을 제공하도록 규정하는 경우
- 천재지변이나 그 밖에 이와 유사한 긴급한 상황일 때 공중(公衆)에게 생활필수품 또는 용역을 공급하는 경우
- 학교를 사업구역으로 하는 협동조합이 그 사업구역에 속하는 학생 · 교직원 및 학교 방문자를 대상으로 물품을 공급하거나 용역을 제공하는 경우

- 협동조합이 가입을 홍보하기 위하여 시 · 도지사에게 신고하는 홍보기간(연간 3개월 이내) 동안 전년도 총공급고(總供給高)의 100분의 5 범위에서 물품을 유상 또는 무상으로 공급하는 경우
- 조합원과 같은 가구에 속하는 자가 협동조합의 사업을 이용하는 경우
- 조합원의 3분의 2 이상이 직원이고 조합원인 직원이 전체 직원의 3분의 2 이상인 협동조합이 전체 직원의 3분의 1을 넘지 아니하는 범위에서 비조합원을 고용하는 형태로 조합의 사업을 이용하게 하는 경우
- 그 밖에 협동조합의 사업 성격 · 유형 등을 고려하여 기획재정부 장관이 정하여 고시하는 경우

4. 사회적협동조합의 사업 (1): 주사업

협동조합기본법에서는 제93조~제95조에서 사회적협동조합의 주사업(제93조), 조합원에 대한 소액대출 및 상호부조(제94조), 사업의 이용(제95조)에 대해 규정한다. 사회적협동조합은 기본법 제2조 제3호에서 명시하고 있는 것과 같이, '영리를 목적으로 하지 않는 협동조합'이다. 이른바 '비영리법인'이다. 따라서 사회적협동조합이 수행하는 사업은 영리법인으로서의 일반 협동조합과는 상당히 다르다.

1) 사회적협동조합의 주사업

협동조합기본법(제93조)상 사회적협동조합은 다음 4가지 중 하나 이상을 주사업으로 하도록 되어 있다.

사회적협동조합의 주사업

- 지역사회 재생, 지역경제 활성화, 지역주민들의 권익 · 복리 증진 및 그 밖에 지역사회가 당면한 문제 해결에 기여하는 사업
- 취약계층에게 복지 · 의료 · 환경 등의 분야에서 사회서비스[6] 또는 일자리를 제공하는 사업[7]
- 국가 · 지방자치단체로부터 위탁받은 사업[8]
- 기타 공익증진에 이바지하는 사업[9]

따라서 사회적협동조합 관계자들은 조합정관에 주사업을 표시할 때 사전에 기획재정부, 해당 지방자치단체 담당부서에 질의 등을 통해 주사업 해당 여부를 사전에 확인할 필요가 있다.

또한 사회적협동조합의 '주사업'의 범위 또는 비중과 관련해서, 기본법은 사회적협동조합의 사업 자체는 주사업에 포함된다 할지라도 그 조합의 목적사업으로 하는 주사업이 협동조합 전체 사업량의 100분의 40 이상이 되어야 한다고 명시하고 있다. 이는 사회적협동조합의 비영리법인으로서의 공익성을 강조한 것이라고 볼 수 있을 것이다.

6 교육, 보건, 사회복지, 환경 및 문화 분야의 서비스, 그 밖에 이에 준하는 서비스로서 교육, 보건, 사회복지, 환경 및 문화 분야의 서비스 등의 서비스를 말한다.

7 취약계층고용 사업으로서의 취약계층은 「국민연금법」에 따른 국민연금, 「국민건강보험법」에 따른 국민건강보험, 「고용보험법」에 따른 고용보험 및 「산업재해보상보험법」에 따른 산업재해보상보험에 가입되어야 하며(단, 관계법령에 따라 4대 사회보험 가입대상에서 제외되는 경우는 예외), 최저임금법에서 정한 임금 이상(단, 관계법령에 따라 최저임금의 적용을 제외하는 경우는 예외)을 지급받아야 한다.

8 국가 · 지방자치단체의 법률에 규정된 행정기관의 사무 중 일부를 사회적협동조합에게 맡겨 그의 명의로 그의 책임 아래 행사하도록 하는 사업을 말한다.

9 기획재정부 장관이 공익증진에 기여하는 사업이라고 인정하는 사업을 말한다.

2) 주사업의 판단기준

사회적협동조합의 '주사업'의 판단기준 등에 있어 주사업 항목 중 다음 두 가지에 대해서 협동조합기본법 시행령 제14조와 시행규칙 제11조에서 별도로 세부적으로 규정한다.

첫째, **'지역사회 재생, 지역경제 활성화, 지역주민들의 권익 · 복리 증진 및 그 밖에 지역사회가 당면한 문제 해결에 기여하는 사업'**이 사회적협동조합의 주사업이 되어야 한다는 것이다.

그러한 주사업의 조건은, '지역특산품 · 자연자원 활용사업 등 지역의 인적 · 물적 자원을 활용하여 지역사회의 재생 및 지역경제의 활성화에 기여하는 사업', '지역주민의 생활환경 개선사업 등 지역주민의 권익과 복리를 증진시키는 사업', '그 밖에 지역사회가 당면한 문제 해결에 기여하는 사업' 중 어느 하나에 해당하여야 한다.

사회적협동조합의 주사업 판단기준 ①

- 지역의 인적 · 물적 자원을 활용하여 지역사회의 재생 및 지역경제의 활성화에 기여하는 사업(지역특산품 · 자연자원 활용사업, 전통시장 · 상가활성화사업, 농 · 임 · 축 · 수산물의 생산 및 유통사업 등)
- 지역주민의 권익과 복리를 증진시키는 사업(지역주민의 생활환경 개선사업 등)
  - 지역주민의 생활환경 개선, 고충 상담, 사회서비스 제공 사업
  - 지역의 공중접객업소 위생 개선, 감염병 또는 질병 예방, 재해 · 화재 또는 안전사고의 예방에 관한 사업
  - 지역주민들의 권익과 복리를 증진시키려는 사업으로서 기획재정부 장관이 정하여 고시하는 사업
- 그 밖에 지역사회가 당면한 문제 해결에 기여하는 사업

둘째, **'취약계층에게 복지 · 의료 · 환경 등의 분야에서 사회서비스 또는 일자**

리를 제공하는 사업'이 사회적협동조합의 주사업이 되어야 한다는 것이다.

그러한 주사업의 요건은 '교육, 보건 · 의료, 사회복지, 환경 및 문화 분야의 관련 사업', '보육, 간병 및 가사지원 서비스를 제공하는 사업', '「직업안정법」(제2조의2 제9호)에 따른 고용서비스를 제공하는 사업', 그리고 '기획재정부령으로 정하는 사업' 중 어느 하나에는 해당하여야 한다.

사회적협동조합의 주사업 판단기준 ②

- 취약계층에게 복지 · 의료 · 환경 등의 분야에서 사회서비스 또는 일자리를 제공하는 사업
- 교육, 보건 · 의료, 사회복지, 환경 및 문화 분야의 관련 사업
- 보육, 간병 및 가사 지원 서비스를 제공하는 사업
- 「직업안정법」(제2조의2 제9호)에 따른 고용서비스 제공사업

셋째, 위에서 지역사회 재생 등에 대한 기여사업, 취약계층 서비스 및 일자리 창출 사업 외에 주사업의 판단기준 및 방법은 기획재정부령(시행규칙)으로 정하도록 하였다.

사회적협동조합의 주사업 판단기준 ③

- 기획재정부령으로 정하는 사업으로서,
  - 예술 · 관광 및 운동 분야의 사업
  - 산림 보전 및 관리 서비스를 제공하는 사업
  - 문화재 보존 또는 활용과 관련된 사업
  - 청소 등 사업시설 관리 사업
  - 범죄 예방 및 상담치료 관련 사업
  - 그 밖에 기획재정부 장관이 정하여 고시하는 사업

한편, 협동조합기본법 시행령에서 말하는 '취약계층'이란 사회적기업

육성법(제2조 제2호)[10] 및 기획재정부 장관이 정하는 취약계층을 그 대상으로 하고 있다.

실무처리와 관련해서는 협동조합기본법 시행규칙의 별지서식 제12호에서는 사회적협동조합이 기본사업 유형으로 지역사업형, 취약계층배려형, 위탁사업형으로 정하고, 이 외에도 사회적협동조합의 취지에 부합하는 기타 공익증진형과 이들 사업유형의 혼합형 등 크게 5가지 사업유형 중에서 택일하도록 하고 있다.

3) 주사업의 판단방법

사회적협동조합의 목적사업이 주사업에 해당하는지를 판단하기 위해서는 다음 각 호의 구분에 따른 기준을 적용한다.

① 목적사업이 '지역사회 재생, 지역경제 활성화, 지역주민들의 권익 · 복리 증진 및 그 밖에 지역사회가 당면한 문제 해결에 기여하는 사업'(협동조합기본법 제93조 제1항 제1호) 또는 이와 별도로 '공익증진에 이바지하는 사업'(제93조 제1항 제4호)으로 인정되기 위해서는 다음 두 가지 기준 중 어느 하나에 해당하여야 한다.

- **수입 · 지출 예산서상 전체 사업비의 100분의 40 이상을 주사업 목적으로 지출할 것**
- **사업계획서상 주사업에 해당하는 서비스 대상인원, 시간, 횟수 등이 전체 서비스의 100분의 40 이상일 것**

---

10 취약계층에 대해, '자신에게 필요한 재화 또는 용역을 통상적인 시장가격으로 구매하는데 어려움이 있거나, 노동시장의 통상적인 조건에서 취업이 특히 곤란한 계층'으로 정의하고 있다.

② 목적사업이 취약계층에게 사회서비스를 제공(협동조합기본법 제93조 제1항 제2호)하는 경우는 사업계획서상 취약계층에게 제공된 사회서비스 대상인원, 시간, 횟수 등이 전체 사회서비스의 100분의 40 이상이어야 한다.

③ 목적사업이 취약계층에게 일자리를 제공(협동조합기본법 제93조 제1항 제2호)하는 경우 다음 기준의 어느 하나에 해당되어야 한다.

- **수입 · 지출 예산서상 전체 인건비 총액 중 취약계층인 직원에게 지급한 인건비 총액이 차지하는 비율이 100분의 40 이상일 것**
- **사업계획서상 전체 직원 중에서 취약계층인 직원이 차지하는 비율이 100분의 40 이상일 것**

④ 목적사업이 국가나 지방자치단체로부터 위탁(협동조합기본법 제93조 제1항 제3호) 받은 경우 수입 · 지출 예산서상 전체 사업비의 100분의 40 이상이 국가 및 지방자치단체로부터 위탁받은 사업의 예산이어야 한다.

⑤ 목적사업이 주사업 기준에 중복하여 해당(협동조합기본법 제93조 제1호~제4호)되는 경우 그 중복하는 항목의 사업에 해당하는 비율의 합이 100분의 40 이상이어야 한다.

위에서 제시한 주사업 판단방법 외에도, 기획재정부 장관은 주사업의 판단방법으로 협동조합기본법령에서 정한 것 외에도 사회적협동조합에 필요사항을 정하여 고시할 수 있다.

4) 사업구역

사회적협동조합은 비영리법인으로서 '지역사회에 대한 기여'가 주사업 분야로 되어 있는 만큼 일반협동조합에 비하여 사업구역이 더 중요시된다.

사회적협동조합의 사업구역은 특별시 · 광역시 · 특별자치시 · 도, 또는 특별자치도의 관할구역으로 하며 실제 생활권이 2개 이상의 특별시 · 광역시 · 특별자치시 · 도 또는 특별자치도에 걸쳐 있는 경우에는 그 생활권 전체를 사업구역으로 할 수 있다.

5. 사회적협동조합의 사업 (2): 기타사업

협동조합기본법(제45조 제3항)상으로 협동조합은 통계청장이 고시하는 한국표준산업분류에 의한 금융업 및 보험업을 수행할 수 없도록 되어 있다. 그럼에도 불구하고 사회적협동조합은 상호복리 증진을 위하여 '주사업' 이외의 사업(기타사업)으로 조합원을 대상으로 납입출자금 총액의 한도에서 소액대출과 상호부조를 할 수 있다. 다만, 이러한 내용이 사전에 정관으로 규정되어 있어야 한다.

또한 소액대출 및 상호부조를 조합의 기타사업으로 수행하는 사회적협동조합은 기본법 시행규칙 별지 제15호 서식을 사용하여 사업결과보고서를 작성하여야 한다.

1) 조합원에 대한 소액대출 및 상호부조

사회적협동조합의 소액대출(협동조합기본법 시행령 제15조)은 납입 출자금 총액의 3분의 2를 초과해서는 안된다. 또한 소액대출에 따른 소액대출 이자율, 대출한도와 상호부조에 따른 상호부조의 범위, 상호부조금, 상호부조계약 및 상호부조회비 등 필요한 세부 사항은 다음과 같다.

| 소액대출 이자율 | 기획재정부 장관이 고시하는 최고한도 내에서 각 사회적협동조합이 정관에 정한다. 다만, 대출이자율의 최고한도는 한국은행이 발표하는 신규취급액 기준 예금은행 가계대출 가중평균금리를 참작하여 정한다.

| 소액대출 연체이자율 | 해당 대출에 적용된 이자율의 1.5배를 최고한도로 각 사회적협동조합이 정관에 정한다. 다만, 연체이자율의 최고한도는 「이자제한법」(제2조 제1항)에 따른 이자율의 최고한도를 초과할 수 없다.

| 소액대출 한도(조합원 1인당) | 조합원의 수 및 출자금 규모, 소액대출의 종류 등을 고려하여 기획재정부 장관이 정하여 고시하는 기준에 따라 각 사회적협동조합의 정관으로 정한다. 다만, 소액대출 총액은 납입 출자금 총액의 3분의 2를 초과할 수 없다.

| 소액대출 사업의 회계처리 | 주사업 및 기타 사업과 상호 구분 계리되어야 한다.

| 조합원에 대한 상호부조 | 조합원에 대한 상호부조는 조합원간 상부상조를 목적으로 조합원들이 상호부조회비를 갹출하여 적립한 기금을 사용하는 활동을 말한다. 상호부조회비를 납부한 조합원에게 정관에 정한 혼례, 사망, 질병, 손해, 사고, 사건 등의 발생시에 일정금액의 상호부조금을 지급한다(협동조합기본법 시행령 제16조).

| 조합원당 상호부조금의 한도 | 납입출자금 총액의 한도 내에서 각 사회적협동조합이 정관에 정한다. 또한 상호부조금의 지급 사유 등 상호부조금 지급에 필요한 사항도 정관으로 정한다.

| 상호부조회비와 상호부조계약의 양식 | 각 사회적협동조합이 정관에 정한다.

| 상호부조 사업 구분 회계처리 | 그 사회적협동조합의 주사업 및 기타 사업과 상호 구분 계리되어야 한다.

2) 사업의 이용

사회적협동조합은 원칙적으로는 조합원이 아닌 자에게 사회적협동조합의 사업을 이용하게 해서는 안 된다. 그럼에도 불구하고 협동조합기본법은 제95조 제2항 및 동조 제3항으로 두 가지 예외적인 경우를 규정하였다. 협동조합기본법은 첫째로, 조합원의 이용에 지장이 없는 범위에서 조합원이 아닌 자, 즉 비조합원에게 그 사업을 이용하게 할 수 있도록 하고, 둘째로, 보건 · 의료사업을 행하는 사회적협동조합은 그 조합의 총공급고의 50

퍼센트 범위에서 비조합원에게 보건·의료서비스를 제공할 수 있도록 하였다. 한편, 이사회의 승인을 받은 조합원과 동일한 가구에 속하는 자의 사업의 이용은 그 조합원이 이용한 것으로 본다.

이하에서 비조합원이 조합사업을 이용할 수 있는 두 가지 경우에 대해 상술하기로 한다.

3) 사회적협동조합등의 조합원 등이 아닌 자의 사업 이용

사회적협동조합이 다음 경우의 어느 하나에 해당하는 경우에 그 사회적협동조합원이 아닌 자에게도 그 사업을 이용하게 할 수 있다(협동조합기본법 제95조 제2항, 동법 시행령 제17조).

비조합원의 사회적협동조합 서비스 이용

- 협동조합이 재고로 보유하고 있는 물품으로서 부패 또는 변질의 우려가 있어 즉시 유통되지 아니하면 제품의 품질을 유지하기 어려운 물품을 처리하기 위한 경우
- 공공기관·사회단체 등이 공익을 목적으로 주최하는 행사에 참여하는 경우
- 협동조합이 정부, 지방자치단체 및 「공공기관의 운영에 관한 법률」 제4조에 따른 공공기관과 공동으로 추진하는 사업에서 일반 국민이 해당 사업의 목적에 따라 사업을 이용하는 경우
- 다른 법령에서 조합원이 아닌 자에게 의무적으로 물품을 공급하게 하거나 용역을 제공하도록 규정하는 경우
- 천재지변이나 그 밖에 이와 유사한 긴급한 상황일 때 공중(公衆)에게 생활필수품 또는 용역을 공급하는 경우
- 학교가 사업구역인 협동조합이 그 사업구역에 속하는 학생·교직원 및 학교 방문자를 대상으로 물품을 공급하거나 용역을 제공하는 경우

- 조합원과 같은 가구에 속하는 자가 협동조합의 사업을 이용하는 경우
- 조합원의 3분의 2 이상이 직원이고 조합원인 직원이 전체 직원의 3분의 2 이상인 협동조합이 전체 직원의 3분의 1을 넘지 아니하는 범위에서 비조합원을 고용하는 형태로 조합의 사업을 이용하게 하는 경우
- 조합원가입 홍보를 위하여 견본품을 유상, 무상으로 공급하는 경우[11]
- 사회적협동조합이 법령에 따라 국가나 공공단체로부터 위탁을 받은 사회서비스를 제공하거나 취약계층의 일자리 창출을 위한 사업을 하는 경우
- 사회적협동조합이 가입을 홍보하기 위하여 기획재정부 장관에게 신고(기획재정부의 '협동조합업무지침'서식: '조합원모집 홍보기간신고서' 사용)하는 기간(홍보기간: 연간 3개월 이내) 동안 전년도 총공급고의 100분의 5 범위에서 물품을 유상 또는 무상으로 공급하는 경우[12]
- 그 밖에 사회적협동조합의 사업 성격 · 유형 등을 고려하여 기획재정부 장관이 정하여 고시하는 경우

4) 보건 · 의료사업을 하는 사회적협동조합 조합원이 아닌 자의 사업 이용

보건 · 의료사업을 행하는 사회적협동조합은 총공급고의 100분의 50의 범위에서 비조합원에 대해 보건 · 의료 서비스를 제공할 수 있다. 이 경우 공급고의 산정기준은 직전연도 매출액 또는 서비스 이용인원 중에서 사

11 다만, 두 가지 중 어느 하나에 해당하는 경우는 제외한다.
- 사회적협동조합이 「사회서비스 이용 및 이용권 관리에 관한 법률」(제2조 제4호)에 따른 사회서비스 제공자인 경우
- 사회적협동조합이 의료기관을 개설한 경우

12 예외적으로, 사회적협동조합이 「사회서비스 이용 및 이용권 관리에 관한 법률」(제2조 제4호)에 따른 사회서비스 제공자인 경우와 사회적협동조합이 의료기관을 개설한 경는 제외된다. 또한, 사회적협동조합이 설립인가를 받은 날부터 1년(단위매장은 매장 개장일부터 1년) 동안은 홍보기간이 6개월 이내의 범위에서 총공급고에 대한 제한 없이 물품을 유상 또는 무상으로 공급할 수 있다.

회적협동조합이 선택하는 기준으로 한다.[13]

보건 · 의료 서비스의 제공이 가능한 조합원이 아닌 자의 범위는 다음과 같다.(협동조합기본법 제95조 제2항, 동법 시행령 제18호)

- 「응급의료에 관한 법률」(제2조 제1호)에 따른 응급환자
- 「의료급여법」(제3조)에 따른 수급권자
- 「장애인고용촉진 및 직업재활법」(제2조 제1호)에 따른 장애인
- 「한부모가족지원법」(제5조 및 제5조의2)에 따른 보호대상자
- 「재한외국인 처우 기본법」(제2조 제3호)에 따른 결혼이민자
- 보건복지부 장관이 고시하는 희귀난치성질환을 가진 자
- 해당 조합[14]이 개설한 의료기관이 소재하는 시 · 도의 관할 구역에 주소 · 거소 · 사업장 또는 근무지가 있는 자
- 조합원과 같은 가구에 속하는 자
- 그 밖에 기획재정부 장관이 관계 중앙행정기관의 장과 협의하여 보건 · 의료 서비스를 제공할 필요가 있다고 인정하는 자

13 다만, 그 사회적협동조합원과 같은 가구에 속하는 자에 해당하는 자에게 보건 · 의료 서비스를 제공하는 경우 해당 조합원이 이사회의 승인을 받으면 그 조합원이 이용한 것으로 보아 공급고를 산정한다.

14 「사회적기업 육성법」(제7조)에 따른 사회적기업의 인증을 받은 사회적협동조합만 해당한다.

■ 기획재정부 「협동조합업무지침」 서식

조합원 모집 홍보기간 신고서

<table>
<tr><td rowspan="9">조직
개요</td><td colspan="3">조합명</td><td>업종(표준산업분류번호)</td></tr>
<tr><td colspan="3">설립연월일</td><td>업태</td></tr>
<tr><td colspan="3">협동조합 신고(인가)번호</td><td>사업자등록번호</td></tr>
<tr><td rowspan="3">주소</td><td>본사</td><td colspan="2"></td></tr>
<tr><td>제1사업장</td><td colspan="2"></td></tr>
<tr><td>제2사업장</td><td colspan="2"></td></tr>
<tr><td colspan="2">출자 자본금</td><td>백만원</td><td></td></tr>
<tr><td colspan="4"></td></tr>
<tr><td>주사업
유형</td><td colspan="3">[ ]지역사업형 [ ]취약계층배려형 [ ]위탁사업협 [ ]기타공익증진형 [ ]혼합형
※ 주사업 유형은 사회적협동조합 및 사회적협동조합연합회만 기재함</td></tr>
<tr><td>홍보
기간</td><td colspan="4">20 . . ~ 20 . . (개월)

※ 홍보기간은 1년에 3개월을 넘지 못하며 전년도 총공급고의 100분의 5의 범위 내에서 공급 가능. 다만, 설립신고필증이나 설립인가를 받은 날로부터 1년(단위 매장의 경우 매장 개장일로부터 1년) 동안은 홍보기간을 6개월까지 가능하며 공급가액에 관계없이 공급 가능</td></tr>
</table>

위와 같이 조합원 모집을 위한 홍보를 시행하고자 신고합니다.

년 월 일

신고인(이사장 · 회장) (서명 또는 인)

○○○○시 · 도지사(○○○○ 장관) 귀하

구비서류	※ 없음

사회적협동조합의 사업내용

사회적협동조합의 주사업

- 지역사회 재생, 지역경제 활성화, 지역주민들의 권익과 복리 증진 및 그 밖에 지역사회가 당면한 문제의 해결에 기여하는 사업
- 취약계층에게 복지 · 의료 · 환경 등의 분야에서 사회서비스 또는 일자리를 제공하는 사업
- 국가 · 지방자치단체로부터 위탁받은 사업
- 기타 공익증진기여 사업

사회적협동조합의 기타 사업(소액대출과 상호부조)

- 사회적협동조합은 정관의 규정에 따라 납입출자금 총액의 한도 내에서 반드시 조합원만을 대상으로 소액대출과 상호부조를 할 수 있다.
- 다만 소액대출의 경우 납입출자금의 3분의 2를 초과해서 할 수는 없다.

사회적협동조합 서비스의 비조합원 이용

- 보건 · 의료 서비스를 사업으로 하는 사회적협동조합은 해당 서비스 총공급고의 100분의 50의 범위에서 비조합원으로 하여금 서비스를 이용하게 할 수 있다.

사회적협동조합의 조세, 부과금

- 사회적협동조합에 대해서는 국가 및 지방자치단체의 조세 외의 다른 부과금은 면제한다.

6. 사업수행 실무

1) 사업자등록 실시[15]

협동조합이 설립등기를 완료하고 나면 협동조합기본법상으로 그 법적인 실체, 즉 법인격을 부여받게 된다. 협동조합으로서, 그 조합의 비전 또는 목적달성을 위해 목적사업을 수행할 수 있게 되는 것이다. 이렇게 협동조합이 사업을 수행하기 위해서는 협동조합의 비전과 목적이 잘 반영된 사업계획 및 실행전략으로서의 사업계획서가 무엇보다도 긴요하다 할 것이다.

그런데, 실제로 사업수행을 하다 보면 수많은 거래관계가 발생하게 되고, 이를 실무적으로 처리하기 위해서는 사업자등록이 요구된다. 이 사업자등록은 해당 협동조합의 관할 세무서에 신청하면 되는데, 사업 개시일로부터 20일 이내에 구비서류를 준비하여 관할 세무서의 민원봉사실에 신청하도록 한다.

2) 사업계획서 개요

협동조합은 처음 설립단계부터 '무슨 사업을 어떻게 할 것인가?'에 대한 분명하고도 확고한 비전을 가지고 시작하지 않으면 안된다. 그러한 비전을 구체화한 것이 바로 사업계획서라고 할 수 있다. 그러면 여기서 사업계획 및 사업계획서에 대한 일반적 의의와 역할에 대한 이해부터 하고 넘

---

15 사업개시 후에 사업자등록을 하는 것이 원칙이지만, 사업개시 전이라도 사업자등록 신청이 가능하다.

어가기로 한다.

협동조합에 있어서 사업계획은 본절의 서두에서 언급한 바와 같이 조합의 비전과 목적을 구체화한 것이다. 이를테면 사업계획은 일종의 조합의 궁극적인 비전과 비전 달성을 위한 실행계획(action plan)인 셈이다. 따라서 사업계획서는 추진할 구체적인 사업내용과 세부일정계획 등을 기록해 놓은 것으로, 협동조합의 목적사업이나 공동사업에 관련된 제반 사항을 담고 있어야 한다.

어떤 조직이든지 사업계획을 작성하는 의의나 목적은 비슷하지만, 협동조합의 경우는 대략 다음과 같이 정리할 수 있다.

- 사업계획(서)은 협동조합이 나아갈 방향을 제시해 준다.
- 사업계획(서)은 협동조합의 이해관계인들에게 조합의 비전과 사업내용을 효과적으로 전달하고, 조합에 대한 이해도를 높인다.
- 조합원들을 설득하고 조합 운영과 사업수행에 적극적 협력과 참여도를 높이는 데 기여한다.

이렇게 조합의 사업계획은 협동조합의 내부운영관리를 위해 활용되는 '내적 역할', 외부이해관계인[16]의 조합에 대한 이해도를 높이고 의사결정 기준이 되는 '외적 역할'을 하는 것이다.

요약하면, 협동조합에서 사업계획서는 아주 중요하며 조합 관계자, 특히 조합 경영자와 실무자들은 사업계획서의 중요성을 인식하여 철저히 숙지하고 체계적으로 작성해야 한다.

16 조합의 외부 이해관계인은 조합운영의 외부 협조자 또는 외적 환경이라고 볼 수 있으며, 정부나 지방자치단체, 협동조합 유관단체, 금융기관, 일반이용자 등이 포함된다.

3) 사업계획서의 요건 (작성기준)

협동조합이 사업계획서를 작성할 때 특별히 정해진 기준이 있는 것은 아니다. 다만 조합을 설립할 때나 조합 운영시 사업구상을 체계적으로 분석 · 검토함에 있어서 다음 사항에 유의할 필요가 있다.

- **신뢰성**을 확보해야 한다. 협동조합의 관계자, 즉 협동조합의 내 · 외부의 누가 보더라도 신뢰할 수 있어야 한다.
- 사업계획이 **현실적**, **객관적**이어야 한다. 과도한 사업내용이나 자금계획, 조합의 외부환경을 제대로 고려하지 않은 사업계획은 실패할 가능성이 높으며, 조합의 내 · 외부로부터 참여와 협조를 끌어 내기가 어렵게 된다.
- **대안의 제시**가 포함되어야 한다. 충분한 증빙자료를 수집 · 분석하고, 조합 운영시 예상되는 문제점을 분석한 결과를 바탕으로 한 대안이 제시되어야만 설득력을 가지는 사업계획이 된다.

이와 같이 사업계획은 충분히 신뢰성, 현실성, 객관성을 확보하고 대안제시적(代案提示的)이어야 하며, 이를 바탕으로 구체성 있는 세부계획 또는 하위계획을 별도로 수립 및 작성해야 한다. 이때 유의해야 할 점은 사업계획서를 작성할 때 정관에 포함시킨 사업항목(종류)을 구체적으로, 실현 가능하도록 작성해야 한다는 것이다.

다시 말해서, 정관에도 없는 사업내용이 사업계획서에 갑자기 나타나서는 안되며, 사업계획서는 정관에 규정된 사업항목을 달성하기 위한 '계획'임을 잊어서는 안된다는 것이다. 따라서 사업계획서상의 사업내용은 정관과 일치하는 것이 바람직하며, 최소한 정관의 사업내용과 연관성은 있어야 할 것이다.

4) 사업계획서의 작성요령

일반적으로 협동조합의 사업계획서는 일반적으로 **일반현황, 사업계획의 개요, 환경분석(시장현황 등), 판매 · 구매계획, 시설계획, 조직 · 운영계획, 자금계획, 재무계획, 일정계획(실행계획)**을 포함하여 작성되어야 한다. 한편, 협동조합기본법은 동법 시행규칙에서 일반협동조합 및 사회적협동조합에 대한 사업계획서 서식을 별지서식 제4호(협동조합등 사업계획서)와 별지서식 제12호(사회적협동조합등 사업계획서)로 제시하여 놓았다. 따라서 설립신고시에는 규정서식(별지 서식)을 활용하여 작성하여야 할 것이다.

다만, 협동조합기본법 시행규칙에서 제시하는 사업계획서 서식(기본법 시행규칙 별지 제4호 및 제12호 서식)이 다소 단순하게 구성되어 있어서 협동조합이 설립신고를 제외한 다른 대외기관(예컨대, 은행 등)에 제출할 사업계획서로는 미흡하다고 볼 수 있다. 다시 말해서, 협동조합 설립신고 및 설립인가를 위해서는 협동조합기본법 시행규칙에서 제시하는 사업계획서 서식을 사용하면 별 문제는 없으나, 협동조합이 자본차입 등 자본조달을 위해 은행 등 금융기관, 신용보증기관 등에 제출하기 위해서는 좀 더 세부적으로 구체화하고, 조합의 일반현황 및 재무현황, 자금조달계획 항목 등을 추가한 사업계획서의 필요성을 느끼고 이를 참고서식으로 제시하였으므로 활용해 보기 바란다.

사업계획서 작성시 유의사항은 다음과 같다.

협동조합은 이사회, 조합실무팀 구성 등 조합의 기관 운영, 조합원 규모에 대한 계획, 자금의 조달 및 운용계획에 대해서는 보다 체계적으로 사업계획서에 반영하고, 이를 구체화시켜야 한다.

특히 협동조합은 주식회사와는 달리 조합원의 출자금과 잉여금 외에는 자금조달이 쉽지 않으므로 연도별로 출자금, 차입금 등 자금의 조달과 운영계획을 세부적으로 수립해 놓아야 한다. 이 외에도 조합관리 실무자 충원, 사무실 임차, 비품·집기 등 고정자산 구입, 기본 원자재 구입 등에 대한 자금운영계획을 항목별로 구체적으로 세워 놓아야 한다.

협동조합 사업계획서 체계

Ⅰ. 일반 현황

1. 조합의 현황

- 조합명 및 이사장 : 법인등기부등본상의 명칭을 기입
- 주사업분야 : 생산자협동조합, 소비자협동조합, 사회적협동조합 등의 협동조합의 목적사업명을 기재
- 업종 및 업태 : 사업자등록증상의 내용 기재
- 소재지 : 등기부등본상의 주사무소 소재지 주소를 기입
- 전년도 매출액 : 공인회계사의 확인이 있는 재무제표상의 금액으로 기재
- 인 · 허가/기술인증사항 : 특허, 의장, 실용신안 등 기재
- 사업영역 : 구체적으로 기재
- 주요 연혁 : 사항의 발생일자별로 표시하고, 주요 기재사항은 조합설립, 출자금 증감, 조합명칭 변경, 이사장 변경, 경영권의 양도 및 승계, 업종 변경 및 추가, 기술도입, 주요 시설 등 상훈, 기타 경영변경 내용 등을 기록

2. 이사장의 이력사항

- 학력 및 경력 : 전공은 구체적으로 명기, 학력은 주요 학력만 기재, 경력은 최종경력부터 주요한 경력을 기재
- 기타 특기사항 : 전문분야, 자격증, 상벌, 연수, 대외활동 등 기재

3. 임 · 직원 현황(상근직원)

- 성명 · 직위 · 학력 · 자격 등 기재, 주요 경력은 간략히 기술, 임용일은 현 근무처 임용일을 기재

4. 경영 및 기술관련 조합 외부의 협력 · 자문인력 현황
   - 해당 조합과 협력 · 자문인력 기재
5. 개발 및 제작, 활동 실적 및 현황
   - 이사장 및 임 · 직원의 주요 제작 및 활동 실적 기재

II. 재무현황 및 자금조달계획

1. 재무현황
   - 재무제표를 근거로 작성하되 전년도를 신청연도로 기준하여 작성하고, 설립하는 협동조합은 이전 연도 재무제표가 없으므로 가결산 형태로 작성
     - 출자금 : 출자금 현황을 기입
     - 공인회계사의 확인이 첨부된 재무상태표(대차대조표)를 기준
2. 금융거래 현황
   - 금융기관 차입금이 있는 경우는 거래은행별 기입 및 금융거래확인서 첨부
   - 신청연도를 기준으로 향후 3년간 소요자금 내역 및 산출근거 기재
4. 자금조달계획
   - 소요자금액 및 조달방법 기재 - 출자금 증액 등
5. 3개년 추정재무상태표(재무제표) 작성
   - 추진 사업과 연계하여 작성

III. 사업계획

1. 사업소개(수행사업별로 작성)
   - 사업명칭, 사업개요, 사업대상, 사업모델, 사업의 주요 내용 등
2. 사업추진계획

- 사업의 흐름(플로차트 형태로 정리)
- 추진일정 : 향후 3년간의 수행예정사업 중심으로 상세히 기술
- 사업전략 및 운영계획
- 인력충원 및 교육훈련계획, 조합 홍보계획 등
- 사업기대효과
- 핵심경쟁력 : 사업원가 등 항목별 비교우위를 정량적으로 비교 기재
- 차별화전략 : 일반기업과의 차별화 우위요소 기재

Ⅳ. 마케팅 계획

- 국내외 시장 현황 : 동종 협동조합 현황, 문제점, 향후 전망, 조합사업 관련분야의 국내외 시장규모 및 특성
- 마케팅 대상 : 해당 협동조합 사업 및 서비스의 주요 잠재적 이용자 등
- 마케팅 영역 : 온라인, 오프라인, 대중매체 등
- 마케팅 전략 : 시장세분화전략(표적마케팅), 홍보 · 광고, 촉진전략 등

4) 사업계획서와 예산서(안)

협동조합의 예산서(안)는 위에서 설명한 조합의 사업계획서를 숫자로 표시한 것이다. 다시 말해서 판매 · 구매계획, 시설계획, 조직 · 운영계획, 자금계획, 재무계획, 일정계획(실행계획)에 소요되는 자금이나 비용을 체계적으로 정리한 것이 예산서(안)인 것이다.

예산서(안)는 보통 예산총칙, 수입예산과 지출예산으로 구성된다. 예산총칙은 협동조합 사업연도나 회계연도 중의 예산서의 작성지침 및 운용기준을 정한 것이고, 수입예산과 지출예산은 조합의 세부활동을 수입과 지출부문으로 나누고 계정과목별로 구분하여 작성한다.

협동조합기본법 시행규칙은 사업계획서 외에도 수입 · 지출예산서 서식을 만들어 제시하였으므로 사업계획 수립시에 참고하도록 한다.

■ **협동조합기본법 시행규칙** [별지 제4호서식]

협동조합등 사업계획서

(제1쪽)

<table>
<tr><td rowspan="7">조직 개요</td><td colspan="2">조합명(연합회명)</td><td colspan="2">업종(표준산업분류번호)</td></tr>
<tr><td colspan="2">설립연월일</td><td colspan="2">업태</td></tr>
<tr><td colspan="2">신고번호</td><td colspan="2">사업자등록번호</td></tr>
<tr><td rowspan="3">주소</td><td>주사무소</td><td colspan="2"></td></tr>
<tr><td>제1 지사무소</td><td colspan="2"></td></tr>
<tr><td>제2 지사무소</td><td colspan="2"></td></tr>
<tr><td colspan="2">출자금</td><td>백만원</td><td></td></tr>
</table>

<table>
<tr><td rowspan="2">조직 연혁</td><td>연월일</td><td>주요내용</td></tr>
<tr><td></td><td></td></tr>
</table>

<table>
<tr><td>설립 목적</td><td></td></tr>
<tr><td>의사결정기구</td><td>[ ]조합원 총회 [ ]대의원 총회 [ ]이사회 ※ 중복 표시 가능</td></tr>
<tr><td>조직도</td><td></td></tr>
</table>

<table>
<tr><td rowspan="6">임원 현황</td><td>직위</td><td>성명</td><td>경력</td><td>직원 겸직 여부</td></tr>
<tr><td></td><td></td><td></td><td></td></tr>
<tr><td></td><td></td><td></td><td></td></tr>
<tr><td></td><td></td><td></td><td></td></tr>
<tr><td></td><td></td><td></td><td></td></tr>
<tr><td></td><td></td><td></td><td></td></tr>
</table>

<table>
<tr><td rowspan="2">조합원 현황
※ 해당유형에만 표기</td><td>생산자</td><td>소비자</td><td>직원</td><td>자원봉사자</td><td>후원자</td><td>계</td></tr>
<tr><td>명</td><td>명</td><td>명</td><td>명</td><td>명</td><td>명</td></tr>
<tr><td>직원 현황</td><td colspan="6">명</td></tr>
</table>

(제2쪽)

해당연도 사업계획	
작성방법	
해당연도 사업계획란에는 「협동조합 기본법」 제45조에 따른 사업계획을 반드시 포함하여 적어주시기 바랍니다.	

■ **협동조합기본법 시행규칙** [별지 제12호서식]

사회적협동조합등 사업계획서

(제1쪽)

조직 개요	조합명(연합회명)		업종(표준산업분류번호)
	설립 연월일		업태
	인가번호		사업자등록번호
	연합회 가입 현황(* 사회적협동조합만 작성)		
	주소	주사무소	
		제1 지사무소	
		제2 지사무소	
	출자금	백만원	
	주 사업 유형	[ ]지역사업형 [ ]취약계층배려형 [ ]위탁사업형 [ ]기타 공익증진형 [ ]혼합형	

조직 연혁	연월일	주요 내용

설립 목적	

의사결정기구	[ ]조합원 총회 [ ]대의원 총회 [ ]이사회 ※ 중복 표시 가능

조직도	

임원 현황	직위	성명	경력	직원 겸직 여부

조합원 현황 ※해당 유형에만 표기	생산자	소비자	직원	자원봉사자	후원자	계
	명	명	명	명	명	명

직원 현황							
	성별	남성	명	여성	명	계	명
	고용 형태	정규직	명	비정규직	명	계	명
	취약계층 고용	취약계층	명	비취약계층	명	계	명

해당 연도 사업계획 (* 해당 내용만 작성. 다만, 혼합형은 해당 내용을 모두 작성)

① 지역사업형 (판단기준: 사업비 / 서비스 공급 비율 중 택일)

구 분 직전연도 결산			사업비 (원)		서비스 공급 (인원/시간/회)	
			직전연도 실적	해당연도 계획	직전연도 실적	해당연도 계획
총 계 (A)						
	지역 사업	소 계(B)				
		ㅇㅇ사업				
		ㅁㅁ사업				
		...				
	기타 사업	소 계				
		ㅇㅇ사업				
		ㅁㅁ사업				
		...				
지역사업 비율(C=B/A)(%)						

② 취약계층배려형 (판단기준: 인건비 / 직원수 / 서비스 공급 비율 중 택일)

구분		인건비 (원)		직원수 (명)		서비스 공급 (인원수/시간/회)	
		직전연도 결산	해당연도 예산	직전연도 결산	해당연도 예산	직전연도 실적	해당연도 계획
총 계(A)							
	취약계층(B)						
	기타						
취약계층비율 (C=B/A)(%)							

③ 위탁사업형 (판단기준 : 사업비 비율)

구분			사업비 (원)	
			직전연도 결산	직전연도 결산
총 계(A)				
	위탁사업	소 계(B)		
		ㅇㅇ사업(위탁기관)		
		ㅁㅁ사업(위탁기관)		
		...		
	자체사업	소 계		
		ㅇㅇ사업		
		ㅁㅁ사업		
		...		
지역사업 비율(C=B/A)(%)				

④ 기타 공익증진형 (판단기준 : 사업비 / 서비스 공급 비율 중 택일)

구 분 직전연도 결산			사업비 (원)		서비스 공급 (인원/시간/회)	
			직전연도 실적	해당연도 계획	직전연도 실적	해당연도 계획
총 계 (A)						
	공익 사업	소 계(B)				
		ㅇㅇ사업				
		ㅁㅁ사업				
		…				
	기타 사업	소 계				
		ㅇㅇ사업				
		ㅁㅁ사업				
		…				
공익사업 비율(C=B/A)(%)						

⑤ 혼합형 (판단기준 : ①+②+③+④ 비율의 합계)

구 분	비 율 (%)		내용
	직전연도 실적	해당연도 계획	
① 지역사업 비율			
② 취약계층배려형 사업 비율			
③ 위탁사업 비율			
④ 기타공익증진형 사업 비율			
합 계			

3장

자본조달과 관련 문제에 대하여

그 어떤 조직이든지 사업수행이나 조직운영에 자금이 소요된다. 자금은 조직이나 기관을 움직이는 일종의 '생명수'(生命水)와도 같은 것이다. 사람에 비유한다면 우리 몸 속을 흐르는 피와 물의 기능을 한다.

자금이나 자본의 이와 같은 기능은 대표적인 일반영리기업인 주식회사를 포함하여 상법상의 회사, 민법상의 사단법인이나 재단법인, 기업에 있어서도 공기업이든 사기업이든, 본서에서 중점적으로 다루고 있는 협동조합이든 예외가 없다.

오늘날 전 세계적으로 170년 이상의 역사를 가진 협동조합들의 가장 중요한 이슈는 바로 자본조달에 관한 여러 문제라고 하지 않을 수 없다. 이러한 자본에 관한 문제는 협동조합 경영이나 운영상으로 부딪히게 되는 딜레마이자 아킬레스건으로 작용하고 있다.

협동조합의 자본조달과 관련해서 협동조합의 고유한 원칙이나 가치로 인해 자본조달과 관련해서 협동조합만의 독특한 현상이 나타나게 된다. 그것은 협동조합은 조합원이 출자한 자금 중심으로 운영해야 하고, 조합원이 탈퇴하기를 원하면 출자금을 원칙적으로 상환해 주어야 하며, 주식회사와는 달리 조합원이 자신의 출자지분을 마음대로 거래 또는 처분할 수 없고, 조합사업(제품, 서비스) 이용에 대한 배당을 한다는 것이다.

협동조합의 원칙과 가치에 충실하게 자본조달을 하다 보면 자금모집이 아무래도 어려워져서 조합의 사업수행이나 조직운영이 현실적인 한계에 직면하게 되는 경향이 높다. 다시 말해서 협동조합이 자조 · 자립이라는 본질적 원칙과 가치에 충실하게 조합원 자신들이 내는 출자금만으로는 사업수행, 조합조직 운영 나아가서는 협동조합이라는 조직의 영속적 유지와 성장을 위해 필요한 자금의 수요를 충당하지 못하는 경우가 많아진다.

그렇다고 출자금 이외의 자금조달 수단, 특히 주식회사의 주식과 유사한 자금조달 수단은 사용하기가 어렵다. 그것은 협동조합의 정체성을 흔들리게 한다. 주식은 자본의 소유와 경영의 분리를 지향하는 제도적 장치이므로, 만약 협동조합이 주식을 발행할 수 있다면 '공동으로 소유하고, 운영한다'라고 하는 협동조합의 고유한 특성을 약화시키는 것이기 때문이다.

그럼에도 불구하고 요즈음 미국의 협동조합을 중심으로 광범위하게 응용되고 있는 협동조합의 개념이 있다. 바로 '신개념협동조합'이라는 것인데, 주로 협동조합의 자금조달상의 문제와 한계를 극복하기 위한 것이다.

이는 주식회사의 자본조달, 즉 일반대중을 상대로 주식을 발행하여 필요자본을 조달하는 방식을 일부 협동조합에 도입한 것인데, 이를 신개념협동조합이라고 명칭을 붙인 것이다.

그러나 이러한 미국식 신개념협동조합은 일종의 '변종협동조합'이라고 할 수밖에 없다. 협동조합의 기본원칙과 가치에서 이탈하고 있다는 것이다. 미국뿐만 아니라 오랜 협동조합의 역사를 가진 나라들의 경우에도 자본조달상의 한계를 극복하고자 미국식 변종협동조합 형태를 취하거나 조직형태를 아예 주식회사로 전환하는 경우도 없지 않았다.

그러면 본격적으로 협동조합의 자본조달과 관련된 사항을 논의해 보기로 한다.

우선, **협동조합의 자본조달**에 관하여 보자.

협동조합은 근본적으로 조합원의 출자금에 의해 운영자본을 조달 및 축적하고, 이를 바탕으로 조합의 목적사업을 수행하고, 운영비 등에 사용한다. 근대적 협동조합의 원조라고 할 수 있는 로치데일협동조합에서 보듯이 협동조합은 조합원간 상호부조의 정신을 기본으로 하고 있다. 이러한 상호부조의 정신을 바탕으로 자조·자립하기 위해 조합원 각자가 서로 일정금액을 출자하여 자금을 만들어 조합활동에 사용하는 것이다.

다시 말해서, 조합원 모두가 공동으로 소유하는 것을 핵심가치로 하는 협동조합은 조합원이 납부하는 출자금이 사업자금 및 운영자금의 원천이 되어야 한다는 것이다. 그래서 협동조합을 '조합원소유기업'이라고 하기도 한다.

두 번째로, 협동조합의 자본은 조합원에 대한 **출자금 상환**(변제)에 의해 영향을 받는다.

협동조합은 원칙적으로 어떤 협동조합의 조합원으로 소속되어 있는 한 임의로 조합원 자신들의 출자금을 회수하거나 양도 또는 담보로 제공할 수 없다. 오로지 조합원이 조합을 탈퇴하는 경우에만 자신의 출자금 또는 출자지분을 회수할 수 있다. 그것도 우리나라 협동조합기본법상으로는 일정한 제한[17]이 있다. 이에 비해 주식회사는 주주가 자신의 가지고 있는 주식(지분)을 주식시장에서 자유롭게 처분할 수 있다.

세 번째로, 원칙적으로 조합원 마음대로 **출자지분을 거래하거나 양도할**

17 협동조합기본법상으로 사회적협동조합이 해산할 경우 부채 및 출자금을 변제하고 남은 재산(잔여 재산)이 있을 때에는 상급 사회적협동조합연합회, 유사한 목적을 수행하는 사회적협동조합에 귀속시키거나, 비영리법인·공인법인 또는 국고에 귀속시켜야 한다.

수 없다.

이것은 협동조합의 출자금 상환제도와 연계되어 있다. 즉 협동조합의 조합원은 조합을 탈퇴할 때 외에는 지분을 회수할 수 없을 뿐만 아니라, 현실적으로도 주식회사의 주식시장과 같은 제도적 시장기구가 실질적으로 없다. 출자지분을 팔거나 살 수 있는 시장이 없다는 것이다. 이 점이 대표적 영리기업인 주식회사와 크게 다른 점이다. 주식회사는 주주의 권리인 주권을 거래하는 시장이 합법적으로, 명시적으로 존재한다.

이렇게 협동조합 조합원의 출자지분의 거래 및 양도를 제한 또는 금지하는 것은 협동조합의 출자금의 성격상 조합의 사업추진과 조직운영 과정에서 나타날 수 있는 리스크에 대한 위험의 공동분담적 특성이 강하기 때문이다.

네 번째로, 협동조합은 조합원의 조합사업의 이용액에 비례하여 **배당(이용고배당)**을 하기도 한다.

협동조합은 출자금 배당을 하는 것이 보통이다. 이 점은 주식회사의 자본배당과 큰 차이가 없다고 볼 수도 있다. 다만, 협동조합이 출자금 배당을 하는 것은 협동조합 자본의 안정성 측면에서 보면 배당을 하는 것이 그리 바람직하지만은 않다. 협동조합은 주식회사의 주주처럼 주식거래 등에 투자이익이나 자본적 거래이익을 추구하지 아니하기 때문이다.

그것보다는 조합원들이 자신들이 낸 출자금으로 사업을 수행하고, 그 사업결과물을 이용함으로써 발생하는 이익이나 잉여금을 바탕으로 하는 이용고배당을 하는 것이 원칙이다. 우리나라의 협동조합기본법에서는 출자금 및 잉여금배당에 관하여 자세히 규정하고 있으며, 이와 아울러 잉여금의 상당부분을 적립하도록 하고 있다.

이와 관련해서, 일반기업이 자신들의 제품을 많이 이용했다고 해서 이른바 '배당'을 하는 기업은 없다고 해도 과언이 아닐 것이다. 일반 기업에서

마케팅 차원에서 포인트 적립 등 우대제도를 시행하기는 하지만, 이는 협동조합의 이용고배당과는 근본적으로 다른 것이다.

1. 협동조합의 자본조달 제도

협동조합을 처음 설립할 때는 자금이나 자본이 당장 큰 걸림돌이 되는 일은 드물다. 협동조합은 최저출자금에 대한 제한이 없을 뿐만 아니라 최소 1좌 이상만 출자하면 조합원이 될 수 있기 때문이다.

그러나 협동조합도 조직이고, 조직으로서 운영도 하고 사업도 수행해야 한다. 그러기 위해서는 자본, 즉 자금이 충분히 있어야 한다. 그러한 운영 및 사업자금은 주로 출자금을 통한 자본조달이 원칙이다. 즉 협동조합의 자본은 근본적으로 조합원으로부터 나와야 한다. 조합을 처음 설립할 때 뿐만 아니라, 조합의 운영과정에 있어서도 마찬가지다. 이것이 자조·자립하는 협동조합의 가치나 원칙에도 더 잘 어울린다고 하겠다.

그러나 실제로 조합을 운영하다 보면 조합원이 낸 출자금만으로는 자금부족으로 제대로 조합운영이나 사업수행을 할 수 없는 경우가 발생하기도 한다. 따라서 협동조합은 때로는 외부 금융기관 등에서 차입을 하기도 하는데, 이는 협동조합의 경영여건상 차입이 쉽지 않을 뿐만 아니라, 차입에 의존하는 협동조합의 경영이 정상적으로 이루어질 리 없다고 보겠다.

여하튼 협동조합이 운영되려면 자본이 있어야 하고, 이에 따라 여러 가지 방식으로 자본은 조달되어야 하며, 궁극적으로 자본의 충실화가 이루어져야 한다.

아래에서 협동조합이 자본조달을 위해 이용할 수 있는 수단 내지 방법에 대해서 차례로 알아보기로 한다.

협동조합의 자본조달 수단에는 크게 **'원칙적'(제도적) 자본조달**과 **부수적(변칙적) 자본조달**이라는 두 가지가 있다. 원칙적 자본조달의 경우는 협동조합 고유의, 즉 협동조합의 고유적 특성에서 나오는 자본조달 방법이라고 할 수 있다.

한편 '부수적'(변칙적) 자본조달 수단은 협동조합의 고유적 자본조달 방식은 아니지만, 협동조합도 사업수행의 한 방식인 이상 사용할 수 있는 자본조달 수단을 말한다.

그러나 이러한 부수적 자본조달 수단은 협동조합이 일부 도입할 수는 있을 것이지만, 과도하게 사용하거나 하면 협동조합의 고유의 가치와 원칙을 훼손할 수도 있으므로, 그 사용에 있어서 주의하여야 한다는 점에서 변칙적 자본조달이라고 하기도 하는 것이다.

1) 원칙적(제도적) 수단

① 출자금

출자금은 조합의 설립동의자 또는 조합가입 희망자로서, 즉 그 조합의 조합원이 되기 위해 납입하는 금액을 의미한다. 조합원들은 이 출자금을 기반으로 자신이 가입하고자 하는 협동조합의 조합원 자격을 획득하게 되며, 1인 1표제의 민주적 의사결정원칙에 의거해서 조합의 운영이나 사업에 대한 의사결정에 참여할 수 있게 된다. 이 출자금에는 현금출자뿐만 아니라 현물출자도 가능하다. 다만, 현물출자를 할 경우 미리 정관으로 현물출자에 관한 사항을 규정해 놓아야 한다.

그러나 현금출자이건, 현물출자이건 조합원이 무제한 출자할 수 있는 것은 아니다. 우리나라 협동조합기본법은 1인당 출자한도를 제한하고 있다. 조합원 1인의 출자좌수 한도는 총 출자좌수의 100분의 30이다(협동조합기본법 제22조 제2항).

이렇게 협동조합의 기본적 자본조달 수단인 출자금에 대해서는 법적으로 엄격한 보호조치를 취하고 있는 것이다. 조합원이 납입한 출자금은 질권의 목적이 될 수 없을 뿐만 아니라(협동조합기본법 제22조 제3항 및 제55조), 협동조합에 대한 채권과 상계하지 못한다(협동조합기본법 제22조 제4항).

② 적립금 (잉여금 적립)

적립금이란 협동조합의 활동, 즉 조합의 운영이나 사업수행의 결과물인 잉여금을 조합원에게 전부 배당하지 않고 조합의 미래를 위해 일정 부분을 유보하는 것을 말한다.

협동조합기본법에서는 제50조~제51조, 제97조~제98조에서 각각 일반협동조합 및 사회적협동조합의 적립금에 대해 규정한다. 즉 협동조합기본법은 잉여금 적립에 대해 일반협동조합과 사회적협동조합에 대해 두 유형의 조합의 특성상 다소 다르게 규정하고 있다.

일반협동조합은 매년 발생한 잉여금을 자기자본의 3배가 될 때까지 그 해 잉여금의 100분의 10 이상을 법정적립금으로서 적립하도록 하고 있다. 이 법정적립금을 조합의 손실 보전에 충당하거나 해산하는 경우 외에는 처분할 수 없다. 조합의 손실 보전 또는 충당은 임의로 할 수 없고 협동조합기본법에서 정하고 있는 방법에 따라야 한다.

실무적으로는, 조합은 매 회계연도의 결산 결과 손실금(당기손실금을 말한다)이 발생하면 미처분이월금, 임의적립금, 법정적립금 순으로 이를 보전하고, 보전 후에도 부족이 있을 때에는 이를 다음 회계연도에 이월한다.

또한 조합은 미래의 사업준비금 차원에서 임의적립금을 적립할 수도 있다. 다만 임의적립금을 적립하기 위해서는 미리 정관으로 임의적립금에 관한 사항을 정해 놓아야 한다. 한편 일단 조합원에게 배당된 금액을 조합에 재출자하는 경우도 있다. 이 방법은 조합원이 별다른 자금부담 없이도 조합의 자본증가에 기여할 수 있다는 점에서 의의가 있다.

이러한 잉여금의 배당에 있어서 협동조합기본법에서는 조합의 자본충실을 확보하기 위한 조치를 규정해 놓고 있다. 협동조합사업 이용실적에 대한 배당(이용고배당)은 전체 배당액의 100분의 50 이상이어야 하고, 납입출자액에 대한 배당은 납입 출자금의 100분의 10을 초과할 수 없도록 하고 있다.

2) 부수적(변칙적) 수단

이렇게 협동조합이 외부로부터 자본이나 자금을 조달하는 방식에는 금융기관으로부터의 차입, 조합원으로부터 받은 예수금, 기타 정부나 지방자치단체로부터 받는 사업보조금 또는 조합활동 보조금, 사회단체 등으로부터의 기부금 등이 있다.

① 차입금

협동조합이 그 운영이나 사업수행에 있어서 출자금이나 잉여금 적립만으로는 자금이 부족한 경우가 있음은 위에서 말한 바와 같다. 협동조합의 자금조달에 있어서 차입금은 일종의 대안적(代案的) 자금조달 수단이다.

다만 차입금은 언젠가는 상환해야 할 부채이므로 협동조합이 은행 등으로부터 차입을 할 때는 신용능력이나 상환능력을 심사받게 되는데 주식회사 등 일반기업에 비해 불리한 경우가 많다.

그리고 조합이 차입을 할 수 있다고 해도 조합의 사업계획과 상환능력을 고려하여 차입시기나 차입금 규모를 신중히 결정해야 한다.

② 예수금

예수금은 보통 일반금융기관이 고객으로부터 받는 예금이나 기타 금전을 의미한다. 현재 우리나라 농업협동조합(농협)의 예를 보면 협동조합의 예수금을 이해할 수 있을 것이다. 농협의 신용사업은 농협 본연의 활동에 필요한 자금을 조달한다는 명분으로 일반시민으로부터 예금을 받고 있다.

한편 협동조합기본법은 원칙적으로 협동조합이 이러한 예수금을 받을 수 있는 금융업을 할 수 없도록 제한하고 있다. 따라서 협동조합에서 예수금은 일반적인 자금조달 수단이 될 수는 없다.

3) 기타 조달수단

위에서 살펴본 출자금, 적립금, 차입금, 예수금 외에도 협동조합, 특히 사회적협동조합은 정부나 공공단체의 보조금과 기부금 등을 활용할 수 있을 것이다. 우리나라의 경우 협동조합기본법은 협동조합에 대한 정부나 지방자치단체에 대한 지원을 선언적으로만 규정하고 있을 뿐이고, 자금지원 등에 대해서는 협동조합기본법 제10조 제2항에서, 협동조합의 사업에 필요한 자금을 지원할 수 있다고만 해 놓고 있다.

협동조합은 원칙적으로 조합원의 출자금이나 사업수행의 결과물인 잉여금, 적립금이 자본금의 중심을 이루게 된다. 그런데 어떤 협동조합의 조합원 변동, 즉 가입과 탈퇴가 빈번하다면 아무래도 그 조합은 자본금 또는 출자금 총액이나 지분의 변동이 심해진다. 그렇게 되면 안정적인 조합 활동이나 사업을 수행하는 데 지장을 받게 된다. 따라서 안정적인 조합원 수의 유지와 증대로 인한 조합 전체의 안정적인 자본금 확보는 조합의 운영이나 사업을 위해 필수적이다.

따라서 지금부터는 협동조합이 자본조달에서 상대적으로 불리한 점을 어느 정도 극복할 수 있는 방안, 즉 대안적 자금조달 수단을 찾아보기로 한다. 조합원 추가출자액 할당, 조합자본금 수시적립제도 도입 등, 대략 6가지 형태로 정리해 볼 수 있을 것이다.

다만, 이 절에서 제시하는 방법들은 다소 변칙적인 요소가 있어서 협동조합의 정체성과 관련되므로 그 도입이나 시행은 신중을 기해야 할 것이다. 뿐만 아니라, 이러한 대안적인 자금조달 방법들은 강제성을 띠고 있거나 변칙성이 있으므로 협동조합기본법 등 관련법령에 위배되는지 여부를 검토하도록 한다. 또한, 조합원들에 대해서 충분히 설득하고, 동의를 구해야 할 것이다.

1 조합원 추가출자액 할당

이 방법은 조합의 소요자본 규모를 사전에 정하고, 조합원이 추가로 부담해야 할 출자액을 할당하는 방법이다. 이 방법은 미리 계획된 사업계획에 따른 중장기 자본조달계획에 의한 것으로서, 조합자금의 안정적인 조달을 도모할 수 있다는 장점이 있다. 다만, 이 방법은 처음 조합을 설립하는 단계에서는 사용하기가 어렵다는 단점이 있다.

② 조합 자본금 수시적립

이 방법은 조합원이 조합의 사업, 즉 제품이나 서비스를 구매 또는 이용할 때마다 일정 금액이나 구매 또는 이용액의 일정 비율을 출자금으로 납입하게 하는 것이다. 다만, 출자금이 당초 적립목표액을 초과하면 일부 출자금은 도로 상환할 수도 있다.

③ 우선출자제도,[18] 회전출자제도

이 두 가지 제도는 협동조합의 경영정상화와 자본충실화를 위해 종전의 개별법상 협동조합에서 도입했던 제도들이다.

'우선출자제도'는 일반 출자지분배당보다 우대조건으로 외부 투자자를 조합원으로 유치하는 것을 내용으로 하는 증권이다. 이 방법은 조합원 평등원칙에 어긋날 수도 있어 도입에 있어 매우 신중해야 한다. 미국의 일부 협동조합에서도 이와 유사한 제도를 도입하고 있다.

한편, '회전출자제도'는 생산자협동조합 등에서 출하한 생산물에 대한 대금(출하대금)을 정산할 때 일정 비율의 금액을 공제 · 적립하여 조합의 운전자금이나 사업자금 등으로 사용하고 나서 일정 기간 후에 해당 조합원에게 상환하는 것을 말한다.

18 '우선출자제도'는 원래 정부가 부실화한 농 · 수 · 축협에 자금투입 방안으로 도입키로 했던 제도로서, 주식회사가 자금조달을 위해 발행하는 '우선주' 와 같은 제도이다. 우선주는 의결권이 있는 보통주에 비해 결산 때 이익 배당에서 우대하는 주식을 말한다. 반면 우선주주는 의결권이 없기 때문에 기업경영에는 참여할 수는 없다. 따라서 정부가 산하기관 등을 이용해, 농 · 수 · 축협에 우선출자 하더라도 경영권을 확보하지 못하는 것이 원칙이다.

④ 조합출자금 상환 유예제도

이 방법은 협동조합이 조합의 안정적 운영과 사업수행을 위해 조합원의 사전 합의로 출자금이 일정 수준이 될 때까지 출자금 상환을 유예하는 제도를 만들어 시행하는 것이다.

물론 출자목표액을 초과달성한 후에는 초과된 출자금에 한해서 출자한 순서 등 일정한 규칙을 정해서 해당 조합원에게 상환하면 된다.

⑤ 준(準)조합원제도의 운영

'준조합원'이란 해당 협동조합의 사업이나 활동지역에 주소나 거소(居所)가 있는 일반인을 대상으로 그 조합의 사업 또는 서비스 이용권을 부여하는 것을 말한다. 이러한 권리를 부여하는 대가로 준조합원에 대해 일정한 액수의 가입금이나 경비를 받는 제도이다.

다만, 이렇게 준조합원 제도를 운영하기 위해서는 해당 조합의 정관으로 미리 준조합원제도를 시행할 수 있도록 규정하거나 전체 조합원의 동의를 얻도록 한다.

⑥ 변형적 증권발행

이 방법은 주식회사의 주식과 관련된 제도를 일부 모방하여 사용하는 것으로, 조합이 보증하는 형태로 증권을 발행하여 자본을 조달하는 것을 말한다. 다시 말해서 해당 조합이 조합원을 대상으로 투자형식의 증권을 발행하고 이에 상당한 이익을 일종의 '투자이익' 형태로 조합원에게 제공하는 것이다.

그러나 이 제도는 조합원 전체의 동의가 필요하기도 하지만, 자칫하면 협동조합의 가치와 원칙, 즉 조합의 정체성을 훼손하는 결과를 초래할 수도 있다. 그 이유는 이렇게 투자형식으로 증권을 발행했을 경우에는 조합 가입이나 탈퇴시에 일반 조합원에 비해 우대적인 조건을 제시하여야 하기 때문이다.

따라서 다음의 두 가지 증권형태의 자금조달은 협동조합이 일반적으로 사용하기에는 무리가 있음에도 불구하고 미국 등의 협동조합에서 일부 사용되기도 하므로 소개해 본다.

| 자본증권 발행 | 뉴질랜드의 상환가능우선주, 네덜란드 협동조합의 참여증권 제도와 같이 조합원이 아닌 일반인의 여유자금을 유치하기 위한 것으로, 고정이자와 같은 약정된 이자 외에 사업수익에 비례해서 추가로 일정 이자를 추가로 지급해 주는 방식이다. 다만 이러한 자본조달 방안은 미국의 신개념협동조합처럼 '변종협동조합'이라는 비판을 받을 가능성이 있다.

| 출자증권 판매 | 협동조합이 조합원들에게 조합출자금이나 추가출자금 외에 특별출연금 형식으로 출자증권을 판매하는 방식이다.

이는 1차산업분야 생산자협동조합의 경우 생산품 출하량에 비례하여 일정액의 증권을 구입하게 하는 것이다. 증권보유 조합원에게는 소유지분에 대한 별도 출자배당은 하지 않고, 조합 탈퇴시점에서 현재가치로 지분을 재평가하여 상환해 주게 된다.

2. 협동조합 자본조달의 문제점 및 한계

우리는 앞에서 협동조합의 출자금에 대해서 살펴보았다.

협동조합도 일정한 목적달성을 위해 필요한 자본이나 자금을 필요로 하고, 그 부족한 부분에 대해서는 조달하거나 보충해야 한다는 것도 이해가 되었다.

그러면 협동조합이 자본조달 과정에서 부딪히게 되는 문제들에 효과적으로 대처하기 위해서는 협동조합의 자본조달에 있어서 한계점, 즉 제도적이거나 원천적인 한계 내지는 제약요인에 대하여 알아볼 필요가 있을 것이다.

협동조합이 여러 가지 장점이 많은 제도이기는 하지만, 자본조달에 있어서만큼은 주식회사 등 다른 유형의 조직형태에 비해 불리하거나 원천적인 제약을 가지고 있다. 그러한 자본조달상의 불리나 제약사항은 주로 협동조합의 특성에서 기인하는 것이 대분분이다.

예컨대 주식회사와 같은 자본거래, 즉 주식거래시장이 허용된 것도 아니고, 조합원의 복지향상을 위한 잉여금 배당문제, 조합의 민주적 운영을 위한 1인 1표제(조합원 개개인의 출자좌수에도 불구하고) 등 협동조합의 장점이 자본조달에 있어서만큼은 오히려 불리한 요소로 작용하는 것이다. 조합원간 무임승차의 부작용도 있다.

위에서 언급한 바를 기초로 협동조합의 자본조달상의 불리한 점이나 애로사항을 요약하면, 자본조달 방법상의 제한, 이익의 내부유보상의 한계, '무임승차'의 문제 등 세 가지가 대표적이다. 이 외에도 조합원 출자금의 상환 가능성과 기간의 문제, 조합 보유자산의 포트폴리오상의 문제도 간단히 살펴보기로 한다.

1) 자본조달 방법의 제한

협동조합은 원칙적으로 조합원이 자조적(自助的)으로 자본이나 자금을 조달하거나 확충해야 한다. 이에 비해 주식회사는 협동조합보다 자본조달 방법에서 훨씬 자유롭고 광범위하다고 할 수 있다. 주식회사는 주식시장을 통해 신주발행이나 주식거래 등을 통해 신규투자금을 비교적 쉽게 조달할 수 있다.

다음으로 협동조합의 '1인 1표제'를 근간으로 하는 민주적 의사결정 방식은 자본조달에 있어서만큼은 조합원들의 추가 출자를 하고 싶은 동기부여요인이 되지 못할 수도 있다.

또한, 협동조합기본법은 조합원 1인의 출자좌수가 조합의 총출자좌수의 30%를 넘지 못하게 할 뿐만 아니라, 어떤 조합원이 29%의 출자좌수를 보유하고 있다고 하더라도 이 조합원은 1%의 출자좌수를 보유한 조합원과 의결권행사상의 투표권은 각 1인 1표이다. 주식회사에서는 29% 지분보유 주주와 1% 보유 주주의 의결권은 차이가 크다. 뿐만 아니라 주식회사의 주주는 의결권을 확대하고 싶으면 주식시장에서 주식을 추가매입하면 된다. 자금여력만 있다면 그렇다는 것이다.

적어도 자금조달에 있어서만큼은 협동조합이 주식회사에 비해서는 불리할 수밖에 없는 요소가 분명하다. 역설적으로, 자금조달에 있어서 불리하기 때문에 더더욱 협동조합이 필요할지도 모를 일이다. 다음 장에서 언급하겠지만 이러한 불리한 점을 극복하려면 인적 결합체로서의 협동조합의 장점을 발휘하는 수밖에 없다.

2) 잉여금의 내부유보의 한계

앞서 살펴보았듯이 협동조합은 잉여금을 조합 내부에 유보하여 조합이 필요로 하는 자본의 일부를 조달할 수 있다.

그러나 조합에 따라서는 조합원들이 내부 적립보다는 협동조합기본법이 허용하는 한도 내에서 최대한 배당을 요구할 수도 있는 것이다. 조합의 경영진으로서는 조합원들의 조합 탈퇴나 다른 이유에 의한 반발 때문에 이러한 배당요구나 배당압력을 무시할 수는 없을 것이다.

3) 부당이익의 문제

조합의 민주적 운영이 조합의 중요한 이념이기는 하지만 각 조합원의 조합에 대한 기여도는 서로 다를 수밖에 없다. 그래서 1인 1표제와 같은 협동조합의 민주적 제도는 이른바 '부당이익' 또는 무임승차(free-rider)의 문제를 발생시킨다. 협동조합의 이러한 부당이익의 문제는 조합과 관련해 두 방향에서 발생하는데, 그 규모가 크거나 하면 조합의 운영이나 존립에 악영향을 주게 되므로 조합의 운영시 유의해야 할 문제가 아닐 수 없다.

① 제도적 부당이익의 문제

이 문제는 바로 협동조합의 조합원 1인 1표제라는 의결권행사 제도 때문에 발생한다. 다시 말해서, 조합원간의 보유출자좌수의 차이와 조합원이 되는 시기, 즉 선후(先後)의 차이라는 두 가지 때문에 조합원간 부당이익의 문제가 발생하는 것이다.

우선, 조합원간 출자좌수의 차이에서 발생하는 부당이익의 문제를 보자. 상대적으로 많은 금액을 출자한 조합원의 입장에서는 보다 적은 금액을 출자한 조합원은 일종의 '부당이익'을 얻게 되는 것을 말한다.

한편 조합원들 간에 조합원이 되는 선후(先後)와 관련해서도 부당이익의 문제가 발생할 수 있다. 처음 협동조합을 설립할 때 참여한 발기인 조합원과 최근에 가입한 조합원의 조합에 대한 기여도가 같을 수는 없는 것이다. 물론 새로 조합원이 가입하면 조합활동이 보다 활성화될 수 있는 등 좋은 점도 있지만, 새로 가입한 조합원은 조합에 대한 기여도가 상대적으로 높은 기존의 조합원의 지분을 감소시키는 의외의 결과를 초래할 수도 있는 것이다. 이는 일종의 '물타기'가 아닐 수 없다.

또한 신규조합원은 조합의 사업활동에 대한 이용고배당이나 조합 탈퇴시 기존 조합원과 동일 기준으로 산출된 지분환급청구권을 가지게 된다. 협동조합을 포함하여 어떤 조직이든지 이러한 부당이익의 문제는 조직의 단결과 효율성을 떨어뜨리는 요인이 된다.

② 외부요인 부당이익의 문제

이는 협동조합 사업 또는 서비스에 대한 조합 외부인, 즉 일반인의 이용 허용과 관련해서 발생하는 문제이다. 협동조합이 원칙적으로 조합원의 이익과 복리향상이 주요 목표이기는 하지만, 협동조합이 조합원만으로 설립되고 운영되는 것은 오히려 예외적일 것이다.

아주 소규모로 운영되는 협동조합이라면 몰라도 대부분의 협동조합은 협동조합기본법상의 최소발기인수 5인을 초과하는 규모로 설립되고 운영될 것이라는 것이다.

협동조합기본법에서도 제46조 및 제 95조에서 비조합원, 즉 외부 일반인의 사업이용에 대해 규정하고 있다.

특히 의료부문의 사회적협동조합의 경우 조합사업의 이용을 일반 외부인에게 개방할 수밖에 없을 것이다. 그럼에도 불구하고 이러한 외부요인 부당이익의 문제는 기존 조합원의 입장에서 보면 상대적 손해라고 볼 수 있는 여지도 있다.

> 예를 들어, 가을 김장철을 맞이하여 고랭지배추 가격이 폭등하고 있는데도 '한살림' 같은 생협이 배추산지와 공급계약을 맺어 조합원에게 시가보다 저렴하게 공급하면서 일부 물량을 그 조합의 지역주민에게도 공급한다고 할 때 조합에 기여도가 거의 없다고 할 수 있는 외부인으로서 지역주민은 일종의 '부당이익(?)'을 얻게 되는 것이다.

다만, 세계협동조합연맹(ICA)의 협동조합 7원칙에도 협동조합의 지역사회에 대한 기여를 포함하고 있듯이, 조합이용 차원에서의 무임승차의 문제는 지역사회에 기여를 한다는 차원에서 대승적으로 이해해야 할 것이다.

4) 출자금의 상환(회수) 및 기간의 문제

협동조합의 출자금은 조합원이 임의로 회수하거나 제3자에게 임의로 양도할 수 없다. 즉 조합원간의 지분거래가 불가능하며, 또 지분을 거래할 제도적 시장도 없다. 다만, 총회의 의결을 받으면 예외적으로 조합원지위의 양도가 가능하다.

출자금은 조합원이 조합을 탈퇴한다든가 하는 조합원 자격상실 요건이 발생한 경우에만 상환 또는 회수가 가능하게 되어 있다. 그러나 협동조합기본법에서는 사회적협동조합은 조합원이 탈퇴를 하더라도 일정한 예외적인 조치를 취하고 있다.

이 문제는 이익추구를 주목적으로 하는 주식회사와 협동조합의 본질적 차이 때문에 발생한다. 조합을 탈퇴하는 극단적 방법 외에는 출자금과 잉여금에 대한 지분을 회수할 수 없다면 일반적으로 조합에 대한 추가출자에 대한 동기부여가 되기는 어려울 것이다.

일부 조합원들은 일반 외부인들에게 조합사업이나 조합서비스를 과도하게 개방한다는 불만을 가질 수 있고, 이 경우 조합원들은 추가출자나 내부유보보다는 직접 배당을 요구하는 경향이 증가할 수 있기 때문이다. 협동조합에서 이러한 외부 무임승차가 협동조합의 자본건전성에 좋지 않은 영향을 줄 수도 있다.

5) 조합원 자산조합(portpolio)상의 문제

이 문제도 협동조합의 자본조달상의 문제를 일으키는 다른 요인들과 마찬가지로 협동조합의 본질적인 특성 때문에 발생하는 문제이다. 다시 말해서 조합원들이 자신의 출자금, 잉여금 적립, 내부유보하여 재출자한 배당금 등에 대한 지분의 처분 또는 거래시장이 없어서 자신의 지분을 매각 · 양도할 수 없는 것이다.

이것은 협동조합이 그 조합의 경영상황이나 환경변화에 시의적절하게 대응하는데 한계가 있음을 의미한다. 협동조합의 특성상 조합사업이나 활동이 부진하거나 조합원 자신의 지분이 감소하더라도 탈퇴 외에는 손실을 막을 방법이 거의 없다는 것이다. 반면에 주식회사의 주주는 자신이 보유한 주식을 발행한 회사가 손실악화의 징후를 보이면 그 주식을 매도함으로써 손실을 막거나 줄일 수 있다.

이상으로 이 장에서 협동조합에 있어서 일반적인 자본조달 원칙, 자본조달제도(방법), 문제점 및 제약요인 등에 대해 살펴보았다. 역시 협동조합은 자본조달에 있어서 제약요인이 많고, 지켜야 할 원칙이나 기준(제도)도 까다롭다.

3. 협동조합의 자본조달 순서

협동조합기본법에서 규정(제22조)하고 있듯이 조합원은 정관이 정하는 바에 따라 1좌 이상을 출자하여야 한다. 이것은 협동조합의 자본은 조합원의 출자금에서부터 '시작'하여야 하는 대전제(大前提) 또는 대원칙을 선언하고 있음을 의미한다.

협동조합의 자본은 조합원으로부터 나와야 한다는 대원칙은 불변이어야 한다는 것이다. 그 다음으로는 내부차입으로서 조합원으로부터 차입하는 방법, 다른 협동조합을 통한 조달이 바람직하다. 일종의 협동조합간 연대이다. 정부나 지방자치단체의 직접적 자금지원이나 은행권 등 금융권 차입을 통한 자본조달은 제한적으로 사용할 수는 있을 것이나, 협동조합의 자율성 · 자주성이 저해될 뿐만 아니라 협동조합의 정체성에 심각한 훼손이 우려되므로 바람직하지 않은 것이다.

요약하면, 협동조합은 조합원의 적극적 출자에 의한 자금조달이 최우선이고(최초 출자와 추가 출자) 외부차입(금융기관 등)은 불가피한 경우에만 사용하는 것이 바람직하다. 그리고 정부지원이나 기부금 등에 너무 의지하는 것은 바람직하지 못한 것이다.

4장

운영, 회계관리, 잉여금처리에 관하여

1. 협동조합의 운영 및 공개

협동조합기본법은 협동조합 운영의 공개에 관하여 제49조와 동법 시행령 제10조 및 시행규칙 제6조에서 협동조합의 운영의 공개에 관하여 규정하고 있다.

협동조합은 조합의 정관 · 규약 · 규정, 총회 · 이사회 의사록, 회계장부 및 조합원 명부를 '주된 사무소'에 비치하여 조합에 대한 이해관계자들이 조합의 현황에 대하여 자료수집이나 정보취득이 가능하도록 하여야 한다. 그러므로 협동조합은 원칙적으로 결산 결과의 공고 등 운영사항을 적극 공개하고, 정관 · 규약 · 규정, 총회 · 이사회 의사록, 회계장부 및 조합원 명부를 주된 사무소에 비치하여야 한다.

특히 협동조합기본법(제49조 제4항)과 동법 시행령(제10조)은 일정 규모 이상의 협동조합은 아래 두 가지 조건 중 어느 하나라도 해당되면 설립신고를 한 특별시 · 광역시 · 특별자치시 · 도 · 특별자치도 또는 협동조합연합회의 홈페이지에 매 회계연도의 결산일로부터 3개월 이내에 주요 경영공시자료를 의무적으로 게재하도록 하고 있다.

- 조합원수가 200인 이상인 협동조합
- 자기자본이 30억 원 이상인 협동조합[19]

다시 말해서, 실무적으로 기본법 시행규칙(제6조)에 규정한 바와 같이 모든 협동조합은 결산일로부터 3개월 이내에 정관(정관 변경도 포함), 사업계획서, 결산서, 조합원 · 직원 등에 대한 교육 · 홍보 실적, 총회 · 대의원총회 · 이사회 활동 상황 등 조합원 활동, 그 밖에 협동조합에 관하여 기획재정부 장관이 정하는 사항을 공시하여야 한다.

이때 사회적협동조합은 위의 기본공시서류 외에 수지예산서 · 사업결과보고서, 정관 · 운영규약 · 운영규정, 소액대출 및 상호부조 사업현황, 기획재정부 장관의 감독사항 및 그 조치 결과, 그 밖에 기획재정부 장관이 정하는 사항을 추가로 공시하여야 한다.

이와 아울러 협동조합 및 사회적협동조합은 협동조합에 관하여 공시된 사항이나 서류에 대한 열람이나 복사를 요구하는 자(협동조합의 채권자, 조합원 등)에게 열람하게 하거나 그 사본이나 복제물을 만들어 주어야 한다. 다만, 이에 소요되는 비용은 실비의 범위 안에서 청구인의 부담으로 한다.

이렇게 협동조합기본법에서 협동조합의 운영을 공개하도록 명시한 것은 조합이 대내외적으로 투명하게 운영되고 또한 그 운영결과가 적절한

19 조합 정기총회의 승인을 받은 최근 결산보고서(사업보고서, 대차대조표, 손익계산서, 잉여금처분안 또는 손실금처리안 등)의 자본금을 기준으로 한다(협동조합기본법 시행령 제10조). 협동조합은 정기총회일 7일 전까지 결산보고서를 감사에게 제출하고, 결산보고서에 대한 감사의 의견서와 함께 정기총회에 제출하여 승인을 받아야 한다. 즉 직전 사업연도의 결산보고서상의 자기자본을 말한다.

수단에 의해 공개되지 않으면 대내외적으로 협조를 얻을 수 없기 때문이다. 다시 말해서, 협동조합은 대내적으로는 조합원이 중심이 되어 운영되고 조합원의 협력이 조합운영의 기본동력(動力)이 되는 한편으로 대외적으로는 지역사회 구성원 등 협동조합의 이해관계자들의 지원과 참여를 확보하기 위해서는 조합의 운영과 공개는 투명하고 적절하게 이루어져야 하는 것이다.

2. 수익처분 (잉여금처리)

협동조합은 조합의 수익을 주로 조합원의 복지나 이윤배당 또는 적립에 사용하여야 한다. 이것은 협동조합의 목적 자체가 '수익'이 아닌 '조합원'에 있기 때문이다. 다시 말해서 협동조합의 운영수익은 조합원을 위한 혜택과 복지, 이윤배당으로 수익처분이 이루어져야 한다는 것이다. 다만, 협동조합도 조합원의 의견에 따라 주식회사와 같은 일반 영리법인처럼 사업확대를 할 수 있으나, 이때에도 조합원들의 민주적인 의견수렴 절차에 따라서 실행이 가능하다.

실무적으로 협동조합은 매년 회계연도의 결산 결과 손실금(당기손실금)이 발생하면 미처분이월금, 임의적립금, 법정적립금의 순으로 이를 보전하고, 보전 후에도 부족이 있을 때에는 이를 다음 회계연도에 이월처리하도록 한다. 협동조합은 이러한 손실금을 보전하고 법정적립금 및 임의적립금(사업준비금 등) 등을 적립한 다음 잔여잉여금으로 정관으로 정하는 바에 따라 조합원에게 잉여금을 배당할 수 있다.

한편, 사회적협동조합은 매 회계연도의 결산 결과에 따른 손실금(당기

손실금) 보전 및 법정적립금 적립 후 발생하는 잉여금은 조합원에게 배당해서는 안 되며, 임의적립금으로 재적립하여야 한다.

잉여금, 적립금, 배당금

- 협동조합의 잉여금 적립규모 및 한도
  협동조합은 회계연도마다 결산의 결과인 잉여금을 자기자본의 3배가 될 때까지 잉여금의 100분의 10 이상을 적립하여야 한다. 다만 사회적협동조합은 적립비율이 100분의 30이다.
- 협동조합 잉여금의 배당
  이용실적에 대한 배당과 납입출자액에 대한 배당으로 구분된다. 이러한 잉여금배당은 '이용실적'배당이 전체 배당의 50%를 초과하여야 하며, '납입출자액'에 대한 배당은 납입출자금의 10%를 초과할 수 없다. 다만 사회적협동조합은 잉여금을 임의적립금으로 적립하고 조합원에 대한 배당은 할 수 없다.

3. 회계관리에 관하여

일반적으로 회계관리라는 것은 조직체의 운영과 사업활동에 따른 자금의 이동, 즉 수입과 지출에 따른 자료와 정보를 수집 · 분석 · 처리하는 과정을 말한다.

즉, 협동조합에서 회계(Accounting)란 '일정 기간 동안 조합 경영활동의 성과와 재무상태를 숫자(금액)로 측정하고 기록하는 것'을 말한다. 그 어떤 조직이든지 이러한 회계관리 활동은 필수적이다.

협동조합의 운영은 최종적으로는 회계자료로 정리되게 마련이다. 즉 재무제표로써 협동조합의 운영이나 사업수행의 결과가 요약 · 정리되는 것이다. 따라서 협동조합도 설립 초기부터 각종 회계장부를 마련하고 조합의 모든 수입과 지출에 대한 기록과 이에 대한 회계처리, 즉 회계관리가 이루어져야 한다.

협동조합에서 이러한 회계의 목적은 두 가지로 나뉜다.

그 하나는 조합 내부보고 및 관리목적이고, 다른 하나는 조합 외부에 대한 보고목적이다. 즉 조합원, 조합의 경영진 등 내부 이해관계자들에게 조합 운영과 사업활동에 관한 의사결정에 필요한 정보를 제공하고, 아울러 협동조합에 대한 외부 이해관계자들에게 조합의 운영과 사업활동의 성과를 알리는 것이다.

협동조합의 주요 역할이 지역사회에 대한 기여라고 할 수 있으므로 조합의 원활한 대외활동을 위해서는 충실하고 정확한 조합의 현황과 활동정보 제공이 매우 중요한 것이다. 따라서 협동조합 운영에서 회계(관리)는 회계자료를 매개체로 하는 대내외적 '의사소통 수단'이라고 할 수 있다.

이러한 협동조합의 회계관리를 이해하고 실무적으로 적용하기 위해서는 제도적인 측면과 관리기술적 측면이라는 양방향으로 접근해 보아야 한다.

1) 협동조합 회계의 제도적 측면

첫째, 협동조합기본법을 중심으로 하는 법적 · 제도적 회계업무 환경에 대해 알아보자.

협동조합기본법은 일반협동조합에 관하여 제47조(회계연도 등)부터 제55조(출자지분 취득금지 등)까지 협동조합의 회계관리에 관하여 규정하고 있다.

즉 일반협동조합은 회계연도, 사업계획서와 수지예산서, 운영의 공개, 법정적립금과 임의적립금, 손실금의 보전과 잉여금의 배당, 결산보고서의 승인, 출자감소의 의결 및 채권자이의 처리, 출자지분 취득금지 업무를 차질 없이 처리하여야 한다.

한편 사회적협동조합의 회계관리에 대해서는 일반협동조합에 관한 제47조, 제48조 및 제52조부터 제55조까지의 규정을 준용(準用)하고, 사회적협동조합의 특성을 반영하여 기본법 제96조~제99조에서 운영의 공개, 법정적립금 및 임의적립금, 손실의 보전과 잉여금의 배당, 사업과 재산에 대한 부과금의 면제에 대해 별도로 규정한다.

협동조합의 회계관리 [협동조합기본법 기준]

조 문	(일반)협동조합	사회적협동조합
제47조	회계연도 등	(일반협동조합과 동일)
제48조	사업계획서와 수지예산서	(일반협동조합과 동일)
제49조	운영의 공개	—
제50조	법정적립금 및 임의적립금	—
제51조	손실 보전과 잉여금 배당	—
제52조	결산보고서의 승인	(일반협동조합과 동일)
제53조	출자감소의 의결	(일반협동조합과 동일)
제54조	출자감소에 대한 채권자의 이의	(일반협동조합과 동일)
제55조	출자지분 취득금지 등	(일반협동조합과 동일)
제96조	—	운영의 공개
제97조	—	법정적립금 및 임의적립금
제98조	—	손실 보전과 잉여금 배당
제99조	—	부과금의 면제

이처럼 협동조합기본법에 의하면 사회적협동조합은 대부분의 회계관계 사항은 일반협동조합의 규정을 그대로 따르도록 하고, 비영리법인으로서 사회적협동조합의 특성을 반영하여야 할 부분은 별도로 규정하고 있음을 유의해야 한다.

① 협동조합의 회계연도

협동조합의 회계연도는 정관으로 정하도록 규정하고 있는데, 통상적으로 매년 1월 1일부터 동년(同年) 12월 31일까지로 한다.

협동조합의 회계는 일반회계와 특별회계로 구분하되, 각 회계별 사업부문은 정관으로 정한다. 협동조합의 일반회계는 국가예산회계법[20]상의 일반회계와 마찬가지로 협동조합의 통상적인 사업활동으로 인한 수입과 지출을 계리(計理)한다.

그리고 특별회계는 협동조합의 운영상 일반회계와 구분 계리하여 예산집행상의 탄력성과 융통성을 확보하기 위한 것으로, 조합이 특별목적사업을 위하여 특별자금을 보유할 필요가 있을 때 등에 편성하게 된다. 좀 더 구체적으로는 협동조합의 주사업은 일반회계로 운영하고, 그 외의 사업은 특별회계로 계리하되, 각 회계(일반회계, 특별회계)별 사업구분을 정관에 정하여 놓도록 한다.

---

20 국가예산회계법상으로 일반회계는 일반 세입으로 일반적 지출을 담당하는 회계로서, 일반적으로 정부예산은 일반회계를 의미한다. 일반회계 세입은 소득세, 법인세, 부가가치세, 관세 등 국세수입의 대부분과 각종 수수료 등 세외수입으로 이루어지며, 이를 '자체세입'이라 하고 자체세입이 부족할 때는 국채를 발행해 자체세입의 부족분을 보충한다. 한편 특별회계는 일반회계와 별도로 특정한 목적을 위해 세입 · 세출을 계리하는 제도로서 일반회계와 더불어 정부예산을 구성하고 있다. 특별회계는 정부예산집행의 탄력성을 높이기 위해 운영된다. 예산회계법 제9조는 특별회계를 설치 · 운영할 수 있는 근거로서, 국가의 특정 목적사업 운영, 특별자금 보유 필요성, 일반회계의 세입 · 세출과 구분 계리 필요성 등 3가지를 들고 있다.

다만, 협동조합회계에서 특별회계의 비중이 높아지면 예산집행이 방만하여지고 조합운영 자체가 부실화될 우려가 있으므로 특별회계는 제한적으로 운영한다.

② 사업계획서와 수지예산서 승인

협동조합은 매 회계연도의 사업계획서와 수지예산서(시행규칙 별지 제9호 서식)를 작성하여 총회의 의결을 받아야 한다. 사업계획서에 대한 자세한 사항은 본서 제4부 제2장 **〈6. 사업수행 실무〉**를 참고하길 바란다.

③ 법정적립금 · 임의적립금, 손실금 보전과 잉여금 배당

일반협동조합과 사회적협동조합은 법정적립금 비율, 잉여금 배당 가능 여부 등에서 차이가 난다. 이에 대해서는 본서의 관련 부분에서 상세히 서술하였으므로 참고하기 바란다.

④ 결산보고서의 승인

협동조합은 정기총회일 7일 전까지 결산보고서(사업결과보고서(기본법 시행규칙 별지 제14호 서식 참조), 대차대조표, 손익계산서, 잉여금처분안 또는 손실금처리안 등)를 감사에게 제출하여야 하는데, 추후에 결산보고서와 감사의 의견서를 정기총회에 제출하여 승인을 받아야 한다. 한편 사업결과보고서에는 사회적협동조합의 경우 '소액대출 및 상호부조사업결과보고서'(기본법 시행규칙 별지서식 제15호)도 제출하여야 한다.

⑤ 출자감소의 의결 및 채권자의 이의

협동조합은 조합의 규모를 축소한다든지 해서 출자를 감소시켜야 할 경우가 발생한다. 출자 1좌 금액의 감소를 의결하면 의결한 날부터 14일 이내에 대차대조표를 작성하여야 한다. 그런데 이 기간 내에 채권자가 출자감소에 대한 이의를 제기하면 30일 이상의 기간에 이의신청을 할 것을 공고함과 동시에 이미 알고 있는 채권자에 대하여는 개별적으로 최고하여야 한다(협동조합기본법 제53조).

이 경우 채권자가 이의신청 기간에 이의를 신청하지 아니하면 출자 1좌의 금액의 감소를 승인한 것으로 본다. 한편 채권자가 이의를 신청하면 협동조합은 채무를 변제하거나 상당한 담보를 제공하여야 한다.

⑥ 출자지분 취득금지

협동조합은 조합원의 출자지분을 취득하거나 이를 질권 등 담보의 목적으로 하여서는 아니 된다(협동조합기본법 제55조).

■ **협동조합기본법 시행규칙** [별지 제5호서식]

협동조합등 사업결산 보고서

회계연도: 000년도			
조직 개요	조합명(연합회명)		업종(표준산업분류번호)
	설립 연월일		업태
	신고번호		사업자등록번호
	주소	주사무소	
		제1 지사무소	
		제2 지사무소	
	출자금	백만원	

수입 (단위: 원)			지출 (단위: 원)		
구분		금액	구분		금액
① 전기이월금			① 경상비	인건비	
② 사업수입	00사업			운영비	
	〃			소계	
	〃		② 사업비	00사업	
	소계			〃	
③ 사업외수입	기부출연금			〃	
	지원금			소계	
	기타		③ 사업외지출	기부출연금	
	소계			지원금	
④ 출자금				기타	
⑤ 차입금				소계	
⑥ 기타수입			④ 출자금반환		
			⑤ 차입금상환		
			⑥ 배당금		
			⑦ 기타지출		
			⑧ 차기이월금		
합계			합계		

작성방법
예시된 항목 외의 수입 또는 지출항목이 있을 경우 모두 적습니다.

■ **협동조합기본법 시행규칙** [별지 제13호서식]

사회적협동조합등 사업결산 보고서

회계연도: 000년도			
조직 개요	조합명(연합회명)		업종(표준산업분류번호)
	설립연월일		업태
	신고번호		사업자등록번호
	주소		
	출자금 백만원		
	주 사업 유형	[ ]지역사업형 [ ]취약계층배려형 [ ]위탁사업형 [ ]기타 공익증진형 [ ]혼합형	

수입 (단위: 원)					수입 (단위: 원)				
구분		금액		예산대비(%)	구분		금액		예산대비(%)
		결산	예산				결산	예산	
① 주 사업	○○사업				① 주 사업	○○사업			
	〃					〃			
	〃					〃			
② 기타 사업	○○사업				② 기타 사업	○○사업			
	〃					〃			
	〃					〃			
③ 사업비합계					③ 사업비합계				
④ 사업외수입	이자수익				④ 경상비(판매비와 관리비)	인건비			
	후원금 등					취약계층 인건비			
	〃					운영비등			
⑤ 출자금					⑤ 사업외비용	이자비용			
⑥ 차입금						〃			
〃					⑥ 출자금 반환				
〃					⑦ 차입금 상환				
〃					⑧ 예비비 등				
합계					합계				

작성방법

1. 예시된 항목 외의 수입 또는 지출항목이 있을 경우 모두 적습니다.
2. 사회적협동조합이 「협동조합기본법 시행규칙」 제12조 제1항 제3호 가목에 따라 전체 인건비 총액 중 취약계층인 직원에게게 지급한 인건비 총액이 차지하는 비율이 40% 이상일 것을 판단 기준으로 하는 경우 인건비와 취약계층 인건비를 구분하여 작성하시기 바랍니다.

■ **협동조합기본법 시행규칙** [별지 제14호서식]

사회적협동조합등 사업결과 보고서

(제1쪽)

<table>
<tr><td rowspan="7">조직 개요</td><td colspan="2">조합명(연합회명)</td><td>업종(표준산업분류번호)</td></tr>
<tr><td colspan="2">설립연월일</td><td>업태</td></tr>
<tr><td colspan="2">인가번호</td><td>사업자등록번호</td></tr>
<tr><td rowspan="2">주소</td><td colspan="2"></td></tr>
<tr><td colspan="2"></td></tr>
<tr><td colspan="2">출자금 백만원</td><td></td></tr>
<tr><td>주 사업 유형</td><td colspan="2">[ ]지역사업형 [ ]취약계층배려형 [ ]위탁사업형
[ ]기타 공익증진형 [ ]혼합형</td></tr>
<tr><td rowspan="2">조직 연혁</td><td>연월일</td><td colspan="2"></td></tr>
<tr><td></td><td colspan="2"></td></tr>
<tr><td rowspan="2">정관 · 규약</td><td>변경 여부</td><td colspan="2"></td></tr>
<tr><td>변경 내용</td><td colspan="2"></td></tr>
<tr><td>설립 목적</td><td colspan="3"></td></tr>
<tr><td>의사결정 기구</td><td colspan="3">[ ]조합원 총회 [ ]대의원 총회 [ ]이사회 ※ 중복 표시 가능</td></tr>
<tr><td>조직도</td><td colspan="3"></td></tr>
</table>

<table>
<tr><td rowspan="6">임원 현황</td><td>직위</td><td>성명</td><td>경력</td><td>직원 겸직 여부</td></tr>
<tr><td></td><td></td><td></td><td></td></tr>
<tr><td></td><td></td><td></td><td></td></tr>
<tr><td></td><td></td><td></td><td></td></tr>
<tr><td></td><td></td><td></td><td></td></tr>
<tr><td></td><td></td><td></td><td></td></tr>
</table>

(제2쪽)

조합원 현황 ※해당유형에만 표기	생산자	소비자	직원	자원봉사자	후원자	계
	명	명	명	명	명	명

직원 현황	성별	남성	명	여성	명	계	명
	고용형태	정규직	명	비정규직	명	계	명
	취약계층 고용	취약계층	명	비취약 계층	명	계	명

지역사회 기여실적	연월일	주요 내용

인가부처 감독사항과 그 조치결과	연월일	주요 내용

해당 연도 사업 결과 (* 해당 내용만 작성. 다만, 혼합형은 해당내용을 모두 작성)

①지역사업형 (판단기준 : 사업비 / 서비스 공급 비율 중 택일)

구 분		사업비 (원)		서비스 공급 (인원/시간/회)	
		해당연도 예산	해당연도 결산	해당연도 계획	해당연도 실적
총 계 (A)					
지역사업	소 계(B)				
	ㅇㅇ사업				
	ㅁㅁ사업				
	…				
기타사업	소 계				
	ㅇㅇ사업				
	ㅁㅁ사업				
	…				
지역사업 비율(C=B/A)(%)					

첨부서류	서비스 대상 인원, 시간, 횟수 등 서비스 내용을 확인할 수 있는 서류

(제3쪽)

② 취약계층배려형 (판단기준 : 인건비 / 직원수 / 서비스 공급 비율 중 택일)

구 분		인건비 (원)		직원수 (명)		서비스 공급 (인원/시간/회)	
		해당연도 예산	해당연도 결산	해당연도 계획	해당연도 실적	해당연도 계획	해당연도 실적
총 계 (A)							
	취약계층 (B)						
	기 타						
취약계층 비율 (C=B/A)(%)							

첨부서류	1. 전체직원 및 취약계층 직원의 명단(생년월일 포함), 직원별 인건비 지출 명세 2. 취약계층 증명서류(① 가구 월평균 소득이 전국 가구 월평균 소득의 100분의 60 이하인 사람: 「국민기초생활 보장법」에 따른 수급자 또는 차상위자 증명서, 전년도 건강보험료 납부확인서, 급여명세서 등 전년도 소득증명서 등 ② 장애인: 장애인등록증명서 사본 ③ 그 밖에 취약계층임을 확인할 수 있는 서류) 3. 그 밖에 서비스 공급 실적을 확인할 수 있는 서류

③ 위탁사업형 (판단기준 : 사업비 비율)

구 분		사업비 (원)	
		해당연도 예산	해당연도 결산
총 계 (A)			
위탁사업	소 계(B)		
	ㅇㅇ사업(위탁기관)		
	ㅁㅁ사업(위탁기관)		
	…		
자체사업	소 계		
	ㅇㅇ사업		
	ㅁㅁ사업		
	…		
위탁사업 비율(C=B/A)(%)			

첨부서류	1. 위탁사업 계약서 2. 위탁사업 지출내역서 3. 그 밖에 위탁사업 내용을 확인할 수 있는 서류

구 분		사업비 (원)		서비스 공급 (대상인원/시간/회)	
		해당연도 예산	해당연도 결산	해당연도 계획	해당연도 실적
총 계 (A)					
공익 사업	소 계(B)				
	ㅇㅇ사업				
	ㅁㅁ사업				
	…				
기타 사업	소 계				
	ㅇㅇ사업				
	ㅁㅁ사업				
	…				
공익사업 비율(C=B/A)(%)					

첨부서류	서비스 대상 인원, 시간, 횟수 등 서비스 내용을 확인할 수 있는 서류

⑤ 혼합형 (판단기준 : ①+②+③+④ 비율의 합계)

구 분	비 율 (%)		내 용
	해당연도 계획	해당연도 실적	
① 지역사업 비율			
② 취약계층배려형 사업 비율			
③ 위탁사업 비율			
④ 기타 공익증진형 사업 비율			
합 계			

첨부서류	각 유형별 비율을 확인할 수 있는 서류

■ **협동조합기본법 시행규칙** [별지 제9호서식]

사회적협동조합등 수입 · 지출 예산서

회계연도 : 000년도

조직 개요	조합명(연합회명)		업종(표준산업분류번호)
	설립 연월일		업태
	인가번호		사업자등록번호
	주소	주사무소	
		제1 지사무소	
		제2 지사무소	
	출자금	백만원	
	주 사업 유형	[ ]지역사업형 [ ]취약계층배려형 [ ]위탁사업형 [ ]기타 공익증진형 [ ]혼합형	

수입 (단위:원)		금액	구성비 (%)	지출 (단위:원)		금액	구성비 (%)
구분		금액	구성비 (%)	구분		금액	구성비 (%)
① 주 사업	○○사업			① 주 사업	○○사업		
	〃				〃		
	〃				〃		
	〃				〃		
② 기타 사업	○○사업			② 기타 사업	○○사업		
	〃				〃		
	〃				〃		
	〃				〃		
③ 사업비 합계				③ 사업비 합계			
④ 사업 외 수입	이자수익			④ 경상비 (판매비와 관리비)	인건비		
	후원금 등				취약계층 인건비		
	〃				운영비 등		
	〃				〃		
⑤ 출자금				⑤ 사업 외 비용	이자비용		
⑥ 차입금					잡손실 등		
〃					〃		
〃				⑥ 출자금 반환			
〃				⑦ 차입금 상환			
〃				⑧ 예비비 등			
합계				합계			

작성방법

1. 예시된 항목 외의 수입 또는 지출항목이 있을 경우 모두 적습니다.
2. 사회적협동조합이 「협동조합 기본법 시행규칙」 제12조제1항제3호가목에 따라 전체 인건비 총액 중 취약계층인 직원에게 지급한 인건비가 40% 이상일 것을 판단기준으로 하는 경우 인건비와 취약계층 인건비 항목을 구분하여 작성하시기 바랍니다.

소액대출 및 상호부조 사업 결과 보고서
(00년 12월 31일 현재)

(제1쪽)

조직 개요	조합명		업종(표준산업분류번호)
	설립연월일		업태
	인가번호		사업자등록번호
	주소	주사무소	
		제1 지사무소	
		제2 지사무소	
	출자금		원(A)
	주 사업 유형	[ ]지역사업형 [ ]취약계층배려형 [ ]위탁사업형 [ ]기타 공익증진형 [ ]혼합형	

1. 소액대출 사업 현황

①대출 조건	소액대출 이자율	연 00.00 (%)	(기획재정부 장관 고시 최고 이자율)	연 00.00 (%)
	소액대출 연체 이자율	연 00.00 (%)	1인당 대출한도	원
②대출 현황	총 대출금액(B)	원	총 상환액(C)	원
	총 대출잔액(D=B-C)	원	출자금 대비 대출잔액 비율(E=D/A)	(%)
	대출자 수 / 조합원 수	/	대출잔액 최고액 대출자 1인의 대출잔액(F)	원

③분기별 소액대출 추이(매월 말일 기준, 단위: 원, %)

구 분	직전연도 4/4분기	해당연도 1/4분기	해당연도 2/4분기	해당연도 3/4분기	해당연도 4/4분기
총출자금액(A)					
총대출금액(B)					
총상환액(C)					
총대출잔액(D)					
출자금 대비 대출 잔액 비율(E)					
대출잔액 최고액 대출자 1인의 대출잔액(F)					

2. 상호부조 사업 현황

①상호부조 계약 현황	월별 납부액	(정액기준 시) 00,000 원, (정률기준 시) 기준액 * 0.00 % 등 정관·규약·규정 등에 정한 납부액 명시	
	지급사유별 지급액	혼례(본인)	원
		혼례(자녀)	원
		사망(본인)	원
		사망(배우자)	원
		○○○	원
		△△△	원
②상호부조 기금 현황	전년도 기금 잔액(G)	원	
	해당 연도 수입(H)	원	
	해당 연도 지출(I)	원	
	해당 연도 기금 잔액(J=G+H-I)	원	
	출자금 대비 기금 잔액 비율(K=J/A)	(%)	

③분기별 상호부조기금 현황(매월 말일 기준, 단위: 원. %)

구 분	직전연도 4/4분기	해당연도 1/4분기	해당연도 2/4분기	해당연도 3/4분기	해당연도 4/4분기
전기 잔액(G)					
당기 수입(H)					
당기 지출(I)					
당기 잔액(J)					
출자금 대비 기금 잔액 비율(K)					

2) 협동조합 회계의 관리기술적 측면

협동조합의 회계담당자가 조합의 회계업무를 능숙하게 수행하기 위해서는 우선 회계의 흐름, 즉 회계의 순환과정에 대한 이해가 필요하다. 한편 일반기업 회계와 협동조합 회계의 차이점, 재무제표의 종류와 재무제표의 각각에 대한 기능과 역할에 대한 이해를 해야 한다.

뿐만 아니라 회계관리에는 세무회계도 포함되므로 상당히 전문적인 업무처리 능력이 요구되는데, 회계관리 담당자는 재무회계와 세무회계에 대한 전문적인 지식과 실무능력이 필요하다.

이러한 회계관리는 협동조합이 임의적으로 처리할 수 있는 것이 아니다. 국가적으로 엄격히 규정된 회계처리기준이 있고 협동조합도 이 회계처리기준[21]에 맞춰서 회계처리를 해야 한다.

협동조합의 경영진이나 회계담당자들이 유의하여야 할 것은 우리나라의 기업회계기준과 밀접한 관련을 가지고 있는 국제회계기준(IFRS)[22]이다. 다만, 향후 설립되는 대부분의 협동조합이 일부를 제외하고는 국제회계기준을 의무적으로 준수하여야 하는 경우는 거의 없을 것이다. 그렇다고는 해도 글로벌화 시대에 국제회계기준(IFRS)에 대한 기초적인 것은 알아둘 필요가 있으므로 여기에 소개한다.

IFRS는 국제적으로 기업의 회계처리 및 재무제표에 대한 통일성을 증대하기 위해 국제회계기준위원회(IASB)[23]가 제정하여 발표하는 회계기준으

21 우리나라의 모든 회계처리의 기준은 기업회계기준의 제정 · 개정 · 해석 · 질의회신 등 회계기준업무를 금융위원회로부터 위탁받은 사단법인 한국회계기준원(KAI: Korea Accounting Institute)이 관장(管掌)한다. 한편 실제로 회계처리기준에 관한 사항의 심의 · 의결은 한국회계기준원이 별도로 설치한 한국회계기준위원회(KASB: Korea Accounting Standards Board)에서 이루어진다.

22 IFRS; International Financial Reporting Standards.

23 IASB; International Accounting Standards Board.

로 국제재무보고기준이라고도 한다. 재무제표를 작성하는 절차, 공시시스템, 재무정보시스템, 경영성과의 지표, 경영의사결정 등 기업에서 사용하는 전반적인 재무보고 시스템과 회계나 자본시장에서의 감독 법규나 실무 등에 대한 국제적 기준을 규정한 것이다. IFRS의 가장 중요한 특징 중 하나는 기업의 주 재무제표로서 연결재무제표를 기준으로 삼는다는 점이다. 이에 따라 연결기준으로 실적과 자산가치가 나타나므로 계열사의 실적이 관계회사의 실적에도 영향을 미치게 된다.

우리나라는 이미 2011년에 IFRS를 도입하였다. IFRS와 일반회계기준의 가장 큰 차이점은 국제회계기준은 연결재무제표를 기본재무제표로 한다는 점이다. 즉 어떤 기업에 종속회사가 있는 경우, 연결재무제표를 기본으로 하고 있기 때문에 사업보고서 등 모든 공시(公示) 서류가 연결재무제표 중심으로 작성된다.

또한 주식시장 등 자본시장의 투자자에게 기업의 재무상태 및 내재가치에 대한 의미 있는 투자정보를 제공하기 위해 금융자산, 부채, 유・무형자산 및 투자 부동산에까지 공정가치(fair value) 측정을 의무화하였거나 또는 선택 적용할 수 있도록 하였다.

우리나라는 상장기업, 즉 주식거래를 할 수 있는 기업들은 법적으로 국제회계기준을 사용해야 하고, 비상장기업은 위에서 언급한 바와 같이 국제회계기준을 사용해도 되고, 일반회계기준을 사용해도 된다. 따라서 협동조합은 2011년부터 상장기업이 의무적으로 적용하게 되어 있는 국제회계기준 대신 일반회계기준을 사용해도 문제가 없다.

우리나라 금융감독원은 2011년 1분기부터 '다트'(DART: 금융감독원 전자공시시스템)라는 사이트에서 상장법인들의 분기보고서나 검토보고서, 감사보고서를 국제회계기준(IFRS) 재무제표로 공시하고 있다.

우리나라 협동조합 관계자분들은 협동조합도 수출, 외국기업과의 거래 등 국제적인 사업을 수행할 수 있으므로 우리나라 상장기업이 의무적으로 재무제표 작성시 적용하도록 되어 있는 국제회계기준에 대한 이해도를 높이는 것이 필요하리라고 본다.

우리나라의 회계법령상 재무제표로는 재무상태표(대차대조표), 포괄손익계산서(손익계산서), 이익잉여금처분계산서, 주석과 주기가 있다. 상장법인과 같이 외부 회계감사를 받아야 하는 회사는 현금흐름표 및 자본변동표가 재무제표에 추가된다.

협동조합기본법상으로는 제47조에서 협동조합은 매 회계연도의 사업계획서와 수지예산서를 작성하여 총회의 의결을 받도록 하고 있다. 다만, 일반기업의 경우처럼 재무상태표(대차대조표), 포괄손익계산서(손익계산서), 이익잉여금처분계산서는 의무적으로 작성하도록 규정되어 있지 않으므로 굳이 작성할 필요는 없을 것이다.

일반 재무제표의 특징 비교

재무상태표 (대차대조표)	• 결산기말 등 특정 시점의 재무상태를 보여주는 재무제표 • 재무상태표상의 총자산 또는 총자본으로 조합의 경영규모, 자기자본과 차입금 등 부채규모, 상태 파악
포괄손익 계산서 (손익계산서)	• 조합의 수입 · 지출, 잉여금 규모를 일정한 표시양식에 의해 표시하는 재무제표 • 일정기간의 조합의 운영의 성과(사업성적)를 표시
현금흐름표	• 특정 기간의 현금의 흐름(유입과 유출)을 경영활동 유형별로 표시

① 협동조합 현금(자금)흐름 관리

협동조합도 흑자도산기업과 유사한 경우가 얼마든지 있을 수가 있다. 조합의 운영을 잘하고도 일시적인 자금 사정 때문에 위기에 처할 수도 있는 것이다. 조합의 자체 자금만으로는 운영을 하기가 쉽지 않을 것이고, 은행 등 금융기관에서 외부차입을 하게 된다. 이때 조합으로 들어오는 자금보다 지출해야 할 자금규모가 더 크다면 조합의 운영은 어려워질 수도 있는 것이다.

그러므로 조합의 회계나 재무관리 담당자는 조합의 현금(자금)상태를 수시로, 주기적으로 확인하여 이사장에게 보고하고, 조치를 취하도록 한다. 구체적으로는 조합의 사업활동을 통하여 현금은 어느 정도 창출되고 있으며, 앞으로 회계기간뿐만 아니라 다음 회계연도의 현금 등 유동자금의 수입과 지출에 대하여 예측하여야 한다. 다시 말해 조합의 재무상태는 안전한지(재무안정성 점검), 단기지불능력에는 문제가 없는지(유동비율 점검), 필요자금조달의 적합성(단기자금으로 고정자산에 투자 여부) 등을 잘 관리한다.

다시 말해서, 결산기 말에 나타나는 잉여금의 규모도 중요하지만 일정한 회계기간에 수입과 지출의 규모와 자금의 흐름(Cash Flow)[24]도 조합의 운영이나 의사결정에 있어서 중요한 시사점을 준다.

② 협동조합의 자산규모 및 상태 관리

조합의 회계담당자는 조합의 고정자산이 과도한 것은 아닌지, 부채의 규모나 장 · 단기부채가 적정한지를 잘 파악하고 문제점은 없는지 항상 분

24 재무제표상으로는 흑자상태인데도 자금흐름이 좋지 못한 기업이 있다. 현금흐름표를 작성하여 포괄손익계산서상의 잉여금 규모와 조합의 자금흐름 상태를 대비하여 분석해봐야 한다.

석하고 이에 대처해야 한다.

③ 협동조합의 잉여금 관리

잉여금 규모가 중요하기는 하지만 잉여금 규모가 크다고 해서 무조건 바람직하기만 한 것은 아니라는 점에 유의해야 한다. 또한, 잉여금 관리에 있어서는 반드시 법정적립금 및 임의적립금이라는 적립금 문제와 연관해서 관리해야 한다. 잉여금 처분에 있어서는 협동조합기본법(제50조, 제51조, 제97조, 제98조)에서 정하는 기준과 처분(적립 또는 손실보전) 순서를 따라야 한다.

④ 협동조합과 복식부기의 사용문제

단적으로 말해서, 협동조합은 복식부기를 사용해야 한다. 현행 세법은 사업자의 소득금액을 파악하기 위해 그 사업자가 수행하는 사업의 일체의 거래기록이 객관적 사실로서 입증될 수 있도록 복식부기에 의해 모든 거래사실을 회계장부에 기재 · 관리하도록 규정하고 있다. 이 경우의 '사업자'를 '복식부기 의무자'라고 하며, 협동조합도 역시 이에 해당하므로 당연히 복식부기에 의해 회계자료, 즉 거래사실자료를 기장해야 한다.

5장

총회와 이사회 운영에 대하여

1. 총회 운영 및 의결사항

① 총회의 구성과 회의운영

협동조합의 총회는 이사장과 조합원으로 구성한다. 총회의 소집권자는 이사장이 되며, 이사장은 총회의 의장이 된다.

총회는 정기총회와 임시총회로 구분되는데, 정기총회는 매년 1회 정관으로 정하는 시기에 소집하고, 임시총회는 정관으로 정하는 바에 따라 필요하다고 인정될 때 소집할 수 있으며, 이사회가 필요하다고 인정할 경우, 일정한 비율 이상의 조합원(예컨대, 조합원 총수의 5분의 1 이상)이 서면으로 요청한 때, 감사가 조합의 재산상황이나 업무집행에 관하여 총회에 신속하게 보고해야 할 필요가 있다고 인정할 정도의 부정한 사실이 있어 그 소집을 청구한 때 등 어느 한 가지의 경우에라도 해당되면 이사장은 임시총회를 소집하여야 한다. 이사장은 총회 개최 7일 전까지 회의목적 · 안건 · 일시 및 장소를 정하여 정관으로 정한 방법에 따라 총회소집을 통지하여야 한다.

불가피하게 총회의 회기(會期)를 연장하여야 할 경우에는 총회의 결의를 거쳐야 가능하다.

② 총회의 의결사항

총회의 의결사항은 이사회의 의결사항과 대부분 다르므로 협동조합 관계자나 실무자들은 혼동이나 누락이 없도록 주의하도록 한다.

협동조합 총회의 의결사항(기본법 제29조)

- 정관의 변경
- 규약의 제정 · 변경 또는 폐지
- 임원의 선출과 해임
- 사업계획 및 예산의 승인
- 결산보고서의 승인
- 감사보고서의 승인
- 협동조합의 합병 · 분할 · 해산 또는 휴업
- 조합원의 제명
- 총회의 의결을 받도록 정관으로 정하는 사항
- 그 밖에 이사장 또는 이사회가 필요하다고 인정하는 사항

위와 같은 총회의 의결사항은 '필요적 총회의결사항'이라고 하며, 이는 이사회에 위임해서는 안 된다. 총회의 의결정족수와 관련해서 총조합원 과반수의 출석과 출석자 과반수의 찬성으로 의결하는 것을 원칙으로 한다.

다만 총회의 의결사항 가운데 정관의 변경, 협동조합의 합병 · 분할 · 해산 또는 휴업, 조합원의 제명에 관한 사항은 총조합원 과반수의 출석과 출석자 3분의 2 이상의 찬성으로 의결한다는 점을 유의한다.

한편, 협동조합은 일정한 경우에 총회에 갈음하여 대의원총회를 둘 수 있으며, 그 차이점에 대해서는 다음에 서술하기로 한다.

③ 총회 의사록 작성

협동조합은 총회를 개최하였으면 반드시 의사록을 작성하여야 한다. 그 의사록에는 의사의 진행 상황과 그 결과를 적고 의장과 총회에서 선출한 조합원 3인 이상이 기명날인하거나 서명하여야 한다.

④ 총회와 대의원총회

협동조합은 총회를 두는 것을 원칙으로 한다. 다만 조합원 수가 대통령령으로 정하는 수(200명)를 초과하는 경우 총회를 갈음하는 대의원총회를 둘 수 있다. 대의원총회는 조합원 중에서 선출된 대의원으로 구성되며, 대의원의 의결권 및 선거권은 대리인으로 하여금 행사하게 할 수 없다. 다만, 협동조합의 합병 · 분할 및 해산에 관한 사항은 의결할 수 없다.

한편 대의원총회에 관하여는 총회에 관한 규정을 준용한다.

⑤ 협동조합 기관의 활동상황 기록

기본법 시행규칙 별제 제6호 서식을 이용하여 총회 및 대의원총회뿐만 아니라 이사회의 활동상황에 대하여 기록해 두는 것이 바람직하다.

2. 이사회 운영 및 의결사항

① 이사회의 운영 및 구성

협동조합의 '기관'에는 총회 및 대의원총회와 함께 이사회가 있다. 협동조합은 반드시 이사회를 두어야 하는데, 이사회는 이사장 및 이사로 구성한다. 이사장은 이사회를 소집하고 그 의장이 된다. 협동조합은 이사장 한 명을 포함하여 최소한 3명의 이사를 선임하여야 하며, 감사도 1명 이상 선임한다. 다만, 이사의 정수(정원)는 정관으로 정해 놓아야 한다.

이사회의 정족수 및 의결정족수는 구성원 과반수의 출석과 출석자 과반수의 찬성으로 의결하며, 그 밖에 이사회의 개의 및 의결방법 등 이사회의 운영에 관하여 필요한 사항은 정관으로 정한다.

② 이사회의 의결사항

이사회는 협동조합의 재산 및 업무집행에 관한 사항 등 다음에 열거하는 사항을 의결한다.

협동조합 이사회의 의결사항(기본법 제33조)

- 협동조합의 재산 및 업무집행에 관한 사항
- 총회의 소집과 총회에 상정할 의안
- 규정의 제정 · 변경 및 폐지
- 사업계획 및 예산안 작성
- 법령 또는 정관으로 이사회의 의결을 받도록 정하는 사항
- 협동조합의 운영에 중요한 사항 또는 이사장이 부의하는 사항

③ 이사회 회의록의 공개

협동조합기본법은 제49조 제2항에서 협동조합 이사회 의사록을 그 협동조합의 주된 사무소에 의무적으로 비치하도록 규정하고 있다. 이는 협동조합의 운영이나 의사결정의 투명성을 확보하기 위한 조치라고 볼 수 있다. 한편, 협동조합기본법은 그 시행령 제10조와 시행규칙 제6조에서 의무

적으로 경영 공시해야 하는 협동조합의 규모와 경영공시자료의 종류를 각각 규정하고 있다.

운영의 공개(협동조합기본법 제49조)

- 협동조합은 결산결과의 공고 등 운영사항을 적극 공개하여야 한다.
- 협동조합은 정관 · 규약 · 규정, 총회 · 이사회 의사록, 회계장부 및 조합원 명부를 주된 사무소에 비치하여야 한다.
- 협동조합의 채권자 및 조합원은 조합의 주된 사무소에 비치된 조합의 설립관련 서류를 열람하거나 그 사본을 청구할 수 있다.
- 대통령령으로 정하는 일정 규모 이상의 협동조합은 설립신고를 한 특별시 · 광역시 · 특별자치시 · 도 · 특별자치도 또는 협동조합연합회의 홈페이지에 주요 경영공시자료를 게재하여야 한다.

실무포인트

조합의 임원

- 협동조합의 임원
  이사장 1명을 포함하여 3명의 이사와 1명 이상의 감사로 구성된다. 임원의 정수 및 선출방법은 정관에서 정하고 총회에서 선임한다. 이사장과 이사가 이사회를 구성한다.
- 협동조합의 이사장
  협동조합의 이사장은 다른 협동조합의 이사장을 겸직할 수 없으며, 이사장을 포함한 이사와 조합의 직원은 감사를 겸직하면 안된다. 협동조합의 임원은 원칙적으로 해당 협동조합의 직원으로서의 신분을 겸직할 수 없다(예외: 조합원의 3분의 2 이상이 직원이고 비조합원인 직원이 전체 직원의 3분의 1 이내인 협동조합, 조합원 수가 10인 이하인 소규모 협동조합, 사회적협동조합의 경우와 그 밖에 협동조합의 규모 · 자산 · 사업 등에 따라 임직원 겸직이 필요하다고 기획재정부 장관이 인정하는 경우에는 겸직이 가능하다).

■ **협동조합기본법 시행규칙** [별지 제6호 서식]

총회, 대의원 총회, 이사회 활동 상황

<table>
<tr><td rowspan="7">조직
개요</td><td colspan="2">조합명(연합회명)</td><td>업종(표준산업분류번호)</td></tr>
<tr><td colspan="2">설립 연월일</td><td>업태</td></tr>
<tr><td colspan="2">신고(인가)번호</td><td>사업자등록번호</td></tr>
<tr><td rowspan="3">주소</td><td>주사무소</td><td></td></tr>
<tr><td>제1 지사무소</td><td></td></tr>
<tr><td>제2 지사무소</td><td></td></tr>
<tr><td colspan="2">출자 자본금 백만원</td><td></td></tr>
</table>

[총회]

일시	장소	조합원·회원(명)	참석자(명)	결정사항	비고

[대의원 총회]

일시	장소	대의원(명)	참석자(명)	결정사항	비고

[이사회]

일시	장소	임원(명)	참석자(명)	결정사항	비고

[기타]

일시	장소	대상자(명)	참석자(명)	결정사항	비고

이사회 의사록

1. 개최일시 : 20 년 월 일(요일) 시 분
2. 개최장소 :
3. 출석이사 이름

   이 사 장 :

   이 사 : 이 사 :

   이 사 : 이 사 :

4. 의결안건

   1) 제1호 안건 :

   (의결안건의 내용을 간결히 개조식으로 기재)

   2) 제2호 안건 :

   (의결안건의 내용을 간결히 개조식으로 기재)

   3) 기타 안건 :

   (위 안건 외에 다른 중요 의결안건이 있을 경우 개조식으로 기재)

본 이사회의 안건 내용과 의결사항을 명확히 하기 위하여 본 의사록을 작성하고 이사장 및 참석이사가 서명 날인함.

이사장 : (인)

이 사 : (인)

이 사 : (인)

이 사 : (인)

6장

조직과 인사관리에 대하여

협동조합의 조직관리에 있어서는 다음 두 가지 사항에 중점을 두고 관리해 나가지 않으면 안된다.

그 하나는 조합원간, 조합원과 조합직원간 의사소통문제이고, 다른 하나는 협동조합의 규모를 어떻게 가져갈 것인가 하는 문제이다. 이 두 가지 문제는 모두 협동조합의 정체성(고유의 특성)에 영향을 주기 때문에 중요한 사항이 아닐 수 없다.

아래에서 상술하겠지만, 조합규모의 문제는 협동조합 정체성의 주요한 요소로서 조합원의 동질성 내지 이질성에 대한 영향요인이기 때문이다. 또한 조합의 조직규모는 의사소통에도 영향요인이 된다.

다시 말해서, 조직으로서의 협동조합 내부에서 갈등요인을 줄이고 협동조합의 강점인 협동적 요소를 최대한 살려야 한다는 것이다. 그러기 위해서는 의사소통의 활성화에 협동조합의 성패가 좌우된다는 점에 유의하고 의사소통에 장애가 되는 갈등요인을 제거하는 데에 최선을 다해야 할 것이다.

1. 협동조합의 조직

협동조합기본법에 의해 설립되는 협동조합은 그 조합에 협동조합기본법에 의한 법인격[25]이 부여되는 것을 의미한다.

이렇게 법인격이 부여된 협동조합이 협동조합법인으로서 그 목적활동을 수행하려면 현실적으로 조직이 구성되어야 한다. 협동조합이라는 조직이 구성되었을 때 조직구성원간의 조직행동이나 인사관리 차원에서 여러 가지 문제가 나타날 수 있다. 이러한 조직운영상의 문제해결은 조합운영에서 매우 중요하다.

조직 운영상에 있어 협동조합의 경영이사진이나 조직실무 관리자는 조합원간, 조합원과 조합직원간의 의사소통과 의사결정의 공정성(내부적 공평성)에 많은 주의를 기울여야 한다.

1) 협동조합 조직의 양면성

협동조합의 경영진 및 조합의 조직이나 인사관리 실무자들이 유의해야 할 것은 협동조합 조직은 이중적 특성을 가지고 있다는 것이다. 즉 협동조합은 일정한 목적을 가진 사람들의 인적 모임의 특성을 가지는 동시에

25 법인의 권리와 의무가 귀속되는 법률상의 인격을 법인격이라고 한다. 살아 있는 자연인과 회사와 같이 사람으로 간주(의제)하는 법인이 권리 · 의무의 주체로서 법인격을 갖게 되는 것이다. 협동조합도 자연인인 사람과 같이 권리를 얻고, 의무를 부담할 수 있는 법적인 실체가 되는 것이다. 실무적으로는 법인격을 소명(입증)하는 자료로 대표적인 것이 법인등기부등본이 있을 수 있으며, 사업자등록증 등이 법인이라는 것을 증명할 수 있는 소명자료가 된다. 세금계산서, 거래명세서도 법인임을 입증하는 자료로 사용될 수 있다.

조합의 공동사업을 수행하는 사업조직으로서의 양면성을 가진다.

우리나라 협동조합기본법(제2조 제1호)에는 협동조합에 대해, "재화 또는 용역의 구매 · 생산 · 판매 · 제공 등을 협동으로 영위함으로써 조합원의 권익을 향상하고 지역사회에 공헌하고자 하는 사업조직"으로 명백히 규정하고 있다.

또한 동법(同法) 제14조 제1항에서, 협동조합에 관하여 협동조합기본법에서 규정한 사항 외에는 「상법」 제1편 총칙, 제2편 상행위, 제3편 제3장의2 유한책임회사에 관한 규정을 준용(準用)하도록 하고 있는 데서도 협동조합에는 인적 조직으로서의 특성 외에도 사업조직으로서의 특성이 부여되고 있음을 알 수 있을 것이다. 이는 협동조합이 자주 · 자립 · 협동이라는 협동조합으로서 정체성을 유지하면서 사업체로서 효율성도 추구해야 한다는 것을 의미한다.

2) 협동조합의 조직(도)

일반적으로 조합의 조직체계는 사업조직체계와 조합원조직체계로 이원화하여 조직체계를 운영한다. 그 중에서 사업조직체계는 비교적 간단히 2단계로 운영하고, 조합원조직체계는 조합원 및 임원의 교육과 의견수렴, 전략수립, 감독 등의 기능을 담당하도록 한다.

협동조합의 조직은 통상적으로 최고의결기관인 총회 산하에 집행기관인 이사회와 감독기관으로서 감사를 선임하고, 실무부서인 사무국 소속으로 경영기획부, 사업추진부, 총무관리부서 등을 두면 된다.

또한 협동조합이 규모가 커지거나 사업량이 많아지면 경영관리 분야별 자문위원회를 둘 수도 있다.

① 조직도 (예시)

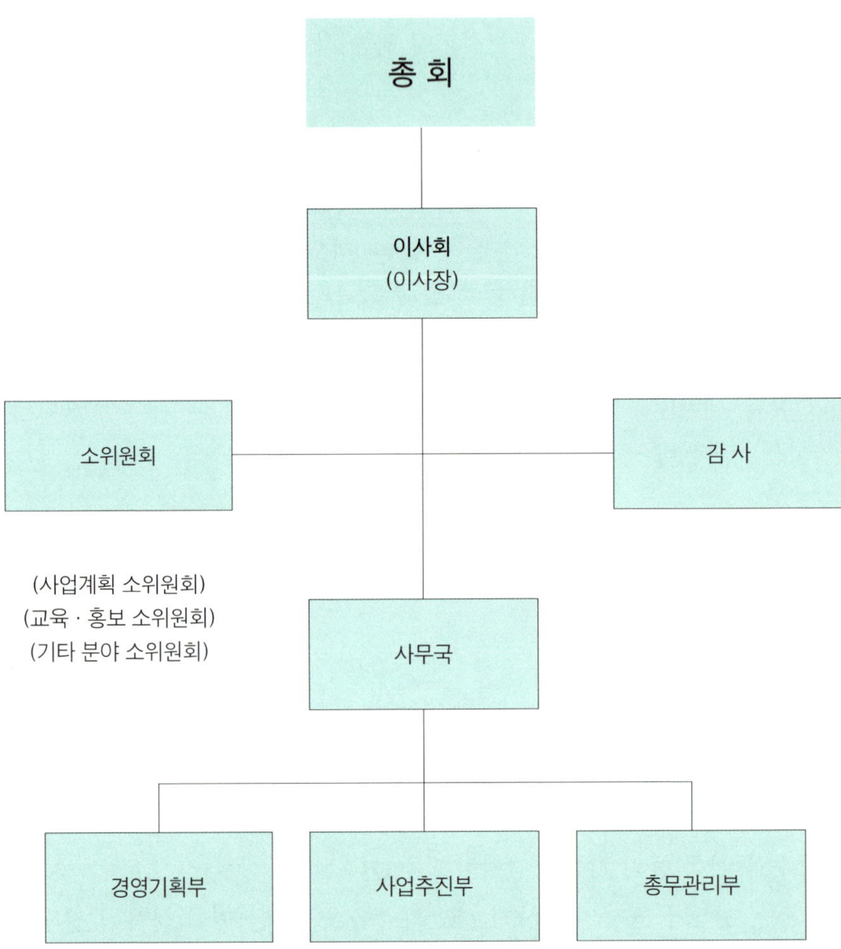
총 회
이사회
(이사장)
소위원회
감 사
(사업계획 소위원회)
(교육 · 홍보 소위원회)
(기타 분야 소위원회)
사무국
경영기획부
사업추진부
총무관리부

② 협동조합기관의 특성 (역할, 기능)

- 총 회 : 조합의 최고 의사결정 기구
- 이사회 : 조합의 최고집행기관
- 사무국 : 조합사무의 실무추진기관
- 자문위원회 : 조합의 사업 및 운영에 대한 자문

③ 협동조합기관의 정원표

이사장	이 사	감 사	사무국
1인	2인 이상	1인 이상	1인 이상

※ 협동조합은 3인 이상의 이사(이사장 포함)를 선임해야 함.

④ 협동조합의 기관 및 부서별 역할

기관(부서)명	역할(기능)
총 회	• 조합의 최고의사결정기구 • 연 1회의 정기총회 외에 임시총회 개최 • 조합원수 200인 이상이면 대의원총회로 대체 가능
이사회	• 조합 최고집행기관으로, 이사장과 이사로 구성 • 이사장이 의장으로서 회의 소집권 • 의결방법 : 구성원 과반수의 출석과 출석임원 과반수의 찬성으로 의결 - 이사회의 운영에 관한 사항은 정관에 위임 가능 • 이사회의 개의 및 의결방법 등
사무국	• 실무부서로서, 이사회에서 결정된 사항을 수행
자 문 위원회	• 조합의 자문기관 • 세무, 법무, 마케팅 등 집행기관인 이사회에 각 분야별 자문 수행

협동조합기본법상으로 비록 5명의 발기인이나 설립동의자만 있어도

협동조합을 설립할 수 있는 것은 사실이다. 그러나 협동조합 특히, 일반협동조합은 주로 영리적 성격의 사업을 수행하게 되므로, 시장에서 일반기업들과 경쟁적 위치에 놓이는 경우가 적지 않을 것이다. 제조업종의 협동조합을 설립할 경우 그 협동조합은 해당 품목이나 업종에서 일반기업과 경쟁하지 않을 수 없을 것이기 때문이다.

그러므로 협동조합도 어느 정도는 조직으로서 규모의 문제를 고려해 보지 않을 수 없다고 본다. 하나의 사업체로서 협동조합이 조직적 효율성을 도모하기 위해서는 어느 정도의 규모 확대는 불가피한 측면도 있을 것이다. 즉 일종의 '규모의 경제'가 필요할 수도 있다는 말이다.

물론 협동조합기본법이 영세상인이나 사회적 취약계층의 경쟁력 향상을 그 지향점으로 하고 있어 '규모'의 문제가 덜 중요할 수도 있지만, 그렇다고는 해도 협동조합이 인적 결합체적인 조직이고, 조합원들의 협동이 중요한 사업요인인 까닭으로 조합원 증대가 관건이 아닐 수 없다.

역사적으로나 전 세계적으로 다양한 종류와 규모의 협동조합이 설립되어 왔으나, 협동조합의 역사가 오래된 나라들의 예를 보면 규모확대로 인한 심각한 부작용을 겪고 있는 경우도 있다. 스페인의 몬드라곤협동조합도 단일조직체로서의 협동조합이라기보다는 '협동조합복합체(MCC)'[26]이다. 몬드라곤의 경우 총 고용인원이 8만여 명이나 되며, 금융기관도 몬드라곤협동조합복합체 내에 두고 있을 정도로, 웬만한 대기업그룹에 필적할 만한 규모이다.

몬드라곤 외에도 이렇게 복합체 내지 그룹을 형성하고 있는 협동조합들이 전 세계적으로 적지 않다. 그러나 이러한 초대형 규모를 추구하다 보면 협동조합으로서의 정체성이 흔들리는 결과를 초래할 수도 있다. 유명한 경영학자 마이클 포터는 "모든 기업이 동일한 정도로 규모의 확대를 추구할 필요

26 MCC : Mondragon Corporation Cooperativa.

는 없다."라고 하였다. 일반기업뿐만 아니라 협동조합도 마찬가지일 것이다.

위에서 언급한 것처럼 협동조합이라고 해서 무조건 소규모를 유지해야 한다는 것은 아니다. 협동조합도 공동사업을 추진하는 사업체로서의 조직이니만큼 조합이 지나치게 소규모이면 경제성이나 효율성이 떨어지게 마련이고, 조합경영이 지향하는 이른바 '원가경영'도 실행하기가 쉽지 않다. 협동조합의 규모의 문제는 협동조합의 경영자, 조합원들에게 풀기 어려운 문제인 것만은 분명하다.

그러므로 협동조합이 규모를 확대할 필요가 있느냐 여부는 협동조합이 어떤 사업전략(Business Strategy)이나 사업모델(Business Model)을 선택하느냐에 따라 달라질 수 있다. 다만 그 조합의 경영전략에 부합하도록 조합규모에 대한 대체적인 원칙을 정하고 이를 따르면 된다고 본다.

만약에 어떤 협동조합이 그 시장이나 분야에서 대체성이 높은 품목이나 서비스를 사업영역으로 하고 있을 경우에는 그 협동조합은 제품이나 서비스의 생산비용 또는 공급비용을 낮추는 것이 절대적으로 필요해진다. 이럴 때 그 협동조합의 경영진은 꽤 어려운 결정을 내려야 한다. 자신이 경영책임을 진 협동조합이 어떻게 제품 · 서비스의 생산(공급)비용을 낮출 것이냐의 문제에 직면하게 되는 것이다.

일반적으로 제조업 분야의 협동조합일 경우 생산비는 노무비(인건비), 원재료비, 시설비 등으로 구성되는데, 제품을 대량생산하는 경우는 규모의 경제에 의해 제품의 생산단가는 낮아지게 된다. 그러나 협동조합은 자본조달의 한계도 있고 해서 시설투자를 할 여건이 쉽지가 않으므로 확대지향적인 규모의 경제를 전략으로 선택하기가 어렵다. 반면에 시장에서 대체성이 낮은 제품이나 서비스를 사업분야로 선택하는 협동조합의 규모의 문제는 덜 중요한 문제일 수도 있다.

예를 들면, 특정 지역의 특정 조합원이나 소비자를 대상으로 하는 특정 제품이나 서비스를 협동조합기본법에서 규정하는 '**주사업**'으로 선택[27]하는 협동조합의 경우는 조합의 규모의 문제는 상대적으로 덜 중요할 수 있다는 말이다.

한편, 조합규모의 문제에 있어서 그 협동조합이 어떤 유형의 협동조합이냐에 따라서 조합의 규모와 조합원의 동질성도 영향을 받는다. 즉 어느 협동조합이 생산자협동조합, 소비자협동조합, 신용협동조합 중에서 어떤 유형의 협동조합에 속하느냐에 따라 그 조합의 규모와 조직에 관련된 조합의 선택은 달라질 수밖에 없을 것이다.

2. 조합원 관리

협동조합은 한마디로 조합원의 욕구충족, 즉 조합원의 이익과 복리증진을 위한 조직이다. 아울러 지역사회 등에 대한 사회적 기여를 위한 활동을 한다. 이러한 활동을 하는 중심축은 바로 그 협동조합의 핵심 구성원인 조합원들이다.

협동조합원칙상으로나 우리 협동조합기본법상으로 조합원의 개방성이 협동조합의 주요 특성이다. 이러한 협동조합의 개방적 특성은 조합운영의 안정성을 저해하는 요인으로 작용하기도 하므로 조합 경영자들은 이런 점에 유의하지 않으면 안된다. 협동조합은 그 조합의 설립목적에 동의하고 책임을 부담할 의사가 있으면 자유롭게 조합에 가입하여 조합원이 되거나

27 이러한 전략을 마이클 포터는 집중화전략 또는 초점전략(focus strategy)이라고 한다.

탈퇴할 수가 있다. 다시 말해서 협동조합의 조합원은 환경변화에 따라 언제든지 자신이 소속된 조합을 이탈할 수 있다.

즉 조합원들은 조합이 제공하는 사업이나 서비스가 경쟁적 위치에 있는 시장에 비해 품질이나 가격 등에서 유리하지 않거나, 출자금배당에 불만을 가지면 조합을 탈퇴할 가능성이 높아진다. 이는 조합의 출자금이라는 자본의 안정성을 위협하는 요인으로 작용한다는 것을 의미한다.

협동조합이 조합의 규모와 조직을 어떻게 가져가든 간에 조합의 규모와 조직형태는 조합의 사업 및 운영에 대한 조합원의 참여도에 큰 영향을 미치게 된다.

일반적으로 조합규모가 비교적 작을 때는 조합원들의 동질성이 비교적 높고 결속도도 높아 조합활동이 활발한 경향이 있다. 그러나 조합의 규모가 너무 작으면 협동의 효과를 거의 기대할 수 없게 된다는 점에 유의해야 한다. 바로 이러한 점이 협동조합도 '규모의 경제'의 관점에 유의하지 않으면 안 되는 이유인 것이다.

1) 조합원 자격 및 제한

조합원은 인적 결합단체인 협동조합의 기본요소로서, '협동조합의 설립목적에 동의하고, 조합원으로서의 의무를 다하고자 하는 자'(협동조합기본법 제20조)로 정의할 수 있다. 조합원은 협동조합 최고기관인 총회의 구성원이 되는 자이며, 조합원의 자격요건에 관한 사항은 정관에 반드시 기재해야 할 필수사항이다.

협동조합은 조합원들의 자율적 조직이므로 '가입자유의 원칙'에 따라 조합원의 자격이 있는 자에게 원칙적으로 '정당한 사유 없이' 가입을 거절하거나 조합 가입시 다른 조합원에 비해 불리한 조건을 부가할 수 없다(협동조합기본법 제21조 제1항). 다만, 정관으로 정하는 바에 따라 그 협동조합의 설립 목적 및 특성에 따라 조합원의 자격을 일부 제한할 수 있다(동법 제21조 제2항). 이는 조합의 목적달성의 차원에서 가능한 한 조합원의 동질성 확보를 위해 당연한 것이다.

2) 조합원의 권리 · 의무

협동조합의 조합원이 됨으로 해서 갖게 되는 조합원의 지위는 해당 조합원에게 각종 권리의 원천이 되기도 하지만 여러 가지 의무를 부담해야 하는 근원이 되기도 한다.

조합원의 권리에는 조합이 수행하는 공동사업, 즉 해당 조합의 목적사업, 교육과 각종 행사에 참여할 권리, 조합 총회에 참석하여 발언하고 투표할 권리, 출자금에 대해 이익배당을 받을 권리 등이 있다. 또한, 조합원은 출자, 조합의 정관과 규정 · 규약들을 준수할 의무를 진다. 조합출자의무는 모든 조합원이 면제될 수 없는 조합원의 기본적 의무로서 반드시 출자하여야 한다. 다만 조합원의 책임은 출자액을 한도로 제한되는 유한책임이다(협동조합기본법 제22조 제5항).

3) 조합원의 탈퇴, 제명

조합원의 탈퇴는 자유이며 정관으로 정하는 바에 따라 협동조합에 탈퇴의사를 알리고 탈퇴할 수 있다. 조합원이 조합원으로서의 자격상실, 사망·파산·금치산선고, 조합원인 법인이 해산한 경우 당연히 탈퇴하게 된다(협동조합기본법 제24조 제2항). 정관으로 정해 놓은 조합원 자격상실 사유에 해당되는 경우에도 탈퇴의 효과가 발생한다.

또한 조합원지위의 양도나 조합원지분의 양도의 경우에도 조합 탈퇴로 보게 되는데, 총회의 의결을 받아야 탈퇴의 효과가 발생한다. 한편, 협동조합은 조합원이 다음의 어느 하나에 해당하면 해당 조합원을 제명할 수 있다(기본법 제25조 제1항).

- **협동조합의 사업을 이용하지 아니한 경우(정관으로 정한 기간 이상)**
- **협동조합에 대한 의무를 이행하지 아니한 경우(출자 및 경비 납입 등)**
- **그 밖에 정관으로 정하는 사유에 해당하는 경우**

조합원을 제명할 때에는, 조합은 총회 개최 10일 전까지 해당 조합원에게 제명사유를 알리고, 총회에서 소명할 기회를 주어야 한다. 만약 당사자에게 의견진술의 기회를 주지 아니하고 처리한 총회의 제명 의결은 법적 효과가 발생하지 않는다.

조합원이 조합에서 탈퇴할 때에는 정관에 규정된 바에 따라 지분[28]에 따라 환급을 받을 수 있다. 다만 출자금 환급의 경우 협동조합기본법은 사회적협동조합에 대해 예외적으로 환급에 대한 제한 규정[29]을 두고 있다.

28 협동조합기본법 제26조에 따라 지분은 탈퇴한 회계연도 말의 협동조합의 자산과 부채에 따라 산정한다. 지분청구권은 2년간 행사하지 아니하면 시효로 인하여 소멸된다.

29 사회적협동조합이 해산할 경우 부채 및 출자금을 변제하고 잔여재산이 있을 때에는 정관으로 정하는 바에 따라 귀속된다(협동조합기본법 제104조 참조).

조합원(자격), 출자금, 의결권

- 협동조합의 조합원 자격
  협동조합의 조합원은 그 협동조합의 설립 목적에 동의하고 조합원으로서의 의무를 다하고자 하는 자를 말한다.
- 협동조합의 조합원 자격변동 (탈퇴, 제명)
  조합원의 자격변동과 관련하여 해당 조합원이 조합원의 정의에 부적합하거나 조합원의 사망, 파산, 금치산선고, 조합원 자격을 가진 법인 해산, 정관에 정한 사유 중 어느 하나라도 발생하면 해당 조합에서 당연히 탈퇴된다. 한편 해당 조합원이 정관으로 정한 기간 이상으로 해당 협동조합의 사업을 이용하지 않거나 출자 및 경비 납입 등 조합에 대한 의무를 이행하지 않는 경우에 그 조합원을 제명할 수 있다(당연히 제명되는 것이 아니다).
- 조합원의 책임과 출자좌수·출자금 활용 제한
  조합원의 책임은 납입한 출자액을 한도로 책임을 지는 유한책임으로서, 조합원의 1인당 출자좌수는 해당 조합의 총출좌자수의 30/100을 초과할 수 없다. 또한 조합원이 납입한 출자금은 질권의 목적으로 사용될 수 없다.
- 조합원의 의결권
  조합원은 주식회사와 달리 자신의 출좌자수와 상관없이 각자 1인 1표의 의결권을 가지며, 의결권을 대리할 수 있는 범위는 조합원 1인에 한한다. 의결권의 대리인이 될 수 있는 자격의 범위는 해당 조합의 다른 조합원 또는 당해 조합원의 동거가족만 가능하다.

3. 임원 관리

협동조합의 기관은 총회 또는 대의원총회, 이사회(이사장, 이사), 감사로 구성된다. 이러한 협동조합의 '기관' 중에서 총회 또는 대의원총회는 이미 다른 곳에서 논의되었으므로 여기서는 임원에 대해서만 살펴보기로 한다.

협동조합 임원은 이사장 1명을 포함한 3명 이상의 이사와 1명 이상의 감사를 둔다. 협동조합은 이사회를 두고 이사장 및 이사가 그 구성원이 된다. 이사의 정수 및 이사 · 감사의 선출방법 등은 정관으로 정하며, 이사장은 이사 중에서 정관으로 정하는 바에 따라 총회에서 선출한다. 이사장은 이사회를 소집하고 그 의장이 된다.

이사장은 협동조합을 대표하고 정관으로 정하는 바에 따라 협동조합의 업무를 집행한다. 이사회는 구성원 과반수의 출석과 출석원 과반수의 찬성으로 의결하며, 그 밖에 이사회의 개의 및 의결방법 등 이사회의 운영에 관하여 필요한 사항은 정관으로 정한다.

임원의 임기는 4년의 범위에서 정관으로 정하되 연임할 수 있고, 결원으로 인하여 선출된 임원의 임기는 전임자의 임기종료일까지로 한다. 다만, 이사장은 2차에 한하여 연임할 수 있다.

1) 이사의 역할

이사는 정관으로 정하는 바에 따라 협동조합의 업무를 집행하고, 이사장에게 사고가 있을 때에는 정관으로 정하는 순서에 따라 그 직무를 대행한다. 한편 이사장의 사고와 이사장이 권한을 위임한 경우 외에는 이사장이 아닌 이사는 협동조합을 대표할 수 없다.

2) 감사의 역할(직무)

감사는 협동조합의 업무집행상황, 재산상태, 장부 및 서류 등을 감사하여 총회에 보고하여야 하며, 예고 없이 협동조합의 장부나 서류를 대조 · 확인할 수 있다(협동조합기본법 제42조).

또한 감사는 이사장 및 이사가 협동조합기본법 및 이 법에 따른 명령, 정관 · 규약 · 규정 또는 총회의 의결에 반하여 업무를 집행한 때에는 이사회에 그 시정을 요구하여야 한다.

또한 감사는 총회 또는 이사회에 출석하여 의견을 진술할 수 있으며, 일정한 경우에 조합에 대한 대표권을 가진다. 즉, 협동조합이 이사장을 포함한 이사와 소송을 하는 때에는 감사가 협동조합을 대표한다(감사의 대표권, 협동조합기본법 제43조).

3) 임직원의 겸직문제

이사장은 다른 협동조합의 이사장을 겸직할 수 없으며, 이사장을 포함한 이사와 직원은 감사를 겸직할 수 없다. 또한 임원은 해당 협동조합의 직원을 겸직할 수 없다(협동조합기본법 제44조). 다만 사업의 성격, 조합원 구성 등을 감안하여 임원과 직원을 겸직할 수 있으며, 다음의 어느 하나에 해당되면 겸직이 가능하다(동법 제44조 제3항 단서).

임원과 직원의 겸직

- 조합원의 3분의 2 이상이 직원이고, 비조합원인 직원이 전체 직원의 3분의 1 이내인 협동조합의 경우(임원이 직원을 겸직하기 전의 시점 기준)
- 조합원 수가 10인 이하인 협동조합의 경우와 사회적협동조합의 경우
- 협동조합의 규모 · 자산 · 사업 등에 따라 임직원 겸직이 필요하다고 기획재정부 장관이 정하여 고시하는 경우

이렇게 임원이 직원을 겸직하는 경우에도 사회적협동조합의 경우에는 임원 총수의 3분의 1 이상을 초과하여 직원을 겸직할 수 없다(협동조합기본법 시행령 제13조).[30]

4) 임원의 결격사유

다음 사항의 어느 하나에라도 해당되면 협동조합의 임원이 될 수 없으며, 그 사유가 발생하면 해당 임원은 당연히 퇴직처리된다. 다만 퇴직된 임원이 퇴직 전에 관여한 행위는 그 효력은 계속 유지된다.

30 다만, 이 경우에도 사회적협동조합이 조합원의 3분의 2 이상이 직원이고 비조합원인 직원이 전체 직원의 3분의 1 이내, 조합원 수가 10인 이하, 규모 · 자산 · 사업 등에 따라 임직원 겸직이 필요하다고 기획재정부 장관이 인정하는 경우에는 임원과 직원의 겸직이 가능하다(기본법 시행령 제8조).

임원의 결격사유

- 금치산자, 한정치산자
- 파산선고를 받고 복권되지 아니한 사람
- 금고 이상의 실형을 선고받고 그 집행이 끝나거나(집행이 끝난 것으로 보는 경우 포함) 집행이 면제된 날부터 3년이 지나지 아니한 사람
- 금고 이상의 형의 집행유예를 선고받고 그 유예기간 중에 있거나 유예기간이 끝난 날부터 2년이 지나지 아니한 사람
- 금고 이상의 형의 선고유예를 받고 그 선고유예기간 중에 있는 사람
- 법원의 판결 또는 다른 법률에 따라 자격이 상실 또는 정지된 사람

임원선임에 있어서 자기 또는 특정인을 협동조합의 임원 또는 대의원으로 당선에 영향을 줄 목적으로 다음의 어느 하나에 해당하는 행위를 할 수 없다(협동조합기본법 제37조).

임원관련 선거운동의 제한

- 조합원(협동조합에 가입신청을 한 자 포함)이나 그 가족 또는 조합원이나 그 가족이 설립·운영하고 있는 기관·단체·시설에 대하여 금전·물품·향응이나 재산상의 이익을 제공하는 행위
- 후보자가 되지 못하도록 하거나 후보자를 사퇴하게 할 목적으로 후보자가 되려는 사람이나 후보자에게 금전·물품·향응 제공 등의 행위
- 물품·향응 등의 이익이나 직을 제공받거나 그 제공의 의사표시를 승낙하는 행위 또는 그 제공을 요구, 알선하는 행위
- 임원 또는 대의원이 되려는 자로서, 정관으로 정하는 기간 중에는 선거운동을 위하여 조합원을 호별로 방문하거나 특정 장소에 모이게 하는 행위
- 협동조합의 임원 또는 대의원 선거와 관련하여 연설·벽보, 그 밖의 방법으로 거짓의 사실을 공표하거나 공연히 사실을 적시하여 후보자를 비방하는 행위
- 임원 또는 대의원 선거와 관련하여 정관으로 정하는 행위 외의 선거운동을 하는 행위

한편, 협동조합은 임원 및 대의원 선거를 공정하게 관리하기 위하여 선거관리위원회를 구성·운영할 수 있다. 선거관리위원회의 기능·구성 및 운영 등 필요한 사항은 정관으로 정할 수 있다(협동조합기본법 제38조).

임원의 의무와 책임으로서, 협동조합기본법과 이 법에 따른 명령, 정관·규약·규정 및 총회와 이사회의 의결을 준수하고 협동조합을 위하여 성실히 그 직무를 수행하여야 한다. 임원이 법령 또는 정관을 위반하거나 그 임무를 게을리하여 협동조합에 손해를 가한 때에는 연대하여 그 손해를 배상하여야 한다. 또한 임원이 고의 또는 중대한 과실로 그 임무를 게을리하여 제3자에게 손해를 끼친 때에는 제3자에게 연대하여 그 손해를 배상하여야 한다(동법 제39조).

뿐만 아니라 법령 또는 정관에 위반하거나 고의 또는 중대한 과실로 그 임무를 게을리한 행위가 이사회의 의결[31]에 의한 것일 때에는 그 의결에 찬성한 이사도 법령 또는 정관에 위반하거나 고의 또는 중대한 과실로 그 임무를 게을리한 행위를 한 이사와 동일한 책임이 있다.

임원의 해임과 관련해서, 조합원은 조합원 5분의 1 이상의 동의로 총회에 임원의 해임을 요구할 수 있다. 임원의 해임을 의결하려면 해당 임원에게 해임의 이유를 알리고, 총회에서 의견을 진술할 기회를 주어야 한다(동법 제40조).

---

31 이 경우 의결에 참가한 이사로서 명백한 반대의사를 표시하지 아니한 자는 그 의결에 찬성한 것으로 본다.

4. 직원 관리

협동조합의 직원도 협동조합의 주요 구성원이다. 외부 직원 채용과 관련해서, 소규모 협동조합일 경우에는 조합원만으로 역할분담하여 조합을 운영할 수는 있을 것이다.

그러나 대부분의 협동조합의 경우, 협동조합의 조합원이 조합의 운영과 사업을 모두 수행하는 것은 현실적으로 어려울 것이다. 협동조합 운영과 사업수행도 전문성이 요구되기 때문에 외부 채용의 필요성이 발생하게 된다. 다시 말해서, 조합원들만으로는 조합운영에 필요한 전문성을 모두 갖추기가 힘들기 때문이다. 따라서 협동조합도 다양하고 복잡한 내·외부 환경에 직면하게 되므로 분야별 전문인력이나 전문가가 필요하다.

또한 조합의 조직규모가 커지는 경우에도 조합원만으로는 조합의 업무나 사업수행을 원활히 할 수 없는 경우가 발생하게 될 뿐만 아니라 소속 조합원의 사업 및 운영 참여는 현저히 저하된다. 더구나 조합원이 조합운영에 대해 무관심해지는 경향이 증가하거나 하면 협동조합의 운영이 조합원 중심이 아니라 직원 중심으로 운영되는 상황이 발생할 수도 있다.

다만, 협동조합기본법령상으로 조합의 임원이 직원을 겸직할 수 있기 때문에 조합의 임원이 조합운영의 업무분야에 전문성이 있을 경우에는 임원이 직원을 겸직해도 될 것이다. 한편 임원과 직원의 겸직과 관련된 내용은 바로 앞부분 〈**3. 임원 관리**〉를 참고하기 바란다.

1) 조합 내부의 의사소통

내부의 의사소통은 협동조합의 운영뿐만 아니라 궁극적으로 그 협동조합의 유지 · 존속 여부를 좌우할 정도로 중요하다고 할 수 있다. 협동조합이 조직의 운영과 사업수행에서 협동과 연대가 중요하고, 그러한 협동과 연대를 위해서는 원활한 의사소통이 핵심 역할을 하게 된다.

다시 말해서, 조합운영에서 발생하는 여러 문제점을 해결하고, 새로운 사업개발 및 실행, 조합구성원에 대한 교육 · 훈련을 위해서는 원활한 의사소통을 기반으로 하는 협동이 매우 중요하기 때문이다. 이렇게 협동이 중시되는 협동조합 같은 조직형태에서 의사소통이 무너지고 조합원간, 조합원과 직원간 갈등이 발생하게 되면 조합의 경영이나 운영은 이미 실패의 길로 들어섰다고 봐야 한다.

조합원간의 원활한 협동 또는 상호부조는 협동조합이 '협동조합이기 위한 정체성' 유지의 핵심이기 때문이다. 의사소통이 안되고 갈등이 심화되면 조합원간 상호부조도 무너진다.

2) 직원의 관료화 방지

우리나라 협동조합기본법의 입법취지에서도 명시적으로 표현되었듯이, 협동조합의 주요 목적 중 하나는 일자리 창출이고 따라서 최대한 해고를 하지 않는 것을 원칙으로 한다. 세계금융위기 때도 국내외 주요 협동조합들이 해고를 최대한 억제하여 실업을 줄인 것은 잘 알려진 사실이다. 스페인의 세계적 협동조합 그룹인 몬드라곤협동조합복합체(MCC) 등도 경영이 다소 어려워지더라도 해고를 하지 않고 고용 유지를 하는 것을 자랑으로 삼을 정도이다.

그러나 '빛이 있으면 그림자도 있는' 법이다. 가능한 한 해고를 하지 않는 협동조합적 경영관행이 오히려 조합 직원들의 나태와 무사안일을 초래하고 급기야는 직원들이 관료화되는 경향이 나타날 수도 있다. 여기서 '관료화'란 직원들이 무책임하고 소극적인 업무태도 등을 일컫는 말이다. 협동조합은 근본적으로 조합원이 소유자이고, 이용자이면서 경영자인 것을 원칙으로 하는 조직형태인데, 이러한 협동조합에서 협동조합적 가치와 원칙에 벗어나서 관료화되는 경향을 보인다면 협동조합 운영에 커다란 장애요인이 될 것이다.

따라서 협동조합의 경영자는 조합원, 임직원간 의사소통의 활성화, 직원의 관료화를 방지하고 조합운영에 관련된 업무에 책임성과 적극성을 가지고 참여하도록 많은 노력을 기울이지 않으면 안된다.

7장

대외사항 관리에 대하여

협동조합의 운영이나 사업추진에 있어서 대외적으로 다양한 이해관계자와 관계가 이루어진다. 특히 협동조합도 설립목적을 달성하기 위한 조직이니만큼 대외적 환경변화에 대한 대응이 조합의 유지, 존속에 매우 중요해진다. 그러기 위해서는 협동조합은 정책부서인 기획재정부, 조합설립 인가부서인 각 중앙관청, 조합설립 신고기관인 시 · 도지사 등에 대한 호의적 관계 형성과 정보수집에 집중하지 않으면 안된다.

다시 말해서 협동조합은 자주 · 자립 · 협동에 의해 민주적으로 운영되는 조직이기는 하지만 협동조합 생태계 차원에서 정부나 지방자치단체, 기타 협동조합 유관기관 등 협동조합 활동에 영향을 주는 법적 · 제도적 관계를 잘 파악하고 이를 활용하여, 상황변화에 대처할 수 있어야 한다.

조합의 사업수행에서 단일 협동조합으로는 갖추기 힘든 경쟁력도 조합간 협동(연합)은 그러한 경쟁력의 주요한 도구가 될 수 있으므로 조합의 경영자나 실무관계자들은 항상 연합회의 동향에도 주의를 기울여야 한다. 협동조합기본법은 이러한 협동조합간 협력을 위해 협동조합연합회 및 사회적협동조합연합회를 별도로 규정하여 놓고 있다. 또한 협동조합 및 사회적협동조합에 관한 규정을 대부분 준용하도록 하고 있다.

이하에서는 협동조합 운영이나 사업추진에 있어서 대내외적 영향변수들에 대해서 간단히 살펴보기로 한다.

협동조합에 대한 이러한 영향변수로는 협동조합에 대한 공공기관의 지원, 협동조합정책 관련부서, 협동조합에 대한 실태조사, '협동조합의 날' 행사, 협동조합연합회 설립 · 운영, 총회와 이사회의 의결사항, 정관변경, 등기관련 사항, 협동조합 관련 교육 · 훈련 등이 있다.

1. 협동조합에 대한 공공기관의 지원

협동조합기본법은 협동조합에 대하여 국가나 공공단체가 협동조합 및 사회적협동조합에 대하여 사업 및 자금지원을 할 수 있도록 포괄적으로 규정[32]하고 있다. 다시 말해서 국가 및 공공단체가 협동조합 및 사회적협동조합의 자율성을 침해하지 않도록 규정하였으며, 협동조합 및 사회적협동조합의 의견이 정책에 적극 반영되도록 노력하는 의무를 부과하고 있다.

여기서 협동조합 관계자들이 유의해야 할 점은 협동조합에 대한 직접적인 자금지원은 자조 · 자립 · 협동이라는 협동조합의 정체성과 관련된 문

32 협동조합기본법 제10조(국가 및 공공단체의 협력 등) 참조. 또한 정부는 협동조합기본법령 발효 직전인 2012년 11월 28일, 기획재정부 등 협동조합 관계기관 대책회의를 개최하고 사회적협동조합의 중소기업 인정 여부 등의 문제 등을 점진적으로 해결하기로 한 바 있다.

제이기도 해서 실제로 일시적으로 자금지원이 이루어진다고 해도 오래 지속되기를 기대하기 어려울 것이라는 점이다. 다만 우리나라가 일반협동조합으로는 초기단계이고, 또 협동조합기본법이 사회적 취약계층을 고려한 점을 감안해야 하기 때문에 협동조합기본법령 발효를 전후로 해서 협동조합의 생태계 차원에서 환경적, 제도적 여건 조성은 상당기간 지속적으로 이루어질 것으로 예상된다.[33]

2. 협동조합정책 관련부서

1) 기획재정부 등

협동조합기본법 체제하에서는 기획재정부가 협동조합정책의 총괄부서라고 할 수 있다(협동조합기본법 제11조). 기획재정부가 협동조합에 관한 정책의 입안, 조정 등을 총괄하는 것이다. 이를 좀 더 구체적으로 살펴보면 다음과 같다.

33 정부는 2013년부터 중소기업청 소상공인진흥원 주관으로 소상공인협업화지원 시범사업을 시작하였다. 영세사업자 등 5명 이상의 사업자들로 구성된 협동조합에 대해 컨설팅 및 공동브랜드 · 공동마케팅 등에 대한 자금지원을 해주는 사업이다.

협동조합정책 관련부서 및 기능

- 기획재정부 장관은 협동조합에 관한 정책을 총괄하고 협동조합의 자율적인 활동을 촉진하기 위한 기본계획을 수립한다.
- 기획재정부 장관은 협동조합에 관한 정책을 총괄하고 기본계획을 수립할 때 관계 중앙행정기관의 장과 협의하여야 하고, 특별시장 · 광역시장 · 특별자치시장 · 도지사 · 특별자치도지사 등 시 · 도지사의 의견을 요청할 수 있도록 하였다.
- 협동조합에 관한 정책 총괄 및 기본계획의 수립과 인가 · 감독 등에 관한 사항의 협의 · 조정 등을 위하여 필요한 사항은 대통령령(시행령)으로 정하도록 하였다.

한편, 기획재정부 장관은 협동조합의 자주 · 자립 · 자치적인 활동을 촉진하기 위해 3년마다 다음과 같이 협동조합에 대한 정책의 기본계획을 수립해야 한다(협동조합기본법 시행령 제3조).

협동조합정책 기본계획 수립(기획재정부)

- 협동조합의 활성화 기본 방향
- 협동조합의 활성화 관련 법령 및 제도의 개선
- 협동조합의 기반 조성
- 협동조합의 상호협력 및 협동조합 관련 관계기관간 협력 사항
- 협동조합 실태조사 결과 및 협동조합정책 개선 사항
- 협동조합의 활성화 여건 조성

2) 협동조합정책심의위원회

협동조합의 정책에 관한 주요 사항을 심의하기 위하여 기획재정부 장관 소속으로 협동조합정책심의위원회(심의회)를 둔다(기본법 시행령 제14조).

협동조합정책심의위원회의 심의 사항

- 기본계획의 수립 · 변경에 관한 사항
- 협동조합등 및 사회적협동조합등의 설립 · 합병 · 분할의 신고 또는 인가에 관련된 사항
- 협동조합등 및 사회적협동조합 등의 관리 · 감독에 관련된 사항
- 협동조합정책과 관련된 관계 행정기관과의 협의 · 조정 등에 관련된 사항
- 그 밖에 협동조합과 관련된 법 · 제도의 개선 등 협동조합 및 사회적협동조합등의 활성화를 위하여 기획재정부 장관이 정하는 사항

① 심의회의 구성

위원장 1명을 포함한 20명 이내의 위원으로 한다. 위원장은 기획재정부 제2차관이 되며, 위원은 기획재정부령으로 정하는 관계 중앙행정기관[34]의 고위공무원단에 속하는 공무원과 협동조합에 관한 전문가 중에서 기획재정부 장관이 위촉하는 사람이 된다.

심의회의 위원 중 공무원인 위원의 임기는 그 직(職)에 재직하는 기간으로 하며, 위촉위원의 임기는 1년으로 한다. 기타 심의회의 구성 및 운영 등에 필요한 사항은 기획재정부령으로 정한다.

② 심의회의 운영

심의회는 매월 1회 개최하는 것을 원칙으로 하되, 효율적인 심의를 위하여 필요하면 심의 일정을 조정할 수 있다. 심의회의 회의는 재적위원 과

34 이러한 관계 중앙행정기관으로는 안전행정부, 농림축산식품부, 보건복지부, 고용노동부, 공정거래위원회, 금융위원회, 중소기업청, 산림청, 그 밖에 협동조합정책심의위원회의 위원장이 안건 심의를 위하여 필요하다고 인정하는 관계 중앙행정기관을 말한다.

반수 출석과 출석위원 과반수 찬성으로 의결하며, 위원장은 필요한 경우 위원회의 구성원이 아닌 사람을 회의에 출석하여 발언하게 할 수 있다. 또한, 심의회에 부칠 안건을 검토 · 조정하고 그 밖에 심의회의 운영을 지원하기 위하여 실무위원회를 둘 수 있다. 이 경우 실무위원회 구성 · 운영 등에 필요한 사항은 위원회의 심의를 거쳐 기획재정부 장관이 정한다.

3. 협동조합에 대한 실태조사

협동조합기본법 제11조 제3항과 제4항에서 협동조합 실태조사에 대해 규정하였다. 매 3년마다 협동조합의 활동현황 등에 대한 실태조사를 실시함으로써 협동조합에 대한 정책수립의 자료로 활용하려는 것이다.

따라서 앞으로 협동조합의 설립 동향 및 추세, 초기 협동조합운동의 문제점 등에 대한 실태조사가 이루어질 것으로 보인다. 이렇게 실태조사를 실시함으로써 협동조합에 대한 생태계 조성 차원에서 중요한 의미를 지니는 정책적 시사점이 나올 수도 있으므로, 협동조합 관계자들은 적극적인 의견표명 차원에서 이러한 실태조사에 적극적으로 협력하여야 할 것이다.

협동조합 실태조사

- 기획재정부 장관은 협동조합의 활동현황 · 자금 · 인력 및 경영 등에 관한 실태파악을 위하여 3년마다 실태조사를 실시한 후 그 결과를 공표하고, 국회 소관 상임위원회에 보고하도록 의무화하였다.
- 관계 중앙행정기관의 장 또는 시 · 도지사는 협동조합의 실태조사를 위하여 필요한 자료를 기획재정부 장관에게 제출하여야 한다.

4. 협동조합연합회 설립, 운영

1) 협동조합연합회

① 설 립

협동조합연합회를 설립하고자 하는 때에는 회원 자격을 가진 셋 이상의 협동조합이 발기인이 되어 정관을 작성하고, 창립총회의 의결 후에 기획재정부 장관에게 신고하여야 한다.

창립총회의 의사는 창립총회 개의 전까지 발기인에게 설립동의서를 제출한 협동조합 과반수의 출석과 출석자 3분의 2 이상의 찬성으로 의결한다.

연합회의 설립규정은 정관, 규약과 규정, 설립사무의 인계와 출자납입, 조합설립(주사무소 소재지)에 관한 협동조합기본법 제16조(정관)에서 제19조(협동조합의 설립)까지의 규정을 준용한다.

② 회 원

연합회의 회원은 연합회의 설립목적에 동의하고 회원으로서의 의무를 다하고자 하는 협동조합으로 하며, 연합회는 정관으로 회원의 자격을 제한할 수 있다.

회원은 정관으로 정하는 바에 따라 연합회에 탈퇴 의사를 알리고 탈퇴할 수 있으며, 다음 어느 하나에 해당하면 당연히 탈퇴된다.

협동조합연합회 회원 탈퇴 사유

- 회원으로서의 자격을 상실한 경우
- 해산 또는 파산한 경우
- 그 밖에 정관으로 정하는 사유에 해당하는 경우

회원가입, 출자금 및 책임, 회원의 제명, 지분환급청구권과 환급정지, 탈퇴 조합원의 손실액 부담에 관하여는 일반협동조합에 관한 규정을 준용한다.

③ 기 관

협동조합연합회는 총회를 두며, 회장과 회원으로 구성한다. 임원은 정관으로 정하는 바에 따라 총회에서 회원에 속한 조합원 중에서 선출한다. 협동조합연합회의 기관에 대한 다른 규정은 대부분 일반협동조합의 기관에 관한 규정을 준용한다. 다만 임원의 해임과 관련하여 조합원은 조합원 3분의 1 이상의 동의[35]로 총회에 임원의 해임을 요구할 수 있다.

④ 의결권 및 선거권

연합회는 회원인 협동조합의 조합원 수, 연합회 사업 참여량, 출자좌수 등 정관으로 정하는 바에 따라 회원의 의결권 · 선거권을 차등부여할 수 있다.

35 일반협동조합은 그 비율이 조합원의 5분의 1 이상이다.

⑤ 사 업

연합회는 설립목적을 달성하기 위하여 필요한 사업을 정관으로 정하되, 다음의 사업은 포함하여야 한다.

협동조합연합회의 사업

- 회원에 대한 지도 · 지원 · 연락 및 조정에 관한 사업
- 회원에 속한 조합원 및 직원 상담, 교육 · 훈련 및 정보제공 사업
- 회원의 사업에 관한 조사 · 연구 및 홍보 사업

연합회 사업은 관계 법령에서 정하는 목적, 요건, 절차, 방법 등에 따라 적법 · 타당하게 시행되어야 하지만, 한국표준산업분류에 의한 금융 및 보험업을 영위할 수 없다.

⑥ 사업의 이용

연합회는 회원이 아닌 자에게 연합회의 사업을 이용하게 하여서는 아니 된다. 다만, 홍보 또는 재고물품의 처리 등 사업의 원활한 운영을 위하여 대통령령으로 정하는 경우[36]에는 비회원조합도 연합회의 사업을 이용할 수 있다.

또한 회원인 조합의 조합원이 사업을 이용하는 경우에는 이를 회원이 이용한 것으로 본다.

---

36 협동조합기본법 시행령 제9조 참조.

7 회 계

연합회의 회계에 관하여는 일반협동조합의 회계에 관한 규정(제47조부터 제55조)을 준용한다. 즉, 협동조합기본법 제47조(회계연도 등), 제48조(사업계획서와 수지예산서), 제49조(운영의 공개), 제50조(법정적립금과 임의적립금), 제51조(손실금의 보전과 잉여금의 배당), 제52조(결산보고서의 승인), 제53조(출자감소의 의결), 제54조(출자감소에 대한 채권자의 이의) 및 제 55조(출자지분 취득금지 등)의 규정을 협동조합연합회의 회계에 준용하면 되는 것이다.

8 합병 · 분할 · 해산 및 청산

연합회의 합병 · 분할 · 해산 및 청산에 관하여는 일반협동조합의 관련 규정(제56조부터 제60조)을 준용한다. 즉, 협동조합기본법 제56조(합병 및 분할), 제57조(해산), 제58조(청산인), 제59조(잔여재산의 처리) 및 제60조(민법 등의 준용)를 말한다.

9 등 기

연합회의 등기에 관하여는 일반협동조합의 관련 규정(협동조합기본법 제61조부터 제70조)을 준용한다. 즉, 협동조합기본법 제61조(설립등기), 제62조(지사무소의 설치등기), 제63조(이전등기), 제64조(변경등기), 제65조(합병등기), 제66조(해산등기), 제67조(청산인등기), 제68조(청산종결등기), 제69조(등기부) 및 제70조(비송사건절차법 등의 준용)를 말한다.

2) 사회적협동조합연합회

① 설립인가

사회적협동조합연합회를 설립하고자 하는 때에는 회원 자격을 가진 셋 이상의 사회적협동조합이 발기인이 되어 정관을 작성하고 창립총회의 의결을 거친 후 기획재정부 장관의 인가를 받아야 한다.

② 창립총회의 의사(의결)

창립총회 개의 전까지 발기인에게 설립동의서를 제출한 사회적협동조합 과반수의 출석과 출석자 3분의 2 이상의 찬성으로 의결한다.

③ 기타 사항

설립인가와 창립총회의 의사규정을 제외한 규약 또는 규정 등 이외의 사항은 일반협동조합 및 협동조합연합회의 규정을 준용한다.

5. 정관변경

협동조합에서 정관의 중요성은 아무리 강조해도 지나치지 않을 것이다. 정관에 대해서는 본서의 앞부분을 참고하길 바란다. 사업변경 등의 사유로 정관의 세부내용을 변경하여야 하는 경우에 조합 실무담당자는 정관변경 절차를 잘 파악하고 차질이 없도록 해야 한다.

일반협동조합의 정관의 변경은 당초 설립신고를 한 시·도지사에게 정관변경신고서(협동조합기본법 시행규칙 별지 제3호 및 제11호 서식)에 소정의 서류를 첨부하여 정관변경 신고를 하여야 그 효력이 발생한다.

한편 사회적협동조합은 정관변경인가신고서(협동조합기본법 시행규칙 별지 제11호 서식)에 소정의 서류를 갖추어 기획재정부 장관의 인가를 받아야 정관 변경의 효력이 발생하며, 기획재정부 장관의 인가권한은 대통령령으로 관계 중앙행정기관의 장에게 위임할 수 있다.

정관변경 관련 사항

구분	일반협동조합	사회적협동조합
담당 관청	• 기획재정부 장관 • 특별시장·광역시장·특별자치시장·도지사·특별자치도지사(시·도지사)	• 기획재정부 장관 • 관계 중앙행정기관의 장
기본 서류	• 정관변경 신고서(참고서식)	• 정관 변경인가 신청서(참고서식)
첨부 서류	• 정관 중 변경 사항 기재 서류 • 정관변경을 의결한 총회 의사록 • 정관 변경 후의 사업계획서와 수입·지출 예산서 (사업계획이 변경되어 정관을 변경하는 경우만 해당) • 대차대조표와 출자감소의 의결, 채권자공고 및 이의신청의 처리 등의 사실관계 증명 서류(출좌 1좌당 금액 감소에 따라 정관을 변경하는 경우만 해당)	• 정관 중 변경 사항 기재 서류 • 정관변경을 의결한 총회 의사록 • 정관 변경 후의 사업계획서와 수입·지출 예산서(사업계획이 변경되어 정관을 변경하는 경우만 해당) • 대차대조표와 출자감소의 의결, 채권자 공고 및 이의신청의 처리 등의 사실관계 증명 서류(출좌 1좌당 금액 감소에 따라 정관을 변경하는 경우만 해당)

■ **협동조합기본법 시행규칙** [별지 제3호서식]

〔 〕 협동조합
〔 〕 협동조합연합회 정관변경 신고서

※ 첨부서류를 확인하시기 바라며, 색상이 어두운 난은 신청인이 작성하지 않습니다.

접수번호	접수일	처리기간 7일

신고인	성 명(명칭)	생년월일(사업자등록번호)
	주 소	전화번호

법 인	조합명(연합회명)	전화번호
	소재지	
	이사장(회장) 성명	주민등록번호
	주소	전화번호

신청내용	첨부서류 참조

「협동조합 기본법」 제16조제2항 또는 제72조에 따라 위와 같이 정관을 변경하였음을 신고합니다.

년 월 일

신고인(이사장・회장) (서명 또는 인)

기획재정부장관
시・도지사 귀하

첨부서류	1. 정관 중 변경하려는 사항을 적은 서류 1부 2. 정관 변경을 의결한 총회 의사록 1부 3. 정관 변경 후의 사업계획서와 수입・지출 예산서 1부(사업계획이 변경되어 정관을 변경하는 경우에만 제출합니다) 4. 대차대조표와 출자감소의 의결, 채권자 공고 및 이의신청의 처리 등의 사실관계를 증명할 수 있는 서류 각 1부(출자 1좌당 금액 감소에 따라 정관을 변경하는 경우에만 제출합니다)	수수료 없 음

처리절차

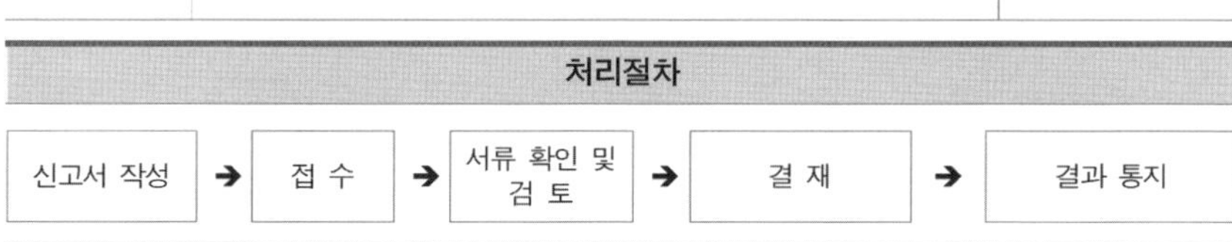

■ **협동조합기본법 시행규칙** [별지 제11호서식]

〔 〕사회적협동조합
〔 〕사회적협동조합연합회 정관 변경인가 신청서

※ 첨부서류를 확인하시기 바라며, 색상이 어두운 난은 신청인이 작성하지 않습니다.

접수번호	접수일	처리기간 10일

신청인	성 명(명칭)	생년월일(사업자등록번호)
	주 소	전화번호

법 인	조합명(연합회명)	전화번호
	소재지	
	이사장(회장) 성명	주민등록번호
	주소	전화번호

신청내용	첨부서류 참조

「협동조합 기본법」 제86조제2항 또는 제115조제3항에 따라 위와 같이 정관 변경의 인가를 신청합니다.

년 월 일

신고인(이사장 · 회장) (서명 또는 인)

기획재정부장관
중앙행정기관장 귀하

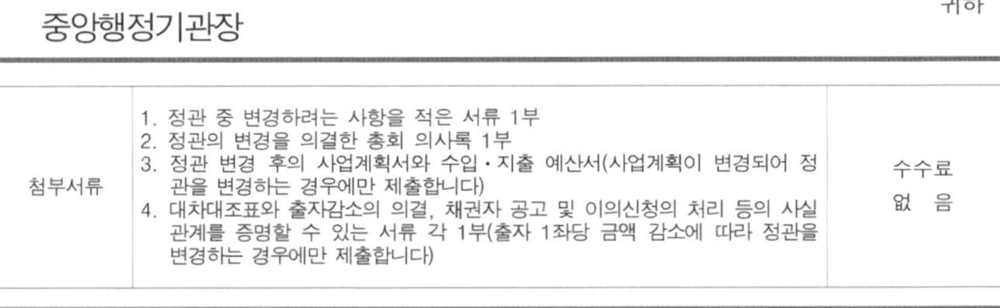

첨부서류	1. 정관 중 변경하려는 사항을 적은 서류 1부 2. 정관의 변경을 의결한 총회 의사록 1부 3. 정관 변경 후의 사업계획서와 수입 · 지출 예산서(사업계획이 변경되어 정관을 변경하는 경우에만 제출합니다) 4. 대차대조표와 출자감소의 의결, 채권자 공고 및 이의신청의 처리 등의 사실관계를 증명할 수 있는 서류 각 1부(출자 1좌당 금액 감소에 따라 정관을 변경하는 경우에만 제출합니다)	수수료 없 음

처리절차

신청서 작성 ➔ 접 수 ➔ 서류 확인 및 검토 ➔ 결 재 ➔ 결과 통지

6. 등기관련 사항

협동조합에 관련된 등기에는 설립등기, 지사무소의 설치등기, 이전등기, 변경등기, 합병등기, 해산등기, 청산인등기, 청산종결등기 등이 있다. 이 중에서 협동조합의 설립등기와 변경등기는 협동조합의 법적 실체로서 권리 · 의무의 주체의 취득 · 변경과 관련되어 있으므로 조합의 경영진이나 실무자들은 등기 관련 업무에 착오를 일으켜서는 안된다.

따라서 처음 조합의 설립등기, 조합사무소의 이전이나 지(支)사무소 설치, 정관변경등기 등의 등기기한을 잘 숙지하고 이를 준수하여야 한다. 등기기한과 관련된 사항은 다음과 같다.

협동조합의 등기의무 기한

- 협동조합 설립등기 : 출자금 납입종료일부터 14일 이내
- 지사무소 설치등기 : 주된 사무소 소재지에서 21일 이내, 지사무소의 소재지에서 28일 이내
- 사무소 이전등기 : 종전, 현재 소재지에서 각각 21일 이내
- 출자 총좌수와 납입한 출자금 총액(정관변경사항) : 회계연도 말을 기준으로 그 회계연도가 끝난 후 1개월 이내

설립등기, 이전등기, 변경등기 등은 이사장이 신청인이 되어 진행하여야 하며, 변경등기의 경우에는 변경등기신청서에 등기 사항의 변경을 증명하는 서류를 첨부하여 제출하여야 한다. 합병으로 인해 소멸되는 협동조합의 해산등기의 경우는 합병으로 인해 소멸되는 협동조합의 이사장이 신청인이 된다. 한편, 협동조합이 아예 해산하는 때의 해산등기, 청산인등기, 청산종결등기는 청산인이 등기신청인이 된다.

한편, 협동조합기본법 제69조에서 등기소가 협동조합등기부를 갖추

어 두도록 하였으며, 동법에서 미처 규정하지 못한 사항은 비송사건절차법 및 상업등기법 중에서 등기에 관한 규정을 준용할 수 있도록 하였다.

7. 협동조합 관련 교육 · 훈련

협동조합은 조합원 · 임직원에 대한 지속적인 교육 · 훈련을 통해 협동 역량, 운영 역량, 사업 수행 역량을 길러야 한다. 협동조합기본법은 조합원과 직원에 대한 교육 및 훈련, 정보제공을 협동조합의 필수사업으로 수행하도록 규정(협동조합기본법 제45조 제1항 제1호)하였다.

세계협동조합연맹의 협동조합 7원칙 중 제5원칙에서, '협동조합은 조합원, 선출된 대표자, 경영관리자, 조합 직원에 대해 적절한 교육과 훈련을 제공'할 것을 명시하고 있는 것에서도 미루어 짐작할 수 있듯이, 협동조합의 운영과 관리에 있어서 상당히 높은 수준의 전문성이 필요하다.

협동조합이 활성화되고 내부 교육 · 훈련 프로그램이 구비된다면 더할 나위가 없겠지만, 사실상 대부분의 초창기 협동조합들은 외부의 교육프로그램을 이용할 수밖에 없을 것이다.

한편, 협동조합기본법 시대를 맞이하여 정부와 지방자치단체들은 협동조합 생태계 조성 차원에서 여러 가지 직 · 간접적인 협동조합 지원방안을 수립하여 시행할 것으로 전망된다. 기획재정부에서 3년마다 하는 실태조사도 이런 차원에서 실행되는 것이라고 보면 된다.

정부는 개별 창업보다는 협동조합 형태의 조직화된 창업에 대한 지원 확대에 중점을 두고 협동조합을 대상으로 공동시설투자, 공동마케팅 사업을 지원하고, 사회적기업 인증대상에 준하는 지원체계도 검토중이다. 지방자치단체도 지역대학, 연구기관 등과 협력하여 협동조합 조직 · 창업 관련 교육 및 홍보 아카데미를 실제로 운영중이거나 계획중에 있다.

앞으로 협동조합 관련 교육프로그램으로 개설될 것이 예상되는 분야로는 협동조합에 대한 기본교육을 포함하여 협동조합의 결성, 창업관련 절차 및 방법 교육, 세제 · 자금지원 등 정부지원제도 관련 교육, 공동구매 · 공동판매 등 공동사업, 추진방법 등이다.

각 협동조합의 실무자들은 기획재정부, 각 지방자치단체 홈페이지나 유관부서를 참조하거나 문의하여 각 조합에 필요한 교육 · 훈련 분야를 선택하면 될 것이다.

8. '협동조합의 날' 행사

세계협동조합연맹은 매년 7월 첫째 주간을 '협동조합 주간'으로 하고, 그 주간의 토요일을 '세계협동조합의 날'로 제정한 바 있다. 세계협동조합의 날은 세계협동조합연맹(ICA)이 1995년에 범세계적 협동조합운동의 확산을 위해 제정한 것이다.

우리나라도 협동조합에 대한 이해를 증진시키고 협동조합의 활동을 장려하기 위하여 협동조합기본법 제12조에 이러한 내용을 반영하였다. 즉 국가는 협동조합에 대한 이해를 증진시키고 협동조합의 활동을 장려하기 위하여 매년 7월 첫째 토요일을 협동조합의 날로 지정하며, 협동조합의 날 이전 1주간을 협동조합 주간으로 지정하여, 국가와 지방자치단체로 하여금 협동조합의 날의 취지에 적합한 행사 등의 사업을 실시하도록 노력하고 있다.

실무포인트

협동조합의 대외관계 사항

- 협동조합에 대한 공공기관의 지원
  국가 및 공공단체는 협동조합 및 사회적협동조합의 사업에 대하여 적극적으로 협조하여야 하고, 그 사업에 필요한 자금 등을 지원할 수 있다.
- 협동조합정책 총괄부서
  기획재정부 장관이 협동조합 관련 정책을 총괄한다. 즉 기획재정부가 협동조합에 관한 정책의 입안, 조정 등을 총괄하는 것이다. 한편, 협동조합 관련 정책에 관한 주요 사항을 심의하기 위하여 기획재정부 장관 소속으로 협동조합정책심의위원회(심의회)를 둔다.
- 협동조합 실태조사
  협동조합의 총괄부서인 기획재정부는 매 3년마다 실태조사 후 결과를 공표하도록 한다.
- 협동조합연합회 관련 사항
  협동조합기본법은 이러한 협동조합간 협력을 위해 협동조합연합회 및 사회적협동조합연합회를 별도로 규정하여 놓고 있다. 또한 협동조합연합회 및 사회적협동조합연합회와 관련하여 본서에서는 협동조합의 설립 · 운영과 관련해서 서술한 바 있고, 협동조합기본법도 협동조합 및 사회적협동조합에 관한 규정을 대부분 준용하도록 하고 있다.
- 협동조합의 날
  매년 7월 첫째 토요일이 협동조합의 날이다. 매년 이날을 포함한 한 주간에 각종 협동조합 관련 행사가 지방자치단체의 주관 또는 협조하에 펼쳐진다.

8장

협동조합 Q & A

이 장에서는 지금까지 협동조합에 관해 다룬 내용에 대해 독자 여러분들께서 복습을 하고 실무에도 참고할 수 있도록 핵심 중요사항을 질문 · 응답 형식(Q & A)으로 정리하였다. 협동조합에 대한 기본적인 사항에서부터 설립 및 운영실무, 성공사례, 성공적인 조합운영을 위한 유의사항 등에 포괄적으로 재음미해 볼 수 있을 것이다.

Q : 협동조합의 정의와 가치란 무엇인가?

A : 협동조합의 정의와 가치는 세계협동조합연맹(ICA)의 1995년, 「협동조합의 정체성에 관한 ICA의 선언」에 잘 정리되어 있다. ICA는 협동조합에 대하여, "공동으로 소유되고, 민주적으로 운영되는 사업체를 통하여 공동의 경제적 · 사회적 필요와 욕구를 충족시키고자 하는 사람들이 자발적으로 결성한 자율적인 조직"이라고 정의하였다.

또한 협동조합의 가치에 대해서는 "협동조합은 자조 · 자기책임 · 민주 · 공정 · 연대 등의 가치를 기본으로 하며, 조합원은 정직 ·

공개 · 사회적 책임 · 타인에 대한 배려 등의 윤리적 가치를 신조로 한다."라고 하였다. 요약하면 협동조합은 협동과 자조를 조직운영의 이념적 기반으로 하여, 조합원의 경제적 · 사회적 · 문화적 필요와 욕구 충족을 통하여 조합원의 복리증진을 도모하는 조직이라고 할 수 있다.

Q : 근대적 협동조합은 언제부터 시작되었다고 할 수 있는가?

A : 근대적 협동조합은 대체로 과격한 노동운동에 의한 권리 쟁취의 한계를 느낀 노동자들이 스스로의 자조(自助)와 협동에 의해 생존의 길을 모색한데서 유래되었다고 본다. 좀 더 구체적으로 살펴보면, 1848년에 영국 북서부의 도시, 로치데일(Rochdale)에서 방직공장의 28명 노동자들은 자신들의 요구조건을 내건 동맹파업에 실패하고, 이러한 힘에 의한 권리 쟁취의 한계성을 느낀 노동자들은 자신들의 노동운동의 방향을 전환하게 된다.

그들은 자구적(自救的)으로 소액의 출자금을 모아서 밀가루나 버터 등의 식료품을 공동구입 · 판매하기 위한 장소를 확보하고 판매를 시작하였는데, 일반적으로 이것을 오늘날 협동조합의 시초로 본다. 이 조합의 정식명칭은 '로치데일공정선구자조합'(The Rochdale Society of Equitable Pioneers)이라고 한다.

로치데일협동조합의 운영원칙인 '로치데일협동조합원칙'의 대부분은 나중에 세계협동조합연맹(ICA)의 협동조합 7원칙에 반영되어 오늘에 이르고 있다.

Q : 협동조합의 종류는 어떤 것이 있는가?

A : 2012년 말(12월), 협동조합기본법과 동법 시행령 및 시행규칙이 일제히 발효되기 전까지만 해도 우리나라의 협동조합은 개별법 또는 특별법

상의 8개 종류의 협동조합이 설립되어 운영되고 있었다. 농업협동조합, 수산업협동조합 외에도 산림조합, 엽연초생산협동조합, 중소기업협동조합, 새마을금고, 신용협동조합, 소비자생활협동조합을 말한다.

협동조합의 유형이나 종류에 관한 정해진 구분(분류)방법은 없다. 학자나 전문가에 따라 분류방법에 다소 차이가 나기도 하고, 분류의 초점을 어디에 두느냐에 따라 서로 다르게 분류가 되기도 한다. 그동안 우리나라는 농·수·축협을 생산자협동조합, 신협(신용협동조합)·생협(소비자생활협동조합)을 소비자협동조합이라고 불러 왔다.

다만, 현재는 협동조합기본법이 발효되어 시행되고 있으므로 생산자협동조합은 다른 차원에서도 구분해 볼 필요는 있을 것이다. 대체적으로, 협동조합기본법상의 법인유형에 의한 구분, 조합의 주체에 의한 구분, 조합사업 또는 서비스의 대상에 의한 구분이 일반적이다.

첫째, 협동조합기본법상의 일반협동조합과 사회적협동조합의 구분이다. 둘째, 조합의 운영주체인 조합원의 구성에 따라 생산자협동조합, 소비자협동조합, 직원협동조합, 사업자협동조합, 노동자협동조합, 다중이해관계자협동조합, 사회적협동조합 등으로 구분할 수 있다. 셋째, 조합의 기능에 따라 협동조합의 유형을 구분할 수 있는데, 생산자협동조합과 소비자협동조합은 기능별, 대상별로 세부적으로 구분이 가능하다. 즉 생산자협동조합은 생산제품의 원료구입·생산·판매 등 생산과정 중의 어느 부분을 전문화하여 그 협동조합의 사업항목으로 하느냐에 따라 구매조합, 생산조합, 판매조합, 가공판매조합, 이용조합 등으로 나눌 수 있다.

소비자협동조합은 소비자들이 생활필수품 구매, 생활 및 문화서비스·설비 이용 등과 같이 소비생활을 '같이'(협동)하는 협동조합을 말한다. 이러한 소비자협동조합은 공동구매에 중점을 두느냐, 공동이용에 중점을 두느냐에 따라 크게 두 종류의 소비자협동조합으로 구분할 수 있다. 예를 들면 육아용품을 공동으로 구매하는 하는 것이 주목적인 조합이라면 육아용품의 '공동구매협동조합', 육아서비스를 공동으로 이용하는 것을 주목적으로 하는 공동육아협동조합은 '공동이용협동조합'이 될 것이다.

Q : 주식회사에 비하여, 협동조합의 조직적 특성은 무엇인가?

A : 협동조합은 한마디로 '공동으로 소유하고 민주적으로 운영하는 조직'이다. 여기서 특히 유의해야 하는 항목은 '민주적으로 운영'한다고 하는 부분이다. 이 부분이 주식회사와 결정적으로 다른 점이다. 주식회사는 보유주식수에 따라 의결권이 결정된다. 극단적으로 1인 대주주도 가능하다. 그렇지만, 협동조합은 조합원 자신의 출자좌수와는 상관없이 조합원 1인 1표제로 의사결정을 한다.

이것은 또한 자본보다는 사람을 중시한다는 것을 의미하기도 한다. 즉 협동조합은 인적 중심조직으로서 대표적 물적 조직인 주식회사와 다른 점이다.

이 외에도 주식회사는 영리추구를 위한 경쟁과 효율을 중시하지만, 협동조합은 자주 · 자립 · 협동의 가치를 중시하는 공동체적 조직이라는 점이다.

Q : 협동조합기본법의 사회 · 경제적 의의는 무엇인가?

A : 지금까지는 8개 개별법에 의한 협동조합만이 설립 가능했다고 할 수 있다. 생협(소비자생활협동조합)이나 농협의 지역농협 설립을 위한 최소조합원 규모가 300명~1,000명이었으므로 사실상 일반인들은 협동조합 설립이 어려웠던 것이다. 그런 점에서 협동조합기본법의 의의 또는 의

미는 크다고 할 수 있다. 최소조합원 5명만 있으면 일단 협동조합 설립이 가능해진 것이다. 따라서 소상공인, 영세 자영업자, 다양한 종류의 사회적 서비스 종사자, 취약계층에게 사업기회와 일자리 창출 기회가 열리게 된 것이다. 즉, 지금까지는 농 · 수 · 축협, 산림조합 등 주로 1차산업 분야와 신용사업 분야 위주였던 협동조합이 사회 · 경제적 다양한 분야로 확대될 것이라는 점이다.

다만, 협동조합기본법의 출현으로 협동조합에 관한 기본법과 개별법이 공존하는 시대가 되었음을 의미한다. 세계협동조합연맹은 각 국가에 대해 협동조합통합법을 만들도록 권고한 바 있다. 그러나 모든 국가들이 협동조합에 관한 통합법을 만들고 있는 것은 아니다.

Q : 협동조합기본법의 일반협동조합과 개별법인 소비자생활협동조합법상의 소비자생활협동조합(생협)은 어떻게 다른가?

A : 협동조합기본법은 2012년 말에 발효되었으며, 이 법에 의해 설립되는 협동조합은 이전의 생협보다 훨씬 설립요건이 완화되었다. 즉 생협은 최소조합원이 300명이고, 조합활동 분야도 주로 친환경농산물 등 1차산업 분야였으나 협동조합기본법상의 협동조합은 1차산업뿐만 아니라 2 · 3차산업으로 그 설립영역이 확대될 수 있다는 점이다.

Q : 협동조합 7원칙은 무엇인가?

A : '협동조합 7원칙'은 협동조합에 관한 일종의 교본(敎本) 역할을 한다. 이 원칙은 세계협동조합연맹(ICA)이 창립 100주년을 맞아 발표하였다. 이 원칙에는 협동조합의 정체성에 관련되는 항목이 7가지로 정리되어 있다. 즉 ① 자발적 · 개방적인 가입, ② 민주적 관리 원칙, ③ 조합원의 경제적 참여, ④ 자율과 자립, ⑤ 교육 · 훈련, 홍보의 원칙, ⑥ 협동조

합간 협동, ⑦ 지역사회에 대한 참여(관심) 원칙 등이다.

Q : 세계협동조합연맹은 어떤 조직인가?

A : 세계협동조합연맹은 세계의 협동조합의 정체성을 보호하고 협동조합이 시장경제에서 경쟁력을 가질 수 있도록 지원하기 위해 만들어진 기구이다. 1895년 영국 런던에서 영국, 덴마크, 프랑스, 독일, 네덜란드, 이탈리아, 스위스, 미국 등의 국가대표가 참석한 가운데 설립되었다.

ICA는 세계 각국의 정부와 연구단체, 개인들에게 협동조합 모델의 사업적인 가능성을 전파하기 위해 협동조합운동의 전도사 역할을 하고 있다. 또한 협동조합이 성장하는 데 필요한 새로운 법률의 도입과 협동조합을 지원하는 효과적인 행정절차를 구축하기 위한 노력도 한다.

ICA의 산하조직으로는 국제협동조합농업기구, 국제협동조합은행연합, 세계소비자협동조합, 국제협동조합어민기구, 국제보건협동조합기구, 국제협동조합주택기구 등을 두고 있으며, 본부는 스위스 제네바에 있다.

Q : 사회적 경제의 개념과 협동조합은 어떤 관련성을 가지는가?

A : 경제학자 칼 폴라니(Karl Polanyi)는 경제에는 교환(시장)이라는 기본적 요소 외에도 호혜성이 있다고 한 바 있다. 즉 경제에는 사회적(social) 경제의 특성도 있다는 주장이다. 이는 공동체 구성원으로서의 인간다운 삶의 질을 확보하자는 것을 말하며, 조직 형태는 협동조합이나 사회적 기업이 가장 가깝다고 본다.

세계협동조합연맹이 협동조합은 공동의 경제적 · 사회적 욕구를 충족시키고 사회적 책임을 달성해야 하는 것으로 협동조합의 특성과 가치에 대해 정의하고 있는 데에서도 나타나는 바와 같이 협동조합도 사회적 경제의 수행주체임은 틀림없는 것이다.

이렇게 협동조합이나 사회적기업 등을 포괄하는 '사회적 경제'라는 개념에 대한 전문가들의 견해는 대체로 일치하고 있다. 사회적 경제의 개념은 신자유주의적 자본주의의 경쟁과 이익추구 우선적 사고의 부작용에 대한 반성에서 나오게 되었다는 것이다. 사회적 경제의 개념에는 공동체 또는 공유적 사고가 포함되어 있다.

사실상 현대 경제는 마치 주식회사만이 최상의 경제활동 수단이고, 경쟁과 효율만이 최고의 가치인 것처럼 부지불식간에 인식되어 온 것을 부인할 수만은 없을 것이다. 그러나 사회적 경제는 시장경제를 부정하거나 수정하고 대체하는 것이라기보다는 시장경제에 대한 보완적 · 대안적(代案的)인 개념이라고 할 수 있다.

Q : 협동조합기본법상의 (일반)협동조합과 사회적협동조합은 어떤 점에서 비교되는가?

A : 이 두 협동조합은 설립과정과 법인형태, 사업분야 및 영리성의 여부에서 크게 차이가 난다.

첫째, 조합설립 과정에서 일반협동조합은 관할 시 · 도시자에게 설립신고를 하면 되지만, 사회적협동조합은 기획재정부나 관계 중앙관청(보건복지부 등)의 설립인가를 거쳐야 한다.

둘째, 일반협동조합은 영리법인으로서의 성격을 가지지만, 사회적협동조합은 비영리법인으로 분류된다.

셋째, 일반협동조합은 조합설립 목적을 달성하기 위하여 필요한 사업을 자율적으로 정관으로 정할 수 있다. 다만 조합원과 직원에 대한 상담, 교육 · 훈련 및 정보제공 사업, 협동조합간 협력을 위한 사업,

협동조합의 홍보 및 지역사회를 위한 사업을 반드시 포함하여야 한다. 한편 사회적협동조합은 주사업으로 지역사회 재생, 지역경제 활성화, 지역주민들의 권익 · 복리 증진 등 공익사업을 총사업의 40% 이상 포함하여야 한다.

Q : 협동조합기본법상의 사회적협동조합의 '주사업' 분야로 인정받으려면 어떤 요건을 갖추어야 하는가?

A : 사회적협동조합은 그 협동조합 전체 사업량의 40% 이상을 차지하는 사업분야로서, 최소한 다음과 같은 한 가지 이상의 사업을 수행하여야 한다. 주사업 분야에 해당하는 사업으로는 ① 지역사회 재생, 지역경제 활성화, 지역주민들의 권익 · 복리 증진 및 그 밖에 지역사회가 당면한 문제 해결에 기여하는 사업, ② 취약계층에게 복지 · 의료 · 환경 등의 분야에서 사회서비스 또는 일자리를 제공하는 사업, ③ 국가 · 지방자치단체로부터 위탁받은 사업, ④ 기타 공익증진에 이바지하는 사업이 있다.

Q : 협동조합기본법상의 협동조합 설립절차를 간단히 요약한다면 어떻게 되는가?

A : 협동조합이 설립되려면 통상 8단계를 거쳐야 한다. 발기인 5인 이상 모집, 정관작성, 설립동의자 모집, 창립총회 의결(정관, 임원선임 등), 관할 지방자치단체(시 · 도지사) 설립신고, 발기인회의 이사장에게 조합업무 인계, 출자금 납입, 설립등기 등이다.

Q : 협동조합의 정관에는 어떤 사항이 포함되어야 하는가?

A : 협동조합의 정관사항은 협동조합기본법 제16조에 규정되어 있다. 정관에 포함되어야 할 항목은 다음과 같다.

① 목적, ② 명칭 및 주된 사무소의 소재지, ③ 조합원 및 대리인의 자격, ④ 조합원의 가입 · 탈퇴 및 제명에 관한 사항, ⑤ 출자 1좌의 금액과 납입 방법 및 시기, 조합원의 출자좌수 한도, ⑥ 조합원의 권리와 의무에 관한 사항, ⑦ 잉여금과 손실금의 처리에 관한 사항, ⑧ 적립금의 적립방법 및 사용에 관한 사항, ⑨ 사업의 범위 및 회계에 관한 사항, ⑩ 기관 및 임원에 관한 사항, ⑪ 공고의 방법에 관한 사항, ⑫ 해산에 관한 사항, ⑬ 출자금의 양도에 관한 사항, ⑭ 기타 총회 · 이사회의 운영 등에 필요한 사항 등이다.

정관의 변경의 경우, 일반협동조합은 기본법 시행규칙 서식(정관변경신고서)에 첨부서류와 함께 처음 설립신고를 한 시 · 도지사, 즉 특별시장 · 광역시장 · 특별자치시장 · 도지사 · 특별자치도지사(시 · 도지사)에게 신고를 해야 한다. 한편 사회적협동조합은 기본법 시행규칙의 서식(정관변경인가신청서)을 작성하고 첨부서류와 함께 인가신청을 하도록 한다.

사회적협동조합의 정관의 변경은 기획재정부 장관의 인가를 받아야 그 효력이 발생한다. 단, 기획재정부 장관의 권한은 관계 중앙행정기관의 장에게 위임할 수 있다.

Q : 협동조합의 주요 기관으로서, 총회와 이사회의 의결사항은 무엇이 다르며, 이에 대한 유의사항은 어떤 것이 있는가?

A : 협동조합에서 총회와 이사회는 조합의 주요 사항을 결정하고, 집행하는 2대 기관이다.

총회는 정관의 변경, 임원의 선임과 해임, 합병 · 분할 승인 등 주로 협동조합의 존립(存立)과 제도에 관한 사항을 의결하여 결정한다. 한편 이사회는 조합의 재산 및 업무집행 등 주로 조합의 운영에 관한 사항을 의결한다.

따라서 조합의 관계자는 총회와 이사회의 의결사항을 잘 파악하여 혼동하지 않도록 하여야 한다. 만약에 그런 경우가 발생하면 심의 · 의결된 안건의 법적 효력에 문제가 발생할 수 있고, 경우에 따라서는 조합운영상으로 큰 피해를 가져올 수도 있는 것이다.

총회와 이사회 의결사항

총 회	이사회
• 정관의 변경 • 규약의 제정 · 변경, 폐지 • 임원선출 · 해임, 조합원 제명 • 사업계획 및 예산의 승인 • 결산보고서 · 감사보고서 승인 • 조합합병 · 분할 · 해산, 휴업에 관한 사항 • 정관으로 정한 총회의결 사항 • 이사장(이사회)의 필요 인정 사항	• 조합 재산 및 업무집행 사항 • 총회 소집, 총회상정 안건 • 규정의 제정 · 변경 및 폐지 • 사업계획 및 예산안 작성 • 법령 · 정관상 이사회 의결사항 • 조합운영 관련 중요 사항 • 이사장이 부의하는 사항
협동조합기본법 제29조 • 총 조합원 수 과반수 출석 + 출석자 3분의 2 이상 찬성으로 의결	동법 제33조 • 구성원 과반수 출석 + 출석원 과반수 찬성으로 의결

한편, 의결정족수와 관련하여 유의해야 할 것은 이사회는 구성원 과반수의 출석과 출석자 과반수의 찬성으로 의결하는데 대하여, 총회는 의결 안건에 따라 의사정족수를 다르게 규정한다는 점이다. 즉 총회의결사항 중에서 정관의 변경, 총회의 의결을 거치도록 정관으로 규정한 사항 및 조합원의 제명은 총조합원 과반수의 출석과 출석 조합원의 3분의 2 이상의 찬성으로 의결하고, 총회의 나머지 의결사항은 총

조합원 과반수의 출석과 출석 조합원 과반수의 찬성으로 의결한다.

Q : 국내 · 외의 유명한 협동조합의 사례로는 어떤 것이 있는가?

A : 국내에는 서울우유협동조합과 같은 생산자협동조합, 한살림 등 소비자생활협동조합, 소꿉마당 및 영차어린이집 등 공동육아 관련 조합, 원주의료생협 및 안산의료생협 등 의료생활협동조합, 신나는문화학교, 서구맛빵, 갓골작은가게가 있다. 지역 전체가 협동조합복합단지로서 기능을 하는 원주협동사회경제네트워크, 성미산마을 등이 있다.

해외의 유명협동조합에는 축구선수 리오넬 메시와 관계가 깊은 'FC바르셀로나축구팀'(스페인), 오렌지주스하면 떠오르는 '선키스트'(미국), 여러 번의 세계적 경제위기에도 안정적 은행경영을 유지한 '라보뱅크'(네덜란드), 낙농제품 수출로 유명한 '폰테라'(뉴질랜드), 스위스의 대표적 국민적 유통협동조합 '미그로' 등이 있다.

제5부

우리나라 협동조합의 미래

독자 여러분과 함께 협동조합과 기본법에 대한 이해(1부)/협동조합으로 성공하기(2부)/협동조합 설립 따라하기(3부)/협동조합, 운영하고 관리하기(4부)까지 숨가쁘게 달려왔다.

이제 제5부에서는 앞으로 협동조합 설립 · 운영 과정에서 예상되는 문제점을 개관해 보고, 협동조합 '전도사'임을 감히 자부하는 저자의 신념과 협동조합 관계자 여러분들에 대한 당부말씀을 드리려고 한다.

[제1장 **예상되는 문제는 이렇다**]에서는 국내외적으로 많은 협동조합 성공 사례가 있는 것은 분명하지만, 아직도 일반인들의 협동조합에 대한 낮은 인식과 오해의 문제, 자본조달의 문제, 정부지원 관련 문제, 협동조합제도에 대한 악용의 문제 등에 대한 개선 또는 대비가 필요함을 역설하였다.

[제2장 **멀지만 가야 할 길 – 협동조합**]은 일종의 '저자후기'라고 하겠다. 협동조합의 여러 가지 장점에도 불구하고 만능일 수는 없지만, 반드시 가야 할 길이라는 저자의 신념을 말하고 있다. 협동조합은 '멀지만 가야 할 길'이다. 자주 · 자조 · 자립을 통해서, 조합원의 '협동의 기적'을 이루어 나가자는 것이다.

1장

예상되는 문제는 이렇다

지금까지 살펴본 바와 같이, 협동조합은 경쟁력이 상대적으로 취약한 개인이나 계층에서 협동조합이라는 공동체를 설립하여 일반기업으로는 할 수 없었던 다양한 사업을 할 수 있고, 또한 성공적인 결과를 얻을 수 있으며, 조합원의 복리를 도모할 수 있음을 알 수 있었다.

그러나 협동조합이라고 해서 장점만 있는 것이 아니다.

협동조합을 한다고 해서 사회 · 경제적 활동을 하는 데 있어서 발생할 수 있는 여러 가지 해결해야 할 문제점이나 애로사항을 일거에 해결할 수 있는 '만병통치약'은 아니라는 것이다. 협동조합이라고 해서 경영능력이나 사업능력이 덜 중요한 것도 아니다.

협동조합도 조직으로서 대외적 환경대응 전략이나 사업수행과 내부 경영관리나 운영관리에서 효율성과 능률성이 요구된다는 것은 너무도 분명한 사실이다. 이에 대해 정부에서도 제도 정비 또는 생태계 조성 차원에서도 많은 노력을 하고 있기는 하다. 그러나 주무부서인 기획재정부 등 정부나 지방자치단체의 노력만으로 협동조합이 성공적인 정착을 기대하기는 무리이다. 앞으로 많은 장애요인과 문제들이 노출될 것이다. 이러한 장애요인에 대한 정확한 이해와 대처가 요구된다고 할 것이다.

1. 협동조합기본법령과 관련된 쟁점(문제점)

정부는 협동조합 신시대를 맞이하여 협동조합 제도가 성공적으로 정착하도록 하기 위해, 2012년 11월 28일에 기획재정부 등 관계부처 합동으로 위기관리대책회의를 개최한 바 있다. 이 대책회의에서 정부는 「'협동조합기본법' 시행과 향후 정책방향」을 제시하였다. 그 동안의 협동조합기본법령 발효에 대비하여 제도적 기반조성에 관한 추진상황을 점검하였으며, 제도적으로 미흡한 사항들은 향후 보완하기 위한 계획을 발표하게 된 것이다(아래 표 참조).

정부의 협동조합 관련 추진과제

개선 과제	소관부처
1. 완료 과제	
• 사회적기업 인증대상에 '협동조합' 추가	고용노동부
• 고용보험법령상 우선지원대상기업에 '사회적협동조합' 추가	고용노동부
• 협동조합으로 전환시 업력 및 인·허가 승계	전 부처
• 협동조합으로 전환시 정책지원 자격, 권리 유지	전 부처
2. 향후 추진과제	
• 물류단지시설 사업자에 '협동조합' 등 추가	국토교통부

• 농산물품질관리 대상 생산자단체에 '협동조합' 등 추가	농식품부
• 농·어업회사법인 형태에 '협동조합' 등 추가	농식품부
• 협동조합형 의료기관 설립요건·관리감독 강화	공정위
• 유통업(조합형 체인사업) 가능 법인에 '협동조합' 등 포함	산업통상자원부
• 가축분뇨처리 사업자의 범위에 '협동조합' 등 포함	환경부
• 학술연구용역용품의 관세 감면 대상에 '협동조합' 등 추가	재정부
• 지정기부금 단체에 '사회적협동조합' 추가	재정부
• 당기순이익 과세제도 적용대상에 '사회적협동조합' 추가	재정부
• 전환법인의 과세 부담 경감 방안 검토 (동일법인 간주)	재정부, 안행부
• 의사록 인증 예외법인에 협동조합 등 추가	법무부
• 중소기업 범위에 '사회적협동조합' 등 추가 검토	중기청
• 산림사업법인의 설립 가능 법인에 협동조합 추가	산림청

자료: 정부관계부처 합동 위기관리대책회의, 「협동조합기본법' 시행과 향후 정책방향」(2012. 11. 28)

위 표에서도 볼 수 있듯이 정부에서도 협동조합기본법 시대로 진입하면서 제도의 성공적 정착을 위해서 많은 노력을 하고 있다. 그러나 이것만으로 충분하다고 할 수 없다. 정부가 협동조합의 건전한 생태계 조성을 위해 보완해야 할 추진과제가 제대로 이행되어야 할 것이다. 다시 말해서 중소기업 범위에 '사회적협동조합' 등을 추가해야 하는 과제, 협동조합이 중소기업 등에 비해 불이익을 받지 않도록 하는 과제, 협동조합 조직을 이용한 사기, 즉 '가짜' 협동조합에 대한 규제 또는 처벌방안 등이 여기에 해당된다고 볼 것이다.

이하에서 협동조합기본법의 미비점이나 보완이 필요한 사항에 대해 알아보기로 한다.

우선, 협동조합기본법의 **법적 포괄범위**(包括範圍)에 관한 문제이다.

현행 협동조합기본법이 기존의 8개 개별법의 사항이나 내용을 포괄하지 못했다는 점이다. 원래 UN이나 세계협동조합연맹(ICA) 등 협동조합 국제기구들은 협동조합에 관한 통합법을 만들도록 권고하였음에도 협동조합에 관한 기본법과 종전의 개별법(8개 특별법)이 공존하는 상황이 되고 말았다. 다시 말해서, 협동조합기본법이 일반협동조합과 사회적협동조합이라는 크게 2가지 법인격으로만 나눠 놓았을 뿐이고, 8개의 개별법에 의한 협동조합 등 다양한 유형의 협동조합에 관한 사항을 기본법으로 포괄하지 못한 것이다.

다음으로는, **사업의 인 · 허가와 관련**된 문제이다.

정부부처의 인 · 허가가 요구되는 사업참여에 법인격 제한이 있을 경우, 즉 협동조합기본법상의 협동조합이 여기에 포함되느냐 여부를 분명히 해야 한다는 것이다.

왜냐하면 협동조합기본법은 이 법에 의해 설립되는 협동조합에 대해 법인격을 부여하는 법이므로 설립신고를 하거나 설립인가(사회적협동조합의 경우)를 받는다고 해서 그 협동조합의 목적사업이나 공동사업을 자동적으로 수행하도록 되어 있는 것이 아니라는 점이다. 바로 이 점이 기존의 개별법과 확연히 다른 점이다. 예컨대 협동조합기본법상의 주택협동조합을 설립 · 운영할 경우 주택법에 사업 인 · 허가 관련사항(제한사항, 위반사항 등), 자동차운수 분야의 경우는 운수법 관련 사항을 확인해 본 후에 설립신고를 해야 한다는 것이다.

셋째로, **협동조합과 중소기업의 역차별 논란**이 완전히 해소되지는 않았다는 것이다.

만약 협동조합이 중소기업에 해당되지 않으면 기존의 중소기업 등이 정부나 지방자치단체가 시행하는 여러 가지 지원정책이나 각종 중소기업 지원제도의 대상이 될 수 없게 된다. 서민경제의 디딤돌 역할을 해야 할 협동조합이 오히려 역차별을 받게 되는 것이다.

다행히도 2012년 11월 28일에 정부는 기획재정부 장관 주재로 관계부처 합동 위기관리대책회의를 개최하고, '협동조합기본법 시행과 향후 정책 방향'을 확정한 바 있다(앞의 표「정부의 협동조합 관련 추진과제」 참조).

이때 향후 추진과제로서 사회적협동조합도 일반협동조합이나 사회적기업 등과 마찬가지로 중소기업자에 포함시키기로 했다. 그동안 중소기업청은 사회적협동조합을 기업으로 볼 수 없다라며 반대하였으나 관계부처간 조정으로 사회적협동조합도 중소기업 범주에 들어가게 되었다.

이렇게 협동조합이 중소기업으로 간주되면 공공기관 우선구매제도 적용 등 중소기업이 누리는 혜택을 일부는 받게 된다. 그러나 이것만으로는 충분하다고 할 수 없으므로 앞으로 계속 제도적인 보완이 있어야 할 것이다.

2. 협동조합에 대한 인식(이미지)의 문제

현시대와 우리는 신자유주의 경제체제 속에서 경쟁과 효율성에 지나치게 매몰되어, 이윤극대화와 영리추구에 아주 익숙해 있다. 이러한 불균형을 되돌리는 균형추로서의 역할을 협동조합이 해주기를 바라는 사회적 분위기가 바야흐로 무르익고 있다. 이렇게 협동조합에 대한 관심도가 높아지고, '개인'으로서의 한계를 느끼고 협동조합을 만드는 초기에는 조합공동체의 구성원, 즉 조합원으로서 잘 협력이 이루어질 것이다.

그러나 조합을 운영함에 따라 조합에 대한 조합원의 열정이 식을 수도 있고, 조합의 운영방향, 성과의 배분, 잉여금 적립의 문제를 놓고 갈등이 생길 수도 있으며, 운영자금 부족으로 협동조합 운영 자체를 중단해야 할 수도 있다.

세계협동조합연맹(ICA)의 원칙에서도 강조되고 있는 것처럼 협동조합은 자주·자립·협동에 의한 상호부조와 다름 없다. 협동조합의 정체성을 벗어나는 일은 없어야 한다. 그럼에도 불구하고 조합운영이 부지불식간에 이윤극대화나 잉여금 확보 위주로 변질된다면 애초에 협동조합의 근본가치에 어긋나는 일이 아닐 수 없다.

한편 협동조합과 단순 동업의 차이에 대해서도 일반인들이 혼동스러워하는 경향이 높은 것도 협동조합의 조기 정착을 지연시키는 요인이 될 수 있다.

3. 자본조달의 문제

협동조합의 자본조달은 협동조합이 설립 및 운영중에 직면할 수 있는 가장 중요한 문제일 수도 있다. 협동조합은 주식회사처럼 주식공모 등을 통한 자본조달을 할 수 없다. 현재로서는 오로지 조합원이 내는 출자금과 효율적인 조합운영에 의한 잉여금 적립 외에는 별다른 자금조달 수단이 없는 실정이다. 이런 상황에서 갑자기 조합의 운영상황이 악화되면 큰 문제가 아닐 수 없다.

그러므로 협동조합의 자금확충 차원에서 출자금 외에 조합원 가입금 납부 제도, 회전출자금 제도 등 협동조합의 가치나 정체성에 크게 위배되지 않는다면 협동조합의 자금조달 방법을 융통성이 있게 확대해 보는 것도 고려해봄직 할 것이다. 참고로 세계적으로 유명한 협동조합복합체의 사례를 보면 협동조합 산하에 주식회사나 기업형태로 산하기업을 가지고 있는 경우가 있고, 금융기관을 협동조합복합체 산하에 가지고 있는 경우(스페인, 몬드라곤협동조합 복합체(MCC))가 많다.

4. 정부지원의 문제

협동조합기본법의 입법 필요성이 제기된 초기단계에서는 협동조합에 대해서도 중소기업이나 소상공인처럼 일정한 지원이 필요하다는 주장이나 의견들이 있었다. 그러나 협동조합의 정체성, 즉 자주 · 자립 · 협동이라는 협동조합의 3대 지주가 무너지면 협동조합 자체가 존립의의를 잃게 된다는 반론도 만만치 않았다. 결국 협동조합기본법 제10조 제2항에, "국가 및 공공단체는 협동조합등 및 사회적협동조합등의 사업에 필요한 자금 등을 지원할 수 있다."는 내용이 삽입되었다.

그러나 다행인 것은 본서에서 협동조합기본법이나 협동조합 관련 제도적 환경에 관하여 적시(摘示)하고 있는 문제점이나 과제에 대해 정부나 정책당국에서 인지하고 있다는 점은 다행스러운 일이라고 할 것이다. 향후 가까운 시기에 해결될 것을 기대해 본다.

중요한 것은, 협동조합이 일반 중소기업이나 소상공인지원제도에 비해 역차별 현상이 발생하지 않으면서도 순조로운 협동조합 활동이 가능한 생태계 조성 차원에서 정책적 · 입법적 노력이 계속되어야 한다는 점이다.

5. 협동조합제도에 대한 악용의 문제

2012년도 중반에 협동조합기본법 시행령 1차 입법예고[1]에 이어 재입법예고[2]를 하는 상황이 벌어졌다. 그 주요 사유는 사회적협동조합이 의료기관을 개설할 경우의 인가요건을 상향 조정하고, 협동조합기본법 제95조 제3항의 위임에 따른 조합원이 아닌 자의 보건 · 의료 서비스 이용범위를 변경하기 위해서였다.

이것은 협동조합 개별법상의 일부 의료생활소비자협동조합(의료생협)이 협동조합의 원래 취지와는 전혀 무관하게 속칭 '사무장병원'[3]으로 운영되는 폐단을 협동조합기본법하의 의료협동조합에서는 막아 보자는 당국의 의지가 담겼다고 볼 수 있다.

이 외에도 우리나라의 일반협동조합과 사회적협동조합이 본격적으로 설립 · 운영될 것이 예상되기는 하지만, 아직 협동조합의 활동여건은 상당히 미비하다고 할 수 있다. 따라서 정부나 지방자치단체 등에서 협동조합 생태계 조성 차원에서 정부의 직 · 간접적인 지원제도가 시행될 가능성이 높다.

물론 협동조합기본법의 법적 취지나 정부의 정책적 방침은 협동조합에 대한 직접적 지원은 최대한 자제하는 것으로 되어 있기는 하다. 이 경우에 우려되는 것은 기존의 많은 예비 사회적기업들이 정부나 지자체의 지원에 의존하는 경향이 높은 관계로 자생력을 갖지 못하고 경쟁력 있는 사회

1 기획재정부 공고 제2012-88호, 2012. 5. 7.

2 기획재정부 공고 제2012-134호, 2012. 8. 3.

3 사무장병원이란 특정인이 의사들을 고용하여 의료생협병원 인가조건(300인 이상이 3,000원 이상 출자)을 악용하여 병원을 설립 · 운영하는 병원을 말한다. 매스컴에서 종종 사무장병원의 부실과 폐단을 보도한 바 있다.

적기업으로 성장하지 못하고 침체현상을 보이기도 하였다. 이와 마찬가지로, 자조 · 자립 · 협동의 협동조합 정신이라는 협동조합의 가치와 원칙에 충실하지 못한 일부 신규 협동조합들이 정부의 지원제도에만 의지하게 될 경우 모처럼 형성되고 있는 협동조합 활성화 분위기가 식어버릴 수도 있다는 것이다.

2장

멀지만 가야 할 길, 협동조합

본서의 서두에서부터 여기까지 오면서 협동조합의 이념, 가치, 법령, 제도, 설립, 경영 및 운영에 관하여 두루 살펴보았다.

협동조합은 간단히 말해서, '혼자서' 해결하기 어려운 것을 '같이' 협력하여 해결하자는 것이다. 이렇게 '스스로 해결하기 어려운' 문제는 참으로 많을 것이다. 그것이 비즈니스 분야의 경쟁력이든, 질 높은 공동육아이든, 믿을 수 있는 보건 · 의료 서비스이든, 자활돌봄 서비스 등이든 마찬가지이다.

경쟁에 의한 효율추구 그 자체가 문제가 있다는 것은 아니다. 그러나 경쟁과 효율만이 우선적인 시대는 지났다. 대안을 찾아야 할 때가 온 것이다. 이제 협동조합으로 다양한 사업을 할 수가 있다는 것을 알아야 할 시점이 되었다. 협동조합으로도 비즈니스모델을 만들 수 있다는 것이다. 우리나라의 서울우유협동조합뿐만 아니라 세계적으로 성공적인 협동조합을 봐도 그렇다.

본서의 제1부 첫머리에서 미국 농무부의 협동조합의 정의를 인용한 바 있다. 협동조합은 조합원이 '소유자=경영자=이용자'가 되는 것이 원칙인 조직이다. 이러한 삼위일체적 협동조합은 조직원리상으로 인적 결합체의 특성을 강하게 띠게 되는 것은 당연한 일일 것이다. 협동조합이라는 이러한 인적 결합체는 사회 · 경제적으로 공동의 목적달성을 위해 서로 협동하게 되는 것이다. 문제는 사회적 서비스라는 것이 효율성 중심의 경쟁지향만으로는 해결 또는 충족되지 않는 데 있다. 거기에는 나눔이 필요하고, 희생이 요구되며, 자조적(自助的) 노력이 요구된다.

그동안 자본주의는 시대에 따라 다른 방점이 두어져 왔다. 자유방임사상과 관련이 깊은 고전자본주의의 '자본주의 1.0', 1930년대에 J. 케인즈를 중심으로 하여 정부의 역할을 중요시한 수정자본주의의 '자본주의 2.0'에 이어 전 세계적인 금융위기를 거치면서 실패한 시스템이라는 비판을 받기도 한 신자유주의 경제를 '자본주의 3.0'이라고 불렀다. 뒤이어 이 시대의 화두가 된 것이 '자본주의 4.0'시대이다.

공존과 공생의 정신으로 취약계층도 아우르는 경제시스템으로서 아나톨 칼레츠키가 말한 '자본주의 4.0시대'의 중심에 서게 된 것이 협동조합이라고 한다면 저자의 지나친 주장일까? 칼레츠키는 자신의 저서에서 근래에 전 세계적으로 빈발하고 있는 경제위기는 바로 효율적인 시장과 경쟁에 대한 지나친 믿음에 있다고 단언한다.

수정자본주의를 주장하여 자유방임주의적 경제정책을 신랄히 비판한 경제학자 J. 케인즈도 무제한적 자유경쟁은 오히려 시장의 파멸을 가져올 수 있다고 경고한 바 있다. 칼레츠키나 케인즈, 그리고 시장경제시대에서 협동조합 등의 공동체 시대로의 '위대한 전환'을 소리높여 주장한 K. 폴라니 모두 경쟁의 우월성에 대한 지나친 믿음에서 빠져 나오라는 것이다.

그렇다!

사람은 경쟁에만 익숙한 '호모 에코노미쿠스'(Homo-economicus)이기만

한 것이 아니라, '호혜적 인간'(Homo-reciprocan)적 특성도 가진다. 인간은 얼마든지 이타적(利他的)일 수도 있다는 얘기다. 이러한 이타성이야말로 바로 협동조합의 가치, 정신, 원칙이다. 어떻게 협동조합으로 기업활동이나 비즈니스를 할 수 있겠는가라는 회의적인 시각에서 벗어나자.

이런 저런 논란에도 불구하고 협동조합이 비즈니스나 사회적 활동에서 더 유리한 분야나 업종, 품목 및 서비스가 다양한 분야에서 존재한다는 사실은 누구도 부인할 수 없을 것이다.

이것은 주식회사 등 일반기업형태에 의한 비즈니스에만 집착하지 말아야 한다는 말이 된다. 수시로 생겼다가 사라지는 동네 미장원이나 이발관, 동네 빵집들도 5명만 모이면 협동조합을 설립할 수 있다.

택배기사나 대리운전기사가 '스스로' 자신을 돕는 길 외에는 권익을 지키는 방법이 무엇이 있을까? 이들 업종은 일종의 노동자협동조합이나 사회적협동조합 외에는 해결책이 보이지 않는다.

그렇다고 협동조합을 하기만 하면 모두 성공할 수 있을까?

그렇지 않다. 저자는 협동조합이 무조건 성공이 보장이 되는 만병통치약은 아니라고 분명히 말한 바 있다. 협동조합을 하시려는 분들도 협동조합의 성공에 대한 무조건적인 믿음을 버려야 한다. 이것은 사업을 하려면 주식회사밖에 없다고 생각하는 것만큼이나 바람직스럽지 못하다. 기업으로 사업을 해보다 잘 안되니까 협동조합이라도 한 번 해보자는 식의 접근은 곤란하다.

또한 협동조합에도 무시하기 어려운 취약점이 있다.

협동조합은 의사결정이 아무래도 느리고 지연되는 경우가 많다. 1인 1표제 의결을 기본으로 하며 조합원 공동체 모두의 동의를 확보해야 할 경우가 적지 않기 때문이다. 자본조달 측면에서도 주식회사보다 훨씬 취약하다. 협동조합은 영리추구가 주목적이 아니므로 수익성 비율 등 재무비율이 좋게 나오기 어렵기 때문에 조합원 추가출자나 외부차입에서 불리한 여건이 된다.

그럼에도 불구하고, 협동조합이 성공적일 수 있고, 일반기업에 대한 유력한 대안이 될 수 있는 것은 협동조합적 특성(정체성) 때문에 가능하다는 역설(逆說)을 잊지 말아야 할 것이다. '남과 같이 해서는 남과 같이 될 수 없다'라는 우스갯소리가 있다. 마찬가지로 협동조합이 일반기업적 방식에 대한 모방에 치중하다 보면 결코 성공할 수 없을 것이다. 오로지 협동조합이 '협동조합'일 수 있을 때에만 협동조합은 경쟁력을 가지고 되고 궁극적으로 성공할 수 있을 것이다.

협동조합기본법의 입법취지가 사회적 취약계층의 생활개선과 일자리창출에 중점을 두고 있는 것은 부인할 수는 없으나, 그렇다고는 해도 협동조합기본법이 협동조합의 생태계 조성을 위한 '협동조합기본법'일 뿐이지, 기존의 중소기업이나 소상공인지원법이나 제도와 같이 중소기업, 소상공인들을 직접 지원하는 성격의 법이 아님을 유의해야 한다. 즉 협동조합기본법은 협동조합의 설립을 자유롭게 해주기 위한 '기본법'이지 협동조합 '지원법'이 아닌 것이다.

그러므로, 협동조합이 설립되어 성공적으로 운영되려면 헌신적인 조합원에 의해 잘 조직화된 협동조합이, 자주 · 자조 · 협동이라는 협동조합의 기본정신에 투철하여 협동조합의 느린 의사결정과 취약한 자본조달의 문제점이나 기타 장애요인을 극복하는 것 외에는 다른 길이 없다.

다음으로, 협동조합으로 성공하기 위해서는 사업목적 또는 공동사업 아이템이 분명해야 하고, 매력적이어야 하며, 무엇보다도 협동조합 설립 및 운영주체들이 정부나 지방자치단체의 직접적인 지원정책에만 의지하지 않고 사업자들끼리 '모여서' 자조 · 협동 · 자립함으로써 협동조합의 생존력 또는 경쟁력을 확보하는 것이 무엇보다도 중요하다는 것이다.

이렇게 '모이면' 개별 운영하던 미장원이나 빵집들이 제법 큰 규모로 운영이 가능해지고 어느 정도의 경쟁력이 생기리라는 것은 충분히 예상할 수 있다. 다시 말해서, '나홀로' 창업하거나 운영하는 것보다는 '힘을 모아' 협동조합의 조합원으로 참여하여 각자 조합원이 스스로 장점을 서로 살려보자는 것이다. 즉 '나홀로' 점포나 창업이 아니라 모여서 '연대'하여 '협업'을 해보자는 것이다.

이제 남은 몫은 협동조합을 실제로 설립하여 운영하려는, 또는 협동조합형태의 비즈니스와 사회 · 경제적 활동을 하는 것이 더 나을 수도 있는 분들에 달려 있다.

협동조합의 조합원들이 자조 · 자립 · 협동의 협동조합의 가치에 얼마나 충실하면서 협동조합 활동을 하는가에 앞으로 우리나라 일반협동조합이나 사회적협동조합의 성패가 달려 있다는 말이다.

돌이켜보면, 우리나라의 협동조합운동의 역사는 길다고 하지 않을 수 없다. 두레, 향약, 계 등으로 미루어 짐작할 수 있다. 다만 이제 겨우 협동조합기본법이 발효되었고, 앞으로 우리나라 협동조합은 가야 할 길이 멀다고 할 수 있을 뿐이다.

협동조합에 대한 많은 기대와 함께 예상되는 문제점들이 협동조합으로서 극복하지 못할 문제점은 아니다. 협동조합이 구성원들의 상호 신뢰를 바탕으로 하는 적극적 협동과 참여라는 장점 이외에는 경영자원 측면에서 일반 영리기업에 비해 거의 모든 부문에서 불리하거나 부족하다는 것을 인정하지 않으면 안된다.

그렇다고 정부의 지원이나 차입 등 외부지원을 지나치게 기대하거나 의존하지는 말자! 또한 협동조합이 더 안전한 길일 수도 있음을 잊지 말아야 할 것이다. 서로 부족한 부분을 보충하는 상부상조의 정신이 협동조합의 가장 큰 자산일 수도 있으니까 말이다.

협동조합 분야 선진국들의 협동조합이 오늘날처럼 입지를 구축하는 데는 170년 이상의 시간이 필요했다는 것을 알아야 한다. '급할수록 돌아가라!'는 속담이 있다.

우주 강국 미국의 초석(礎石)을 놓았으며, 도전정신으로 가득찬 존 F. 케네디 대통령은 1960년대 당시 소련에 뒤지고 있던 우주개발 경쟁에서 1960년대가 끝나기 전에 반드시 미국 우주인이 달 표면을 걷게 만들겠다는 목표와 의지를 담아 다음과 같이 말했다.

"우리는 이 목표가 쉽기 때문에 하려는 것이 아니라, 어렵기 때문에 하려는 것이다. 이 목표는 우리 미국의 모든 국가적 역량과 에너지의 수준을 나타내는 척도가 될 것이기 때문이다. 결코 머뭇거리지 않을 것이며, 기꺼이 받아들일 의지가 있는 도전이기 때문이다."

드디어 미국은 1969년에 아폴로 11호를 정확히 달 표면에 사뿐히 내려 놓았다. 미국이 처음부터 우주로 로켓을 성공적으로 진입시킨 것이 아니다. 로켓이 발사장에서 그대로 주저 앉아 폭발해버린 것이 한 두 번도 아니다. 그래도 미국은 포기하지 않았던 것이다.

그렇다!

협동조합기본법 시대에, 우리나라의 협동조합도 그 성공적 정착이라는 어려운 목표를 이루기 위해서는 어쩌면 거국적이고 국민적인 도전정신과 참여정신이 필요할지도 모른다.

협동조합은 조합원 등 구성원들의 헌신적인 참여와 협동이 무엇보다도 중요한 인적 결합체임을 조합구성원 또는 조합관계자들은 한시도 잊지 말아야 할 것이다.

협동조합 관계자분들, 협동조합으로 기업하거나 협동조합으로 사회적 활동을 하시는 분들의 건투를 빈다.

부 록

1. 표준정관례

· 일반협동조합 표준정관례

· 사회적협동조합 표준정관례

2. 협동조합법령

· 협동조합기본법

· 협동조합기본법 시행령

· 협동조합기본법 시행규칙

일반협동조합 표준정관례

는 선택기재 조항, 나머지는 필수기재 조항

제1조(설립과 명칭) 이 조합은 협동조합기본법에 의하여 설립하며, ○○협동조합이라 한다.

제2조(목적) ○○협동조합(이하 '조합'이라 한다)은 자주적 · 자립적 · 자치적인 협동조합 활동을 통하여 구성원의 복리증진과 상부상조 및 국민경제의 균형 있는 발전에 기여함을 목적으로 한다.

〈소비자협동조합 정관례〉 제2조를 다음과 같이 규정한다.

제2조(목적) ○○협동조합(이하 '조합'이라 한다)은 자주적 · 자립적 · 자치적인 협동조합 활동을 통하여 구성원의 복리증진과 상부상조 및 국민경제의 균형 있는 발전에 기여하기 위하여 조합원이 필요로 하는 물품을 공동으로 구매하거나 조합이 공동으로 구성한 서비스를 공동으로 이용하는 것을 목적으로 한다.

(비고) '산악장비', '육아용품' 등 조합이 공동으로 구매하는 물품을 구체적으로 명시하거나 '주택임대', '공동육아' 등 조합이 공동으로 구성한 서비스를 구체적으로 명시할 수도 있다.

〈사업자협동조합 정관례〉 제2조를 다음과 같이 규정한다.

제2조(목적) ○○협동조합(이하 '조합'이라 한다)은 자주적 · 자립적 · 자치적인 협동조합 활동을 통하여 구성원의 복리증진과 상부상조 및 국민경제의 균형 있는 발전에 기여하기 위하여 ○○○업(혹은 ○○지역의 ○○업, ○○시장 등 조합원 구성에 적합한 문구를 적시)의 건전한 발전을 목적으로 한다.

〈직원협동조합 정관례〉 제2조를 다음과 같이 규정한다.

제2조(목적) ○○협동조합(이하 '조합'이라 한다)은 자주적 · 자립적 · 자치적인 협동조합 활동을 통하여 구성원의 복리증진과 상부상조 및 국민경제의 균형 있는 발전에 기여하기 위하여 직원이 함께 조합을 소유하고 관리하며, 안정적인 일자리를 늘려나가는 것을 목적으로 한다.

(비고) 조합원의 3분의 2 이상이 직원이고, 조합원인 직원이 전체 직원의 3분의 2 이상인 협동조합을 직원협동조합이라고 함

〈다중이해관계자협동조합 정관례〉 제2조를 다음과 같이 규정한다.

제2조(목적) ○○협동조합(이하 '조합'이라 한다)은 자주적 · 자립적 · 자치적인 협동조합 활동을 통하여 구성원의 복리증진과 상부상조 및 국민경제의 균형 있는 발전에 기여하기 위하여 둘 이상 유형의 조합원들이 모여 조합원의 경영 개선 및 생활 향상을 목적으로 한다.

제3조(조합의 책무) ① 조합은 조합원 등의 권익 증진을 위하여 교육 · 훈련 및 정보 제공 등의 활동을 적극적으로 수행한다.

② 조합은 다른 협동조합, 다른 법률에 따른 협동조합, 외국의 협동조합 및 관련 국제기구 등과의 상호 협력, 이해 증진 및 공동사업 개발 등을 위하여 노력한다.

제4조(사무소의 소재지) 조합의 주된 사무소는 ○○시 · 도 ○○시 · 군 · 구 ○○읍 · 면 · 동 ○○리에 두며, 규정에 따라 필요한 곳에 지사무소를 둘 수 있다.

제5조(공고방법) ① 조합의 공고는 주된 사무소의 게시판(지사무소의 게시판을 포함한다)에 게시하고, 필요하다고 인정하는 때에는 ○○특별시 · 광역시 · 특별자치시 · 도 · 특별자치도에서 발간되는 일간신문 및 중앙일간지에 게재할 수 있다.

② 제1항의 공고기간은 7일 이상으로 하며, 조합원의 이해에 중대한 영향을 미칠 수 있는 내용에 대하여는 공고와 함께 서면으로 조합원에게 통지하여야 한다.

제6조(통지 및 최고방법) 조합원에 대한 통지 및 최고는 조합원명부에 기재된 주소지로 하고, 통지 및 최고기간은 7일 이상으로 한다. 다만, 조합원이 따로 연락받을 연락처를 지정하였을 때에는 그곳으로 한다.

제7조(공직선거 관여 금지) ① 조합은 공직선거에 있어서 특정 정당을 지지 · 반대하거나 특정인을 당선되도록 하거나 당선되지 아니하도록 하는 일체의 행위를 하여서는 아니 된다.

② 누구든지 조합을 이용하여 제1항에 따른 행위를 하여서는 아니 된다.

제8조(규약 또는 규정) 조합의 운영 및 사업실시에 관하여 필요한 사항으로서 이 정관으로 정한 것을 제외하고는 규약 또는 규정으로 정할 수 있다.

제9조(조합원의 자격) 조합의 설립목적에 동의하고 조합원으로서의 의무를 다하고자 하는 자는 조합원이 될 수 있다.

〈직원협동조합 정관례〉 제9조를 다음과 같이 규정한다.

제9조(조합원의 자격) 조합의 설립목적에 동의하고 조합원으로서의 의무를 다하고자 하는 자는 조합원이 될 수 있다. 다만, 이 조합의 직원은 ○개월 이상 계속 근무할 경우 조합원이 될 수 있다.

(비고) 직원의 조합원 가입은 이 조합에 정규 직원으로 채용되는 것을 의미하므로 수습기간이 필요함

〈다중이해관계자협동조합 정관례〉 제9조를 다음과 같이 규정한다.

제9조(조합원의 자격 및 유형) ① 조합의 설립목적에 동의하고 조합원으로서의 의무를 다하고자 하는 자는 조합원이 될 수 있다.

② 조합원의 유형은 다음 각 호와 같다.

1. 생산자조합원: 조합의 생산활동 등에 함께 참여하는 자
2. 소비자조합원: 조합의 재화나 서비스를 이용하는 자
3. 직원조합원: 조합에 고용된 자
4. 자원봉사자조합원: 조합에 무상으로 필요한 서비스 등을 제공하는 자
5. 후원자조합원: 조합에 필요한 물품 등을 기부하거나 자금 등을 후원하는 자

(비고) 다중이해관계자협동조합은 위 5가지 중 2 이상의 다양한 유형의 조합원으로 구성되어야 한다.

제10조(조합원의 가입) ① 조합원의 자격을 가진 자가 조합에 가입하고자 할 때에는 가입신청서를 제출하여야 한다.

② 조합은 제1항에 따른 신청서가 접수되면 신청인의 자격을 확인하고 가입의 가부를 결정하여 신청서를 접수한 날부터 2주 이내에 신청인에게 서면 또는 전화 등의 방법으로 통지하여야 한다.

③ 제2항의 규정에 따라 가입의 통지를 받은 자는 조합에 가입할 자격을 가지며 납입하기로 한 출자좌수에 대한 금액 중 제1회의 금액을 지정한 기일 내에 조합에 납부함으로써 조합원이 된다.

④ 조합은 정당한 사유없이 조합원의 자격을 갖추고 있는 자에 대하여 가입을 거절하거나 가입에 관하여 다른 조합원보다 불리한 조건을 붙일 수 없다.

(비고) 협동조합의 설립 목적 및 특성에 부합되는 자로 조합원의 자격을 정관으로 제한할 수 있다.

제11조(조합원의 고지의무) 조합원은 제10조제1항에 따라 제출한 가입신청서의 기재사항에 변경이 있을 때 또는 조합원으로서의 자격을 상실하였을 때에는 지체 없이 조합에 이를 고지하여야 한다.

제12조(조합원의 책임) 조합원의 책임은 납입한 출자액을 한도로 한다.

제13조(탈퇴) ① 조합원은 예고하고 조합을 탈퇴할 수 있다.

② 조합원은 다음 각 호의 어느 하나에 해당하는 때에는 당연히 탈퇴된다.

1. 조합원 지위의 양도 등 조합원으로서의 자격을 상실한 경우
2. 사망한 경우
3. 파산한 경우
4. 금치산선고를 받은 경우
5. 조합원인 법인이 해산한 경우

(비고) 그 밖에 필요에 따라 제13조제2항의 사유를 정관에 정할 수 있다.

제14조(제명) ① 조합은 조합원이 다음 각 호의 어느 하나에 해당하면 총회의 의결을 얻어 제명할 수 있다.

1. ○년 이상 계속해서 조합의 시설 또는 사업을 이용하지 아니한 경우
2. 출자금 및 경비의 납입 등 조합에 대한 의무를 이행하지 아니한 경우
3. 조합의 목적사업과 관련된 법령 · 행정처분 · 정관 및 규정을 위반한 경우
4. 고의 또는 중대한 과실로 조합의 사업을 방해하거나 신용을 상실하게 하는 행위를 한 경우

〈직원협동조합 정관례〉 다음과 같이 제14조제1항제5호를 추가한다.

5. ○년 이상 계속해서 조합의 활동에 참여하지 아니한 경우

(비고) 조합의 성질을 고려하여 그 밖에 제명 사유를 추가하여 정할 수 있다.

② 조합은 제1항에 따라 조합원을 제명하고자 할 때에는 총회 개최 10일 전에 그 조합원에게 제명의 사유를 알리고 총회에서 의견을 진술할 기회를 주어야 한다.

③ 제2항에 따른 의견진술의 기회를 주지 아니하고 행한 총회의 제명 의결은 해당 조합원에게 효력이 없다.

④ 조합은 제명결의가 있었을 때에 제명된 조합원에게 제명이유를 서면으로 통지하여야 한다.

제15조(탈퇴 · 제명조합원의 지분환급청구권) ① 조합을 탈퇴하거나 조합으로부터 제명된 조합원은 다음 각 호의 정하는 바에 따라 지분의 환급을 청구할 수 있다.

1. 제13조의 규정에 의한 탈퇴의 경우에는 탈퇴조합원의 출자금에 해당하는 금액
2. 제14조 제1항의 1호 및 2호의 규정에 의한 제명의 경우에는 제명조합원의 출자금에 해당하는 금액

② 제1항의 지분은 제명 또는 탈퇴한 회계연도 말의 조합의 자산과 부채에 따라 정한다.

③ 조합은 탈퇴 조합원이 조합에 대한 채무를 다 갚을 때까지는 제1항에 따른 지분의 환급을 정지할 수 있다.

④ 조합은 탈퇴하거나 제명된 조합원이 조합에 대하여 채무가 있을 때에는 제1항에 따른 환급금과 상계할 수 있다.

⑤ 제1항에 따른 청구권은 탈퇴하거나 제명된 날부터 2년간 행사하지 아니하면 소멸된다.

⑥ 제1항에 따른 청구권은 탈퇴하거나 제명된 당시의 회계연도의 다음 회계연도부터 청구할 수 있다. 다만, 이사회의 승인이 있을 경우 탈퇴 또는 제명 당시에 바로 지급할 수 있다.

제16조(탈퇴조합원의 손실액 부담) ① 탈퇴한 조합원의 지분 환급분을 계산할 때 이 조합의 재산으로 그 채무를 다 갚을 수 없는 경우에는 탈퇴한 조합원은 납입의무를 이행하지 아니한 출자액의 범위에서 그가 부담하여야 할 손실액을 납입한다.

② 제1항에 따른 손실액의 납입 청구에 관하여는 제15조제5항을 준용한다.

제17조(출자) ① 조합원은 1좌 이상의 출자를 하여야 하며 출자 1좌의 금액은 ○○○원으로 한다.

② 한 조합원의 출자좌수는 총 출자좌수의 100분의 30을 넘어서는 아니 된다.

(비고) 100분의 30의 범위 안에서 정관으로 정할 수 있다.

③ 출자금은 일시에 납입한다. 다만, 불가피할 경우에는 2회로 나누어 납입할 수 있다.

④ 제3항 단서의 경우 출자 제1회의 납입금액은 출자금액의 2분의 1로 하고, 제2회 납입일자는 제1회 출자납입일로부터 6개월 이내로 한다.

⑤ 조합에 납입할 출자금은 조합에 대한 채권과 상계하지 못한다.

⑥ 출자는 현물로도 할 수 있고, 현물출자의 경우 규약이 정하는 바에 따라 출자액을 계산한다. 이 경우 현물출자자는 출자의 납입기일에 출자의 목적인 재산의 전부를 조합 또는 조합에서 지정한 장소에 납입하여야 한다.

제18조(출자증서 등의 교부) ① 조합의 이사장은 조합원이 제17조의 규정에 의하여 최초 출자금을 납입한 때 및 조합원이 요구할 때에는 다음 각 호의 사항을 적은 출자증서 또는 출자를 확인할 수 있는 증표에 기명날인하여 조합원에게 발급하여야 한다.

1. 조합의 명칭
2. 조합원의 성명 또는 명칭
3. 조합 가입 연월일
4. 출자금의 납입 연월일
5. 출자금액 또는 출자좌수
6. 발행 연월일

② 조합의 이사장은 매년 정기총회 7일 전까지 조합원의 출자금액 변동상황을 조합원에게 알려주어야 한다. 이 경우 우편, 전자메일, 팩시밀리, 휴대폰 문자 등을 이용하여 통지할 수 있다.

제19조(지분등의 양도와 취득금지) ① 조합원 지위의 양도 또는 조합원 지분의 양도는 총회의 의결을 받아야 한다.

② 조합원이 아닌 자가 지분을 양수하려고 할 때에는 가입의 예에 따른다.

③ 지분의 양수인은 그 지분에 관하여 양도인의 권리의무를 승계한다.

④ 조합원은 지분을 공유하지 못한다.

⑤ 조합은 조합원의 출자지분을 취득하거나 이를 질권의 목적으로 하여서는 아니 된다.

제20조(경비의 부과 및 징수) ① 조합은 조합의 사업 및 그 사업에 부대하는 사업에 필요한 경비를 충당하기 위하여 조합원에게 경비를 부과 및 징수할 수 있다.

(비고) 조합이 경비를 징수하는 경우에는 그 명목을 구체적으로 명시하여야 한다.

② 제1항에 따른 경비의 부과금액, 부과방법, 징수시기와 징수방법은 이사회에서 정한다.

(비고) 서비스를 이용하는 소비자협동조합의 경우에는 경비가 조합원의 조합 이용에 있어 중요한 사항이므로 '경비의 부과금액, 부과방법, 징수시기와 징수방법을 규약으로 정하고, 회계연도 중 시급한 조정이 필요한 경우에는 이사회에서 조정 후 임시총회를 소집하여 사후 추인을 받아야 한다'고 규정할 필요 있음

③ 조합원은 제1항에 따른 경비를 납입할 때 조합에 대한 채권과 상계할 수 없다.

④ 제2항의 부과금에 있어서 조합원에 대한 부과금액의 산정기준 사항에 변경이 있어도 이미 부과한 금액은 변경하지 못한다.

제21조(사용료 및 수수료) ① 이 조합은 조합의 사업을 이용하는 자에 대하여 사용료나 수수료를 부과할 수 있다.

② 이 조합이 계약을 체결함에 있어 계약당사자의 위임에 따라 운송 · 보관 그 밖의 행위를 대행하는 경우에는 이 조합은 그 대행에 필요한 부대비를 징수한다.

③ 제1항에 따른 조합원의 사용료나 수수료 납입을 조합에 대한 채권과 상계할 수 없다.

④ 제1항의 부과에 관한 사항은 규약으로 정한다.

제22조(과태금) ① 조합은 조합원이 출자금 또는 경비 등의 납입의무를 그 기한까지 이행하지 아니하는 경우에는 과태금을 징수할 수 있다.

(비고) 조합이 징수할 수 있는 과태금의 명목을 구체적으로 명시하여야 한다.

② 조합원은 제1항에 따른 과태금을 조합에 대한 채권과 상계할 수 없다.

③ 과태금의 금액 및 징수방법은 규약으로 정한다.

제23조(총회) ① 조합은 총회를 둔다.

② 총회는 정기총회와 임시총회로 구분한다.

③ 총회는 이사장과 조합원으로 구성하며, 이사장이 그 의장이 된다.

제24조(대의원총회) ① 조합원의 수가 200인을 초과하는 경우 총회에 갈음할 대의원총회를 둘 수 있다.

② 대의원은 조합원 중에서 선출한다.

〈다중이해관계자협동조합 정관례〉 제24조제2항을 다음과 같이 규정한다.

② 대의원은 조합원 중에서 제9조제2항의 조합원 유형에 따라 각각 선출한다. 다만, 선출할 대의원 수는 이사회에서 정한다.

(비고) 대의원은 조합원 유형에 따라 2 이상의 유형으로 구성하여야 한다.

③ 대의원의 의결권 및 선거권은 대리인으로 하여금 행사하게 할 수 없다.

④ 대의원의 정수는 ○○명이상으로 하며 임기는 ○년으로 한다.

(비고) 대의원의 정수는 50명 이상으로 하며, 임기는 4년 이내로 하여야 한다.

⑤ 결원으로 인하여 선출된 대의원의 임기는 전임자 임기의 남은 기간으로 한다.

⑥ 대의원은 조합원의 선거를 통하여 선출하며, 선거방법에 관한 사항은 선거관리규약으로 정한다.

⑦ 대의원총회에 관하여는 총회에 관한 사항을 준용하며, 이 경우 “조합원”은 “대의원”으로 본다.

⑧ 대의원총회는 조합의 합병, 분할 및 해산에 관한 사항은 의결할 수 없다.

제25조(대의원의 의무 및 자격상실) ① 대의원은 성실히 대의원총회에 출석하고, 그 의결에 참여하여야 한다.

② 대의원총회는 대의원이 다음 각 호의 어느 하나에 해당하는 행위를 할 때에는 그 의결로 대의원자격을 상실하게 할 수 있다. 이 경우 해당 대의원에게 서면으로 자격상실 이유를 의결일 7일 전까지 통지하고, 총회 또는 대의원총회에서 의견을 진술할 기회를 주어야 한다.

1. 대의원총회 소집통지서를 받고 정당한 사유 없이 계속하여 3회 이상 출석하지 아니하거나 대의원총회에 출석하여 같은 안건에 대한 의결에 2회 이상 참가하지 아니한 경우
2. 부정한 방법으로 대의원총회의 의사를 방해한 경우
3. 고의 또는 중대한 과실로 이 조합의 명예 또는 신용을 훼손시킨 경우

제26조(선거운동의 제한) ① 누구든지 자기 또는 특정인을 조합의 임원 또는 대의원으로 당선되도록 하거나 당선되지 아니하도록 할 목적으로 다음 각 호의 어느 하나에 해당하는 행위를 할 수 없다.

1. 조합원(협동조합에 가입신청을 한 자를 포함한다. 이하 이 조에서 같다)이나 그 가족 또는 조합원이나 그 가족이 설립 · 운영하고 있는 기관 · 단체 · 시설에 대한 다음 각 목의 어느 하나에 해당하는 행위
   가. 금전 · 물품 · 향응이나 그 밖의 재산상의 이익을 제공하는 행위
   나. 공사의 직을 제공하는 행위
   다. 금전 · 물품 · 향응, 그 밖의 재산상의 이익이나 공사의 직을 제공하겠다는 의사표시 또는 그 제공을 약속하는 행위

2. 후보자가 되지 못하도록 하거나 후보자를 사퇴하게 할 목적으로 후보자가 되려는 사람이나 후보자에게 제1호 각 목에 규정된 행위를 하는 행위
3. 제1호 또는 제2호의 이익이나 직을 제공받거나 그 제공의 의사표시를 승낙하는 행위 또는 그 제공을 요구하거나 알선하는 행위

② 임원 또는 대의원이 되려는 사람은 후보자등록마감일의 다음날부터 선거일 전일까지의 선거운동기간을 제외하고는 선거운동을 위하여 조합원을 호별로 방문하거나 특정 장소에 모이게 할 수 없다.

③ 누구든지 협동조합의 임원 또는 대의원 선거와 관련하여 연설 · 벽보, 그 밖의 방법으로 거짓의 사실을 공표하거나 공연히 사실을 적시하여 후보자를 비방할 수 없다.

④ 누구든지 임원 또는 대의원 선거와 관련하여 다음 각 호의 방법 이외의 선거운동을 할 수 없다.

1. 선전 벽보의 부착
2. 선거 공보의 배부
3. 소형 인쇄물의 배부
4. 합동 연설회 또는 공개 토론회의 개최
5. 전화 · 컴퓨터통신을 이용한 지지 호소

제27조(선거관리위원회의 구성 · 운영) ① 조합의 임원 및 대의원 선거사무를 공정하게 관리하기 위하여 본 조합에 선거관리위원회(이하 "위원회"라 한다)를 둘 수 있다.

② 위원회는 조합원(대의원을 포함한다)중에서 이사회의 의결을 거쳐 이사장이 위촉하는 ○명 이내의 위원으로 구성한다. 이 경우 당해 선거에 임원으로 후보등록한 자는 위원이 될 수 없다.

③ 위원회는 다음 각 호의 사무를 관장한다.

1. 후보자의 자격심사
2. 선거인 명부의 확정
3. 후보자 추천의 유 · 무효 판정
4. 선거공보의 작성과 선거운동방법 결정 및 계도
5. 선거관리, 투표관리 및 개표관리
6. 투표의 유 · 무효의 이의에 대한 판정
7. 선거관련 분쟁의 조정
8. 선거운동 제한규정 위반여부 심사 및 조치
9. 당선인의 확정
10. 그 밖에 선거에 필요한 사항

④ 그 밖에 위원회의 구성 · 운영 등에 관하여 필요한 사항은 선거관리규약으로

정한다.

제28조(정기총회) 정기총회는 매년 1회 회계연도 종료 후 3개월 이내에 이사장이 소집한다.

제29조(임시총회) ① 임시총회는 다음 각 호의 어느 하나에 해당하는 경우에 이사장이 소집한다.

1. 이사장 및 이사회가 필요하다고 인정할 때
2. 조합원이 조합원 5분의 1 이상의 동의를 받아 소집의 목적과 이유를 적은 서면을 제출하여 이사장에게 소집을 청구한 때

(비고) 직원 협동조합의 경우 조합의 원활한 운영을 위해 조합원의 동의 비율을 3분의 1 이상 등으로 조정할 수 있다.

3. 감사가 조합의 재산상황이나 업무집행에 부정한 사실이 있는 것을 발견하고 그 내용을 총회에 신속히 보고할 필요가 있다고 인정하여 이사장에게 소집을 청구한 때

② 이사장은 제1항 제2호(제48조 규정에 따른 해임 요구를 포함한다) 및 제3호의 청구를 받으면 정당한 사유가 없는 한 2주 이내에 소집절차를 밟아야 한다.

③ 제1항 제2호 및 제3호의 규정에 의하여 총회의 소집을 청구하였으나 총회를 소집할 자가 없거나 그 청구가 있은 날부터 2주 이내에 이사장이 총회의 소집절차를 밟지 아니한 때에는 감사가 7일 이내에 소집절차를 밟아야 한다. 이 경우 감사가 의장의 직무를 수행한다.

④ 감사가 제3항의 기한 이내에 총회의 소집절차를 밟지 아니하거나 소집할 수 없는 경우에는 제1항 제2호의 규정에 의하여 총회의 소집을 청구한 조합원의 대표가 이를 소집한다. 이 경우 조합원의 대표가 의장의 직무를 수행한다.

제30조(총회의 소집절차) ① 이사장은 총회 개최 7일 전까지 회의목적 · 안건 · 일시 및 장소를 정하여 우편 또는 전자메일 등으로 각 조합원에게 통지하여야 한다.

② 이사장이 궐위 또는 부득이한 사유로 총회를 소집할 수 없는 때에는 제50조에서 정하고 있는 순으로 이를 소집한다.

제31조(총회의 의결사항) 다음 각 호의 사항은 총회의 의결을 얻어야 한다.

1. 정관의 변경
2. 규약의 제정과 변경 또는 폐지
3. 임원의 선출과 해임
4. 사업계획 및 예산의 승인
5. 대차대조표, 수지계산서, 결산보고서의 승인과 잉여금의 처분 및 손실금의 처리
6. 감사보고서의 승인
7. 조합의 합병 · 분할 · 해산 또는 휴업

8. 조합원의 제명
9. 그 밖에 이사장 또는 이사회가 필요하다고 인정하는 사항
(비고) 조합은 법령에 반하지 않는 범위에서 총회의결사항을 추가적으로 규정할 수 있다.

제32조(총회의 의사) ① 총회의 의사는 법령상 다른 규정이 있는 경우를 제외하고는 총 조합원 과반수의 출석으로 개회하고 출석조합원 과반수의 찬성으로 의결한다.
② 제1항의 규정에 의한 총회의 개의 정족수 미달로 총회가 유회된 때에는 이사장은 20일 이내에 다시 총회를 소집하여야 한다.
③ 총회는 제30조에 따라 미리 통지한 사항에 한하여 의결할 수 있다. 다만, 긴급을 요하여 총 조합원의 3분의 2이상의 출석과 출석조합원 3분의 2 이상의 찬성이 있는 때에는 그러하지 아니하다.
④ 총회에서 조합과 조합원간의 이익이 상반되는 사항에 대하여 의결을 행할 때에는 해당 조합원은 의결에 참가하지 못한다.

제33조(합병 · 분할 및 해산 등의 의결) 다음 각 호의 사항은 조합원 과반수의 출석과 출석조합원 3분의 2 이상의 찬성으로 의결한다.
1. 정관의 변경
2. 조합의 합병 · 분할 · 해산 또는 휴업
3. 조합원의 제명

제34조(의결권 및 선거권) ① 조합원은 출자좌수에 관계없이 각각 1개의 의결권과 선거권을 갖는다.
② 조합원은 대리인으로 하여금 의결권 및 선거권을 행사하게 할 수 있다. 이 경우 그 조합원은 출석한 것으로 본다.
③ 제35조의 자격을 갖춘 대리인이 의결권 또는 선거권을 행사할 때에는 대리권을 증명하는 서면을 의결권 또는 선거권을 행사하기 전에 조합이 정하는 양식에 따라 미리 조합에 제출하여야 한다.

제35조(대리인이 될 자격) 전조 제2항에 따른 대리인은 다른 조합원 또는 본인과 동거하는 가족(조합원의 배우자, 조합원 또는 그 배우자의 직계 존속 · 비속과 형제자매, 조합원의 직계 존속 · 비속 및 형제자매의 배우자를 말한다. 이하 같다)이어야 하며, 대리인이 대리할 수 있는 조합원의 수는 1인에 한한다.

제36조(총회의 의사록) ① 총회의 의사에 관하여 의사록을 작성하여야 한다.
② 의사록에는 의사의 진행 상황과 그 결과를 적고 의장과 총회에서 선출한 조합원 3인 이상이 기명날인하거나 서명하여야 한다.

제37조(총회의 운영규약) 정관에 규정하는 외에 총회의 운영에 관하여 필요한 사항은 총회운영규약으로 정한다.

제38조(총회의 회기연장) ① 총회의 회기는 총회의 결의에 의하여 연장할 수 있다.
② 제1항의 규정에 의하여 속행된 총회는 제30조제1항의 규정을 적용하지 아니한다.

제39조(이사회) ① 조합에 이사회를 두고, 이사회는 조합의 업무집행을 결정한다.
② 이사회는 이사로서 구성하고 이사장 1인 외 부이사장, 전무이사, 상무이사 등을 둘 수 있다.
(비고) 이사의 종류 및 명칭은 필요에 따라 달리 정할 수 있다.
③ 이사장은 이사회를 소집하고 그 의장이 된다.
④ 이사회의 소집은 회의일 7일전까지 회의의 목적사항, 일시 및 장소를 기재한 서면을 각 이사에게 통지하여야 한다. 다만 긴급을 요하여 이사회 구성원 과반수의 동의가 있을 때에는 소집절차를 생략할 수 있다.
⑤ 이사 3분의 1 이상 또는 감사 전원이 회의목적 사항과 회의 소집이유를 기재한 서류를 제출하고 이사회의 소집을 요구할 수 있다.
⑥ 이사장은 제5항의 요구가 있는 때에는 7일 이내에 이사회를 소집하여야 한다.

제40조(이사회의 의결사항) ① 이사회는 다음 각 호의 사항을 의결한다.
1. 조합의 재산 및 업무집행에 관한 사항
2. 총회의 소집과 총회에 상정할 의안
3. 규정, 규칙 등의 제정과 변경 및 폐지
4. 사업계획 및 예산안 작성
5. 간부 직원의 임면 승인
6. 기본자산의 취득과 처분
7. 그 밖에 조합의 운영에 중요한 사항
8. 이사장이 부의하는 사항

(비고) 협동조합기본법 제29조에 규정된 필요적 총회의결 사항은 이사회에 위임할 수 없다.
(비고) 조합은 법령에 반하지 않는 범위에서 조합의 업무집행을 위하여 필요한 사항을 추가적으로 규정할 수 있다.
② 이사회는 제55조 각 호의 사업을 수행하기 위하여 필요한 위원회를 설치 운영할 수 있다.
③ 제2항의 위원회 구성 및 운영에 관하여는 별도 규약으로 정한다.

제41조(이사회의 의사) ① 이사회는 구성원 과반수의 출석으로 개회하고 출석이사 과반수의 찬성으로 의결한다.
② 이사장은 의결에 참가하지 아니하며, 가부동수일 때에는 결정권을 갖는다.
③ 이사의 개인 이익과 조합의 이익이 상반되는 사항이나 신분에 관련되는 사항

에 관하여는 당해이사는 이사회의 의결에 관여할 수 없다.

제42조(이사회의 의사록) 이사회의 의사에 관하여는 의사의 경과와 그 결과를 기재한 의사록을 작성하고 참석 이사 전원이 이에 기명날인하거나 서명하여야 한다.

제43조(임원의 정수) ① 조합의 임원으로 이사장 1명을 포함한 3명 이상 ○○명 이내의 이사와 1명 이상의 감사를 둔다.

〈다중이해관계자협동조합 정관례〉 제43조제1항을 다음과 같이 규정한다.

① 조합의 임원으로 이사장 1명을 포함한 3명 이상 ○○명 이내의 이사와 1명 이상의 감사를 둔다. 다만, 이사는 다양한 이해관계자들로 구성하여야 한다.

② 제1항의 임원 중 이사회의 호선에 의해 상임임원을 둘 수 있다.

제44조(임원의 선임) ① 이사 및 감사는 총회가 조합원 중에서 선출한다. 다만, 이사는 정수의 5분의 1의 범위 내에서, 감사는 2분의 1의 범위 내에서 이사회의 추천에 따라 조합원 외의 자를 선출할 수 있다.

② 이사장은 이사 중에서 총회에서 선출하고, 부이사장, 전무이사 및 상무이사 등은 이사회가 이사 중에서 호선한다.

(비고) 임원의 직책은 조합의 필요에 따라 달리 정할 수 있다.

③ 제1항, 제2항의 선거 방법, 절차 등에 관하여는 별도의 선거관리규약으로 정한다.

제45조(임원의 결격사유) ① 다음 각 호의 어느 하나에 해당하는 자는 이 조합의 임원이 될 수 없다.

1. 금치산자
2. 한정치산자
3. 파산선고를 받고 복권되지 아니한 사람
4. 금고 이상의 실형을 선고받고 그 집행이 끝나거나(집행이 끝난 것으로 보는 경우를 포함한다) 집행이 면제된 날부터 3년이 지나지 아니한 사람
5. 금고 이상의 형의 집행유예를 선고받고 그 유예기간 중에 있거나 유예기간이 끝난 날부터 2년이 지나지 아니한 사람
6. 금고 이상의 형의 선고유예를 받고 그 선고유예기간 중에 있는 사람
7. 법원의 판결 또는 다른 법률에 따라 자격이 상실 또는 정지된 사람

② 제1항 각호의 사유가 발생하면 해당 임원은 당연히 퇴직된다.

③ 제2항에 따라 퇴직된 임원이 퇴직 전에 관여한 행위는 그 효력을 상실하지 아니한다.

제46조(임원의 임기) ① 임원의 임기는 ○년으로 한다.

(비고) 임원의 임기는 4년의 범위내에서 정관으로 정해야 한다.

② 임원은 연임할 수 있다. 다만, 이사장은 2차에 한하여 연임할 수 있다.

③ 결원으로 인하여 선출된 임원의 임기는 전임자의 임기종료일까지로 한다.

제47조(임원의 의무와 책임) ① 임원은 법령과 조합의 정관, 규약, 규정 및 총회와 이사회의 의결을 준수하고 조합을 위하여 성실히 그 직무를 수행하여야 한다.

② 임원이 법령 또는 정관을 위반하거나 그 임무를 게을리하여 조합에 손해를 가한 때에는 연대하여 그 손해를 배상하여야 한다.

③ 임원이 고의 또는 중대한 과실로 그 임무를 게을리하여 제3자에게 손해를 끼친 때에는 제3자에게 연대하여 그 손해를 배상하여야 한다.

④ 제2항 및 제3항의 행위가 이사회의 의결에 의한 것일 때에는 그 의결에 찬성한 이사도 제2항 및 제3항의 책임이 있다.

⑤ 제4항의 의결에 참가한 이사로서 명백한 반대의사를 표시하지 아니한 자는 그 의결에 찬성한 것으로 본다.

⑥ 제2항부터 제5항까지의 규정에 따른 구상권의 행사는 감사 및 이사에 대하여는 이사장이, 이사장에 대하여는 감사가, 전체 임원에 대하여는 조합원 5분의 1 이상의 동의를 받은 조합원 대표가 한다.

제48조(임원의 해임) ① 조합원은 조합원 5분의 1 이상의 동의로 총회에 임원의 해임을 요구할 수 있다. 이 경우 해임의 사유를 서면으로 조합에 제출하여야 한다.

② 조합은 제1항에 따른 서면 제출이 있을 때에는 총회 개최 10일 전에 해당 임원에게 해임 이유를 서면으로 통보하고, 총회에서 의견을 진술할 기회를 주어야 한다.

제49조(임원의 보수 등) ① 임원에 대하여 규정이 정하는 바에 따라 여비 등 조합업무와 관련된 비용을 실비 범위내에서 지급할 수 있다.

② 상임임원에 대하여는 규정이 정하는 바에 따라 보수를 지급할 수 있다.

제50조(이사장 및 이사의 직무) ① 이사장은 이사회의 결정에 따라 조합의 업무를 집행하고 조합을 대표한다.

② 이사는 이사장을 보좌하며 조합의 업무를 집행한다.

③ 이사장이 사고가 있을 때에는 부이사장, 전무이사, 상무이사, 이사, 감사의 순으로 그 직무를 대행하고 해당자가 2인 이상일 경우에는 연장자 순으로 한다.

④ 제3항의 경우와 이사장이 권한을 위임한 경우를 제외하고는 이사장이 아닌 이사는 조합을 대표할 수 없다.

제51조(감사의 직무) ① 감사는 연 ○회 이상 조합의 업무집행 상황, 재산상태, 장부 및 서류 등을 감사하여 총회에 보고하여야 한다. 반기별 감사보고서는 이사회에, 반기별 감사보고서를 종합한 종합감사보고서는 정기총회에 각각 제출하여야 한다.

② 감사는 예고 없이 조합의 장부나 서류를 대조 확인할 수 있다.

③ 감사는 이사장 및 이사가 법령 · 정관 · 규약 · 규정 또는 총회의 의결에 반하여 업무를 집행한 때에는 이사회에 그 시정을 요구하여야 한다.

④ 감사는 총회 또는 이사회에 출석하여 의견을 진술할 수 있다.

⑤ 제1항 및 제2항의 감사보고서 제출에 있어서 감사가 2인 이상인 경우 감사의 의견이 일치하지 아니할 경우에는 각각 의견을 제출할 수 있다.

제52조(감사의 대표권) 조합이 이사장을 포함한 이사와 소송, 계약 등의 법률행위를 하는 때에는 감사가 조합을 대표한다.

제53조(임직원의 겸직금지) ① 이사장은 다른 조합의 이사장을 겸직할 수 없다.

② 이사장을 포함한 이사와 직원은 감사를 겸직할 수 없다.

③ 임원은 이 조합의 직원을 겸직할 수 없다. 다만, 조합원의 수가 10인 이하인 조합은 해당 기간 동안 그러하지 아니하다.

〈직원협동조합 정관례〉 제53조 내용 중 제3항을 삭제하고 규정함

제54조(직원의 임면 등) ① 직원은 이사장이 임면한다. 다만, 간부직원은 이사회의 결의를 거쳐 이사장이 임면한다.

② 직원의 임면, 급여, 기타 직원에 관하여 필요한 사항은 규정으로 정한다.

제55조(사업의 종류) ① 이 조합은 그 목적을 달성하기 위하여 다음 각 호의 사업을 할 수 있다.

1. 조합원과 직원에 대한 상담, 교육 · 훈련 및 정보제공
2. 조합간 협력을 위한 사업
3. 조합의 홍보 및 지역사회를 위한 사업
4. ○○○ 사업
5. ○○○ 사업

(비고) 사업의 종류 중에서 제1호부터 제3호까지의 사업은 반드시 포함되어야 하고, 그 밖의 사업은 조합의 설립목적을 달성하기 위하여 필요한 사업을 정관으로 정한다.

〈예시〉

1. 국가 · 지방자치단체 또는 연합회나 전국연합회로부터 위탁받은 사업
2. 제1호부터 제3호까지의 사업과 관련된 부대사업
3. 제1호부터 제3호까지의 사업을 생산자, 생산자단체 및 문화단체와 공동으로 추진하는 사업
4. 정부, 지방자치단체 및 「공공기관의 운영에 관한 법률」제4조에 따른 공공기관과 공동으로 추진하는 사업
5. 소비자협동조합의 경우 '조합원이 필요로 하는 물품의 공동구매 사업', '돌

봄서비스 사업', '임대사업', '사업자문 및 컨설팅 사업' 등을 규정할 수 있다.

6. 생산자협동조합의 경우 '조합원에게 필요한 자재의 공동구매 사업', '조합원 생산품의 공동판매 사업', '공동브랜드 개발 및 판촉 사업' 등을 규정할 수 있다.
7. 다중이해관계자협동조합의 경우 '친환경농산물 꾸러미 사업', '지역클러스터 등 상호 협력하는 회원제 사업' 등을 규정할 수 있다.

② 제1항에도 불구하고 조합은 「통계법」 제22조제1항에 따라 통계청장이 고시하는 한국표준산업분류에 의한 금융 및 보험업을 영위할 수 없다.

제56조(사업의 이용) 조합은 조합원이 아닌 자에게 조합의 사업을 이용하게 하여서는 아니 된다. 다만, 다음 각 호의 경우에는 조합원이 아닌 자도 사업을 이용할 수 있다.

1. 조합이 재고로 보유하고 있는 물품으로서 부패 또는 변질의 우려가 있어 즉시 유통되지 아니하면 제품의 품질을 유지하기 어려운 물품을 처리하기 위한 경우
2. 조합원으로 가입하도록 홍보하기 위하여 견본품을 유상 또는 무상으로 공급하는 경우. 다만, 조합이「사회서비스 이용 및 이용권 관리에 관한 법률」제2조제4호에 따른 사회서비스 제공자인 경우는 제외한다.
3. 공공기관 · 사회단체 등이 공익을 목적으로 주최하는 행사에 참여하는 경우
4. 조합이 정부, 지방자치단체 및 「공공기관 운영에 관한 법률」제4조에 따른 공공기관과 공동으로 추진하는 사업에서 일반 국민이 해당 사업의 목적에 따라 사업을 이용하는 경우
5. 다른 법령에서 조합원이 아닌 자에게 의무적으로 물품을 공급하게 하거나 용역을 제공하도록 규정하는 경우
6. 천재지변이나 그 밖에 이와 유사한 긴급한 상황일 때 공중(公衆)에게 생활필수품 또는 용역을 공급하는 경우
7. 학교를 사업구역으로 하는 조합이 그 사업구역에 속하는 학생 · 교직원 및 학교 방문자를 상대로 물품을 공급하거나 용역을 제공하는 경우
8. 조합(「사회서비스 이용 및 이용권 관리에 관한 법률」제2조제4호에 따른 사회서비스 제공자에 해당하는 협동조합은 제외한다)이 가입을 홍보하기 위하여 시 · 도지사에게 신고하는 기간(이하 이 호에서 '홍보기간'이라 하며, 그 기간은 1년에 3개월을 넘지 못한다) 동안 전년도 총공급고(總供給高)의 100분의 5 범위에서 물품을 유상 또는 무상으로 공급하는 경우. 다만, 조합이 설립신고필증을 받은 날부터 1년(단위매장의 경우에는 매장 개장일부터 1년) 동안은 홍보기간이 6개월을 넘지 아니하는 범위에서 총공급고에 대한 제한 없이 물품을 유상 또는 무상으로 공급할 수 있다.

9. 조합원과 같은 가구에 속하는 자가 조합의 사업을 이용하는 경우
(비고) 조합은 조합의 종류에 따라 해당성이 있는 조항을 선택 · 명시하여야 한다.

〈직원협동조합 정관례〉 제56조를 다음과 같이 규정한다.

제56조(사업의 이용) 조합은 조합원이 아닌 자를 직원으로 고용해서는 아니 된다. 다만, 다음 각 호의 경우에는 조합원이 아닌 자를 고용할 수 있다.

1. 전체 직원의 3분의 1을 넘지 아니하는 범위에서 조합원이 아닌 자를 고용하는 경우
2. 조합이 정부, 지방자치단체 및 「공공기관의 운영에 관한 법률」제4조에 따른 공공기관과 공동으로 추진하는 사업에서 일반 국민을 해당 사업의 목적에 따라 고용하는 경우

(비고) 직원협동조합의 경우 사업의 이용은 다른 협동조합과 달리 직원을 고용하는 것을 말한다.

제57조(사업계획과 수지예산) ① 이사회는 매 회계연도 경과 후 3개월 이내에 해당 연도의 사업계획을 수립하고 동 계획의 집행에 필요한 수지예산을 편성하여 총회의 의결을 받아야 한다.

② 제1항에 따른 사업계획과 예산이 총회에서 확정될 때까지는 전년도 예산에 준하여 가예산을 편성하여 집행할 수 있다. 이 경우 총회의 사후 승인을 받아야 한다.

③ 이사회가 총회에서 확정된 사업계획과 예산을 변경한 때에는 차기 총회에서 사후 변경승인을 받아야 한다.

제58조(회계연도등) ① 조합의 회계연도는 매년 ○월 ○일부터 ○월 ○일까지로 한다.

② 조합의 회계는 일반회계와 특별회계로 구분하되, 당해 조합의 주 사업은 일반회계로 하고 그 외의 사업은 특별회계로 한다.

(비고) 각 회계별 사업구분을 정하여 정관에 규정한다.

제59조(특별회계의 설치) 특별회계는 조합의 주 사업외의 특정사업을 운영할 때, 특정자금을 보유하여 운영할 때, 기타 일반회계와 구분 경리할 필요가 있을 때 설치한다.

제60조(운영의 공개) ① 이사장은 결산결과의 공고 등 운영사항을 적극 공개하여야 한다.

② 이사장은 정관 · 규약 · 규정과 총회 · 이사회의 의사록, 회계장부 및 조합원 명부를 주된 사무소에 비치하여야 한다.

③ 결산보고서는 정기총회 7일 전까지 주된 사무소에 비치하여야 한다.

④ 조합원과 조합의 채권자는 이사장에게 제2항 및 제3항의 서류의 열람 또는 그 사본을 청구할 수 있다.

(비고) 조합은 조합원의 개인정보보호 등 정당한 사유로 서류의 사본청구를 제한하는 규정을 둘 수 있다.

⑤ 이사장은 제4항의 청구가 있을 때에는 정당한 이유 없이 이를 거부하지 못한다.

⑥ 이사장은 결산일로부터 3개월 이내에 설립신고를 한 ○○특별시 · 광역시 · 특별자치시 · 도 · 특별자치도 또는 협동조합연합회의 홈페이지에 다음 각 호의 자료를 게재하여야 한다.

1. 정관, 규약, 규정
2. 사업계획서
3. 결산서
4. 조합원 · 직원 등에 대한 교육 · 홍보 실적
5. 총회, 대의원총회, 이사회의 활동 상황

(비고) 조합원수가 200인 이상인 협동조합이거나 정기총회의 승인을 받은 직전 사업연도의 결산보고서에 적힌 자기자본이 30억원 이상인 협동조합은 제6항의 자료를 게재하여야 함

제61조(법정적립금) ① 조합은 매 회계년도 결산의 결과 잉여금이 있는 때에는 자기자본의 3배가 될 때까지 잉여금의 100분의 10 이상을 적립하여야 한다.

(비고) 잉여금의 최저비율은 100분의 10으로 되어 있으나, 정관에서 그 이상으로 정할 수 있다.

② 제1항의 법정적립금은 손실금의 보전에충당하거나 해산하는 경우 외에는 사용하여서는 아니 된다.

제62조(임의적립금) ① 조합은 매 회계연도의 잉여금에서 제61조에 따른 법정적립금을 빼고 나머지가 있을 때에는 총회에서 결정하는 바에 따라 매 회계연도 잉여금의 ○○분의 ○이상을 임의적립금으로 적립할 수 있다.

② 임의적립금은 총회에서 결정하는 바에 따라 사업준비금, 사업개발비, 교육 등 특수목적을 위하여 지출할 수 있다.

제63조(손실금의 보전) 조합은 매 회계연도의 결산 결과 손실금(당기손실금을 말한다)이 발생하면 미처분이월금, 임의적립금, 법정적립금 순으로 이를 보전하고, 보전 후에도 부족이 있을 때에는 이를 다음 회계연도에 이월한다.

제64조(잉여금의 배당 및 이월) ① 조합은 제63조에 따른 손실금의 보전과 제61조 및 제62조의 법정적립금 및 임의적립금 등을 적립한 후에 잔여가 있을 때에는 총회의 결의로 조합원에게 잉여금을 배당할 수 있다.

② 제1항의 배당시 조합원별 배당금의 계산은 조합사업의 이용실적 또는 조합원이 납입한 출자액의 비율에 따라 이를 행한다. 이 경우 잉여배당금은 다음 각 호의 원칙을 준수하여야 한다.

1. 이용실적에 대한 배당은 전체 배당액의 100분의 50 이상이어야 한다.
2. 납입출자액에 대한 배당은 납입출자금의 100분의 10을 초과하여서는 아니 된다.

(비고) 이용실적 또는 조합원이 납입한 출자액 비율 이외에 인적배당 등 배당금 지급기준을 추가로 규정할 수 있다.

③ 잉여금배당의 방법, 절차 등은 규약으로 정한다.

④ 조합은 제63조에 따른 보전과 제61조 및 제62조에 따른 적립금 적립 및 제1항에 따른 배당을 실시한 후에 잔여가 있을 때에는 총회의 결의로 잉여금을 다음 회계연도에 이월할 수 있다.

제65조(출자금액의 감소의결) ① 조합은 부득이한 사유가 있을 때에는 조합원의 신청에 의하여 출자좌수를 감소할 수 있다.

② 조합은 출자 1좌의 금액 또는 출자좌수의 감소(이하 "출자감소"라 한다)를 총회에서 의결한 경우에는 그 의결을 한 날부터 14일 이내에 대차대조표를 작성한다.

③ 조합은 제1항에 따른 의결을 한 날부터 14일 이내에 채권자에 대하여 이의가 있으면 조합의 주된 사무소에 이를 서면으로 진술하라는 취지를 공고하고, 이미 알고 있는 채권자에게는 개별적으로 최고하여야 한다.

④ 제3항에 따른 이의신청 기간은 30일 이상으로 한다.

⑤ 그 밖의 출자좌수의 감소 절차와 방법에 관하여는 별도의 규약으로 정할 수 있다.

제66조(출자감소 의결에 대한 채권자의 이의) ① 채권자가 제65조의 이의신청 기간에 출자감소에 관한 의결에 대하여 이의를 신청하지 아니하면 출자 1좌 금액의 감소를 승인한 것으로 본다.

② 채권자가 이의를 신청하면 조합은 채무를 변제하거나 상당한 담보를 제공하여야 한다.

제67조(결산 등) ① 조합은 정기총회일 7일 전까지 결산보고서(사업보고서, 대차대조표, 손익계산서, 잉여금처분안 또는 손실금처리안 등을 말한다)를 감사에게 제출하여야 한다.

② 조합은 제1항에 따른 결산보고서와 감사의 의견서를 정기총회에 제출하여 승인을 받아야 한다.

제68조(합병과 분할) ① 조합은 합병계약서 또는 분할계획서를 작성한 후 총회의 의결을 얻어 합병 또는 분할할 수 있다.

② 합병 또는 분할로 인하여 존속 또는 새로 설립되는 조합은 합병 또는 분할로 인하여 소멸되는 조합의 권리 · 의무를 승계한다.

제69조(해산) ① 조합은 다음 각 호의 어느 하나에 해당하는 사유가 발생하였을 때에는 해산하고 해산절차는 민법 등 관련 법령에 의한다.

1. 총회의 의결
2. 합병 · 분할 또는 파산

(비고) 필요한 해산사유를 정관으로 정한다.

② 이사장은 조합이 해산한 때에는 지체 없이 조합원에게 통지하고 공고하여야 한다.

제70조(청산인) ① 조합이 해산한 때에는 파산으로 인한 경우를 제외하고는 이사장이 청산인이 된다. 다만, 총회에서 다른 사람을 청산인으로 선임하였을 경우에는 그에 따른다.

② 청산인은 취임 후 지체 없이 재산상태를 조사하고 재산목록과 대차대조표를 작성하여 재산처분의 방법을 정하여 총회의 승인을 얻어야 한다.

③ 청산사무가 종결된 때에는 청산인은 지체 없이 결산보고서를 작성하여 총회의 승인을 얻어야 한다.

④ 제2항 및 제3항의 경우에 총회를 2회 이상 소집하여도 총회가 구성되지 아니할 때에는 출석 조합원 3분의 2 이상의 찬성이 있으면 총회의 승인이 있은 것으로 본다.

제71조(청산잔여재산의 처리) ① 조합이 해산 후 채무를 변제하고 청산잔여재산이 있을 때에는 출자좌수의 비율에 따라 총회가 정한 산정방법에 의하여 이를 조합원에게 분배한다.

② 조합의 청산잔여재산은 총회에서 정하는 바에 따라 이 조합과 유사한 목적을 가진 비영리법인에 증여할 수 있다.

부칙

이 정관은 ○○○시 · 도지사의 신고서류 수리가 완료된 날부터 시행한다.

사회적협동조합 표준정관례

는 선택기재 조항, 나머지는 필수기재 조항

제1조(설립과 명칭) 이 조합은 협동조합기본법에 의하여 설립하며, ○○사회적협동조합이라 한다.

제2조(목적) ○○협동조합(이하 '조합'이라 한다)은 자주적 · 자립적 · 자치적인 협동조합 활동을 통하여 구성원의 복리증진과 상부상조 및 국민경제의 균형 있는 발전에 기여하기 위하여 둘 이상 유형의 조합원들이 모여 조합원의 경영 개선 및 생활 향상과 지역사회 발전을 목적으로 한다.

〈보건의료사회적협동조합 정관례〉 제2조를 다음과 같이 규정한다.

제2조(목적) ○○보건의료사회적협동조합(이하 '조합'이라 한다)은 자주적 · 자립적 · 자치적인 협동조합 활동을 통하여 구성원의 복리증진과 상부상조 및 국민경제의 균형 있는 발전에 기여하기 위하여 2명 이상의 서로 다른 이해관계자들이 모여 구성원의 건강증진 및 사회복지 향상과 지역사회 발전을 목적으로 한다.

제3조(조합의 책무) ① 조합은 조합원 등의 권익 증진을 위하여 교육 · 훈련 및 정보제공 등의 활동을 적극적으로 수행한다.

② 조합은 다른 협동조합, 다른 법률에 따른 협동조합, 외국의 협동조합 및 관련 국제기구 등과의 상호 협력, 이해 증진 및 공동사업 개발 등을 위하여 노력한다.

제4조(사무소의 소재지) 조합의 주된 사무소는 ○○시 · 도 ○○시 · 군 · 구 ○○읍 · 면 · 동 ○○리에 두며, 규정에 따라 필요한 곳에 지사무소를 둘 수 있다.

제5조(공고방법) ① 조합의 공고는 주된 사무소의 게시판(지사무소의 게시판을 포함한다)에 게시하고, 필요하다고 인정하는 때에는 ○○특별시 · 광역시 · 특별자치시 · 도 · 특별자치도에서 발간되는 일간신문 또는 중앙일간지에 게재할 수 있다.

② 제1항의 공고기간은 7일 이상으로 하며, 조합원의 이해에 중대한 영향을 미칠 수 있는 내용에 대하여는 공고와 함께 서면으로 조합원에게 통지하여야 한다.

제6조(통지 및 최고방법) 조합원에 대한 통지 및 최고는 조합원명부에 기재된 주소지로 하고, 통지 및 최고기간은 7일 이상으로 한다. 다만, 조합원이 따로 연락받을 연락처를 지정하였을 때에는 그곳으로 한다.

제7조(공직선거 관여 금지) ① 조합은 공직선거에 있어서 특정 정당을 지지 · 반대하거나 특정인을 당선되도록 하거나 당선되지 아니하도록 하는 일체의 행위를 하

여서는 아니 된다.

② 누구든지 조합을 이용하여 제1항에 따른 행위를 하여서는 아니 된다.

제8조(규약 또는 규정) 조합의 운영 및 사업실시에 관하여 필요한 사항으로서 이 정관으로 정한 것을 제외하고는 규약 또는 규정으로 정할 수 있다.

제9조(조합원의 자격 및 유형) ① 조합의 설립목적에 동의하고 조합원으로서의 의무를 다하고자 하는 자는 조합원이 될 수 있다.

② 조합원의 유형은 다음 각 호와 같다.

1. 생산자조합원: 조합의 생산활동 등에 함께 참여하는 자
2. 소비자조합원: 조합의 재화나 서비스를 이용하는 자
3. 직원조합원: 조합에 고용된 자
4. 자원봉사자조합원: 조합에 무상으로 필요한 서비스 등을 제공하는 자
5. 후원자조합원: 조합에 필요한 물품 등을 기부하거나 자금 등을 후원하는 자

(비고) 위 5가지 중 2 이상의 다양한 유형의 조합원으로 구성되어야 한다.

〈보건의료사회적협동조합 정관례〉 제9조를 다음과 같이 규정한다.

제9조(조합원의 자격 및 유형) ① 조합의 설립목적에 동의하고 조합원으로서의 의무를 다하고자 하는 자는 조합원이 될 수 있다.

② 조합원의 유형은 다음 각 호와 같다.

1. 소비자조합원: 조합이 제공하는 보건의료서비스를 이용하는 자
2. 직원조합원: 조합에 고용된 자.
3. 자원봉사자조합원: 조합에 무상으로 필요한 서비스 등을 제공하는 자
4. 후원자조합원: 조합에 필요한 물품 등을 기부하거나 자금 등을 후원하는 자

제10조(조합원의 가입) ① 조합원의 자격을 가진 자가 조합에 가입하고자 할 때에는 가입신청서를 제출하여야 한다.

② 조합은 제1항에 따른 신청서가 접수되면 신청인의 자격을 확인하고 가입의 가부를 결정하여 신청서를 접수한 날부터 2주 이내에 신청인에게 서면 또는 전화 등의 방법으로 통지하여야 한다.

③ 제2항의 규정에 따라 가입의 통지를 받은 자는 조합에 가입할 자격을 가지며 납입하기로 한 출자좌수에 대한 금액 중 제1회의 금액을 지정한 기일 내에 조합에 납부함으로써 조합원이 된다.

〈보건의료사회적협동조합 정관례〉 제10조제3항을 다음과 같이 규정한다.

③ 제2항의 규정에 따라 가입의 통지를 받은 자는 조합에 가입할 자격을 가지며 납입하기로 한 출자좌수에 대한 금액을 지정한 기일 내에 조합에 납부함으로써

조합원이 된다.

(비고) 보건의료사회적협동조합은 출자금 분납불가

④ 조합은 정당한 사유없이 조합원의 자격을 갖추고 있는 자에 대하여 가입을 거절하거나 가입에 관하여 다른 조합원보다 불리한 조건을 붙일 수 없다.

(비고) 협동조합의 설립 목적 및 특성에 부합되는 자로 조합원의 자격을 정관으로 제한할 수 있다.

제11조(조합원의 고지의무) 조합원은 제10조제1항에 따라 제출한 가입신청서의 기재사항에 변경이 있을 때 또는 조합원의 자격을 상실하였을 때에는 지체 없이 조합에 이를 고지하여야 한다.

제12조(조합원의 책임) 조합원의 책임은 납입한 출자액을 한도로 한다.

제13조(탈퇴) ① 조합원은 예고하고 조합을 탈퇴할 수 있다.

② 조합원은 다음 각 호의 어느 하나에 해당하는 때에는 당연히 탈퇴된다.

1. 조합원 지위의 양도 등 조합원으로서의 자격을 상실한 경우
2. 사망한 경우
3. 파산한 경우
4. 금치산선고를 받은 경우
5. 조합원인 법인이 해산한 경우

(비고) 그 밖에 필요에 따라 제13조제2항의 사유를 정관에 정할 수 있다.

제14조(제명) ① 조합은 조합원이 다음 각 호의 어느 하나에 해당하면 총회의 의결을 얻어 제명할 수 있다.

1. ○년 이상 계속해서 조합의 시설 또는 사업을 이용하지 아니한 경우
2. 출자금 및 경비의 납입 등 조합에 대한 의무를 이행하지 아니한 경우
3. 조합의 목적사업과 관련된 법령 · 행정처분 · 정관 및 규정을 위반한 경우
4. 고의 또는 중대한 과실로 조합의 사업을 방해하거나 신용을 상실하게 하는 행위를 한 경우

(비고) 조합의 성질을 고려하여 그 밖에 제명 사유를 추가하여 정할 수 있다.

② 조합은 제1항에 따라 조합원을 제명하고자 할 때에는 총회 개최 10일 전에 그 조합원에게 제명의 사유를 알리고 총회에서 의견을 진술할 기회를 주어야 한다.

③ 제2항에 따른 의견진술의 기회를 주지 아니하고 행한 총회의 제명 의결은 해당 조합원에게 효력이 없다.

④ 조합은 제명결의가 있었을 때에 제명된 조합원에게 제명이유를 서면으로 통지하여야 한다.

제15조(탈퇴 · 제명조합원의 지분환급청구권) ① 조합을 탈퇴하거나 조합으로부터 제명된 조합원은 다음 각 호의 정하는 바에 따라 지분의 환급을 청구할 수 있다.

1. 제13조의 규정에 의한 탈퇴의 경우에는 탈퇴조합원의 출자금에 해당하는 금액
2. 제14조 제1항의 1호 및 2호의 규정에 의한 제명의 경우에는 제명조합원의 출자금에 해당하는 금액

② 제1항의 지분은 제명 또는 탈퇴한 회계연도 말의 조합의 자산과 부채에 따라 정한다.

③ 조합은 탈퇴 조합원이 조합에 대한 채무를 다 갚을 때까지는 제1항에 따른 지분의 환급을 정지할 수 있다.

④ 조합은 탈퇴하거나 제명된 조합원이 조합에 대하여 채무가 있을 때에는 제1항에 따른 환급금과 상계할 수 있다.

⑤ 제1항에 따른 청구권은 탈퇴하거나 제명된 날부터 2년간 행사하지 아니하면 소멸된다.

⑥ 제1항에 따른 청구권은 탈퇴하거나 제명된 당시의 회계연도의 다음 회계연도부터 청구할 수 있다. 다만, 이사회의 승인이 있을 경우 탈퇴 또는 제명 당시에 바로 지급할 수 있다.

제16조(탈퇴조합원의 손실액 부담) ① 탈퇴한 조합원의 지분 환급분을 계산할 때 이 조합의 재산으로 그 채무를 다 갚을 수 없는 경우에는 탈퇴한 조합원은 납입의무를 이행하지 아니한 출자액의 범위에서 그가 부담하여야 할 손실액을 납입한다.

② 제1항에 따른 손실액의 납입 청구에 관하여는 제15조제5항을 준용한다.

제17조(출자) ① 조합원은 1좌 이상의 출자를 하여야 하며 출자 1좌의 금액은 ○○○원으로 한다.

② 한 조합원의 출자좌수는 총 출자좌수의 100분의 30을 넘어서는 아니 된다.

③ 출자금은 일시에 납입한다. 다만, 불가피할 경우에는 2회로 나누어 납입할 수 있다.

④ 제3항 단서의 경우 출자 제1회의 납입금액은 출자금액의 2분의 1로 하고, 제2회 납입일자는 제1회 출자납입일로부터 6개월 이내로 한다.

⑤ 조합에 납입할 출자금은 조합에 대한 채권과 상계하지 못한다.

⑥ 출자는 현물로도 할 수 있고, 현물출자의 경우 규약이 정하는 바에 따라 출자액을 계산한다. 이 경우 현물출자자는 출자의 납입기일에 출자의 목적인 재산의 전부를 조합 또는 조합에서 지정한 장소에 납입하여야 한다.

〈보건의료사회적협동조합 정관례〉 제17조를 다음과 같이 규정한다.

제17조(출자) ① 조합원은 1좌 이상의 출자를 하여야 하고, 출자 1좌의 금액은 ○○○원으로 하며, 조합원 1인당 최저출자금은 5만원 이상이어야 한다. 다만, 다음 각 호에 해당하는 자는 제외한다.

1.「의료급여법」제3조에 따른 수급권자
2.「장애인고용촉진 및 직업재활법」제2조제1호에 따른 장애인
3.「한부모가족지원법」제5조 및 제5조의2에 따른 보호대상자
4.「재한외국인 처우 기본법」제2조제3호에 따른 결혼이민자
5. 보건복지부장관이 정하여 고시하는 희귀난치성질환을 가진 자
6. 조합원과 같은 가구에 속하는 자

② 한 조합원의 최고출자금은 출자금 납입총액의 10퍼센트 이내여야 한다. 다만, 2인 이상의 조합원이 6촌 이내의 혈족, 4촌 이내의 인척, 배우자(사실상의 혼인관계에 있는 자 포함)일 경우에는 그 2인 이상의 조합원 출자금 총액이 총 출자금 납입총액의 10퍼센트 이내여야 한다.

③ 조합에 납입할 출자금은 조합에 대한 채권과 상계하지 못한다.

④ 출자는 현물로도 할 수 있고, 현물출자의 경우 규약이 정하는 바에 따라 출자액을 계산한다. 이 경우 현물출자자는 출자의 납입기일에 출자의 목적인 재산의 전부를 조합 또는 조합에서 지정한 장소에 납입하여야 한다.

⑤ 출자금 납입총액이 1억원 이상이면서 총자산 대비 100분의 50 이상이어야 한다.

(비고) 인가관청의 승인을 받은 경우 총자산 대비 출자금 납입총액의 비율을 100분의 50 미만으로 할 수 있다.

제18조(출자증서 등의 교부) ① 조합의 이사장은 조합원이 제17조의 규정에 의하여 최초 출자금을 납입한 때 및 조합원이 요구할 때에는 다음 각 호의 사항을 적은 출자증서 또는 출자를 확인할 수 있는 증표에 기명날인하여 조합원에게 발급하여야 한다.

1. 조합의 명칭
2. 조합원의 성명 또는 명칭
3. 조합 가입 연월일
4. 출자금의 납입 연월일
5. 출자금액 또는 출자좌수
6. 발행 연월일

② 조합의 이사장은 매년 정기총회 7일 전까지 조합원의 출자금액 변동상황을 조합원에게 알려주어야 한다. 이 경우 우편, 전자메일, 팩시밀리, 휴대폰 문자 등을 이용하여 통지할 수 있다.

제19조(지분등의 양도와 취득금지) ① 조합원 지위의 양도 또는 조합원 지분의 양도는 총회의 의결을 받아야 한다.

② 조합원이 아닌 자가 지분을 양수하려고 할 때에는 가입의 예에 따라야 한다.

③ 지분의 양수인은 그 지분에 관하여 양도인의 권리의무를 승계한다.

④ 조합원은 지분을 공유하지 못한다.

⑤ 조합은 조합원의 출자지분을 취득하거나 이를 질권의 목적으로 하여서는 아니 된다.

제20조(경비의 부과 및 징수) ① 조합은 조합의 사업 및 그 사업에 부대하는 사업에 필요한 경비를 충당하기 위하여 조합원에게 경비를 부과 및 징수할 수 있다.

(비고) 조합이 경비를 징수하는 경우에는 그 명목을 구체적으로 명시하여야 한다.

② 제1항에 따른 경비의 부과금액, 부과방법, 징수시기와 징수방법은 이사회에서 정한다.

③ 조합원은 제1항에 따른 경비를 납입할 때 조합에 대한 채권과 상계할 수 없다.

④ 제2항의 부과금에 있어서 조합원에 대한 부과금액의 산정기준 사항에 변경이 있어도 이미 부과한 금액은 변경하지 못한다.

제21조(사용료 및 수수료) ① 이 조합은 조합의 사업을 이용하는 자에 대하여 사용료나 수수료를 부과할 수 있다.

② 이 조합이 계약을 체결함에 있어 계약당사자의 위임에 따라 운송 · 보관 그 밖의 행위를 대행하는 경우에는 이 조합은 그 대행에 필요한 부대비를 징수한다.

③ 제1항에 따른 조합원의 사용료나 수수료 납입을 조합에 대한 채권과 상계할 수 없다.

④ 제1항의 부과에 관한 사항은 규약으로 정한다.

제22조(과태금) ① 조합은 조합원이 출자금 또는 경비 등의 납입의무를 그 기한까지 이행하지 아니하는 경우에는 과태금을 징수할 수 있다.

(비고) 조합이 징수할 수 있는 과태금의 명목을 구체적으로 명시하여야 한다.

② 조합원은 제1항에 따른 과태금을 조합에 대한 채권과 상계할 수 없다.

③ 과태금의 금액 및 징수방법은 규약으로 정한다.

제23조(총회) ① 조합은 총회를 둔다.

② 총회는 정기총회와 임시총회로 구분한다.

③ 총회는 이사장과 조합원으로 구성하며, 이사장이 그 의장이 된다.

제24조(대의원총회) ① 조합원의 수가 200인을 초과하는 경우 총회에 갈음할 대의원 총회를 둘 수 있다.

〈보건의료사회적협동조합 정관례〉 제24조제1항을 다음과 같이 규정한다.

① 조합은 총회에 갈음할 대의원 총회를 둘 수 있다.

② 대의원은 조합원 중에서 제9조제2항의 조합원 유형에 따라 각각 선출한다. 다만, 선출할 대의원 수는 이사회에서 정한다.

(비고) 대의원은 조합원 유형에 따라 2 이상의 유형으로 구성하여야 한다.

③ 대의원의 의결권 및 선거권은 대리인으로 하여금 행사하게 할 수 없다.

④ 대의원의 정수는 ○○명 이상으로 하며 임기는 ○년으로 한다.

(비고) 대의원의 정수는 50명 이상으로 하며, 임기는 4년 이내로 하여야 한다.

⑤ 결원으로 인하여 선출된 대의원의 임기는 전임자 임기의 남은 기간으로 한다.

⑥ 대의원은 조합원의 선거를 통하여 선출하며, 선거방법에 관한 사항은 선거관리규약으로 정한다.

⑦ 대의원총회에 관하여는 총회에 관한 사항을 준용하며, 이 경우 "조합원"은 "대의원"으로 본다.

⑧ 대의원총회는 조합의 합병, 분할 및 해산에 관한 사항은 의결할 수 없다.

제25조(대의원의 의무 및 자격상실) ① 대의원은 성실히 대의원회에 출석하고, 그 의결에 참여하여야 한다.

② 대의원회는 대의원이 다음 각 호의 어느 하나에 해당하는 행위를 할 때에는 그 의결로 대의원자격을 상실하게 할 수 있다. 이 경우 해당 대의원에게 서면으로 자격상실 이유를 의결일 7일 전까지 통지하고, 총회 또는 대의원회에서 의견을 진술할 기회를 주어야 한다.

1. 대의원총회 소집통지서를 받고 정당한 사유 없이 계속하여 3회 이상 출석하지 아니하거나 대의원총회에 출석하여 같은 안건에 대한 의결에 2회 이상 참가하지 아니한 경우
2. 부정한 방법으로 대의원총회의 의사를 방해한 경우
3. 고의 또는 중대한 과실로 이 조합의 명예 또는 신용을 훼손시킨 경우

제26조(선거운동의 제한) ① 누구든지 자기 또는 특정인을 조합의 임원 또는 대의원으로 당선되도록 하거나 당선되지 아니하도록 할 목적으로 다음 각 호의 어느 하나에 해당하는 행위를 할 수 없다.

1. 조합원(협동조합에 가입신청을 한 자를 포함한다. 이하 이 조에서 같다)이나 그 가족 또는 조합원이나 그 가족이 설립 · 운영하고 있는 기관 · 단체 · 시설에 대한 다음 각 목의 어느 하나에 해당하는 행위
   가. 금전 · 물품 · 향응이나 그 밖의 재산상의 이익을 제공하는 행위
   나. 공사의 직을 제공하는 행위
   다. 금전 · 물품 · 향응, 그 밖의 재산상의 이익이나 공사의 직을 제공하겠다는 의사표시 또는 그 제공을 약속하는 행위
2. 후보자가 되지 못하도록 하거나 후보자를 사퇴하게 할 목적으로 후보자가 되려는 사람이나 후보자에게 제1호 각 목에 규정된 행위를 하는 행위
3. 제1호 또는 제2호의 이익이나 직을 제공받거나 그 제공의 의사표시를 승낙하

는 행위 또는 그 제공을 요구하거나 알선하는 행위

② 임원 또는 대의원이 되려는 사람은 후보자등록마감일의 다음날부터 선거일 전일까지의 선거운동기간을 제외하고는 선거운동을 위하여 조합원을 호별로 방문하거나 특정 장소에 모이게 할 수 없다.

③ 누구든지 협동조합의 임원 또는 대의원 선거와 관련하여 연설 · 벽보, 그 밖의 방법으로 거짓의 사실을 공표하거나 공연히 사실을 적시하여 후보자를 비방할 수 없다.

④ 누구든지 임원 또는 대의원 선거와 관련하여 다음 각 호의 방법 이외의 선거운동을 할 수 없다.

1. 선전 벽보의 부착
2. 선거 공보의 배부
3. 소형 인쇄물의 배부
4. 합동 연설회 또는 공개 토론회의 개최
5. 전화 · 컴퓨터통신을 이용한 지지 호소

제27조(선거관리위원회의 구성 · 운영) ① 조합의 임원 및 대의원 선거사무를 공정하게 관리하기 위하여 본 조합에 선거관리위원회(이하 "위원회"라 한다)를 둘 수 있다.

② 위원회는 조합원(대의원을 포함한다)중에서 이사회의 의결을 거쳐 이사장이 위촉하는 ○명 이내의 위원으로 구성한다. 이 경우 당해 선거에 임원으로 후보등록한 자는 위원이 될 수 없다.

③ 위원회는 다음 각 호의 사무를 관장한다.

1. 후보자의 자격심사
2. 선거인 명부의 확정
3. 후보자 추천의 유 · 무효 판정
4. 선거공보의 작성과 선거운동방법 결정 및 계도
5. 선거관리, 투표관리 및 개표관리
6. 투표의 유 · 무효의 이의에 대한 판정
7. 선거관련 분쟁의 조정
8. 선거운동 제한규정 위반여부 심사 및 조치
9. 당선인의 확정
10. 그 밖에 선거에 필요한 사항

④ 그 밖에 위원회의 구성 · 운영 등에 관하여 필요한 사항은 선거관리규약으로 정한다.

제28조(정기총회) 정기총회는 매년 1회 회계연도 종료 후 3개월 이내에 이사장이 소집한다.

제29조(임시총회) ① 임시총회는 다음 각 호의 어느 하나에 해당하는 경우에 이사장이 소집한다.

1. 이사장 및 이사회가 필요하다고 인정할 때
2. 조합원이 조합원 5분의 1 이상의 동의를 받아 소집의 목적과 이유를 적은 서면을 제출하여 이사장에게 소집을 청구한 때
3. 감사가 조합의 재산상황이나 업무집행에 부정한 사실이 있는 것을 발견하고 그 내용을 총회에 신속히 보고할 필요가 있다고 인정하여 이사장에게 소집을 청구한 때

② 이사장은 제1항 제2호(제48조 규정에 따른 해임 요구를 포함한다) 및 제3호의 청구를 받으면 정당한 사유가 없는 한 2주 이내에 소집절차를 밟아야 한다.

③ 제1항 제2호 및 제3호의 규정에 의하여 총회의 소집을 청구하였으나 총회를 소집할 자가 없거나 그 청구가 있은 날부터 2주 이내에 이사장이 총회의 소집절차를 밟지 아니한 때에는 감사가 7일 이내에 소집절차를 밟아야 한다. 이 경우 감사가 의장의 직무를 수행한다.

④ 감사가 제3항의 기한 이내에 총회의 소집절차를 밟지 아니하거나 소집할 수 없는 경우에는 제1항 제2호의 규정에 의하여 총회의 소집을 청구한 조합원의 대표가 이를 소집한다. 이 경우 조합원의 대표가 의장의 직무를 수행한다.

제30조(총회의 소집절차) ① 이사장은 총회 개최 7일 전까지 회의목적 · 안건 · 일시 및 장소를 정하여 우편 또는 전자메일 등으로 각 조합원에게 통지하여야 한다.

② 이사장이 궐위 또는 부득이한 사유로 총회를 소집할 수 없는 때에는 제50조에서 정하고 있는 순으로 이를 소집한다.

제31조(총회의 의결사항) 다음 각 호의 사항은 총회의 의결을 얻어야 한다.

1. 정관의 변경
2. 규약의 제정과 변경 또는 폐지
3. 임원의 선출과 해임
4. 사업계획 및 예산의 승인
5. 대차대조표, 수지계산서, 결산보고서의 승인과 잉여금의 처분 및 손실금의 처리
6. 감사보고서의 승인
7. 조합의 합병, 분할, 해산 또는 휴업
8. 조합원의 제명
9. 그 밖에 이사장 또는 이사회가 필요하다고 인정하는 사항

〈보건의료사회적협동조합 정관례〉 제31조제10항을 다음과 같이 추가한다.

10. 차입금의 최고한도 결정

(비고) 조합은 법령에 반하지 않는 범위에서 총회의결사항을 추가적으로 규정할 수 있다.

제32조(총회의 의사) ① 총회의 의사는 법령상 다른 규정이 있는 경우를 제외하고는 총 조합원 과반수의 출석으로 개회하고 출석조합원 과반수의 찬성으로 의결한다.

② 제1항의 규정에 의한 총회의 개의 정족수 미달로 총회가 유회된 때에는 이사장은 20일 이내에 다시 총회를 소집하여야 한다.

③ 총회는 제30조에 따라 미리 통지한 사항에 한하여 의결할 수 있다. 다만, 긴급을 요하여 총 조합원의 3분의 2이상의 출석과 출석조합원 3분의 2 이상의 찬성이 있는 때에는 그러하지 아니하다.

④ 총회에서 조합과 조합원간의 이익이 상반되는 사항에 대하여 의결을 행할 때에는 해당 조합원은 의결에 참가하지 못한다.

제33조(합병 · 분할 및 해산 등의 의결) 다음 각 호의 사항은 조합원 과반수의 출석과 출석조합원 3분의 2 이상의 찬성으로 의결한다.

1. 정관의 변경
2. 조합의 합병 · 분할 · 해산 또는 휴업
3. 조합원의 제명

제34조(의결권 및 선거권) ① 조합원은 출자좌수에 관계없이 각각 1개의 의결권과 선거권을 갖는다.

② 조합원은 대리인으로 하여금 의결권 및 선거권을 행사하게 할 수 있다. 이 경우 그 조합원은 출석한 것으로 본다.

③ 제35조의 자격을 갖춘 대리인이 의결권 또는 선거권을 행사할 때에는 대리권을 증명하는 서면을 의결권 또는 선거권을 행사하기 전에 조합이 정하는 양식에 따라 미리 조합에 제출하여야 한다.

제35조(대리인이 될 자격) 전조 제2항에 따른 대리인은 다른 조합원 또는 본인과 동거하는 가족(조합원의 배우자, 조합원 또는 그 배우자의 직계 존속 · 비속과 형제자매, 조합원의 직계 존속 · 비속 및 형제자매의 배우자를 말한다. 이하 같다)이어야 하며, 대리인이 대리할 수 있는 조합원의 수는 1인에 한한다.

제36조(총회의 의사록) ① 총회의 의사에 관하여 의사록을 작성하여야 한다.

② 의사록에는 의사의 진행 상황과 그 결과를 적고 의장과 총회에서 선출한 조합원 3인 이상이 기명날인하거나 서명하여야 한다.

제37조(총회의 운영규약) 정관에 규정하는 외에 총회의 운영에 관하여 필요한 사항은 총회운영규약으로 정한다.

제38조(총회의 회기연장) ① 총회의 회기는 총회의 결의에 의하여 연장할 수 있다.

② 제1항의 규정에 의하여 속행된 총회는 제30조제1항의 규정을 적용하지 아니한다.

제39조(이사회) ① 조합에 이사회를 두고, 이사회는 조합의 업무집행을 결정한다.

② 이사회는 이사로서 구성하고 이사장 1인 외 부이사장, 전무이사, 상무이사 등을 둘 수 있다.

(비고) 이사의 종류 및 명칭은 필요에 따라 달리 정할 수 있다.

③ 이사장은 이사회를 소집하고 그 의장이 된다.

④ 이사회의 소집은 회의일 7일전까지 회의의 목적사항, 일시 및 장소를 기재한 서면을 각 이사에게 통지하여야 한다. 다만 긴급을 요하여 이사회 구성원 과반수의 동의가 있을 때에는 소집절차를 생략할 수 있다.

⑤ 이사 3분의 1 이상 또는 감사 전원이 회의목적 사항과 회의 소집이유를 기재한 서류를 제출하고 이사회의 소집을 요구할 수 있다.

⑥ 이사장은 제5항의 요구가 있는 때에는 7일 이내에 이사회를 소집하여야 한다.

제40조(이사회의 의결사항) ① 이사회는 다음 각 호의 사항을 의결한다.

1. 조합의 재산 및 업무집행에 관한 사항
2. 총회의 소집과 총회에 상정할 의안
3. 규정, 규칙 등의 제정과 변경 및 폐지
4. 사업계획 및 예산안 작성
5. 간부 직원의 임면 승인
6. 기본자산의 취득과 처분
7. 그 밖에 조합의 운영에 중요한 사항
8. 이사장이 부의하는 사항

(비고) 협동조합기본법 제29조에 규정된 필요적 총회의결 사항은 이사회에 위임할 수 없다.

(비고) 조합은 법령에 반하지 않는 범위에서 조합의 업무집행을 위하여 필요한 사항을 추가적으로 규정할 수 있다.

② 이사회는 제55조 각 호의 사업을 수행하기 위하여 필요한 위원회를 설치 운영할 수 있다.

③ 제2항의 위원회 구성 및 운영에 관하여는 별도 규약으로 정한다.

제41조(이사회의 의사) ① 이사회는 구성원 과반수의 출석으로 개회하고 출석이사 과반수의 찬성으로 의결한다.

② 이사장은 의결에 참가하지 아니하며, 가부동수일 때에는 결정권을 갖는다.

③ 이사의 개인 이익과 조합의 이익이 상반되는 사항이나 신분에 관련되는 사항에 관하여는 당해이사는 이사회의 의결에 관여할 수 없다.

제42조(이사회의 의사록) 이사회의 의사에 관하여는 의사의 경과와 그 결과를 기재한 의사록을 작성하고 참석 이사 전원이 이에 기명날인하거나 서명하여야 한다.

제43조(임원의 정수) ① 조합의 임원으로 이사장 1명을 포함한 3명 이상 ○○명 이내의 이사와 1명 이상의 감사를 둔다. 다만, 이사는 제9조제2항의 조합원 유형에 따라 다양한 이해관계자들로 구성하여야 한다.

② 제1항의 임원중 이사회의 호선에 의해 상임임원을 둘 수 있다.

제44조(임원의 선임) ① 이사 및 감사는 총회가 조합원 중에서 선출한다. 다만, 이사는 정수의 5분의 1의 범위 내에서, 감사는 2분의1의 범위 내에서 이사회의 추천에 따라 조합원 외의 자를 선출할 수 있다.

② 이사장은 이사 중에서 총회에서 선출하고, 부이사장, 전무이사 및 상무이사는 이사회가 이사 중에서 호선한다.

③ 제1항, 제2항의 선거 방법, 절차 등에 관하여는 별도의 선거관리규약으로 정한다.

제45조(임원의 결격사유) ① 다음 각 호의 어느 하나에 해당하는 자는 이 조합의 임원이 될 수 없다.

1. 금치산자
2. 한정치산자
3. 파산선고를 받고 복권되지 아니한 사람
4. 금고 이상의 실형을 선고받고 그 집행이 끝나거나(집행이 끝난 것으로 보는 경우를 포함한다) 집행이 면제된 날부터 3년이 지나지 아니한 사람
5. 금고 이상의 형의 집행유예를 선고받고 그 유예기간 중에 있거나 유예기간이 끝난 날부터 2년이 지나지 아니한 사람
6. 금고 이상의 형의 선고유예를 받고 그 선고유예기간 중에 있는 사람
7. 법원의 판결 또는 다른 법률에 따라 자격이 상실 또는 정지된 사람

② 제1항 각호의 사유가 발생하면 해당 임원은 당연히 퇴직된다.

③ 제2항에 따라 퇴직된 임원이 퇴직 전에 관여한 행위는 그 효력을 상실하지 아니한다.

제46조(임원의 임기) ① 임원의 임기는 ◯년으로 한다.

(비고) 임원의 임기는 4년의 범위내에서 정관으로 정해야 한다.

② 임원은 연임할 수 있다. 다만, 이사장은 2차에 한하여 연임할 수 있다.

③ 결원으로 인하여 선출된 임원의 임기는 전임자의 임기종료일까지로 한다.

제47조(임원의 의무와 책임) ① 임원은 법령과 조합의 정관, 규약, 규정 및 총회와 이사회의 의결을 준수하고 조합을 위하여 성실히 그 직무를 수행하여야 한다.

② 임원이 법령 또는 정관을 위반하거나 그 임무를 게을리하여 조합에 손해를 가

한 때에는 연대하여 그 손해를 배상하여야 한다.

③ 임원이 고의 또는 중대한 과실로 그 임무를 게을리하여 제3자에게 손해를 끼친 때에는 제3자에게 연대하여 그 손해를 배상하여야 한다.

④ 제2항 및 제3항의 행위가 이사회의 의결에 의한 것일 때에는 그 의결에 찬성한 이사도 제2항 및 제3항의 책임이 있다.

⑤ 제4항의 의결에 참가한 이사로서 명백한 반대의사를 표시하지 아니한 자는 그 의결에 찬성한 것으로 본다.

⑥ 제2항부터 제5항까지의 규정에 따른 구상권의 행사는 감사 및 이사에 대하여는 이사장이, 이사장에 대하여는 감사가, 전체 임원에 대하여는 조합원 5분의 1 이상의 동의를 받은 조합원 대표가 한다.

제48조(임원의 해임) ① 조합원은 조합원 5분의 1 이상의 동의로 총회에 임원의 해임을 요구할 수 있다. 이 경우 해임의 사유를 서면으로 조합에 제출하여야 한다.

② 조합은 제1항에 따른 서면 제출이 있을 때에는 총회 개최 10일 전에 해당 임원에게 해임 이유를 서면으로 통보하고, 총회에서 의견을 진술할 기회를 주어야 한다.

제49조(임원의 보수 등) ① 임원에 대하여 규정이 정하는 바에 따라 여비 등 조합업무와 관련된 비용을 실비 범위내에서 지급할 수 있다.

② 상임임원에 대하여는 규정이 정하는 바에 따라 보수를 지급할 수 있다.

제50조(이사장 및 이사의 직무) ① 이사장은 이사회의 결정에 따라 조합의 업무를 집행하고 조합을 대표한다.

② 이사는 이사장을 보좌하며 조합의 업무를 집행한다.

③ 이사장이 사고가 있을 때에는 부이사장, 전무이사, 상무이사, 이사, 감사의 순으로 그 직무를 대행하고 해당자가 2인 이상일 경우에는 연장자 순으로 한다.

④ 제3항의 경우와 이사장이 권한을 위임한 경우를 제외하고는 이사장이 아닌 이사는 조합을 대표할 수 없다.

제51조(감사의 직무) ① 감사는 연 ○회 이상 조합의 업무집행 상황, 재산상태, 장부 및 서류 등을 감사하여 총회에 보고하여야 한다. 반기별 감사보고서는 이사회에, 반기별 감사보고서를 종합한 종합감사보고서는 정기총회에 각각 제출하여야 한다.

② 감사는 예고 없이 조합의 장부나 서류를 대조 확인할 수 있다.

③ 감사는 이사장 및 이사가 법령 · 정관 · 규약 · 규정 또는 총회의 의결에 반하여 업무를 집행한 때에는 이사회에 그 시정을 요구하여야 한다.

④ 감사는 총회 또는 이사회에 출석하여 의견을 진술할 수 있다.

⑤ 제1항 및 제2항의 감사보고서 제출에 있어서 감사가 2인 이상인 경우 감사의 의견이 일치하지 아니할 경우에는 각각 의견을 제출할 수 있다.

제52조(감사의 대표권) 조합이 이사장을 포함한 이사와 소송, 계약 등의 법률행위를 하는 때에는 감사가 조합을 대표한다.

제53조(임직원의 겸직금지) ① 이사장은 다른 조합의 이사장을 겸직할 수 없다.

② 이사장을 포함한 이사와 직원은 감사를 겸직할 수 없다.

③ 임원 총 수의 3분의 1을 초과하여 임원은 이 조합의 직원을 겸직할 수 없다. 다만, 조합원의 수가 10인 이하인 조합은 해당 기간 동안 그러하지 아니하다.

(비고) 사회적협동조합 중 조합원의 3분의 2 이상이 직원이고, 조합원인 직원이 전체 직원의 3분의 2 이상인 협동조합인 경우 제53조제3항을 삭제하고 규정할 수 있다.

제54조(직원의 임면 등) ① 직원은 이사장이 임면한다. 다만, 간부직원은 이사회의 결의를 거쳐 이사장이 임면한다.

② 직원의 임면, 급여, 기타 직원에 관하여 필요한 사항은 규정으로 정한다.

제55조(사업의 종류) ① 이 조합은 그 목적을 달성하기 위하여 다음 각 호의 사업 중 하나 이상을 주 사업으로 하여야 하고, 주 사업은 협동조합 전체 사업량의 100분의 40이상이어야 한다.

1. ○○○ 사업
2. ○○○ 사업
3. ○○○ 사업

(비고) 주 사업은 지역사회 재생, 지역경제 활성화, 지역 주민들의 권익 · 복리 증진 및 그 밖에 지역사회가 당면한 문제 해결에 기여하는 사업, 취약계층에게 복지 · 의료 · 환경 등의 분야에서 사회서비스 또는 일자리를 제공하는 사업, 국가 · 지방자치단체로부터 위탁받은 사업, 그 밖에 공익증진에 이바지 하는 사업 등이 될 수 있다.

〈지역사회 재생 및 지역경제의 활성화에 기여하는 사업 예시〉

1. 지역특산품 · 자연자원 활용사업
2. 전통시장 · 상가 활성화 사업
3. 농산물 · 임산물 · 축산물 · 수산물의 생산 및 유통에 관한 사업

〈지역주민의 권익과 복리를 증진시키는 사업 예시〉

1. 지역주민의 생활환경 개선사업
2. 지역의 공중접객업소 위생 개선 사업
3. 지역의 감염병 또는 질병 예방에 관한 사업
4. 지역의 재해, 화재 또는 안전사고의 예방에 관한 사업
5. 지역주민들의 고충상담을 위한 사업
6. 지역주민에게 사회서비스를 제공하는 사업

〈취약계층에게 사회서비스 또는 일자리를 제공하는 사업 예시〉

1. 교육, 보건 · 의료, 사회복지, 환경 및 문화 분야의 관련 사업
2. 보육, 간병 및 가사 지원 서비스를 제공하는 사업
3. 「직업안정법」 제2조의2제9호에 따른 고용서비스를 제공하는 사업
4. 예술 · 관광 및 운동 분야의 사업
5. 산림 보전 및 관리 서비스를 제공하는 사업
6. 문화재 보존 또는 활용과 관련된 사업
7. 청소 등 사업시설 관리 사업
8. 범죄 예방 및 상담치료 관련 사업

② 이 조합은 그 목적을 달성하기 위하여 다음 각 호의 사업을 기타 사업으로 할 수 있다.

1. ○○○ 사업
2. ○○○ 사업
3. ○○○ 사업

(비고) 기타 사업은조합원에 대한 소액대출 사업, 조합원에 대한 상호부조 사업, 조합원과 직원에 대한 상담, 교육 · 훈련 및 정보제공 사업, 조합간 협력을 위한 사업, 조합의 홍보 및 지역사회를 위한 사업 등이 될 수 있다.

③ 이 조합은 주 사업의 목적 및 판단기준을 적용하기 위하여 수행할 사업방식은 ○○로 한다.

(비고) 주 사업의 목적 및 판단기준은 아래 내용 중 정관으로 정한다.

1. 목적사업이 '지역사회 재생, 지역경제 활성화, 지역 주민들의 권익 · 복리 증진 및 그 밖에 지역사회가 당면한 문제 해결에 기여하는 사업' 또는 '그 밖에 공익증진에 이바지 하는 사업'에 해당하는 경우 '수입 · 지출 예산서상 전체 사업비의 100분의 40 이상을 주 사업 목적으로 지출할 것' 또는 '사업계획서상 주 사업에 해당하는 서비스 대상인원, 시간, 횟수 등이 전체 서비스의 100분의 40 이상일 것'으로 한다.
2. 목적사업이 '취약계층에게 복지 · 의료 · 환경 등의 분야에서 사회서비스를 제공하는 사업'에 해당하는 경우 '사업계획서상 취약계층에게 제공된 사회서비스 대상인원, 시간, 횟수 등이 전체 사회서비스의 100분의 40 이상일 것'으로 한다.
3. 목적사업이 '취약계층에게 복지 · 의료 · 환경 등의 분야에서 일자리를 제공하는 사업'에 해당하는 경우 '수입 · 지출 예산서상 전체 인건비 총액 중 취약계층인 직원에게 지급한 인건비 총액이 차지하는 비율이 100분의 40 이상일 것' 또는 '사업계획서상 전체 직원 중 취약계층인 직원이 차지하는 비율이 100

분의 40 이상일 것'으로 한다.

4. 목적사업이 '국가 · 지방자치단체로부터 위탁받은 사업'에 해당하는 경우 '수입 · 지출 예산서상 전체 사업비의 100분의 40 이상이 국가 및 지방자치단체로부터 위탁받은 사업의 예산일 것'으로 한다.

5. 목적사업이 위 '제1호부터 제4호까지의 사업에 중복'하여 해당하는 경우 '목적사업이 제1호부터 제4호까지의 사업에 해당하는 비율의 합이 100분의 40 이상일 것'으로 한다.

④ 이 경우 주 사업 및 기타 사업은 구분하여 따로 회계처리되어야 한다.

⑤ 조합의 사업구역은 ○○○로 한다.

(비고) 사업구역에 대한 제한은 없으나, 필요시 정관으로 정할 수 있다.

제56조(소액대출) ① 조합은 상호복리 증진을 위하여 제55조의 주 사업 이외의 사업으로 조합원을 대상으로 납입 출자금 총액의 3분의 2를 초과하지 않는 범위에서 소액대출을 할 수 있다.

(비고) 소액대출 총액은 출자금 총액의 3분의 2를 초과할 수 없다.

② 조합원 가입 후 ○개월이 경과한 조합원에 한해서 대출자격을 가진다.

(비고) 조합의 설립취지 등에 부합하는 조합원 활동을 충족한 자에 대해서 대출 제공

③ 제1항에 따른 소액대출을 할 때 조합원 1인당 한도는 ○○○원으로 한다.

(비고) 조합원당 소액대출 한도는 출자금 총액의 3분의 1 범위내에서 조합이 정관에 정한다.

④ 소액대출 이자율은 ○○으로 한다.

(비고) 소액대출 이자율은 기획재정부장관이 고시하는 최고 한도(5%) 내에서 조합이 정관에 정한다.

⑤ 소액대출 연체이자율은 ○○으로 한다.

(비고) 소액대출 연체이자율은 해당 대출에 적용된 이자율의 1.5배를 최고 한도로 조합이 정관에 정한다. 다만, 연체이자율의 최고한도는 「이자제한법」 제2조제1항에 따른 최고이자율(연 30%)을 초과할 수 없다.

⑥ 대출 종류, 대출 종류별 이자율 및 연체이자율, 대출절차와 상환 등 소액대출 사업 운영에 대한 세부 사항은 별도의 규약으로 정한다.

⑦ 조합은 정기적으로 대출 조합원의 채무상환능력과 금융거래내용 등을 감안하여 적정한 수준의 대손충당금을 적립 · 유지하여야 하며, 대손충당의 구체적 적립수준 등에 관해서는 별도의 규약으로 정한다.

⑧ 소액대출 사업은 제55조에 따른 주 사업 및 기타 사업과 구분하여 따로 회계처리되어야 한다.

제57조(상호부조) ① 조합은 조합원 간 상부상조를 목적으로 조합원들이 각자 나눠 낸 상호부조회비를 기금으로 적립하여 그 기금으로 상호부조회비를 낸 조합원에게 혼례, 사망, 질병 등의 사유가 생긴 경우 일정 금액의 상호부조금을 지급한다.

(비고) 조합은 상호부조사업의 여부 및 상호부조의 조건에 해당하는 혼례, 사망, 질병 등을 정관으로 정할 수 있다.

② 조합원 가입 후 ○개월이 경과한 조합원 가운데 심사위원회의 승인을 얻은 조합원에 한해서 상호부조사업 참여자격을 가진다.

(비고) 조합의 설립취지 등에 부합하는 조합원 활동을 충족한 자에 대해서 사업 참여

③ 조합원 1인당 상호부조의 범위는 ○○○원 이내로 한다.

(비고) 상호부조의 범위는 납입 출자금 총액의 한도에서 정관으로 정한다.

④ 제1항의 상호부조회비는 ○○원으로 한다. 상호부조 사업에 참여하는 조합원은 상호부조 회비를 매월 납부하여야 한다.

⑤ 상회부조 계약은 조합의 상호부조사업부 또는 계약사업부와 조합원 간에 직접 이루어지도록 해야 하며, 제3의 판매조직이나 금융기관과의 제휴를 통한 계약은 허용되지 않는다.

⑥ 상호부조 회비 적립금의 운영은 지나친 위험에 노출되지 않도록 하여야 한다. 이를 위해 예금 및 국공채 이외의 주식, 회사채, 여타 시장성 증권에 투자하여서는 아니 된다.

⑦ 상호부조계약의 양식, 상호부조 회비의 사용, 상호부조 회비의 환급 등 사업 운영에 대한 세부 사항은 별도의 규약으로 정한다.

⑧ 상호부조 사업은 제55조에 따른 주 사업 및 기타 사업과 구분하여 따로 회계처리되어야 한다.

제58조(사업의 이용) ① 조합은 조합원이 아닌 자에게 조합의 사업을 이용하게 하여서는 아니 된다. 다만, 조합원이 이용하는데 지장이 없는 범위에서 다음 각 호의 경우에는 조합원이 아닌 자도 사업을 이용할 수 있다.

1. 조합이 재고로 보유하고 있는 물품으로서 부패 또는 변질의 우려가 있어 즉시 유통되지 아니하면 제품의 품질을 유지하기 어려운 물품을 처리하기 위한 경우
2. 조합원으로 가입하도록 홍보하기 위하여 견본품을 유상 또는 무상으로 공급하는 경우. 다만, 조합이「사회서비스 이용 및 이용권 관리에 관한 법률」제2조 제4호에 따른 사회서비스 제공자인 경우는 제외한다.
3. 공공기관 · 사회단체 등이 공익을 목적으로 주최하는 행사에 참여하는 경우
4. 조합이 정부, 지방자치단체 및「공공기관 운영에 관한 법률」제4조에 따른 공공기관과 공동으로 추진하는 사업에서 일반 국민이 해당 사업의 목적에 따라

사업을 이용하는 경우

5. 다른 법령에서 조합원이 아닌 자에게 의무적으로 물품을 공급하게 하거나 용역을 제공하도록 규정하는 경우
6. 천재지변이나 그 밖에 이와 유사한 긴급한 상황일 때 공중(公衆)에게 생활필수품 또는 용역을 공급하는 경우
7. 학교를 사업구역으로 하는 조합이 그 사업구역에 속하는 학생 · 교직원 및 학교 방문자를 상대로 물품을 공급하거나 용역을 제공하는 경우
8. 조합이 법령에 따라 국가나 공공단체로부터 위탁받은 사회서비스를 제공하거나 취약계층의 일자리 창출을 위한 사업을 하는 경우
9. 조합(「사회서비스 이용 및 이용권 관리에 관한 법률」제2조제4호에 따른 사회서비스 제공자에 해당하는 협동조합은 제외한다)이 가입을 홍보하기 위하여 기획재정부장관에게 신고하는 기간(이하 이 호에서 '홍보기간'이라 하며, 그 기간은 1년에 3개월을 넘지 못한다) 동안 전년도 총공급고(總供給高)의 100분의 5 범위에서 물품을 유상 또는 무상으로 공급하는 경우. 다만, 조합이 설립인가를 받은 날부터 1년(단위매장의 경우에는 매장 개장일부터 1년) 동안은 홍보기간이 6개월을 넘지 아니하는 범위에서 총공급고에 대한 제한 없이 물품을 유상 또는 무상으로 공급할 수 있다.
10. 조합원과 같은 가구에 속하는 자가 조합의 사업을 이용하는 경우

〈보건의료사회적협동조합 정관례〉 제58조를 다음과 같이 규정한다.

제58조(사업의 이용) ① 조합은 조합원이 아닌 자에게 조합의 사업을 이용하게 하여서는 아니 된다. 다만, 조합원이 이용하는데 지장이 없는 범위에서 다음 각 호의 경우에는 조합원이 아닌 자도 사업을 이용할 수 있다.

1. 조합이 재고로 보유하고 있는 물품으로서 부패 또는 변질의 우려가 있어 즉시 유통되지 아니하면 제품의 품질을 유지하기 어려운 물품을 처리하기 위한 경우
2. 공공기관 · 사회단체 등이 공익을 목적으로 주최하는 행사에 참여하는 경우
3. 조합이 정부, 지방자치단체 및 「공공기관 운영에 관한 법률」제4조에 따른 공공기관과 공동으로 추진하는 사업에서 일반 국민이 해당 사업의 목적에 따라 사업을 이용하는 경우
4. 다른 법령에서 조합원이 아닌 자에게 의무적으로 물품을 공급하게 하거나 용역을 제공하도록 규정하는 경우
5. 천재지변이나 그 밖에 이와 유사한 긴급한 상황일 때 공중(公衆)에게 생활필수품 또는 용역을 공급하는 경우
6. 학교를 사업구역으로 하는 조합이 그 사업구역에 속하는 학생 · 교직원 및 학

교 방문자를 상대로 물품을 공급하거나 용역을 제공하는 경우

7. 조합이 법령에 따라 국가나 공공단체로부터 위탁받은 사회서비스를 제공하거나 취약계층의 일자리 창출을 위한 사업을 하는 경우

8. 조합원과 같은 가구에 속하는 자가 조합의 사업을 이용하는 경우

② 제1항에도 불구하고 조합은 총 공급고의 100분의 50의 범위에서 조합원이 아닌 자 중 다음 각 호에 해당하는 사람에 대하여 보건의료서비스를 제공할 수 있다.

1. 「응급의료에 관한 법률」 제2조제1호에 따른 응급환자
2. 「의료급여법」 제3조에 따른 수급권자
3. 「장애인고용촉진 및 직업재활법」 제2조제1호에 따른 장애인
4. 「한부모가족 지원법」 제5조 및 제5조의2에 따른 보호대상자
5. 「재한외국인 처우 기본법」 제2조제3호에 따른 결혼이민자
6. 보건복지부장관이 정하여 고시하는 희귀난치성질환을 가진 자
7. 조합(「사회적기업 육성법」 제7조에 따른 사회적기업의 인증을 받은 사회적 협동조합에 한한다)이 개설한 의료기관이 소재하는 시 · 도의 관할 구역에 주소 · 거소 · 사업장 또는 근무지가 있는 자
8. 조합원과 같은 가구에 속하는 자

③ 조합의 공급고의 산정기준은 직전 연도 매출액 또는 서비스 이용인원으로 한다. 이 경우 제2항제8호에 해당하는 자에게 보건 · 의료 서비스를 제공하는 경우 해당 조합원이 이사회의 승인을 받으면 그 조합원이 이용한 것으로 보아 공급고를 산정한다.

(비고) 조합의 공급고 산정기준은 직전 연도 매출액 또는 서비스 이용인원 중 정관에서 기준을 선택할 수 있다.

제59조(사업계획과 수지예산) ① 이사회는 매 회계연도 경과 후 3개월 이내에 해당 연도의 사업계획을 수립하고 동 계획의 집행에 필요한 수지예산을 편성하여 총회의 의결을 받아야 한다.

② 제1항에 따른 사업계획과 예산이 총회에서 확정될 때까지는 전년도 예산에 준하여 가예산을 편성하여 집행할 수 있다. 이 경우 총회의 사후 승인을 받아야 한다.

③ 이사회가 총회에서 확정된 사업계획과 예산을 변경한 때에는 차기 총회에서 사후 변경승인을 받아야 한다.

제60조(회계연도 등) ① 조합의 회계연도는 매년 ○월 ○일부터 ○월 ○일까지로 한다.

② 조합의 회계는 일반회계와 특별회계로 구분하되, 당해 조합의 주사업은 일반회계로 하고 그 외의 사업은 특별회계로 한다.

(비고) 각 회계별 사업구분을 정하여 정관에 규정한다.

제61조(특별회계의 설치) 특별회계는 조합의 주 사업 외의 특정사업을 운영할 때, 특정자금을 보유하여 운영할 때, 기타 일반회계와 구분 경리할 필요가 있을 때 설치한다.

제62조(운영의 공개) ① 이사장은 결산결과의 공고 등 운영사항을 적극 공개하여야 한다.

② 이사장은 정관 · 규약 · 규정과 총회 · 이사회의 의사록, 회계장부 및 조합원 명부를 주된 사무소에 비치하여야 한다.

③ 결산보고서는 정기총회 7일 전까지 주된 사무소에 비치하여야 한다.

④ 조합원과 조합의 채권자는 이사장에게 제2항 및 제3항의 서류의 열람 또는 그 사본을 청구할 수 있다.

(비고) 조합은 조합원의 개인정보보호 등 정당한 사유로 서류의 사본청구를 제한하는 규정을 둘 수 있다.

⑤ 이사장은 제4항의 청구가 있을 때에는 정당한 이유 없이 이를 거부하지 못한다.

⑥ 이사장은 결산일로부터 3개월 이내에 기획재정부 또는 사회적협동조합연합회의 홈페이지에 다음 각 호의 자료를 게재하여야 한다.

1. 정관, 규약, 규정
2. 사업계획서
3. 결산서
4. 조합원 · 직원 등에 대한 교육 · 홍보 실적
5. 총회, 대의원총회, 이사회의 활동 상황
6. 수지예산서
7. 사업결과보고서
8. 소액대출 및 상호부조 사업현황

제63조(법정적립금) ① 조합은 매 회계년도 결산의 결과 잉여금이 있는 때에는 자기자본의 3배가 될 때까지 잉여금의 100분의 30 이상을 적립하여야 한다.

(비고) 잉여금의 최저비율은 100분의 30으로 되어 있으나, 정관에서 그 이상으로 정할 수 있다.

② 제1항의 법정적립금은 손실금의 보전에 충당하거나 해산하는 경우 외에는 사용하여서는 아니 된다.

제64조(임의적립금) ① 조합은 매 회계연도의 잉여금에서 제63조에 따른 법정적립금을 빼고 나머지가 있을 때에는 총회에서 결정하는 바에 따라 매 회계연도 잉여금의 ○○분의 ○이상을 임의적립금으로 적립할 수 있다.

② 임의적립금은 총회에서 결정하는 바에 따라 사업준비금, 사업개발비, 교육 등 특수목적을 위하여 지출할 수 있다.

제65조(손실금의 보전) ① 조합은 매 회계연도의 결산 결과 손실금(당기손실금을 말한다)이 발생하면 미처분이월금, 임의적립금, 법정적립금 순으로 이를 보전하고, 보전 후에도 부족이 있을 때에는 이를 다음 회계연도에 이월한다.

② 조합은 제1항에 따른 손실금을 보전하고 제63조에 따른 법정적립금 등을 적립한 이후에 발생하는 잉여금은 임의적립금으로 적립하여야 하고, 이를 조합원에게 배당할 수 없다.

제66조(출자금액의 감소의결) ① 조합은 부득이한 사유가 있을 때에는 조합원의 신청에 의하여 출자좌수를 감소할 수 있다.

② 조합은 출자 1좌의 금액 또는 출자좌수의 감소(이하 "출자감소"라 한다)를 총회에서 의결한 경우에는 그 의결을 한 날부터 14일 이내에 대차대조표를 작성한다.

③ 조합은 제1항에 따른 의결을 한 날부터 14일 이내에 채권자에 대하여 이의가 있으면 조합의 주된 사무소에 이를 서면으로 진술하라는 취지를 공고하고, 이미 알고 있는 채권자에게는 개별적으로 최고하여야 한다.

④ 제3항에 따른 이의신청 기간은 30일 이상으로 한다.

⑤ 그 밖의 출자좌수의 감소 절차와 방법에 관하여는 별도의 규약으로 정할 수 있다.

제67조(출자감소 의결에 대한 채권자의 이의) ① 채권자가 제66조의 이의신청 기간에 출자감소에 관한 의결에 대하여 이의를 신청하지 아니하면 출자 1좌 금액의 감소를 승인한 것으로 본다.

② 채권자가 이의를 신청하면 조합은 채무를 변제하거나 상당한 담보를 제공하여야 한다.

제68조(결산등) ① 조합은 정기총회일 7일 전까지 결산보고서(사업보고서, 대차대조표, 손익계산서, 잉여금처분안 또는 손실금처리안 등을 말한다)를 감사에게 제출하여야 한다.

② 조합은 제1항에 따른 결산보고서와 감사의 의견서를 정기총회에 제출하여 승인을 받아야 한다.

제69조(합병과 분할) ① 조합은 합병계약서 또는 분할계획서를 작성한 후 총회의 의결을 받아 합병 또는 분할할 수 있다.

(비고) 조합이 합병 또는 분할할 경우 기획재정부장관의 인가를 받아야 한다.

② 합병 또는 분할로 인하여 존속 또는 새로 설립되는 조합은 합병 또는 분할로 인하여 소멸되는 조합의 권리 · 의무를 승계한다.

(비고) 조합은 협동조합기본법에 따른 사회적협동조합 이외의 법인, 단체 및 협

동조합 등과 합병하거나 동법에 따른 사회적협동조합 이외의 법인, 단체및 협동조합 등으로 분할할 수 없다.

제70조(해산) ① 조합은 다음 각 호의 어느 하나에 해당하는 사유가 발생하였을 때에는 해산하고 해산절차는 민법 등 관련 법령에 의한다.

1. 총회의 의결
2. 합병 · 분할 또는 파산
3. 설립인가의 취소

(비고) 필요한 해산사유를 정관으로 정한다.

② 이사장은 조합이 해산한 때에는 지체 없이 조합원에게 통지하고 공고하여야 한다.

제71조(청산인) ① 조합이 해산한 때에는 파산으로 인한 경우를 제외하고는 이사장이 청산인이 된다. 다만, 총회에서 다른 사람을 청산인으로 선임하였을 경우에는 그에 따른다.

② 청산인은 취임 후 지체 없이 재산상태를 조사하고 재산목록과 대차대조표를 작성하여 재산처분의 방법을 정하여 총회의 승인을 얻어야 한다.

③ 청산사무가 종결된 때에는 청산인은 지체 없이 결산보고서를 작성하여 총회의 승인을 얻어야 한다.

④ 제2항 및 제3항의 경우에 총회를 2회 이상 소집하여도 총회가 구성되지 아니할 때에는 출석 조합원 3분의 2이상의 찬성이 있으면 총회의 승인이 있은 것으로 본다.

제72조(청산 잔여재산의 처리) 조합이 해산 후 채무를 변제하고 청산잔여재산이 있을 때에는 다음 각 호의 어느 하나에 귀속한다.

1. 상급 사회적협동조합연합회
2. 유사한 목적의 사회적협동조합
3. 비영리법인 · 공익법인
4. 국고

(비고) 제1호부터 제4호까지의 사항 중 하나를 정관으로 정한다.

부칙

이 정관은 ○○○○○장관의 인가를 받은 날부터 시행한다.

협동조합법령

협동조합기본법

[시행 2012. 12. 1] (법률 제11211호, 2012. 1. 26, 제정)

협동조합기본법 시행령

[시행 2012. 12. 1] (대통령령 제24441호, 2013. 3. 23, 타법개정)

협동조합기본법 시행규칙

[시행 2012. 12. 1] (기획재정부령 제303호, 2012. 11. 27, 제정)

협동조합기본법 제1장 총칙	협동조합기본법 시행령	협동조합기본법 시행규칙
제1조(목적) 이 법은 협동조합의 설립·운영 등에 관한 기본적인 사항을 규정함으로써 자주적·자립적·자치적인 협동조합 활동을 촉진하고, 사회통합과 국민경제의 균형 있는 발전에 기여함을 목적으로 한다.	제1조(목적) 이 영은 「협동조합기본법」에서 위임된 사항과 그 시행에 필요한 사항을 규정함을 목적으로 한다.	제1조(목적) 이 규칙은 「협동조합 기본법」 및 같은 법 시행령에서 위임된 사항과 그 시행에 필요한 사항을 규정함을 목적으로 한다.
제2조(정의) 이 법에서 사용하는 용어의 뜻은 다음과 같다. 1. "협동조합"이란 재화 또는 용역의 구매·생산·판매·제공 등을 협동으로 영위함으로써 조합원의 권익을 향상하고 지역 사회에 공헌하고자 하는 사업조직을 말한다. 2. "협동조합연합회"란 협동조합의 공동이익을 도모하기 위하여 제1호에 따라 설립된 협동조합의 연합회를 말한다. 3. "사회적협동조합"이란 제1호의 협동조합 중 지역주민들의 권익·복리 증진과 관련된 사업을 수행하거나 취약계층에게 사회서비스 또는 일자리를 제공하는 등 영리를 목적으로 하지 아니하는 협동조합을 말한다. 4. "사회적협동조합연합회"란 사회적협동조합의 공동이익을 도모하기 위하여 제3호에 따라 설립된 사회적협동조합의 연합회를 말한다.		
제3조(명칭) ① 협동조합은 협동조합이라는 문자를, 협동조합연합회는 협동조합연합회라는 문자를, 사회적협동조합은 사회적협동조합이라는 문자를, 사회적협동조합연합회는 사회적협동조합연합회라는 문자를 각각 명칭에 사용하여야 한다.	제2조(명칭) ① 「협동조합 기본법」(이하 "법"이라 한다)에 따라 설립되는 협동조합 및 협동조합연합회(이하 "협동조합등"이라 한다)와 사회적협동조합 및 사회적협동조합연합회(이하 "사회적협동조합등"이라 한다)는 법 제3조 제2항에 따라 사업 분야 및 내용, 사업구역, 조합원의 구	

협동조합기본법	협동조합기본법 시행령	협동조합기본법 시행규칙
② 이 법에 따라 설립되는 협동조합과 협동조합연합회(이하 "협동조합등"이라 한다) 및 이 법에 따라 설립되는 사회적협동조합과 사회적협동조합연합회(이하 "사회적협동조합등"이라 한다)는 대통령령으로 정하는 바에 따라 다른 협동조합등 및 사회적협동조합등의 명칭과 중복되거나 혼동되는 명칭을 사용하여서는 아니 된다. ③ 이 법에 따라 설립된 협동조합등 및 사회적협동조합등이 아니면 제1항에 따른 문자를 명칭에 사용할 수 없다.	성 등을 고려하여 다른 협동조합등 및 사회적협동조합등과 구별되는 명칭을 사용하여야 한다. ② 협동조합등 및 사회적협동조합등은 동일한 특별시 · 광역시 · 특별자치시 · 특별자치도 · 시 · 군에서 다른 협동조합등 및 다른 사회적협동조합등이 등기한 명칭을 사용하지 못한다.	
제4조(법인격과 주소) ① 협동조합등은 법인으로 한다. ② 사회적협동조합등은 비영리법인으로 한다. ③ 협동조합등 및 사회적협동조합등의 주소는 그 주된 사무소의 소재지로 하고, 정관으로 정하는 바에 따라 필요한 곳에 지사무소를 둘 수 있다.		
제5조(설립 목적) 협동조합등 및 사회적협동조합등은 구성원(협동조합의 경우 조합원을, 연합회의 경우 회원을 말한다. 이하 "조합원등"이라 한다)의 복리 증진과 상부상조를 목적으로 하며, 조합원등의 경제적 · 사회적 · 문화적 수요에 부응하여야 한다.		
제6조(기본원칙) ① 협동조합등 및 사회적협동조합등은 그 업무 수행 시 조합원등을 위하여 최대한 봉사하여야 한다. ② 협동조합등 및 사회적협동조합등은 자발적으로 결성하여 공동으로 소유하고 민주적으로 운영되어야 한다. ③ 협동조합등 및 사회적협동조합등은 투기를 목적으로		

하는 행위와 일부 조합원등의 이익만을 목적으로 하는 업무와 사업을 하여서는 아니 된다.

제7조(협동조합등의 책무) 협동조합등 및 사회적협동조합등은 조합원등의 권익 증진을 위하여 교육 · 훈련 및 정보 제공 등의 활동을 적극적으로 수행하여야 한다.

제8조(다른 협동조합 등과의 협력) ① 협동조합등 및 사회적협동조합등은 다른 협동조합, 다른 법률에 따른 협동조합, 외국의 협동조합 및 관련 국제기구 등과의 상호 협력, 이해 증진 및 공동사업 개발 등을 위하여 노력하여야 한다.

② 협동조합등 및 사회적협동조합등은 제1항의 목적 달성을 위하여 필요한 경우에는 다른 협동조합, 다른 법률에 따른 협동조합 등과 협의회를 구성 · 운영할 수 있다.

제9조(공직선거 관여 금지) ① 협동조합등 및 사회적협동조합등은 공직선거에서 특정 정당을 지지 · 반대하는 행위 또는 특정인을 당선되도록 하거나 당선되지 아니하도록 하는 행위를 하여서는 아니 된다.

② 누구든지 협동조합등 및 사회적협동조합등을 이용하여 제1항에 따른 행위를 하여서는 아니 된다.

제9조(공직선거 관여 금지) ① 협동조합등 및 사회적협동조합등은 공직선거에서 특정 정당을 지지 · 반대하는 행위 또는 특정인을 당선되도록 하거나 당선되지 아니하도록 하는 행위를 하여서는 아니 된다.

② 누구든지 협동조합등 및 사회적협동조합등을 이용하

협동조합기본법	협동조합기본법 시행령	협동조합기본법 시행규칙
여 제1항에 따른 행위를 하여서는 아니 된다. 제10조(국가 및 공공단체의 협력 등) ① 국가 및 공공단체는 협동조합등 및 사회적협동조합등의 자율성을 침해하여서는 아니 된다. ② 국가 및 공공단체는 협동조합등 및 사회적협동조합등의 사업에 대하여 적극적으로 협조하여야 하고, 그 사업에 필요한 자금 등을 지원할 수 있다. ③ 국가 및 공공단체는 협동조합등 및 사회적협동조합등의 의견을 듣고 그 의견이 반영되도록 노력하여야 한다.		
제11조(협동조합에 관한 정책) ① 기획재정부장관은 협동조합에 관한 정책을 총괄하고 협동조합의 자율적인 활동을 촉진하기 위한 기본계획을 수립한다. ② 기획재정부장관은 제1항에 따라 협동조합에 관한 정책을 총괄하고 기본계획을 수립함에 있어 관계 중앙행정기관의 장과 협의하여야 하고, 특별시장 · 광역시장 · 특별자치시장 · 도지사 · 특별자치도지사(이하 "시 · 도지사"라 한다)의 의견을 요청할 수 있다. ③ 제1항 및 제2항에 따른 협동조합에 관한 정책 총괄 및 기본계획의 수립과 인가 · 감독 등에 관한 사항의 협의 · 조정 등을 위하여 필요한 사항은 대통령령으로 정한다. ④ 기획재정부장관은 협동조합의 활동현황 · 자금 · 인력 및 경영 등에 관한 실태파악을 위하여 3년마다 실태조사를 실시한 후 그 결과를 공표하고, 국회 소관 상임위원회에 보고하여야 한다. ⑤ 관계 중앙행정기관의 장 또는 시 · 도지사는 제4항에 따른 실태조사를 위하여 필요한 자료를 기획재정부장관에게 제출하여야 한다.	제3조(협동조합 정책에 관한 기본계획) ① 기획재정부장관은 법 제11조에 따라 협동조합등 및 사회적협동조합등의 자주 · 자립 · 자치적인 활동을 촉진하기 위하여 3년마다 협동조합 정책에 관한 기본계획(이하 "기본계획"이라 한다)을 수립하여야 한다. ② 기본계획에는 다음 각 호의 사항이 포함되어야 한다. 1. 협동조합등 및 사회적협동조합등의 활성화를 위한 기본방향 2. 협동조합등 및 사회적협동조합등의 활성화를 위한 관련 법령과 제도의 개선 3. 협동조합등 및 사회적협동조합등의 발전전략 및 기반조성에 관한 사항 4. 협동조합등 및 사회적협동조합등의 상호협력 및 협동조합 정책 관련 관계 기관 간 협력에 관한 사항 5. 법 제11조제4항에 따른 협동조합 실태조사의 결과 및 협동조합 정책 개선에 관한 사항 6. 그 밖에 협동조합의 활성화를 위한 여건 조성에 관한 사항	

제4조(협동조합정책심의위원회) ① 협동조합의 정책에 관한 주요 사항을 심의하기 위하여 기획재정부장관 소속으로 협동조합정책심의위원회(이하 "심의회"라 한다)를 둔다.

② 심의회는 다음 각 호의 사항을 심의한다.

1. 기본계획의 수립 · 변경에 관한 사항
2. 협동조합등 및 사회적협동조합등의 설립 · 합병 · 분할의 신고 또는 인가에 관련된 사항
3. 협동조합등 및 사회적협동조합등의 관리 · 감독에 관련된 사항
4. 협동조합 정책과 관련된 관계 행정기관과의 협의 · 조정 등에 관련된 사항
5. 그 밖에 협동조합과 관련된 법 · 제도의 개선 등 협동조합등 및 사회적협동조합등의 활성화를 위하여 기획재정부장관이 정하는 사항

③ 심의회의 위원장은 기획재정부 제2차관이 되며, 위원은 기획재정부령으로 정하는 관계 중앙행정기관의 고위공무원단에 속하는 공무원과 협동조합에 관한 학식과 경험이 풍부한 사람 중에서 기획재정부장관이 위촉하는 사람이 된다.

④ 제1항부터 제3항까지에서 규정한 사항 외에 심의회의 구성 및 운영 등에 필요한 사항은 기획재정부령으로 정한다.

제2조(협동조합정책심의위원회의 구성 등) ① 「협동조합 기본법 시행령」(이하 "영"이라 한다) 제4조제3항에서 "기획재정부령으로 정하는 관계 중앙행정기관"이란 다음 각 호의 기관을 말한다.

1. 행정안전부, 농림수산식품부, 보건복지부, 고용노동부, 공정거래위원회, 금융위원회, 중소기업청, 산림청
2. 그 밖에 협동조합정책심의위원회(이하 "심의회"라 한다)의 위원장이 안건 심의를 위하여 필요하다고 인정하는 관계 중앙행정기관

② 심의회는 위원장 1명을 포함한 20명 이내의 위원으로 구성한다.

③ 공무원인 위원의 임기는 그 직(職)에 재직하는 기간으로 하며, 위촉위원의 임기는 1년으로 한다.

제3조(협동조합정책심의위원회의 운영) ① 심의회는 매월 1회 개최하는 것을 원칙으로 하되, 효율적인 심의를 위하여 필요하면 심의 일정을 조정할 수 있다.

② 심의회의 회의는 재적위원 과반수의 출석과 출석위원 과반수의 찬성으로 의결한다.

③ 위원장은 필요한 경우 위원회의 구성원이 아닌 사람을 회의에 출석하여 발언하게 할 수 있다.

협동조합기본법	협동조합기본법 시행령	협동조합기본법 시행규칙
		④ 심의회에 부칠 안건을 검토 · 조정하고 그 밖에 심의회의 운영을 지원하기 위하여 실무위원회를 둘 수 있다. 이 경우 실무위원회의 구성 및 운영 등에 필요한 사항은 위원회의 심의를 거쳐 기획재정부장관이 정한다.
제12조(협동조합의 날) ① 국가는 협동조합에 대한 이해를 증진시키고 협동조합의 활동을 장려하기 위하여 매년 7월 첫째 토요일을 협동조합의 날로 지정하며, 협동조합의 날 이전 1주간을 협동조합 주간으로 지정한다. ② 국가와 지방자치단체는 협동조합의 날의 취지에 적합한 행사 등 사업을 실시하도록 노력하여야 한다.		
제13조(다른 법률과의 관계) ① 다른 법률에 따라 설립되었거나 설립되는 협동조합에 대하여는 이 법을 적용하지 아니한다. ② 협동조합의 설립 및 육성과 관련되는 다른 법령을 제정하거나 개정하는 경우에는 이 법의 목적과 원칙에 맞도록 하여야 한다. ③ 대통령령으로 정하는 요건에 해당하는 협동조합등 및 사회적협동조합등의 행위에 대하여는 「독점규제 및 공정거래에 관한 법률」을 적용하지 아니한다. 다만, 불공정거래행위 등 일정한 거래분야에서 부당하게 경쟁을 제한하는 경우에는 그러하지 아니하다.	제5조(다른 법률과의 관계) 법 제13조제3항에서 "대통령령으로 정하는 요건에 해당하는 협동조합등 및 사회적협동조합등"이란 다음 각 호의 요건을 모두 갖춘 협동조합등 및 사회적협동조합등을 말한다. 1. 소규모 사업자 또는 소비자의 상부상조를 목적으로 할 것 2. 임의로 설립되고, 조합원 또는 회원(이하 이 조에서 "조합원등"이라 한다)이 임의로 가입하거나 탈퇴할 수 있을 것 3. 각 조합원등이 평등한 의결권을 가질 것 4. 조합원등에게 이익을 배분하는 경우에는 그 한도가 정관에 정해져 있을 것	

제14조(다른 법률의 준용) ① 제4조제1항의 협동조합등에 관하여 이 법에서 규정한 사항 외에는 「상법」 제1편 총칙, 제2편 상행위, 제3편제3장의2 유한책임회사에 관한 규정을 준용한다. 이 경우 "상인"은 "협동조합등"으로, "사원"은 "조합원등"으로 본다.

② 제4조제2항의 사회적협동조합등에 관하여 이 법에서 규정한 사항 외에는 「민법」 제1편제3장 법인에 관한 규정을 준용한다. 이 경우 "사단법인"은 "사회적협동조합등"으로, "사원"은 "조합원등"으로, "허가"는 "인가"로 본다.

제2장 협동조합

제1절 설립

제15조(설립신고 등) ① 협동조합을 설립하고자 하는 때에는 5인 이상의 조합원 자격을 가진 자가 발기인이 되어 정관을 작성하고 창립총회의 의결을 거친 후 주된 사무소의 소재지를 관할하는 시 · 도지사에게 신고하여야 한다.

② 창립총회의 의사는 창립총회 개의 전까지 발기인에게 설립동의서를 제출한 자 과반수의 출석과 출석자 3분의 2 이상의 찬성으로 의결한다.

③ 시 · 도지사는 제1항에 따라 협동조합의 설립신고를 받은 때에는 즉시 기획재정부장관에게 그 사실을 통보하여야 한다.

제6조(협동조합등의 설립신고 등) ① 법 제15조제1항에 따라 협동조합의 설립신고를 하려는 자는 기획재정부령으로 정하는 협동조합 설립신고서에 다음 각 호의 서류를 첨부하여 특별시장 · 광역시장 · 특별자치시장 · 도지사 · 특별자치도지사(이하 "시 · 도지사"라 한다)에게 제출하여야 한다.

1. 정관
2. 창립총회 의사록
3. 사업계획서
4. 임원 명부
5. 법 제15조제2항에 따라 창립총회가 열리기 전까지 발기인에게 설립동의서를 제출한 자의 명부
6. 합병 또는 분할을 의결한 총회의사록(법 제56조에 따라 합병 또는 분할로 인하여 설립되는 경우만 해당하며, 합병 또는 분할로 인하여 존속하거나 설립되는 협

제4조(협동조합등의 설립신고 등) ① 영 제6조제1항(같은 조 제3항에서 준용하는 경우를 포함한다. 이하 이 조에서 같다)에 따른 협동조합 및 협동조합연합회(이하 "협동조합등"이라 한다)의 설립신고서는 별지 제1호서식에 따른다.

② 영 제6조제1항제7호에서 "기획재정부령으로 정하는 서류"는 다음 각 호와 같다.

1. 수입 · 지출 예산서
2. 출자 1좌(座)당 금액과 조합원 또는 회원별로 인수하려는 출자 좌수를 적은 서류
3. 창립총회 개최 공고문

③ 영 제6조제2항(같은 조 제3항에서 준용하는 경우를 포함한다)에 따른 협동조

협동조합기본법	협동조합기본법 시행령	협동조합기본법 시행규칙
	동조합이 승계하여야 할 권리 · 의무의 범위가 의결사항으로 적혀 있어야 한다) 7. 그 밖에 기획재정부령으로 정하는 서류 ② 시 · 도지사는 제1항에 따른 협동조합 설립신고서를 접수하였을 때에는 특별한 사유가 없으면 30일 이내에 신고필증을 발급하여야 한다. ③ 법 제71조제1항의 협동조합연합회의 설립신고에 관하여는 제1항 및 제2항을 준용한다. 이 경우 "협동조합"은 "협동조합연합회"로, "시 · 도지사"는 "기획재정부장관"으로 본다.	합등의 설립신고필증은 별지 제2호서식에 따른다.
제16조(정관) ① 협동조합의 정관에는 다음 각 호의 사항이 포함되어야 한다. 1. 목적 2. 명칭 및 주된 사무소의 소재지 3. 조합원 및 대리인의 자격 4. 조합원의 가입, 탈퇴 및 제명에 관한 사항 5. 출자 1좌의 금액과 납입 방법 및 시기, 조합원의 출자좌수 한도 6. 조합원의 권리와 의무에 관한 사항 7. 잉여금과 손실금의 처리에 관한 사항 8. 적립금의 적립방법 및 사용에 관한 사항 9. 사업의 범위 및 회계에 관한 사항 10. 기관 및 임원에 관한 사항 11. 공고의 방법에 관한 사항 12. 해산에 관한 사항 13. 출자금의 양도에 관한 사항		제5조(협동조합등의 정관 변경) 법 제16조제2항(법 제72조에서 준용하는 경우를 포함한다)에 따라 협동조합등의 정관을 변경하려는 자는 별지 제3호서식의 정관변경신고서에 다음 각 호의 서류를 첨부하여 기획재정부장관 또는 특별시장 · 광역시장 · 특별자치시장 · 도지사 · 특별자치도지사(이하 "시 · 도지사"라 한다)에게 제출하여야 한다. 1. 정관 중 변경하려는 사항을 적은 서류 2. 정관 변경을 의결한 총회 의사록 3. 정관 변경 후의 사업계획서와 수입 · 지출 예산서(사업계획이 변경되어 정관을 변경하는 경우만 해당한다) 4. 대차대조표와 출자감소의 의결, 채권자 공고 및 이의신청의 처리 등의 사실관

14. 그 밖에 총회 · 이사회의 운영 등에 필요한 사항 ② 협동조합의 정관의 변경은 설립신고를 한 시 · 도지사에게 신고를 하여야 그 효력이 발생한다.		계를 증명할 수 있는 서류(출좌 1좌당 금액 감소에 따라 정관을 변경하는 경우만 해당한다)
제17조(규약 또는 규정) 협동조합의 운영 및 사업실시에 필요한 사항으로서 정관으로 정하는 것을 제외하고는 규약 또는 규정으로 정할 수 있다.		
제18조(설립사무의 인계와 출자납입) ① 발기인은 제15조(설립신고 등) 제1항에 따라 설립신고를 하면 지체 없이 그 사무를 이사장에게 인계하여야 한다. ② 제1항에 따라 이사장이 그 사무를 인수하면 기일을 정하여 조합원이 되려는 자에게 출자금을 납입하게 하여야 한다. ③ 현물출자자는 제2항에 따른 납입기일 안에 출자 목적인 재산을 인도하고 등기 · 등록, 그 밖의 권리의 이전에 필요한 서류를 구비하여 협동조합에 제출하여야 한다.		
제19조(협동조합의 설립) ① 협동조합은 주된 사무소의 소재지에서 제61조에 따른 설립등기를 함으로써 성립한다. ② 협동조합의 설립 무효에 관하여는 「상법」 제328조를 준용한다.		
제2절 조합원		
제20조(조합원의 자격) 조합원은 협동조합의 설립 목적에 동의하고 조합원으로서의 의무를 다하고자 하는 자로 한다.		

협동조합기본법	협동조합기본법 시행령	협동조합기본법 시행규칙
제21조(가입) ① 협동조합은 정당한 사유 없이 조합원의 자격을 갖추고 있는 자에 대하여 가입을 거절하거나 가입에 있어 다른 조합원보다 불리한 조건을 붙일 수 없다. ② 협동조합은 제1항에도 불구하고 정관으로 정하는 바에 따라 협동조합의 설립 목적 및 특성에 부합되는 자로 조합원의 자격을 제한할 수 있다.		
제22조(출자 및 책임) ① 조합원은 정관으로 정하는 바에 따라 1좌 이상을 출자하여야 한다. 다만, 필요한 경우 정관으로 정하는 바에 따라 현물을 출자할 수 있다. ② 조합원 1인의 출자좌수는 총 출자좌수의 100분의 30을 넘어서는 아니 된다. ③ 조합원이 납입한 출자금은 질권의 목적이 될 수 없다. ④ 협동조합에 납입할 출자금은 협동조합에 대한 채권과 상계하지 못한다. ⑤ 조합원의 책임은 납입한 출자액을 한도로 한다.		
제23조(의결권 및 선거권) ① 조합원은 출자좌수에 관계없이 각각 1개의 의결권과 선거권을 가진다. ② 조합원은 대리인으로 하여금 의결권 또는 선거권을 행사하게 할 수 있다. 이 경우 그 조합원은 출석한 것으로 본다. ③ 제2항에 따른 대리인은 다른 조합원 또는 본인과 동거하는 가족(조합원의 배우자, 조합원 또는 그 배우자의 직계 존속·비속과 형제자매, 조합원의 직계 존속·비속 및 형제자매의 배우자를 말한다. 이하 같다)이어야 하며, 대리인이 대리할 수 있는 조합원의 수는 1인에 한한다.		

④ 제2항에 따른 대리인은 정관으로 정하는 바에 따라 대리권을 증명하는 서면을 협동조합에 제출하여야 한다.

제24조(탈퇴) ① 조합원은 정관으로 정하는 바에 따라 협동조합에 탈퇴의사를 알리고 탈퇴할 수 있다.

② 조합원이 다음 각 호의 어느 하나에 해당하면 당연히 탈퇴된다.

1. 조합원의 자격이 없는 경우
2. 사망한 경우
3. 파산한 경우
4. 금치산선고를 받은 경우
5. 조합원인 법인이 해산한 경우
6. 그 밖에 정관으로 정하는 사유에 해당하는 경우

③ 조합원지위의 양도 또는 조합원지분의 양도는 총회의 의결을 받아야 한다.

제25조(제명) ① 협동조합은 조합원이 다음 각 호의 어느 하나에 해당하면 해당 조합원을 제명할 수 있다.

1. 정관으로 정한 기간 이상 협동조합의 사업을 이용하지 아니한 경우
2. 출자 및 경비의 납입 등 협동조합에 대한 의무를 이행하지 아니한 경우
3. 그 밖에 정관으로 정하는 사유에 해당하는 경우

② 협동조합은 제1항에 따라 조합원을 제명하고자 할 때에는 총회 개최 10일 전까지 해당 조합원에게 제명사유를 알리고, 총회에서 의견을 진술할 기회를 주어야 한다.

③ 제2항에 따른 의견진술의 기회를 주지 아니하고 행한 총회의 제명 의결은 해당 조합원에게 대항하지 못한다.

협동조합기본법	협동조합기본법 시행령	협동조합기본법 시행규칙
제26조(지분환급청구권과 환급정지) ① 탈퇴 조합원(제명된 조합원을 포함한다. 이하 이 조와 제27조에서 같다)은 탈퇴(제명을 포함한다. 이하 이 조와 제27조에서 같다) 당시 회계연도의 다음 회계연도부터 정관으로 정하는 바에 따라 그 지분의 환급을 청구할 수 있다. ② 제1항에 따른 지분은 탈퇴한 회계연도 말의 협동조합의 자산과 부채에 따라 정한다. ③ 제1항에 따른 청구권은 2년간 행사하지 아니하면 시효로 인하여 소멸된다. ④ 협동조합은 탈퇴 조합원이 협동조합에 대한 채무를 다 갚을 때까지는 제1항에 따른 지분의 환급을 정지할 수 있다.		
제27조(탈퇴 조합원의 손실액 부담) 협동조합은 협동조합의 재산으로 그 채무를 다 갚을 수 없는 경우에는 제26조에 따른 지분의 환급분을 계산할 때 정관으로 정하는 바에 따라 탈퇴 조합원이 부담하여야 할 손실액의 납입을 청구할 수 있다. 이 경우 제26조제3항을 준용한다.		
제3절 기관		
제28조(총회) ① 협동조합에 총회를 둔다. ② 총회는 이사장과 조합원으로 구성한다. ③ 이사장은 총회를 소집하며, 총회의 의장이 된다. ④ 정기총회는 매년 1회 정관으로 정하는 시기에 소집하고, 임시총회는 정관으로 정하는 바에 따라 필요하다고		

인정될 때 소집할 수 있다.

⑤ 이사장은 총회 개최 7일 전까지 회의목적 · 안건 · 일시 및 장소를 정하여 정관으로 정한 방법에 따라 총회소집을 통지하여야 한다.

제29조(총회의 의결사항 등) ① 다음 각 호의 사항은 총회의 의결을 받아야 한다.

1. 정관의 변경
2. 규약의 제정 · 변경 또는 폐지
3. 임원의 선출과 해임
4. 사업계획 및 예산의 승인
5. 결산보고서의 승인
6. 감사보고서의 승인
7. 협동조합의 합병 · 분할 · 해산 또는 휴업
8. 조합원의 제명
9. 총회의 의결을 받도록 정관으로 정하는 사항
10. 그 밖에 이사장 또는 이사회가 필요하다고 인정하는 사항

② 제1항제1호, 제7호, 제8호의 사항은 총조합원 과반수의 출석과 출석자 3분의 2 이상의 찬성으로 의결하며, 그 밖의 사항은 총조합원 과반수의 출석과 출석자 과반수의 찬성으로 의결한다.

제30조(총회의 의사록) ① 총회의 의사에 관하여 의사록을 작성하여야 한다.

② 의사록에는 의사의 진행 상황과 그 결과를 적고 의장과 총회에서 선출한 조합원 3인 이상이 기명날인하거나 서명하여야 한다.

협동조합기본법	협동조합기본법 시행령	협동조합기본법 시행규칙
제31조(대의원총회) ① 조합원 수가 대통령령으로 정하는 수를 초과하는 경우 총회를 갈음하는 대의원총회를 둘 수 있다. ② 대의원총회는 조합원 중에서 선출된 대의원으로 구성한다. ③ 대의원의 의결권 및 선거권은 대리인으로 하여금 행사하게 할 수 없다. ④ 대의원총회에 관하여는 총회에 관한 규정을 준용하며, 이 경우 "조합원"은 "대의원"으로 본다. 다만, 대의원총회는 협동조합의 합병·분할 및 해산에 관한 사항은 의결할 수 없다.	제7조(대의원 총회) ① 법 제31조제1항에서 "대통령령으로 정하는 수"란 200인을 말한다.	
제32조(이사회) ① 협동조합에 이사회를 둔다. ② 이사회는 이사장 및 이사로 구성한다. ③ 이사장은 이사회를 소집하고 그 의장이 된다. ④ 이사회는 구성원 과반수의 출석과 출석원 과반수의 찬성으로 의결하며, 그 밖에 이사회의 개의 및 의결방법 등 이사회의 운영에 관하여 필요한 사항은 정관으로 정한다.		
제33조(이사회의 의결사항) 이사회는 다음 각 호의 사항을 의결한다. 1. 협동조합의 재산 및 업무집행에 관한 사항 2. 총회의 소집과 총회에 상정할 의안 3. 규정의 제정·변경 및 폐지 4. 사업계획 및 예산안 작성 5. 법령 또는 정관으로 이사회의 의결을 받도록 정하는		

사항

6. 그 밖에 협동조합의 운영에 중요한 사항 또는 이사장이 부의하는 사항

제34조(임원) ① 협동조합에 임원으로서 이사장 1명을 포함한 3명 이상의 이사와 1명 이상의 감사를 둔다.

② 이사의 정수 및 이사 · 감사의 선출방법 등은 정관으로 정한다.

③ 이사장은 이사 중에서 정관으로 정하는 바에 따라 총회에서 선출한다.

제35조(임원의 임기 등) ① 임원의 임기는 4년의 범위에서 정관으로 정한다.

② 임원은 연임할 수 있다. 다만, 이사장은 2차에 한하여 연임할 수 있다.

③ 결원으로 인하여 선출된 임원의 임기는 전임자의 임기종료일까지로 한다.

제36조(임원의 결격사유) ① 다음 각 호의 어느 하나에 해당하는 사람은 협동조합의 임원이 될 수 없다.

1. 금치산자
2. 한정치산자
3. 파산선고를 받고 복권되지 아니한 사람
4. 금고 이상의 실형을 선고받고 그 집행이 끝나거나(집행이 끝난 것으로 보는 경우를 포함한다) 집행이 면제된 날부터 3년이 지나지 아니한 사람
5. 금고 이상의 형의 집행유예를 선고받고 그 유예기간 중에 있거나 유예기간이 끝난 날부터 2년이 지나지 아니한 사람

협동조합기본법	협동조합기본법 시행령	협동조합기본법 시행규칙
6. 금고 이상의 형의 선고유예를 받고 그 선고유예기간 중에 있는 사람 7. 법원의 판결 또는 다른 법률에 따라 자격이 상실 또는 정지된 사람 ② 제1항 각 호의 사유가 발생하면 해당 임원은 당연히 퇴직된다. ③ 제2항에 따라 퇴직된 임원이 퇴직 전에 관여한 행위는 그 효력을 상실하지 아니한다.		
제37조(선거운동의 제한) ① 누구든지 자기 또는 특정인을 협동조합의 임원 또는 대의원으로 당선되도록 하거나 당선되지 아니하도록 할 목적으로 다음 각 호의 어느 하나에 해당하는 행위를 할 수 없다. 1. 조합원(협동조합에 가입신청을 한 자를 포함한다. 이하 이 조에서 같다)이나 그 가족 또는 조합원이나 그 가족이 설립 · 운영하고 있는 기관 · 단체 · 시설에 대한 다음 각 목의 어느 하나에 해당하는 행위 가. 금전 · 물품 · 향응이나 그 밖의 재산상의 이익을 제공하는 행위 나. 공사의 직을 제공하는 행위 다. 금전 · 물품 · 향응, 그 밖의 재산상의 이익이나 공사의 직을 제공하겠다는 의사표시 또는 그 제공을 약속을 하는 행위 2. 후보자가 되지 못하도록 하거나 후보자를 사퇴하게 할 목적으로 후보자가 되려는 사람이나 후보자에게 제1호 각 목에 규정된 행위를 하는 행위 3. 제1호 또는 제2호의 이익이나 직을 제공받거나 그 제		

공의 의사표시를 승낙하는 행위 또는 그 제공을 요구하거나 알선하는 행위

② 임원 또는 대의원이 되려는 사람은 정관으로 정하는 기간 중에는 선거운동을 위하여 조합원을 호별로 방문하거나 특정 장소에 모이게 할 수 없다.

③ 누구든지 협동조합의 임원 또는 대의원 선거와 관련하여 연설 · 벽보, 그 밖의 방법으로 거짓의 사실을 공표하거나 공연히 사실을 적시하여 후보자를 비방할 수 없다.

④ 누구든지 임원 또는 대의원 선거와 관련하여 다음 각 호의 방법 중 정관으로 정하는 행위 외의 선거운동을 할 수 없다.

1. 선전 벽보의 부착
2. 선거 공보의 배부
3. 소형 인쇄물의 배부
4. 합동 연설회 또는 공개 토론회의 개최
5. 전화 · 컴퓨터통신을 이용한 지지 호소

제38조(선거관리위원회의 구성 · 운영) ① 협동조합은 임원 및 대의원 선거를 공정하게 관리하기 위하여 선거관리위원회를 구성 · 운영할 수 있다.

② 선거관리위원회의 기능 · 구성 및 운영 등에 관하여 필요한 사항은 정관으로 정할 수 있다.

제39조(임원의 의무와 책임) ① 임원은 이 법, 이 법에 따른 명령, 정관 · 규약 · 규정 및 총회와 이사회의 의결을 준수하고 협동조합을 위하여 성실히 그 직무를 수행하여야 한다.

② 임원이 법령 또는 정관을 위반하거나 그 임무를 게을

협동조합기본법	협동조합기본법 시행령	협동조합기본법 시행규칙
리하여 협동조합에 손해를 가한 때에는 연대하여 그 손해를 배상해야 한다. ③ 임원이 고의 또는 중대한 과실로 그 임무를 게을리하여 제3자에게 손해를 끼친 때에는 제3자에게 연대하여 그 손해를 배상하여야 한다. ④ 제2항 및 제3항의 행위가 이사회의 의결에 의한 것일 때에는 그 의결에 찬성한 이사도 제2항 및 제3항의 책임이 있다. ⑤ 제4항의 의결에 참가한 이사로서 명백한 반대의사를 표시하지 아니한 자는 그 의결에 찬성한 것으로 본다.		
제40조(임원의 해임) ① 조합원은 조합원 5분의 1 이상의 동의로 총회에 임원의 해임을 요구할 수 있다. ② 임원의 해임을 의결하려면 해당 임원에게 해임의 이유를 알리고, 총회에서 의견을 진술할 기회를 주어야 한다.		
제41조(이사장 및 이사의 직무) ① 이사장은 협동조합을 대표하고 정관으로 정하는 바에 따라 협동조합의 업무를 집행한다. ② 이사는 정관으로 정하는 바에 따라 협동조합의 업무를 집행하고, 이사장이 사고가 있을 때에는 정관으로 정하는 순서에 따라 그 직무를 대행한다. ③ 제2항의 경우와 이사장이 권한을 위임한 경우를 제외하고는 이사장이 아닌 이사는 협동조합을 대표할 수 없다.		
제42조(감사의 직무) ① 감사는 협동조합의 업무집행상황,		

법률	시행령	시행규칙
재산상태, 장부 및 서류 등을 감사하여 총회에 보고하여야 한다. ② 감사는 예고 없이 협동조합의 장부나 서류를 대조 · 확인할 수 있다. ③ 감사는 이사장 및 이사가 이 법, 이 법에 따른 명령, 정관 · 규약 · 규정 또는 총회의 의결에 반하여 업무를 집행한 때에는 이사회에 그 시정을 요구하여야 한다. ④ 감사는 총회 또는 이사회에 출석하여 의견을 진술할 수 있다.		
제43조(감사의 대표권) 협동조합이 이사장을 포함한 이사와 소송을 하는 때에는 감사가 협동조합을 대표한다.		
제44조(임직원의 겸직금지) ① 이사장은 다른 협동조합의 이사장을 겸직할 수 없다. ② 이사장을 포함한 이사와 직원은 감사를 겸직할 수 없다. ③ 임원은 해당 협동조합의 직원을 겸직할 수 없다. 다만, 사업의 성격, 조합원 구성 등을 감안하여 대통령령으로 정하는 바에 따라 임원과 직원을 겸직할 수 있다.	제8조(협동조합등 임직원의 겸직) 법 제44조제3항 단서(법 제79조에 따라 준용되는 경우를 포함하며, 이 경우 제1호 및 제2호의 "조합원"은 "전체 회원 조합에 속하는 총조합원"으로 본다)에 따라 협동조합등이 다음 각 호의 어느 하나에 해당하는 경우에는 해당 협동조합등의 임원이 직원을 겸직할 수 있다. 1. 조합원의 3분의 2 이상이 직원이고, 조합원인 직원이 전체 직원의 3분의 2 이상인 경우(임원이 직원을 겸직하기 전의 시점을 기준으로 한다) 2. 조합원 수가 10인 이하인 경우 3. 그 밖에 협동조합등의 규모 · 자산 · 사업 등을 고려하여 임원이 직원을 겸직할 필요가 있는 경우로서 기획재정부장관이 정하여 고시하는 경우	

협동조합기본법	협동조합기본법 시행령	협동조합기본법 시행규칙
	제13조(사회적협동조합등의 임직원의 겸직) ① 법 제92조 및 제115조제1항에서 준용되는 법 제44조에 따라 사회적협동조합등은 직원을 겸직하는 임원 수가 임원 총수의 3분의 1을 초과하지 아니하는 범위에서 임원이 직원을 겸직할 수 있다. 다만, 사회적협동조합등이 제8조 각 호의 어느 하나에 해당하는 경우에는 임원 총수의 3분의 1을 초과하여 임원이 직원을 겸직할 수 있다. ② 제1항 단서에 따라 사회적협동조합연합회에 대하여 제8조 각 호를 적용함에 있어서 "조합원"은 "전체 회원조합에 속하는 총조합원"으로, "협동조합등"은 "사회적협동조합연합회"로 본다.	
제4절 사업		
제45조(사업) ① 협동조합은 설립 목적을 달성하기 위하여 필요한 사업을 자율적으로 정관으로 정하되, 다음 각 호의 사업은 포함하여야 한다. 1. 조합원과 직원에 대한 상담, 교육 · 훈련 및 정보 제공 사업 2. 협동조합 간 협력을 위한 사업 3. 협동조합의 홍보 및 지역사회를 위한 사업 ② 협동조합의 사업은 관계 법령에서 정하는 목적 · 요건 · 절차 · 방법 등에 따라 적법하고 타당하게 시행되어야 한다. ③ 협동조합은 제1항과 제2항에도 불구하고 「통계법」 제22조제1항에 따라 통계청장이 고시하는 한국표준산업분류에 의한 금융 및 보험업을 영위할 수 없다.		

제46조(사업의 이용) ① 협동조합은 조합원이 아닌 자에게 협동조합의 사업을 이용하게 하여서는 아니 된다.

② 협동조합은 제1항에도 불구하고, 조합원이 이용하는 데에 지장이 없는 범위에서 대통령령으로 정하는 바에 따라 조합원이 아닌 자에게 그 사업을 이용하게 할 수 있다.

제9조(협동조합등의 조합원 등이 아닌 자의 사업 이용) ① 법 제46조제2항에 따라 협동조합이 조합원이 아닌 자에게 그 사업을 이용하게 할 수 있는 경우는 다음 각 호의 어느 하나에 해당하는 경우로 한다.

1. 협동조합이 재고로 보유하고 있는 물품으로서 부패 또는 변질의 우려가 있어 즉시 유통되지 아니하면 제품의 품질을 유지하기 어려운 물품을 처리하기 위한 경우
2. 조합원으로 가입하도록 홍보하기 위하여 견본품을 유상 또는 무상으로 공급하는 경우. 다만, 협동조합이 「사회서비스 이용 및 이용권 관리에 관한 법률」 제2조제4호에 따른 사회서비스 제공자인 경우는 제외한다.
3. 공공기관 · 사회단체 등이 공익을 목적으로 주최하는 행사에 참여하는 경우
4. 협동조합이 정부, 지방자치단체 및 「공공기관의 운영에 관한 법률」 제4조에 따른 공공기관과 공동으로 추진하는 사업에서 일반 국민이 해당 사업의 목적에 따라 사업을 이용하는 경우
5. 다른 법령에서 조합원이 아닌 자에게 의무적으로 물품을 공급하게 하거나 용역을 제공하도록 규정하는 경우
6. 천재지변이나 그 밖에 이와 유사한 긴급한 상황일 때 공중(公衆)에게 생활필수품 또는 용역을 공급하는 경우
7. 학교를 사업구역으로 하는 협동조합이 그 사업구역에 속하는 학생 · 교직원 및 학교 방문자를 대상으로 물품을 공급하거나 용역을 제공하는 경우
8. 협동조합(「사회서비스 이용 및 이용권 관리에 관한 법

률」 제2조제4호에 따른 사회서비스 제공자에 해당하는 협동조합은 제외한다)이 가입을 홍보하기 위하여 시 · 도지사에게 신고하는 기간(이하 이 호에서 "홍보기간"이라 하며, 그 기간은 1년에 3개월을 넘지 못한다) 동안 전년도 총공급고(總供給高)의 100분의 5 범위에서 물품을 유상 또는 무상으로 공급하는 경우. 다만, 협동조합이 설립신고필증을 받은 날부터 1년(단위매장의 경우에는 매장 개장일부터 1년) 동안은 홍보기간이 6개월을 넘지 아니하는 범위에서 총공급고에 대한 제한 없이 물품을 유상 또는 무상으로 공급할 수 있다.

9. 조합원과 같은 가구에 속하는 자가 협동조합의 사업을 이용하는 경우
10. 조합원의 3분의 2 이상이 직원이고 조합원인 직원이 전체 직원의 3분의 2 이상인 협동조합이 전체 직원의 3분의 1을 넘지 아니하는 범위에서 비조합원을 고용하는 형태로 조합의 사업을 이용하게 하는 경우
11. 그 밖에 협동조합의 사업 성격 · 유형 등을 고려하여 기획재정부장관이 정하여 고시하는 경우

② 법 제81조제1항 단서에 따른 협동조합연합회의 회원이 아닌 자의 사업의 이용에 관하여는 제1항을 준용한다. 이 경우 제1항 중 "협동조합"은 "협동조합연합회"로, 제1항 각 호 외의 부분 및 제2호 · 제5호의 "조합원"은 "회원"으로, 제8호 본문의 "시 · 도지사"는 "기획재정부장관"으로, 제9호 및 제10호의 "조합원"은 "전체 회원 조합에 속하는 총조합원"으로 본다.

제5절 회계		
제47조(회계연도 등) ① 협동조합의 회계연도는 정관으로 정한다. ② 협동조합의 회계는 일반회계와 특별회계로 구분하되, 각 회계별 사업부문은 정관으로 정한다.		
제48조(사업계획서와 수지예산서) 협동조합은 매 회계연도의 사업계획서와 수지예산서를 작성하여 총회의 의결을 받아야 한다.		
제49조(운영의 공개) ① 협동조합은 결산결과의 공고 등 운영사항을 적극 공개하여야 한다. ② 협동조합은 정관 · 규약 · 규정, 총회 · 이사회 의사록, 회계장부 및 조합원 명부를 주된 사무소에 비치하여야 한다. ③ 협동조합의 채권자 및 조합원은 제2항의 서류를 열람하거나 그 사본을 청구할 수 있다. ④ 대통령령으로 정하는 일정 규모 이상의 협동조합은 설립신고를 한 특별시 · 광역시 · 특별자치시 · 도 · 특별자치도 또는 협동조합연합회의 홈페이지에 주요 경영공시자료를 게재하여야 한다.	제10조(협동조합등의 운영의 공개) ① 법 제49조제4항(법 제82조에 따라 준용되는 경우를 포함하며, 이 경우 제1호의 "조합원"은 "전체 회원 조합에 속하는 총조합원"으로 본다)에서 "대통령령으로 정하는 일정 규모 이상의 협동조합"이란 다음 각 호의 어느 하나에 해당하는 협동조합을 말한다. 1. 조합원 수가 200인 이상인 협동조합 2. 직전 사업연도의 결산보고서(법 제52조제2항에 따라 정기총회의 승인을 받은 것을 말한다)에 적힌 자기자본이 30억원 이상인 협동조합 ② 제1항에 따른 협동조합등은 매 회계연도의 결산일부터 3개월 이내에 사업결과보고서 등 기획재정부령으로 정하는 주요 경영공시자료를 특별시 · 광역시 · 특별자치시 · 도 · 특별자치도(이하 "시 · 도"라 한다)의 홈페이지 등에 게재하여야 한다.	제6조(협동조합등의 운영의 공개) 영 제10조 제2항에서 "사업결과보고서 등 기획재정부령으로 정하는 주요 경영공시자료"는 다음 각 호와 같다. 1. 정관(정관이 변경된 경우를 포함한다) 2. 별지 제4호서식의 사업계획서 3. 별지 제5호서식의 사업결산 보고서 4. 별지 제6호서식의 총회, 대의원 총회, 이사회 활동 상황 5. 사업결과 보고서

협동조합기본법	협동조합기본법 시행령	협동조합기본법 시행규칙
제50조(법정적립금 및 임의적립금) ① 협동조합은 매 회계연도 결산의 결과 잉여금이 있는 때에는 자기자본의 3배가 될 때까지 잉여금의 100분의 10 이상을 적립(이하 "법정적립금"이라 한다)하여야 한다. ② 협동조합은 정관으로 정하는 바에 따라 사업준비금 등을 적립(이하 "임의적립금"이라 한다)할 수 있다. ③ 협동조합은 손실의 보전에 충당하거나 해산하는 경우 외에는 법정적립금을 사용하여서는 아니 된다. 제51조(손실금의 보전과 잉여금의 배당) ① 협동조합은 매 회계연도의 결산 결과 손실금(당기손실금을 말한다)이 발생하면 미처분이월금, 임의적립금, 법정적립금의 순으로 이를 보전하고, 보전 후에도 부족이 있을 때에는 이를 다음 회계연도에 이월한다. ② 협동조합이 제1항에 따른 손실금을 보전하고 제50조에 따른 법정적립금 및 임의적립금 등을 적립한 이후에는 정관으로 정하는 바에 따라 조합원에게 잉여금을 배당할 수 있다. ③ 제2항에 따른 잉여금 배당의 경우 협동조합사업 이용실적에 대한 배당은 전체 배당액의 100분의 50 이상이어야 하고, 납입출자액에 대한 배당은 납입출자금의 100분의 10을 초과하여서는 아니 된다.		
제52조(결산보고서의 승인) ① 협동조합은 정기총회일 7일 전까지 결산보고서(사업보고서, 대차대조표, 손익계산서, 잉여금처분안 또는 손실금처리안 등을 말한다)를 감사에게 제출하여야 한다.		

② 협동조합은 제1항에 따른 결산보고서와 감사의 의견서를 정기총회에 제출하여 승인을 받아야 한다.

제53조(출자감소의 의결) ① 협동조합은 출자 1좌 금액의 감소를 의결하면 의결한 날부터 14일 이내에 대차대조표를 작성하여야 한다.

② 협동조합은 제1항의 기간에 채권자에 대하여 이의가 있으면 일정한 기간에 신청하여야 할 것을 공고함과 동시에 이미 알고 있는 채권자에 대하여는 개별적으로 최고하여야 한다.

③ 제2항에 따른 이의신청 기간은 30일 이상으로 하여야 한다.

제54조(출자감소에 대한 채권자의 이의) ① 채권자가 제53조제2항에 따른 이의신청 기간에 이의를 신청하지 아니하면 출자 1좌의 금액의 감소를 승인한 것으로 본다.

② 채권자가 이의를 신청하면 협동조합은 채무를 변제하거나 상당한 담보를 제공하여야 한다.

제55조(출자지분 취득금지 등) 협동조합은 조합원의 출자지분을 취득하거나 이를 질권의 목적으로 하여서는 아니 된다.

제6절 합병 · 분할 · 해산 및 청산

제56조(합병 및 분할) ① 협동조합은 합병계약서 또는 분할계획서를 작성한 후 총회의 의결을 받아 합병 또는 분할할 수 있다.

② 협동조합이 합병할 경우 합병 후 존속하는 협동조합

협동조합기본법	협동조합기본법 시행령	협동조합기본법 시행규칙
은 합병신고를, 분할 후 새로 설립되는 협동조합은 설립신고를, 합병으로 소멸되는 협동조합은 해산신고를 각 사무소의 소재지에서 하여야 한다. ③ 합병 또는 분할로 인하여 존속하거나 설립되는 협동조합은 합병 또는 분할로 소멸되는 협동조합의 권리 · 의무를 승계한다. ④ 제1항에 따라 설립되는 협동조합에 대하여는 제15조부터 제17조까지의 규정을 준용한다. ⑤ 협동조합은 이 법에 따른 협동조합 이외의 법인, 단체 및 협동조합 등과 합병하거나 이 법에 따른 협동조합 이외의 법인, 단체 및 협동조합 등으로 분할할 수 없다. ⑥ 협동조합의 합병 및 분할에 관하여는 제53조 및 제54조를 준용한다.		
제57조(해산) ① 협동조합은 다음 각 호의 어느 하나에 해당하는 사유로 해산한다. 1. 정관으로 정한 해산 사유의 발생 2. 총회의 의결 3. 합병 · 분할 또는 파산 ② 협동조합이 해산한 때에는 청산인은 파산의 경우를 제외하고는 그 취임 후 14일 이내에 설립신고를 한 시 · 도지사에게 신고하여야 한다.		제7조(협동조합등의 해산신고) ① 법 제57조제2항(법 제83조에서 준용하는 경우를 포함한다)에 따라 협동조합등의 해산을 신고하려는 자는 별지 제7호서식의 해산신고서(전자문서로 된 신고서를 포함한다)에 해산을 결의한 총회 의사록을 첨부하여 기획재정부장관 또는 시 · 도지사에게 제출하여야 한다. ② 기획재정부장관 또는 시 · 도지사는 제1항에 따른 신고서를 받으면 「전자정부법」 제36조제1항에 따른 행정정보의 공동이용을 통하여 법인 등기사항증명서를 확인하여야 한다.

제58조(청산인) ① 협동조합이 해산하면 파산으로 인한 경우 외에는 이사장이 청산인이 된다. 다만, 총회에서 다른 사람을 청산인으로 선임하였을 경우에는 그에 따른다.

② 청산인은 취임 후 지체 없이 협동조합의 재산상태를 조사하고 재산목록과 대차대조표를 작성한 다음 재산처분의 방법을 정하여 총회의 승인을 받아야 한다.

③ 청산사무가 종결된 때에는 청산인은 지체 없이 결산보고서를 작성하여 총회의 승인을 받아야 한다.

④ 제2항 및 제3항의 경우 총회를 2회 이상 소집하여도 총회가 구성되지 아니할 때에는 출석조합원 3분의 2 이상의 찬성이 있으면 총회의 승인이 있은 것으로 본다.

제59조(잔여재산의 처리) 협동조합이 해산할 경우 채무를 변제하고 잔여재산이 있을 때에는 정관으로 정하는 바에 따라 이를 처분한다.

제60조(「민법」 등의 준용) 협동조합의 해산과 청산에 관하여는 「민법」 제79조, 제81조, 제87조, 제88조제1항 · 제2항, 제89조부터 제92조까지, 제93조제1항 · 제2항 및 「비송사건절차법」 제121조를 준용한다.

제7절 등기

제61조(설립등기) ① 협동조합은 출자금의 납입이 끝난 날부터 14일 이내에 주된 사무소의 소재지에서 설립등기를 하여야 한다.

② 설립등기신청서에는 다음 각 호의 사항을 적어야 한다.

1. 제16조제1항제1호와 제2호의 사항
2. 출자 총좌수와 납입한 출자금의 총액

협동조합기본법	협동조합기본법 시행령	협동조합기본법 시행규칙
3. 설립신고 연월일 4. 임원의 성명 · 주민등록번호 및 주소 ③ 설립등기를 할 때에는 이사장이 신청인이 된다. ④ 제2항의 설립등기신청서에는 설립신고서, 창립총회의사록 및 정관의 사본을 첨부하여야 한다. ⑤ 합병이나 분할로 인한 협동조합의 설립신고신청서에는 다음 각 호의 서류를 모두 첨부하여야 한다. 1. 제4항에 따른 서류 2. 제53조에 따라 공고하거나 최고한 사실을 증명하는 서류 3. 제54조에 따라 이의를 신청한 채권자에게 변제나 담보를 제공한 사실을 증명하는 서류		
제62조(지사무소의 설치등기) 협동조합이 지사무소를 설치하였으면 주된 사무소의 소재지에서는 21일 이내에, 지사무소의 소재지에서는 28일 이내에 등기하여야 한다.		
제63조(이전등기) ① 협동조합이 사무소를 이전하였으면 전소재지와 현소재지에서 각각 21일 이내에 이전등기를 하여야 한다. ② 제1항에 따른 등기를 할 때에는 이사장이 신청인이 된다.		
제64조(변경등기) ① 협동조합은 제61조제2항 각 호의 사항이 변경되면 주된 사무소 및 해당 지사무소의 소재지에서 각각 21일 이내에 변경등기를 하여야 한다. ② 제61조제2항제2호의 사항에 관한 변경등기는 제1항에도 불구하고 회계연도 말을 기준으로 그 회계연도가		

끝난 후 1개월 이내에 등기하여야 한다.

③ 제1항과 제2항에 따른 변경등기를 할 때에는 이사장이 신청인이 된다.

④ 제3항에 따른 등기신청서에는 등기 사항의 변경을 증명하는 서류를 첨부하여야 한다.

⑤ 출자감소, 합병 또는 분할로 인한 변경등기신청서에는 다음 각 호의 서류를 모두 첨부하여야 한다.

1. 제4항에 따른 서류
2. 제53조에 따라 공고하거나 최고한 사실을 증명하는 서류
3. 제54조에 따라 이의를 신청한 채권자에게 변제나 담보를 제공한 사실을 증명하는 서류

제65조(합병등기) ① 협동조합이 합병한 경우에는 합병신고를 한 날부터 14일 이내에 그 사무소의 소재지에서 합병 후 존속하는 협동조합은 변경등기를, 합병으로 소멸되는 협동조합은 해산등기를, 합병으로 설립되는 협동조합은 제61조에 따른 설립등기를 각 사무소의 소재지에서 하여야 한다.

② 제1항에 따른 해산등기를 할 때에는 합병으로 소멸되는 협동조합의 이사장이 신청인이 된다.

③ 제2항의 경우에는 해산 사유를 증명하는 서류를 첨부하여야 한다.

제66조(해산등기) ① 협동조합이 해산한 경우에는 합병과 파산의 경우 외에는 주된 사무소의 소재지에서는 14일 이내에, 지사무소의 소재지에서는 21일 이내에 해산등기를 하여야 한다.

협동조합기본법	협동조합기본법 시행령	협동조합기본법 시행규칙
② 제1항에 따른 해산등기를 할 때에는 청산인이 신청인이 된다. ③ 해산등기신청서에는 해산 사유를 증명하는 서류를 첨부하여야 한다.		
제67조(청산인등기) ① 청산인은 그 취임일부터 14일 이내에 주된 사무소의 소재지에서 그 성명 · 주민등록번호 및 주소를 등기하여야 한다. ② 제1항에 따른 등기를 할 때 이사장이 청산인이 아닌 경우에는 신청인의 자격을 증명하는 서류를 첨부하여야 한다.		
제68조(청산종결등기) ① 청산이 끝나면 청산인은 주된 사무소의 소재지에서는 14일 이내에, 지사무소의 소재지에서는 21일 이내에 청산종결의 등기를 하여야 한다. ② 제1항에 따른 등기신청서에는 제58조제3항에 따른 결산보고서의 승인을 증명하는 서류를 첨부하여야 한다.		
제69조(등기부) 등기소는 협동조합등기부를 갖추어 두어야 한다.		
제70조(「비송사건절차법」 등의 준용) 협동조합의 등기에 관하여 이 법에서 정한 사항 외에는 「비송사건절차법」 및 「상업등기법」 중 등기에 관한 규정을 준용한다.		

제3장 협동조합연합회

제1절 설립

제71조(설립신고 등) ① 협동조합연합회(이하 "연합회"라 한다)를 설립하고자 하는 때에는 회원 자격을 가진 셋 이상의 협동조합이 발기인이 되어 정관을 작성하고 창립총회의 의결을 거친 후 기획재정부장관에게 신고하여야 한다.

② 창립총회의 의사는 창립총회 개의 전까지 발기인에게 설립동의서를 제출한 협동조합 과반수의 출석과 출석자 3분의 2 이상의 찬성으로 의결한다.

제72조(준용규정) 연합회의 설립에 관하여는 제16조부터 제19조까지의 규정을 준용한다. 이 경우 "협동조합"은 "연합회"로, "조합원"은 "회원"으로, "시 · 도지사"는 "기획재정부 장관"으로 보고, 제16조제1항제3호 중 "조합원 및 대리인"은 "회원"으로 본다.

제2절 회원

제73조(회원의 자격) ① 연합회의 회원은 연합회의 설립 목적에 동의하고 회원으로서의 의무를 다하고자 하는 협동조합으로 한다.

② 연합회는 정관으로 정하는 바에 따라 회원의 자격을 제한할 수 있다.

제74조(탈퇴) ① 회원은 정관으로 정하는 바에 따라 연합회에 탈퇴 의사를 알리고 탈퇴할 수 있다.

② 회원은 다음 각 호의 어느 하나에 해당하면 당연히 탈

협동조합기본법	협동조합기본법 시행령	협동조합기본법 시행규칙
퇴된다. 1. 회원으로서의 자격을 상실한 경우 2. 해산 또는 파산한 경우 3. 그 밖에 정관으로 정하는 사유에 해당제75조(의결권 및 선거권) 연합회는 회원인 협동조합의 조합원 수, 연합회 사업참여량, 출자좌수 등 정관으로 정하는 바에 따라 회원의 의결권 및 선거권을 차등하여 부여할 수 있다.하는 경우		
제76조(준용규정) 연합회의 회원에 관하여는 제21조, 제22조 및 제25부터 제27조까지의 규정을 준용한다. 이 경우 "협동조합"은 "연합회"로, "조합원"은 "회원"으로 보고, 제22조제2항 중 "조합원 1인"은 "한 회원"으로, "100분의 30"은 "100분의 40"으로 본다.		
제3절 기관		
제77조(총회) ① 연합회에 총회를 둔다. ② 총회는 회장과 회원으로 구성한다.		
제78조(임원) 임원은 정관으로 정하는 바에 따라 총회에서 회원에 속한 조합원 중에서 선출한다.		
제79조(준용규정) 연합회의 기관에 관하여는 제28조제3항부터 제5항까지, 제29조부터 제44조까지의 규정을 준용한다. 이 경우 "협동조합"은 "연합회"로, "이사장"은 "회장"으로, "조합원"은 "회원"으로 보고, 제40조제1항 중		

"5분의 1"은 "3분의 1"로 보며, 제29조, 제30조 및 제40조제1항 중 "조합원"은 "대의원"으로 보고, 제37조 중 "조합원"은 "대의원이나 회원에 속한 조합원"으로, "가입신청을 한 자"는 "가입신청을 한 협동조합에 속한 조합원"으로 본다.

제4절 사업

제80조(사업) ① 연합회는 설립 목적을 달성하기 위하여 필요한 사업을 정관으로 정하되, 다음 각 호의 사업은 포함하여야 한다.

1. 회원에 대한 지도 · 지원 · 연락 및 조정에 관한 사업
2. 회원에 속한 조합원 및 직원에 대한 상담, 교육 · 훈련 및 정보 제공 사업
3. 회원의 사업에 관한 조사 · 연구 및 홍보 사업

② 연합회의 사업은 관계 법령에서 정하는 목적 · 요건 · 절차 · 방법 등에 따라 적법하고 타당하게 시행되어야 한다.

③ 연합회는 제1항과 제2항에도 불구하고 「통계법」 제22조제1항에 따라 통계청장이 고시하는 한국표준산업분류에 의한 금융 및 보험업을 영위할 수 없다.

제81조(사업의 이용) ① 연합회는 회원이 아닌 자에게 연합회의 사업을 이용하게 하여서는 아니 된다. 다만, 홍보 또는 재고물품의 처리 등 사업의 원활한 운영을 위하여 대통령령으로 정하는 경우에는 그러하지 아니하다.

② 회원인 조합의 조합원이 사업을 이용하는 경우에는 이를 회원이 이용한 것으로 본다.

제9조(협동조합등의 조합원 등이 아닌 자의 사업 이용)

① 법 제46조제2항에 따라 협동조합이 조합원이 아닌 자에게 그 사업을 이용하게 할 수 있는 경우는 다음 각 호의 어느 하나에 해당하는 경우로 한다.

1. 협동조합이 재고로 보유하고 있는 물품으로서 부패 또는 변질의 우려가 있어 즉시 유통되지 아니하면 제

협동조합기본법	협동조합기본법 시행령	협동조합기본법 시행규칙
	품의 품질을 유지하기 어려운 물품을 처리하기 위한 경우 2. 조합원으로 가입하도록 홍보하기 위하여 견본품을 유상 또는 무상으로 공급하는 경우. 다만, 협동조합이 「사회서비스 이용 및 이용권 관리에 관한 법률」 제2조제4호에 따른 사회서비스 제공자인 경우는 제외한다. 3. 공공기관 · 사회단체 등이 공익을 목적으로 주최하는 행사에 참여하는 경우 4. 협동조합이 정부, 지방자치단체 및 「공공기관의 운영에 관한 법률」 제4조에 따른 공공기관과 공동으로 추진하는 사업에서 일반 국민이 해당 사업의 목적에 따라 사업을 이용하는 경우 5. 다른 법령에서 조합원이 아닌 자에게 의무적으로 물품을 공급하게 하거나 용역을 제공하도록 규정하는 경우 6. 천재지변이나 그 밖에 이와 유사한 긴급한 상황일 때 공중(公衆)에게 생활필수품 또는 용역을 공급하는 경우 7. 학교를 사업구역으로 하는 협동조합이 그 사업구역에 속하는 학생 · 교직원 및 학교 방문자를 대상으로 물품을 공급하거나 용역을 제공하는 경우 8. 협동조합(「사회서비스 이용 및 이용권 관리에 관한 법률」 제2조제4호에 따른 사회서비스 제공자에 해당하는 협동조합은 제외한다)이 가입을 홍보하기 위하여 시 · 도지사에게 신고하는 기간(이하 이 호에서 "홍보기간"이라 하며, 그 기간은 1년에 3개월을 넘지 못한다) 동안 전년도 총공급고(總供給高)의 100분의 5 범	

위에서 물품을 유상 또는 무상으로 공급하는 경우. 다만, 협동조합이 설립신고필증을 받은 날부터 1년(단위매장의 경우에는 매장 개장일부터 1년) 동안은 홍보기간이 6개월을 넘지 아니하는 범위에서 총공급고에 대한 제한 없이 물품을 유상 또는 무상으로 공급할 수 있다.

9. 조합원과 같은 가구에 속하는 자가 협동조합의 사업을 이용하는 경우

10. 조합원의 3분의 2 이상이 직원이고 조합원인 직원이 전체 직원의 3분의 2 이상인 협동조합이 전체 직원의 3분의 1을 넘지 아니하는 범위에서 비조합원을 고용하는 형태로 조합의 사업을 이용하게 하는 경우

11. 그 밖에 협동조합의 사업 성격 · 유형 등을 고려하여 기획재정부장관이 정하여 고시하는 경우

② 법 제81조제1항 단서에 따른 협동조합연합회의 회원이 아닌 자의 사업의 이용에 관하여는 제1항을 준용한다. 이 경우 제1항 중 "협동조합"은 "협동조합연합회"로, 제1항 각 호 외의 부분 및 제2호 · 제5호의 "조합원"은 "회원"으로, 제8호 본문의 "시 · 도지사"는 "기획재정부장관"으로, 제9호 및 제10호의 "조합원"은 "전체 회원 조합에 속하는 총조합원"으로 본다.

제82조(준용규정) 연합회의 회계에 관하여는 제47조부터 제55조까지의 규정을 준용한다. 이 경우 "협동조합"은 "연합회"로, "조합원"은 "회원"으로 본다.

협동조합기본법

제6절 합병 · 분할 · 해산 및 청산

제83조(준용규정) 연합회의 합병 · 분할 · 해산 및 청산에 관하여는 제56조부터 제60조까지의 규정을 준용한다. 이 경우 "협동조합"은 "연합회"로, "조합원"은 "회원"으로, "시 · 도지사"는 "기획재정부장관"으로 보고, 제56조제4항 중 "제15조부터 제17조까지의 규정"은 "제71조 및 제72조"로 보며, 제58조제4항 중 "조합원"은 "대의원"으로 본다.

제7절 등기

제84조(준용규정) 연합회의 등기에 관하여는 제61조부터 제70조까지의 규정을 준용한다. 이 경우 "협동조합"은 "연합회"로, "이사장"은 "회장"으로 본다.

제4장 사회적협동조합

제1절 설립

제85조(설립인가 등) ① 사회적협동조합을 설립하고자 하는 때에는 5인 이상의 조합원 자격을 가진 자가 발기인이 되어 정관을 작성하고 창립총회의 의결을 거친 후 기획재정부장관에게 인가를 받아야 한다.

협동조합기본법 시행령

제11조(사회적협동조합등의 설립인가 신청) ① 법 제85조제1항에 따라 사회적협동조합의 설립인가를 신청하려는 자는 기획재정부령으로 정하는 설립인가신청서에 다음 각 호의 서류를 첨부하여 기획재정부장관에게 제출하여야 한다.

1. 정관
2. 창립총회 의사록
3. 사업계획서(추정재무제표를 포함한다)
4. 임원 명부

협동조합기본법 시행규칙

제8조(사회적협동조합등의 설립인가 신청서류) ① 영 제11조제1항(같은 조 제2항에서 준용하는 경우를 포함한다. 이하 이 조에서 같다)에 따른 사회적협동조합 및 사회적협동조합연합회(이하 "사회적협동조합등"이라 한다)의 설립인가 신청서는 별지 제8호서식에 따른다.

② 영 제11조제1항제7호에서 "기획재정부령으로 정하는 서류"는 다음 각 호와 같다.

5. 법 제85조제2항에 따라 창립총회가 열리기 전까지 발기인에게 설립동의서를 제출한 자(이하 이 조 및 제12조에서 "설립동의자"라 한다)의 명부
6. 합병 또는 분할을 의결한 총회의사록(법 제101조에 따라 합병 또는 분할로 인하여 설립되는 경우만 해당하며, 합병 또는 분할로 인하여 존속하거나 설립되는 사회적협동조합이 승계하여야 할 권리 · 의무의 범위가 의결사항으로 적혀 있어야 한다)
7. 그 밖에 기획재정부령으로 정하는 서류

② 법 제114조제1항에 따른 사회적협동조합연합회의 설립인가 신청에 관하여는 제1항을 준용한다. 이 경우 "사회적협동조합"은 "사회적협동조합연합회"로, "설립동의자"는 "설립동의 회원"으로 본다.

제12조(사회적협동조합의 설립인가 기준) ① 법 제85조제1항에 따른 사회적협동조합 설립인가의 기준은 다음 각 호와 같다.
1. 설립동의자가 5인 이상일 것. 이 경우 설립동의자는 법 제93조제1항의 사업을 원활히 수행할 수 있도록 생산자, 소비자, 직원, 자원봉사자 및 후원자 등 다양한 이해관계자로 구성되어야 한다.
2. 설립동의자의 출자금 납입총액이 정관에 정해져 있을 것

② 제1항에도 불구하고 사회적협동조합이 의료기관을 개설하는 경우 사회적협동조합 설립인가의 기준은 다음 각 호와 같다.
1. 개설되는 의료기관 1개소(個所)당 설립동의자가 500인 이상일 것
1. 별지 제9호서식의 수입 · 지출 예산서
2. 출자 1좌(座)당 금액과 조합원 또는 회원별로 인수하려는 출자 좌수를 적은 서류
3. 창립총회 개최 공고문
4. 주 사업의 내용이 설립인가 기준을 충족함을 증명하는 서류

③ 법 제85조제1항 및 법 제114조제1항에 따른 사회적협동조합등의 설립인가증은 별지 제10호서식에 따른다.

협동조합기본법

② 창립총회의 의사는 창립총회 개의 전까지 발기인에게 설립동의서를 제출한 자 과반수의 출석과 출석자 3분의 2 이상의 찬성으로 의결한다.

협동조합기본법 시행령

2. 설립동의자 1인당 최저출자금이 5만원 이상일 것. 다만, 제18조제1항제2호부터 제6호까지 및 같은 항 제8호에 해당하는 자는 그러하지 아니하다.
3. 1인당 최고출자금이 출자금 납입총액의 10퍼센트 이내일 것. 다만, 2인 이상의 설립동의자가 기획재정부령으로 정하는 특수한 관계가 있는 자에 해당하는 경우에는 그 2인 이상의 설립동의자의 출자금 총액을 출자금 납입총액의 10퍼센트 이내로 하여야 한다.
4. 출자금 납입총액이 1억원 이상이면서 총자산의 100분의 50 이상일 것. 다만, 기획재정부장관의 승인을 받아 총자산 중 출자금 납입총액의 비율을 100분의 50 미만으로 할 수 있다.
5. 그 밖에 기획재정부장관이 관계 중앙행정기관의 장과 협의하여 정하여 고시하는 기준을 충족할 것

③ 법 제85조제1항에 따른 인가를 받아 의료기관을 개설한 사회적협동조합이 의료기관을 추가로 개설하려는 경우에는 개설하려는 해당 시 · 군 · 구(자치구를 말한다. 이하 이 항에서 같다)마다 제2항 각 호의 요건(이 경우 제2항 각 호 중 "설립동의자"는 "조합원"으로 본다)을 모두 갖추어야 한다. 다만, 사회적협동조합이 주사무소의 소재지를 관할하는 시 · 군 · 구 및 인접 시 · 군 · 구에 추가로 의료기관을 개설하는 경우에는 그러하지 아니하다.

협동조합기본법 시행규칙

제9조(사회적협동조합의 설립인가 기준) 영 제12조제2항제3호에서 "기획재정부령으로 정하는 특수한 관계에 있는 자"란 다음 각 호의 어느 하나에 해당하는 자를 말한다.

1. 6촌 이내의 혈족
2. 4촌 이내의 인척
3. 배우자(사실상 혼인관계에 있는 사람을 포함한다)
4. 그 밖에 기획재정부장관이 정하여 고시하는 자

③ 기획재정부장관은 제1항에 따라 설립인가 신청을 받으면 다음 각 호의 경우 외에는 신청일부터 60일 이내에 인가하여야 한다. 다만, 부득이한 사유로 처리기간 내에 처리하기 곤란한 경우에는 60일 이내에서 1회에 한하여 그 기간을 연장할 수 있다.

1. 설립인가 구비서류가 미비된 경우
2. 설립의 절차, 정관 및 사업계획서의 내용이 법령을 위반한 경우
3. 그 밖에 설립인가 기준에 미치지 못하는 경우

④ 제1항 및 제3항의 설립인가에 관한 신청 절차와 조합원 수, 출자금, 그 밖에 인가에 필요한 기준, 인가 방법에 관한 상세한 사항은 대통령령으로 정한다.

제11조(설립인가 기준) ① 법 제85조제1항에 따른 사회적협동조합의 설립인가에 필요한 기준은 다음 각 호와 같다.

1. 조합원 자격이 있는 설립동의자(창립총회 개의 전까지 발기인에게 설립동의서를 제출한 자)가 5인 이상일 것. 단, 설립동의자는 생산자, 이용자, 직원, 자원봉사자 및 후원자 등 2인 이상의 서로 다른 이해관계자로 구성하여야 한다. 다만, 후원자의 요건 및 범위 등은 기획재정부장관이 정할 수 있다.
2. 조합원 자격이 있는 설립동의자의 출자금 납입총액을 정관으로 정할 것
3. 법 제93조제1항에 따른 주 사업을 영위할 것. 주 사업 판단기준과 방법 등에 관하여 필요한 사항은 기획재정부령으로 정한다.

② 제1항에도 불구하고 사회적협동조합이 의료기관을 개설할 경우에는 다음 각 호의 요건을 모두 갖추어 인가를 받아야 한다.

1. 조합원 혹은 조합원 자격이 있는 설립동의자가 500인

제8조(사회적협동조합등의 설립인가 신청서류) ① 영 제11조제1항(같은 조 제2항에서 준용하는 경우를 포함한다. 이하 이 조에서 같다)에 따른 사회적협동조합 및 사회적협동조합연합회(이하 "사회적협동조합등"이라 한다)의 설립인가 신청서는 별지 제8호서식에 따른다.

② 영 제11조제1항제7호에서 "기획재정부령으로 정하는 서류"는 다음 각 호와 같다.

1. 별지 제9호서식의 수입 · 지출 예산서
2. 출자 1좌(座)당 금액과 조합원 또는 회원별로 인수하려는 출자 좌수를 적은 서류
3. 창립총회 개최 공고문
4. 주 사업의 내용이 설립인가 기준을 충족함을 증명하는 서류

③ 법 제85조제1항 및 법 제114조제1항에 따른 사회적협동조합등의 설립인가증

이상일 것.

2. 조합원 혹은 조합원 자격이 있는 설립동의자 1인당 최저출자금은 5만원 이상일 것. 다만, 법 제9조제2항 제2호부터 제6호까지 및 제8호에 해당하는 자는 제외한다.
3. 조합원 1인당 최고출자금이 총 출자금 납입총액의 10퍼센트 이내일 것. 다만, 2인 이상의 조합원이 기획재정부장관이 정하는 '특별한 관계가 있는 자'에 해당하는 경우에는 그 2인 이상의 조합원의 출자금 총액이 총 출자금 납입총액의 10퍼센트 이내여야 한다.
4. 출자금 납입총액이 1억원 이상이면서 총자산 대비 100분의 50 이상일 것. 다만, 인가관청의 승인을 받은 경우 총자산 대비 출자금 납입총액의 비율이 100분의 50 미만일 수 있다.
5. 사업구역은 특별시 · 광역시 · 특별자치시 · 도 또는 특별자치도의 관할 구역. 다만, 실제 생활권이 2개 이상의 특별시 · 광역시 · 특별자치시 · 도 또는 특별자치도에 걸쳐 있는 경우에는 그 생활권 전체를 사업구역으로 할 수 있다.
6. 그 밖의 인가기준 및 절차는 관계 중앙행정기관의 장과 협의하여 기획재정부장관이 정한다.

③ 사회적협동조합의 주사무소가 소재한 시 · 군 · 구(지방자치단체인 시 · 군 및 자치구를 말한다. 이하 "시 · 군 · 구"라 한다) 및 인접 시 · 군 · 구 이외의 지역에서 의료기관을 개설할 경우, 제2항을 준용한다.

제17조(고유식별정보의 처리) 기획재정부장관(법 제85

은 별지 제10호서식에 따른다.

조 · 제86조 · 제101조 · 제111조 및 제116조에 따라 기획재정부장관의 권한을 위임 및 위탁받은 자를 포함한다)은 다음 각 호의 사무를 수행하기 위하여 불가피한 경우 「개인정보 보호법 시행령」 제19조제1호 또는 제4호에 따른 주민등록번호 또는 외국인등록번호가 포함된 자료를 처리할 수 있다

1. 법 제85조제1항 및 법 제114조제1항에 따른 사회적협동조합등의 설립인가
2. 법 제86조제2항 및 제115조제3항에 따른 사회적협동조합등의 정관변경 인가
3. 법 제111조 및 제115조제3항에 따른 사회적협동조합등의 감독
4. 법 제112조 및 제115조제3항에 따른 사회적협동조합등의 설립인가의 취소
5. 법 제119조에 따른 과태료 부과

협동조합기본법

⑤ 제1항 및 제3항의 기획재정부장관의 권한은 사회적협동조합이 수행하는 구체적인 사업 내용, 성격 등을 고려하여 대통령령으로 정하는 바에 따라 관계 중앙행정기관의 장에게 위임할 수 있다.

제86조(정관) ① 사회적협동조합의 정관에는 다음 각 호의 사항이 포함되어야 한다.

1. 목적
2. 명칭 및 주된 사무소의 소재지
3. 조합원 및 대리인의 자격
4. 조합원의 가입, 탈퇴 및 제명에 관한 사항
5. 출자 1좌의 금액과 납입 방법 및 시기, 조합원의 출자좌수 한도
6. 조합원의 권리와 의무에 관한 사항
7. 잉여금과 손실금의 처리에 관한 사항
8. 적립금의 적립방법 및 사용에 관한 사항
9. 사업의 범위 및 회계에 관한 사항
10. 기관 및 임원에 관한 사항
11. 공고의 방법에 관한 사항
12. 해산에 관한 사항
13. 출자금의 양도에 관한 사항
14. 그 밖에 총회 · 이사회의 운영 등에 관하여 필요한 사항

② 사회적협동조합의 정관의 변경은 기획재정부장관의 인가를 받아야 그 효력이 발생한다.

③ 제2항의 기획재정부장관의 권한은 대통령령으로 정

협동조합기본법 시행령

협동조합기본법 시행규칙

제10조(사회적협동조합등의 정관 변경) 법 제86조제2항(법 제115조제3항에 따라 준용되는 경우를 포함한다)에 따른 사회적협동조합등의 정관 변경인가 신청을 하려는 자는 별지 제11호서식의 정관 변경인가 신청서에 다음 각 호의 서류를 첨부하여 기획재정부장관 또는 관계 중앙행정기관의 장에게 제출하여야 한다.

1. 정관 중 변경하려는 사항을 적은 서류
2. 정관의 변경을 의결한 총회 의사록
3. 정관 변경 후의 사업계획서와 수입 · 지출 예산서(사업계획이 변경되어 정관을 변경하는 경우만 해당한다)
4. 대차대조표와 출자감소의 의결, 채권자 공고 및 이의신청의 처리 등의 사실관계를 증명할 수 있는 서류(출좌 1좌당 금액 감소에 따라 정관을 변경하는 경우만 해당한다)

하는 바에 따라 관계 중앙행정기관의 장에게 위임할 수 있다.

제87조(설립사무의 인계와 출자납입) ① 발기인은 제85조제1항에 따라 설립인가를 받으면 지체 없이 그 사무를 이사장에게 인계하여야 한다.

② 제1항에 따라 이사장이 그 사무를 인수하면 기일을 정하여 조합원이 되려는 자에게 출자금을 납입하게 하여야 한다.

③ 현물출자자는 제2항에 따른 납입기일 안에 출자 목적인 재산을 인도하고 등기 · 등록, 그 밖의 권리의 이전에 필요한 서류를 구비하여 협동조합에 제출하여야 한다.

제88조(준용규정) 사회적협동조합의 설립에 관하여는 제17조 및 제19조를 준용한다. 이 경우 "협동조합"은 "사회적협동조합"으로 보고,제19조제1항 중 "제61조에 따른 설립등기"는 "제106조에 따른 설립등기"로 본다.

제2절 조합원

제89조(출자금환급청구권과 환급정지) ① 탈퇴 조합원(제명된 조합원을 포함한다. 이하 이 조와 제90조에서 같다)은 탈퇴(제명을 포함한다. 이하 이 조와 제90조에서 같다) 당시 회계연도의 다음 회계연도부터 정관으로 정하는 바에 따라 그 출자금의 환급을 청구할 수 있다.

② 제1항에 따른 청구권은 2년간 행사하지 아니하면 시효로 인하여 소멸된다.

③ 사회적협동조합은 탈퇴 조합원이 사회적협동조합에 대한 채무를 다 갚을 때까지는 제1항에 따른 출자금의

협동조합기본법	협동조합기본법 시행령	협동조합기본법 시행규칙
환급을 정지할 수 있다.		
제90조(탈퇴 조합원의 손실액 부담) 사회적협동조합은 사회적협동조합의 재산으로 그 채무를 다 갚을 수 없는 경우에는 제89조에 따른 출자금의 환급분을 계산할 때 정관으로 정하는 바에 따라 탈퇴 조합원이 부담하여야 할 손실액의 납입을 청구할 수 있다. 이 경우 제89조제2항을 준용한다.		
제91조(준용규정) 사회적협동조합의 조합원에 관하여는 제20조부터 제25조까지의 규정을 준용한다. 이 경우 "협동조합"은 "사회적협동조합"으로 본다.		
제3절 기관		
제92조(준용규정) 사회적협동조합의 기관에 관하여는 제28조부터 제44조까지의 규정을 준용한다. 이 경우 "협동조합"은 "사회적협동조합"으로 본다.	제13조(사회적협동조합등의 임직원의 겸직) ① 법 제92조 및 제115조제1항에서 준용되는 법 제44조에 따라 사회적협동조합등은 직원을 겸직하는 임원 수가 임원 총수의 3분의 1을 초과하지 아니하는 범위에서 임원이 직원을 겸직할 수 있다. 다만, 사회적협동조합등이 제8조 각 호의 어느 하나에 해당하는 경우에는 임원 총수의 3분의 1을 초과하여 임원이 직원을 겸직할 수 있다. ② 제1항 단서에 따라 사회적협동조합연합회에 대하여 제8조 각 호를 적용함에 있어서 "조합원"은 "전체 회원조합에 속하는 총조합원"으로, "협동조합등"은 "사회적협동조합연합회"로 본다.	

제4절 사업

제93조(사업) ① 사회적협동조합은 다음 각 호의 사업 중 하나 이상을 주 사업으로 하여야 한다.

1. 지역사회 재생, 지역경제 활성화, 지역 주민들의 권익·복리 증진 및 그 밖에 지역사회가 당면한 문제 해결에 기여하는 사업
2. 취약계층에게 복지·의료·환경 등의 분야에서 사회서비스 또는 일자리를 제공하는 사업
3. 국가·지방자치단체로부터 위탁받은 사업
4. 그 밖에 공익증진에 이바지 하는 사업

② 제1항의 "주 사업"이란 목적사업이 협동조합 전체 사업량의 100분의 40 이상인 경우를 의미한다.

제14조(주 사업의 판단 기준 및 방법) ① 법 제93조제1항에 따른 사회적협동조합의 주 사업의 판단 기준은 다음 각 호의 구분에 따른다.

1. 법 제93조제1항제1호의 사업: 다음 각 목의 어느 하나에 해당할 것
   가. 지역특산품·자연자원 활용사업 등 지역의 인적·물적 자원을 활용하여 지역사회의 재생 및 지역경제의 활성화에 기여하는 사업
   나. 지역주민의 생활환경 개선사업 등 지역주민의 권익과 복리를 증진시키는 사업
   다. 그 밖에 지역사회가 당면한 문제 해결에 기여하는 사업
2. 법 제93조제1항제2호의 사업: 「사회적기업 육성법」 제2조제2호의 취약계층 및 그 밖에 기획재정부장관이 정하는 취약계층에게 사회서비스 또는 일자리를 제공하는 사업으로서 다음 각 목의 어느 하나에 해당하는 사업일 것
   가. 교육, 보건·의료, 사회복지, 환경 및 문화 분야의 관련 사업
   나. 보육, 간병 및 가사 지원 서비스를 제공하는 사업
   다. 「직업안정법」 제2조의2제9호에 따른 고용서비스를 제공하는 사업
   라. 그 밖에 기획재정부령으로 정하는 사업

② 제1항에서 규정한 사항 외에 주 사업의 판단 기준 및 방법 등에 관하여 필요한 사항은 기획재정부령으로 정한다.

제11조(사회적협동조합의 주 사업의 판단 기준) ① 영 제14조제1항제1호가목에 따른 주 사업은 다음 각 호의 사업으로 한다.

1. 지역특산품·자연자원 활용사업
2. 전통시장·상가 활성화 사업
3. 농산물·임산물·축산물·수산물의 생산 및 유통에 관한 사업
4. 그 밖에 지역의 인적·물적 자원을 활용하여 지역사회를 재생하고 지역경제를 활성화하여 지역사회에 공헌하려는 사업으로서 기획재정부장관이 정하여 고시하는 사업

② 영 제14조 제1항 제1호 나목에 따른 주 사업은 다음 각 호의 사업으로 한다.

1. 지역주민의 생활환경 개선사업
2. 지역의 공중접객업소 위생 개선 사업
3. 지역의 감염병 또는 질병 예방에 관한 사업
4. 지역의 재해, 화재 또는 안전사고의 예방에 관한 사업
5. 지역주민들의 고충 상담을 위한 사업
6. 지역주민에게 사회서비스를 제공하는 사업
7. 그 밖에 지역주민들의 권익과 복리를 증진시키려는 사업으로서 기획재정부장관이 정하여 고시하는 사업

③ 영 제14조제1항제2호라목에서 "그 밖

에 기획재정부령으로 정하는 사업"이란 다음 각 호의 어느 하나에 해당하는 사업을 말한다.

1. 예술 · 관광 및 운동 분야의 사업
2. 산림 보전 및 관리 서비스를 제공하는 사업
3. 문화재 보존 또는 활용과 관련된 사업
4. 청소 등 사업시설 관리 사업
5. 범죄 예방 및 상담치료 관련 사업
6. 그 밖에 기획재정부장관이 정하여 고시하는 사업

④ 기획재정부장관이나 관계 중앙행정기관의 장은 사회적협동조합의 목적사업이 제1항 및 제2항의 주 사업에 해당하는지를 판단할 때에 필요하면 시 · 도지사에게 의견을 요청할 수 있다.

⑤ 제1항부터 제4항까지에서 규정한 사항 외에 주 사업의 판단기준에 관하여 필요한 사항은 기획재정부장관이 정하여 고시한다.

제12조(사회적협동조합의 주 사업 판단 방법) ① 사회적협동조합의 목적사업이 법 제93조제1항 각 호의 주 사업에 해당하는지를 판단하는 경우에는 다음 각 호의 구분에 따른 기준을 적용한다.

1. 목적사업이 법 제93조제1항제1호 또는

제4호에 해당하는 경우: 다음 각 목의 어느 하나의 기준

가. 수입 · 지출 예산서상 전체 사업비의 100분의 40 이상을 주 사업 목적으로 지출할 것

나. 사업계획서상 주 사업에 해당하는 서비스 대상인원, 시간, 횟수 등이 전체 서비스의 100분의 40 이상일 것

2. 목적사업이 법 제93조제1항제2호에 따라 취약계층에게 사회서비스를 제공하는 경우: 사업계획서상 취약계층에게 제공된 사회서비스 대상인원, 시간, 횟수 등이 전체 사회서비스의 100분의 40 이상일 것

3. 목적사업이 법 제93조제1항제2호에 따라 취약계층에게 일자리를 제공하는 경우: 다음 각 목의 어느 하나의 기준

가. 수입 · 지출 예산서상 전체 인건비 총액 중 취약계층인 직원에게 지급한 인건비 총액이 차지하는 비율이 100분의 40 이상일 것

나. 사업계획서상 전체 직원 중 취약계층인 직원이 차지하는 비율이 100분의 40 이상일 것

4. 목적사업이 법 제93조제1항제3호에 해당하는 경우: 수입 · 지출 예산서상 전체 사업비의 100분의 40 이상이 국가

협동조합기본법

제94조(조합원에 대한 소액대출 및 상호부조) ① 사회적협동조합은 제45조제3항에도 불구하고 상호복리 증진을 위하여 주 사업 이외의 사업으로 정관으로 정하는 바에 따라 조합원을 대상으로 납입 출자금 총액의 한도에서 소액대출과 상호부조를 할 수 있다. 다만, 소액대출은 납입 출자금 총액의 3분의 2를 초과할 수 없다.

② 제1항의 사업에 따른 소액대출 이자율, 대출한도, 상호부조의 범위, 상호부조금, 상호부조계약 및 상호부조회비 등 필요한 세부 사항은 대통령령으로 정한다.

협동조합기본법 시행령

제15조(조합원에 대한 소액대출) ① 법 제94조제2항에 따른 소액대출 이자율은 기획재정부장관이 고시하는 최고한도 내에서 각 사회적협동조합의 정관으로 정한다. 이 경우 소액대출 이자율의 최고 한도는 한국은행이 발표하는 신규취급액 기준 예금은행 가계대출 가중평균금리를 고려하여 정한다.

② 법 제94조제1항에 따른 소액대출의 연체이자율은 해당 대출에 적용된 이자율의 1.5배를 최고 한도로 하여 각 사회적협동조합의 정관으로 정한다. 이 경우 연체이자율의 최고한도는 「이자제한법」 제2조제1항에 따른 최고이자율을 넘을 수 없다.

③ 법 제94조제1항에 따른 소액대출의 한도는 조합원의 수 및 출자금 규모, 소액대출의 종류 등을 고려하여 기획재정부장관이 정하여 고시하는 기준에 따라 각 사회적협동조합의 정관으로 정한다.

협동조합기본법 시행규칙

및 지방자치단체로부터 위탁받은 사업의 예산일 것

5. 목적사업이 법 제93조제1호부터 제4호까지의 사업에 중복하여 해당하는 경우: 목적사업이 법 제93조제1호부터 제4호까지의 사업에 해당하는 비율의 합이 100분의 40 이상일 것

② 기획재정부장관은 제1항에서 정한 사항 외에 사회적협동조합의 주 사업의 판단방법에 관하여 필요한 사항을 정하여 고시할 수 있다.

④ 법 제94조에 따른 소액대출 사업은 법 제93조의 주 사업 및 그 밖의 사업과 구분하여 따로 회계처리되어야 한다.

제16조(조합원에 대한 상호부조) ① 법 제94조제1항에 따른 상호부조는 조합원 간 상부상조를 목적으로 조합원들이 각자 나눠 낸 상호부조회비를 기금으로 적립하여 그 기금으로 상호부조회비를 낸 조합원에게 혼례, 사망, 질병 등의 사유가 생긴 경우 일정 금액의 상호부조금을 지급하는 사업으로 한다.

② 제1항에 따른 상호부조금의 지급 사유 및 사유별로 지급되는 상호부조금의 한도 등 상호부조금의 지급에 필요한 사항은 각 사회적협동조합의 정관으로 정한다.

③ 법 제94조제2항에 따른 상호부조회비와 상호부조계약에 관하여 필요한 사항은 각 사회적협동조합의 정관으로 정한다.

④ 제1항에 따른 상호부조 기금은 법 제93조의 주 사업 및 그 밖의 사업과 구분하여 따로 회계처리되어야 한다.

제95조(사업의 이용) ① 사회적협동조합은 조합원이 아닌 자에게 사회적협동조합의 사업을 이용하게 하여서는 아니 된다.

② 사회적협동조합은 제1항에도 불구하고 조합원이 이용하는 데에 지장이 없는 범위에서 대통령령으로 정하는 바에 따라 조합원이 아닌 자에게 그 사업을 이용하게 할 수 있다. 다만, 제94조에 따른 사업의 경우에는 그러하지 아니하다.

③ 보건 · 의료 사업을 행하는 사회적협동조합은 제1항

제17조(사회적협동조합등의 조합원 등이 아닌 자의 사업 이용) ① 법 제95조제2항 본문에 따라 사회적협동조합이 조합원이 아닌 자에게 그 사업을 이용하게 할 수 있는 경우는 다음 각 호의 어느 하나에 해당하는 경우로 한다.

1. 제9조제1항제1호, 제3호부터 제7호까지, 제9호 및 제10호에 해당하는 경우
2. 조합원으로 가입하도록 홍보하기 위하여 견본품을 유상 또는 무상으로 공급하는 경우. 다만, 다음 각 목의 어느 하나에 해당하는 경우는 제외한다.

협동조합기본법

에도 불구하고 총공급고의 100분의 50의 범위에서 조합원이 아닌 자에 대하여 보건 · 의료 서비스를 제공할 수 있다. 이 경우 공급고의 산정기준, 보건 · 의료 서비스의 제공이 가능한 조합원이 아닌 자의 범위 등 구체적인 사항은 대통령령으로 정한다.

협동조합기본법 시행령

가. 사회적협동조합이 「사회서비스 이용 및 이용권 관리에 관한 법률」 제2조제4호에 따른 사회서비스 제공자인 경우

나. 사회적협동조합이 의료기관을 개설한 경우

3. 사회적협동조합이 법령에 따라 국가나 공공단체로부터 위탁받은 사회서비스를 제공하거나 취약계층의 일자리 창출을 위한 사업을 하는 경우
4. 다음 각 목의 경우를 제외한 사회적협동조합이 가입을 홍보하기 위하여 기획재정부장관에게 신고하는 기간(이하 이 호에서 "홍보기간"이라 하며, 그 기간은 1년에 3개월을 넘지 못한다) 동안 전년도 총공급고의 100분의 5 범위에서 물품을 유상 또는 무상으로 공급하는 경우. 다만, 사회적협동조합이 설립인가를 받은 날부터 1년(단위매장의 경우에는 매장 개장일부터 1년) 동안은 홍보기간이 6개월을 넘지 아니하는 범위에서 총공급고에 대한 제한 없이 물품을 유상 또는 무상으로 공급할 수 있다.

   가. 사회적협동조합이 「사회서비스 이용 및 이용권 관리에 관한 법률」 제2조제4호에 따른 사회서비스 제공자인 경우

   나. 사회적협동조합이 의료기관을 개설한 경우
5. 그 밖에 사회적협동조합의 사업 성격 · 유형 등을 고려하여 기획재정부장관이 정하여 고시하는 경우

② 사회적협동조합연합회의 회원이 아닌 자의 사업의 이용에 관하여는 제1항을 준용한다. 이 경우 제1항 중 "사회적협동조합"은 "사회적협동조합연합회"로, 제1항 각 호 외의 부분, 제1호(제9조제1항제5호의 경우만 해당

협동조합기본법 시행규칙

한다) 및 제2호의 "조합원"은 각각 "회원"으로, 제1호(제9조제1항제9호 및 제10호의 경우만 해당한다)의 "조합원"은 "전체 회원 조합에 속하는 총조합원"으로 본다.

제18조(보건 · 의료사업을 하는 사회적협동조합의 조합원이 아닌 자의 사업 이용) ① 법 제95조제3항에 따라 사회적협동조합이 보건 · 의료 서비스를 제공할 수 있는 조합원이 아닌 자의 범위는 다음 각 호와 같다.

1. 「응급의료에 관한 법률」 제2조제1호에 따른 응급환자
2. 「의료급여법」 제3조에 따른 수급권자
3. 「장애인고용촉진 및 직업재활법」 제2조제1호에 따른 장애인
4. 「한부모가족지원법」 제5조 및 제5조의2에 따른 보호대상자
5. 「재한외국인 처우 기본법」 제2조제3호에 따른 결혼이민자
6. 보건복지부장관이 정하여 고시하는 희귀난치성질환을 가진 자
7. 해당 조합(「사회적기업 육성법」 제7조에 따른 사회적기업의 인증을 받은 사회적협동조합만 해당한다)이 개설한 의료기관이 소재하는 시 · 도의 관할 구역에 주소 · 거소 · 사업장 또는 근무지가 있는 자
8. 조합원과 같은 가구에 속하는 자
9. 그 밖에 기획재정부장관이 관계 중앙행정기관의 장과 협의하여 보건 · 의료 서비스를 제공할 필요가 있다고 인정하는 자

② 법 제95조제3항에 따른 공급고의 산정기준은 직전 연도 매출액 또는 서비스 이용인원 중 사회적협동조합이

협동조합기본법	협동조합기본법 시행령	협동조합기본법 시행규칙
	선택하는 기준을 적용하되, 제1항제8호에 해당하는 자에게 보건 · 의료 서비스를 제공하는 경우 해당 조합원이 이사회의 승인을 받으면 그 조합원이 이용한 것으로 보아 공급고를 산정한다.	
제5절 회계 등		
제96조(운영의 공개) ① 사회적협동조합은 결산결과의 공고 등 운영사항을 적극 공개하여야 한다. ② 사회적협동조합은 정관 · 규약 · 규정, 총회 · 이사회 의사록, 회계장부 및 조합원 명부를 주된 사무소에 비치하여야 한다. ③ 협동조합의 채권자와 조합원은 제2항의 서류를 열람하거나 그 사본을 청구할 수 있다. ④ 사회적협동조합은 기획재정부 또는 사회적협동조합연합회의 홈페이지에 주요 경영공시자료를 게재하여야 한다.	제19조(사회적협동조합등의 운영의 공개) 법 제96조제4항(법 제115조제3항에 따라 준용되는 경우를 포함한다)에 따라 사회적협동조합등은 매 회계연도의 결산일부터 3개월 이내에 사업결과보고서 등 기획재정부령으로 정하는 주요 경영공시자료를 기획재정부의 홈페이지 등에 게재하여야 한다.	제13조(사회적협동조합등의 운영의 공개) 영 제19조에서 "사업결과보고서 등 기획재정부령으로 정하는 주요 경영공시자료"란 다음 각 호와 같다. 1. 정관(정관이 변경된 경우를 포함한다) 2. 별지 제6호서식의 총회, 대의원 총회, 이사회 활동 상황 3. 별지 제9호서식의 수입 · 지출 예산서 4. 별지 제12호서식의 사업계획서 5. 별지 제13호서식의 사업결산 보고서 6. 별지 제14호서식의 사업결과 보고서 7. 별지 제15호서식의 소액대출 및 상호부조 사업결과 보고서(사회적협동조합만 해당한다.

제97조(법정적립금 및 임의적립금) ① 사회적협동조합은 매 회계연도 결산의 결과 잉여금이 있는 때에는 자기자본의 3배가 될 때까지 잉여금의 100분의 30 이상을 법정적립금으로 적립하여야 한다.

협동조합기본법

② 사회적협동조합은 정관으로 정하는 바에 따라 사업준비금 등을 임의적립금으로 적립할 수 있다.

③ 사회적협동조합은 손실의 보전에 충당하거나 해산하는 경우 외에는 법정적립금을 사용하여서는 아니 된다.

제98조(손실금의 보전과 잉여금의 배당) ① 사회적협동조합은 매 회계연도의 결산 결과 손실금(당기손실금을 말한다)이 발생하면 미처분이월금, 임의적립금, 법정적립금의 순으로 이를 보전하고, 보전 후에도 부족이 있을 때에는 이를 다음 회계연도에 이월한다.

② 사회적협동조합이 제1항에 따른 손실금을 보전하고 제97조에 따른 법정적립금 등을 적립한 이후에 발생하는 잉여금은 임의적립금으로 적립하여야 하고 이를 조합원에게 배당할 수 없다.

제99조(부과금의 면제) 사회적협동조합의 사업과 재산에 대하여는 국가와 지방자치단체의 조세 외의 부과금을 면제한다.

제100조(준용규정) 사회적협동조합의 회계에 관하여는 제47조, 제48조 및 제52조부터 제55조까지의 규정을 준용한다. 이 경우 "협동조합"은 "사회적협동조합"으로 본다.

제6절 합병 · 분할 · 해산 및 청산

제101조(합병 및 분할) ① 사회적협동조합은 합병계약서 또는 분할계획서를 작성한 후 총회의 의결을 받아 합병

협동조합기본법 시행령

협동조합기본법 시행규칙

제7조(협동조합등의 해산신고) ① 법 제57조제2항(법 제83조에서 준용하는 경우를 포함한다)에 따라 협동조합등의 해산을 신고하려는 자는 별지 제7호서식의 해산신고서(전자문서로 된 신고서를 포함한다)에 해산을 결의한 총회 의사록을 첨부하여 기획재정부장관 또는 시 · 도지사에게 제출하여야 한다.

② 기획재정부장관 또는 시 · 도지사는 제1항에 따른 신고서를 받으면「전자정부법」제36조제1항에 따른 행정정보의 공동이

또는 분할할 수 있다.

② 사회적협동조합이 합병 또는 분할할 경우 기획재정부장관의 인가를 받아야 한다.

③ 합병 또는 분할로 인하여 존속하거나 설립되는 사회적협동조합은 합병 또는 분할로 소멸되는 사회적협동조합의 권리·의무를 승계한다.

④ 제1항에 따라 설립되는 사회적협동조합에 대하여는 제85조, 제86조 및 제88조를 준용한다.

⑤ 제2항의 기획재정부장관의 권한은 사회적협동조합이 수행하는 구체적인 사업 내용, 성격 등을 고려하여 대통령령으로 정하는 바에 따라 관계 중앙행정기관의 장에게 위임할 수 있다.

⑥ 사회적협동조합은 이 법에 따른 사회적협동조합 이외의 법인, 단체 및 협동조합 등과 합병하거나 이 법에 따른 사회적협동조합 이외의 법인, 단체 및 협동조합 등으로 분할할 수 없다.

⑦ 사회적협동조합의 합병 및 분할에 관하여는 제53조 및 제54조를 준용한다.

제102조(해산) ① 사회적협동조합은 다음 각 호의 어느 하나에 해당하는 사유로 해산한다.

1. 정관으로 정한 해산 사유의 발생
2. 총회의 의결
3. 합병·분할 또는 파산
4. 설립인가의 취소

② 사회적협동조합이 제1항제1호부터 제3호까지의 규정에 따라 해산한 때에는 청산인은 파산의 경우를 제외하고는 그 취임 후 14일 이내에 기획재정부장관에게 신고하여야 한다.

용을 통하여 법인 등기사항증명서를 확인하여야 한다.

제14조(사회적협동조합등의 해산신고) ① 법 제102조제2항(법 제115조제3항에서 준용하는 경우를 포함한다)에 따른 사회적협동조합등의 해산을 신고하려는 자는 별지 제16호서식의 해산신고서(전자문서로 된 신고서를 포함한다)에 다음 각 호의 서류를 첨부하여 기획재정부장관이나 관계 중앙행정기관의 장에게 제출하여야 한다.

1. 해산 당시의 재산목록
2. 잔여재산 처분방법의 개요를 적은 서류
3. 해산 당시의 정관
4. 해산을 결의한 총회 의사록

② 기획재정부장관이나 관계 중앙행정기관의 장은 제1항에 따른 신고서를 받으면 「전자정부법」 제36조제1항에 따른 행정정보의 공동이용을 통하여 법인 등기사항증명서를 확인하여야 한다.

협동조합기본법	협동조합기본법 시행령	협동조합기본법 시행규칙
제103조(청산인) ① 사회적협동조합이 해산하면 파산으로 인한 경우 외에는 이사장이 청산인이 된다. 다만, 총회에서 다른 사람을 청산인으로 선임하였을 경우에는 그에 따른다. ② 청산인은 취임 후 지체 없이 사회적협동조합의 재산		

상태를 조사하고 재산목록과 대차대조표를 작성한 다음 재산처분의 방법을 정하여 총회의 승인을 받아야 한다.
③ 청산사무가 종결된 때에는 청산인은 지체 없이 결산 보고서를 작성하여 총회의 승인을 받아야 한다.
④ 제2항 및 제3항의 경우 총회를 2회 이상 소집하여도 총회가 구성되지 아니할 때에는 출석조합원 3분의 2 이상의 찬성이 있으면 총회의 승인이 있은 것으로 본다.
⑤ 기획재정부장관은 사회적협동조합의 청산 사무를 감독한다.

제104조(잔여재산의 처리) 사회적협동조합이 해산할 경우 부채 및 출자금을 변제하고 잔여재산이 있을 때에는 정관으로 정하는 바에 따라 다음 각 호의 어느 하나에 귀속된다.
1. 상급 사회적협동조합연합회
2. 유사한 목적의 사회적협동조합
3. 비영리법인 · 공익법인
4. 국고

제105조(「민법」 등의 준용) 사회적협동조합의 해산과 청산에 관하여는 「민법」 제79조, 제81조, 제87조, 제88조제1항 · 제2항, 제89조부터 제92조까지, 제93조제1항 · 제2항 및 「비송사건절차법」 제121조를 준용한다.

제7절 등기

제106조(설립등기) ① 사회적협동조합은 설립인가를 받은 날부터 21일 이내에 주된 사무소의 소재지에서 설립등기를 하여야 하고, 그러하지 아니한 경우 그 인가의 효력

협동조합기본법

은 상실된다.

② 설립등기신청서에는 다음 각 호의 사항을 적어야 한다.

1. 제86조제1항제1호와 제2호의 사항
2. 출자 총좌수와 납입한 출자금의 총액
3. 설립인가 연월일
4. 임원의 성명 · 주민등록번호 및 주소

③ 설립등기를 할 때에는 이사장이 신청인이 된다.

④ 제2항의 설립등기신청서에는 설립인가서, 창립총회의사록 및 정관의 사본을 첨부하여야 한다.

⑤ 합병이나 분할로 인한 사회적협동조합의 설립등기신청서에는 다음 각 호의 서류를 모두 첨부하여야 한다.

1. 제4항에 따른 서류
2. 제53조에 따라 공고하거나 최고한 사실을 증명하는 서류
3. 제54조에 따라 이의를 신청한 채권자에게 변제나 담보를 제공한 사실을 증명하는 서류

제107조(합병등기) ① 사회적협동조합이 합병한 경우에는 합병인가를 받은 날부터 14일 이내에 그 사무소의 소재지에서 합병 후 존속하는 사회적협동조합은 변경등기를, 합병으로 소멸되는 사회적협동조합은 해산등기를, 합병으로 설립되는 사회적협동조합은 제106조에 따른 설립등기를 각 사무소의 소재지에서 하여야 한다.

② 제1항에 따른 해산등기를 할 때에는 합병으로 소멸되는 사회적협동조합의 이사장이 신청인이 된다.

③ 제2항의 경우에는 해산 사유를 증명하는 서류를 첨부하여야 한다.

협동조합기본법 시행령

협동조합기본법 시행규칙

제108조(해산등기) ① 사회적협동조합이 해산한 경우에는 합병과 파산의 경우 외에는 주된 사무소의 소재지에서는 14일 이내에, 지사무소의 소재지에서는 21일 이내에 해산등기를 하여야 한다.

② 제1항에 따른 해산등기를 할 때에는 제4항의 경우 외에는 청산인이 신청인이 된다.

③ 해산등기신청서에는 해산 사유를 증명하는 서류를 첨부하여야 한다.

④ 기획재정부장관은 설립인가의 취소로 인한 해산등기를 촉탁하여야 한다.

제109조(등기일의 기산일) 등기 사항으로서 기획재정부장관의 인가 등이 필요한 것은 그 인가 등의 문서가 도달한 날부터 등기 기간을 계산한다.

제110조(준용규정) 사회적협동조합의 등기에 관하여는 제62조부터 제64조까지 및 제67조부터 제70조까지의 규정을 준용한다. 이 경우"협동조합"은 "사회적협동조합"으로 본다.

제8절 감독

제111조(감독) ① 기획재정부장관은 사회적협동조합의 자율성을 존중하여야 하며, 이 법에서 정하는 바에 따라 그 업무를 감독하고 감독상 필요한 명령을 할 수 있다.

② 기획재정부장관은 다음 각 호의 어느 하나에 해당하는 경우 사회적협동조합(설립 중인 경우를 포함한다. 이하 이 조에서 같다)에 대하여 그 업무 및 재산에 관한 사

협동조합기본법	협동조합기본법 시행령	협동조합기본법 시행규칙
항을 보고하게 하거나 소속 공무원으로 하여금 해당 사회적협동조합의 업무상황 · 장부 · 서류, 그 밖에 필요한 사항을 검사하게 할 수 있다. 1. 제85조에 따른 설립인가 및 절차에 적합한지 확인할 필요가 있는 경우 2. 이 법, 이 법에 따른 명령 또는 정관을 위반하였는지 확인할 필요가 있는 경우 3. 사회적협동조합의 사업이 관계 법령을 위반하였는지 확인할 필요가 있는 경우 ③ 제2항에 따른 검사를 하는 공무원은 그 권한을 표시하는 증표를 지니고 이를 관계인에게 내보여야 한다. ④ 기획재정부장관은 제1항에 따른 감독의 결과 사회적협동조합이 이 법, 이 법에 따른 명령 또는 정관을 위반한 사실이 발견된 때에는 해당 사회적협동조합에 대하여 시정에 필요한 조치를 명할 수 있다. ⑤ 기획재정부장관은 이 법의 효율적인 시행과 사회적협동조합에 대한 정책을 수립하기 위하여 필요한 경우 관계 중앙행정기관의 장에게 사회적협동조합에 대한 조사 · 검사 · 확인 또는 자료의 제출을 요구하게 하거나 시정에 필요한 조치를 명하게 할 수 있다. ⑥ 제1항부터 제5항까지의 기획재정부장관의 권한은 사회적협동조합이 수행하는 구체적인 사업 내용, 성격 등을 고려하여 대통령령으로 정하는 바에 따라 관계 중앙행정기관의 장 또는 시 · 도지사에게 위임할 수 있다.		
제112조(설립인가의 취소) ① 기획재정부장관은 사회적협동조합이 다음 각 호의 어느 하나에 해당하게 되면 설립	제20조(사회적협동조합등의 인가 취소의 공고) 기획재정부장관은 법 제112조제2항(법 제115조제3항에 따라 준용	

인가를 취소할 수 있다.

1. 정당한 사유 없이 설립인가를 받은 날부터 1년 이내에 사업을 개시하지 아니하거나 1년 이상 계속하여 사업을 실시하지 아니한 경우
2. 2회 이상 제111조제5항에 따른 처분을 받고도 시정하지 아니한 경우
3. 제85조제4항에 따라 대통령령으로 정한 설립인가 기준에 미달하게 된 경우
4. 거짓이나 그 밖의 부정한 방법으로 설립인가를 받은 경우

② 기획재정부장관은 제1항에 따라 사회적협동조합의 설립인가를 취소하면, 즉시 그 사실을 공고하여야 한다.

제113조(청문) 기획재정부장관은 제112조에 따라 설립인가를 취소하고자 하는 경우에는 청문을 실시하여야 한다.

제5장 사회적협동조합연합회

제114조(설립인가 등) ① 사회적협동조합연합회를 설립하고자 하는 때에는 회원 자격을 가진 셋 이상의 사회적협동조합이 발기인이 되어 정관을 작성하고 창립총회의 의결을 거친 후 기획재정부장관의 인가를 받아야 한다.

② 창립총회의 의사는 창립총회 개의 전까지 발기인에게 설립동의서를 제출한 사회적협동조합 과반수의 출석과 출석자 3분의 2 이상의 찬성으로 의결한다.

제115조(준용규정) ① 사회적협동조합연합회에 관하여는 제2장 중 제17조, 제19조, 제21조, 제22조, 제25조, 제28조제3항부터 제5항까지, 제29조부터 제44조까지, 제

되는 경우를 포함한다)에 따라 사회적협동조합등의 설립인가의 취소를 공고할 때에는 「신문 등의 진흥에 관한 법률」 제9조제1항에 따라 전국을 보급지역으로 등록한 일간신문, 관보 또는 인터넷 홈페이지에 하여야 한다.

협동조합기본법

47조, 제48조, 제52조부터 제55조까지, 제62조부터 제64조까지 및 제67조부터 제70조까지의 규정을 준용한다. 이 경우 "협동조합"은 "사회적협동조합연합회"로, "이사장"은 "회장"으로, "조합원"은 "회원"으로 보고, 제19조제1항 중 "제61조에 따른 설립등기"는 "제106조에 따른 설립등기"로 보며, 제22조제2항 중 "조합원 1인"은 "한 회원"으로, "100분의 30"은 "100분의 40"으로 보고, 제29조, 제30조 및 제40조제1항 중 "조합원"은 "대의원"으로 보며, 제40조제1항 중 "5분의 1"은 "3분의 1"로 보고, 제37조 중 "조합원"은 "대의원이나 회원에 속한 조합원"으로, "가입신청을 한 자"는 "가입신청을 한 협동조합에 속한 조합원"으로 본다.

② 사회적협동조합연합회에 관하여는 제3장 중 제73조부터 제75조, 제77조, 제78조, 제80조, 제81조를 준용한다. 이 경우 "연합회"는 "사회적협동조합연합회"로 본다.

③ 사회적협동조합연합회에 관하여는 제4장 중 제86조, 제87조, 제89조, 제90조, 제96조부터 제99조까지, 제101조부터 제109조까지 및 제111조부터 제113조까지의 규정을 준용한다. 이 경우 "사회적협동조합"은 "사회적협동조합연합회"로, "조합원"은 "회원"으로 보고, 제86조제1항제3호 중 "조합원 및 대리인"은 "회원"으로 보며, 제101조제4항 중 "제85조, 제86조 및 제88조"는 "제114조 및 제115조"로 보고, 제103조제4항 중 "조합원"은 "대의원"으로 본다.

협동조합기본법 시행령

협동조합기본법 시행규칙

제6장 보칙

제116조(권한의 위임) 제11조, 제71조, 제96조, 제102조, 제103조, 제108조, 제112조, 제114조, 제119조 등 이 법에 따른 기획재정부장관의 권한은 그 일부를 대통령령으로 정하는 바에 따라 관계 중앙행정기관의 장 또는 시 · 도지사에게 위임할 수 있다.

제21조(권한의 위탁) ① 기획재정부장관은 법 제116조에 따라 다음 각 호의 권한을 법 제93조에 따른 사회적협동조합의 주 사업 소관 중앙행정기관(「정부조직법」 제2조에 따른 부 · 처 · 청과 감사원, 원자력안전위원회, 공정거래위원회, 금융위원회 및 국민권익위원회를 말한다. 이하 같다)의 장에게 위탁한다.

1. 법 제85조에 따른 사회적협동조합의 설립인가
2. 법 제86조에 따른 사회적협동조합의 정관변경 인가
3. 법 제101조에 따른 사회적협동조합의 합병 · 분할 인가
4. 법 제102조에 따른 사회적협동조합의 해산 신고
5. 법 제103조에 따른 사회적협동조합의 청산사무의 감독
6. 법 제108조에 따른 사회적협동조합의 해산등기 촉탁
7. 법 제111조에 따른 사회적협동조합의 감독
8. 법 제112조에 따른 사회적협동조합의 설립인가 취소
9. 법 제113조에 따른 청문
10. 법 제119조에 따른 사회적협동조합에 대한 과태료 부과

② 제1항에 따라 권한을 위탁하는 경우 사회적협동조합의 주 사업이 둘 이상인 경우 등 그 소관 중앙행정기관이 분명하지 아니한 경우에는 기획재정부장관이 소관 중앙행정기관의 장을 정하여 위탁한다.

제22조(고유식별정보의 처리) ① 기획재정부장관(법 제116조 및 이 영 제21조에 따라 기획재정부장관의 권한을 위탁받은 자를 포함한다)은 다음 각 호의 사무를 수행하기 위하여 불가피한 경우 「개인정보 보호법 시행령」 제19조제1호 또는 제4호에 따른 주민등록번호 또는 외

협동조합기본법

협동조합기본법 시행령

국인등록번호가 포함된 자료를 처리할 수 있다.

1. 법 제85조제1항 및 법 제114조제1항에 따른 사회적협동조합등의 설립인가에 관한 사무
2. 법 제86조제2항(법 제115조제3항에 따라 준용되는 경우를 포함한다)에 따른 사회적협동조합등의 정관변경 인가에 관한 사무
3. 법 제101조제2항(법 제115조제3항에 따라 준용되는 경우를 포함한다)에 따른 사회적협동조합등의 합병 및 분할 인가에 관한 사무
4. 법 제102조제2항(법 제115조제3항에 따라 준용되는 경우를 포함한다)에 따른 사회적협동조합등의 해산신고에 관한 사무
5. 법 제103조제5항(법 제115조제3항에 따라 준용되는 경우를 포함한다)에 따른 사회적협동조합등의 청산사무 감독에 관한 사무
6. 법 제111조(법 제115조제3항에 따라 준용되는 경우를 포함한다)에 따른 사회적협동조합등의 감독에 관한 사무
7. 법 제112조제1항(법 제115조제3항에 따라 준용되는 경우를 포함한다)에 따른 사회적협동조합등의 설립인가 취소에 관한 사무

② 시 · 도지사(해당 권한이 위임 · 위탁된 경우에는 그 권한을 위임 · 위탁받은 자를 포함한다)는 다음 각 호의 사무를 수행하기 위하여 불가피한 경우 제1항에 따른 자료를 처리할 수 있다.

1. 법 제15조제1항 및 제71조제1항에 따른 협동조합등의 설립신고에 관한 사무

협동조합기본법 시행규칙

제7장 벌칙

제117조(벌칙) ① 협동조합등 및 사회적협동조합등의 임직원 또는 청산인이 다음 각 호의 어느 하나에 해당하는 행위로 협동조합등 및 사회적협동조합등에 손해를 끼친 때에는 10년 이하의 징역 또는 3천만원 이하의 벌금에 처한다. 이 경우 징역형과 벌금형은 병과할 수 있다.

1. 협동조합등 및 사회적협동조합등의 사업목적 이외의 다른 용도로 자금을 사용한 경우
2. 투기를 목적으로 협동조합등 및 사회적협동조합등의 재산을 처분하거나 이용한 경우

② 협동조합등 및 사회적협동조합등의 임직원 또는 청산인이 다음 각 호의 어느 하나에 해당하는 행위를 한 때에는 3년 이하의 징역 또는 2천만원 이하의 벌금에 처한다.

1. 제45조제3항, 제50조제1항 · 제3항, 제51조부터 제53조까지, 제55조, 제58조, 제80조제3항, 제97조제1항 · 제3항, 제98조, 제103조 및 제104조(제82조 · 제83조 · 제100조 또는 제115조에 따라 준용되는 경우를 포함한다)를 위반한 경우

2. 법 제16조제2항(법 제72조에 따라 준용되는 경우를 포함한다)에 따른 협동조합등의 정관변경 신고에 관한 사무
3. 법 제56조제2항(법 제83조에 따라 준용되는 경우를 포함한다)에 따른 협동조합등의 합병 · 설립 및 해산 신고에 관한 사무
4. 법 제57조제2항(법 제83조에 따라 준용되는 경우를 포함한다)에 따른 협동조합등의 해산 신고에 관한 사무

협동조합기본법	협동조합기본법 시행령	협동조합기본법 시행규칙
2. 거짓 또는 부정한 방법으로 등기를 한 경우 3. 총회의 의결을 받아야 하는 사항에 대하여 의결을 받지 아니하고 집행한 경우 ③ 다음 각 호의 어느 하나에 해당하는 자는 2년 이하의 징역 또는 1천만원 이하의 벌금에 처한다. 1. 제9조제2항을 위반하여 공직선거에 관여한 자 2. 제37조(제79조 · 제92조 및 제115조에 따라 준용되는 경우를 포함한다)를 위반한 자		
제118조(양벌규정) 협동조합등 및 사회적협동조합등의 임직원 또는 청산인이 그 협동조합등 및 사회적협동조합등의 업무에 관하여 제117조제1항 및 제2항의 위반행위를 하면 그 행위자를 벌하는 외에 그 협동조합등 및 사회적협동조합등에도 해당 조문의 벌금형을 과(科)한다. 다만, 협동조합등 및 사회적협동조합등이 그 위반행위를 방지하기 위하여 해당 업무에 관하여 상당한 주의와 감독을 게을리하지 아니한 경우에는 그러하지 아니하다.		
제119조(과태료) ① 제3조제3항을 위반한 자에게는 200만원 이하의 과태료를 부과한다. ② 협동조합등 및 사회적협동조합등이 다음 각 호의 어느 하나에 해당하는 경우에는 200만원 이하의 과태료를 부과한다. 1. 제22조제2항(제76조 · 제91조 및 제115조제1항에 따라 준용되는 경우를 포함한다)을 위반하여 조합원 등 1인의 출자좌수 제한을 초과하게 한 경우 2. 제23조제1항(제91조에 따라 준용되는 경우를 포함	제23조(과태료의 부과기준) 법 제119조제1항부터 제3항까지의 규정에 따른 과태료의 부과기준은 별표와 같다.	

한다)을 위반하여 조합원의 의결권 · 선거권에 차등을 둔 경우

3. 제46조, 제81조 및 제95조(제115조제2항에 따라 준용되는 경우를 포함한다)를 위반하여 조합원등이 아닌 자에게 협동조합등의 사업을 이용하게 한 경우
4. 제94조를 위반하여 소액대출 및 상호부조의 총사업한도, 이자율, 대출한도, 상호부조의 범위, 상호부조금, 상호부조계약 및 상호부조회비 등을 초과하게 한 경우

③ 협동조합등 및 사회적협동조합등의 임직원 또는 청산인이 다음 각 호의 어느 하나에 해당하는 때에는 100만원 이하의 과태료를 부과한다.

1. 신고 · 등기를 게을리한 때
2. 제49조제2항(제82조에 따라 준용되는 경우를 포함한다) 및 제96조제2항(제115조제3항에 따라 준용되는 경우를 포함한다)에 따른 서류비치를 게을리한 때
3. 제49조제3항 및 제4항(제82조에 따라 준용되는 경우를 포함한다), 제96조제3항 및 제4항(제115조제3항에 따라 준용되는 경우를 포함한다)에 따른 운영의 공개를 게을리한 때
4. 감독기관 또는 총회에 대하여 거짓의 진술 또는 보고를 하거나 사실을 은폐한 때
5. 감독기관의 검사를 거부 · 방해 또는 기피한 때

④ 제1항부터 제3항까지의 규정에 따른 과태료는 대통령령으로 정하는 바에 따라 기획재정부장관 또는 시 · 도지사가 부과 · 징수한다.

부칙 〈기획재정부령 제303호, 2012.11.27〉

이 규칙은 2012년 12월 1일부터 시행한다.

협동조합기본법

부칙 〈제11211호,2012.1.26〉

제1조(시행일) 이 법은 2012년 12월 1일부터 시행한다.

제2조(협동조합등에 대한 경과조치) ① 이 법 시행 당시 협동조합과 유사한 목적을 위하여 이미 설립된 사업자 또는 법인이 이 법에 따른 협동조합이 되려면 이 법 시행일부터 2년 이내에 제15조에서 정하는 설립 최소기준을 갖추어 구성원 과반수의 출석과 출석자 3분의 2 이상의 찬성으로 총회의 의결을 거친 후 제15조부터 제19조까지의 설립절차를 거쳐 제61조에 따른 설립등기를 하여야 한다. 이 경우 설립등기 전 사업자 또는 법인과 설립등기 후 협동조합은 동일한 법인으로 본다.

② 이 법 시행 당시 협동조합연합회와 유사한 목적을 위하여 이미 설립된 사단법인이 이 법에 따른 협동조합연합회가 되려면 이 법 시행일부터 1년 이내에 제71조에서 정하는 협동조합연합회 설립에 필요한 사항을 갖추어 구성원 과반수의 출석과 출석자 3분의 2 이상의 찬성으로 총회의 의결을 거친 후 제71조 및 제72조의 설립절차를 거쳐 제84조에 따른 설립등기를 하여야 한다. 이 경우 설립등기 전 사단법인과 설립등기 후 협동조합연합회는 동일한 법인으로 본다.

③ 이 법 시행 당시 사회적협동조합과 유사한 목적을 위하여 이미 설립된 사업자 또는 비영리법인이 이 법에 따른 사회적협동조합이 되려면 이 법 시행일부터 2년 이내에 제85조에서 정하는 설립 최소기준을 갖추어 구성원 과반수의 출석과 출석자 3분의 2 이상의 찬성으로 총회

협동조합기본법 시행령

부칙 〈대통령령 제24164호, 2012.11.12〉

제1조(시행일) 이 영은 2012년 12월 1일부터 시행한다.

제2조(협동조합정책심의위원회의 존속기한) 협동조합정책심의위원회에 관한 제4조의 규정은 2017년 11월 30일까지 효력을 가진다.

부칙 〈대통령령 제24441호, 2013.3.23〉 (기획재정부와 그 소속기관 직제)

제1조(시행일) 이 영은 공포한 날 부터 시행한다.

제2조부터 제4조까지 생략

제5조(다른 법률의 개정) ①부터 〈42〉까지 생략

〈43〉 협동조합기본법 시행령 일부를 다음과 같이 개정한다.

제21조 제1항 각호외의 부분 중 "국가과학기술위원회, 원자력안전위원회"를 "원자력안전위원회"로 한다.

협동조합기본법 시행규칙

[별표]

서 식

[서식1] (협동조합, 협동조합연합회) 설립신고서

[서식2] (협동조합 · 협동조합연합회) 신고필증

[서식3] (협동조합, 협동조합연합회) 정관변경 신고서

의 의결을 거친 후 제85조부터 제88조까지의 설립절차를 거쳐 제106조에 따른 설립등기를 하여야 한다. 이 경우 설립등기 전 사업자 또는 법인과 설립등기 후 사회적협동조합은 동일한 비영리법인으로 본다.

④ 이 법 시행 당시 사회적협동조합연합회와 유사한 목적을 위하여 이미 설립된 사단법인이 이 법에 따른 사회적협동조합연합회가 되려면 이 법 시행일부터 1년 이내에 제114조에서 정하는 사회적협동조합연합회 설립에 필요한 사항을 갖추어 구성원 과반수의 출석과 출석자 3분의 2 이상의 찬성으로 총회의 의결을 거친 후 제114조, 제115조제1항 및 제3항의 설립절차를 거쳐 제115조제3항에 따른 설립등기를 하여야 한다. 이 경우 설립등기 전 사단법인과 설립등기 후 사회적협동조합연합회는 동일한 비영리법인으로 본다.

제3조(명칭에 관한 경과조치) 이 법 시행 당시 이 법에 따라 설립되지는 아니하였으나 협동조합과 동일한 기능을 수행하는 단체에 대하여는 이 법 시행일부터 2년까지는 제3조를 적용하지 아니한다.

[별표]

과태료의 부과기준(제23조 관련)

1. 일반기준

가. 위반행위의 횟수에 따른 과태료의 부과기준은 해당 위반행위를 한 날 이전 최근 2년간 같은 위반행위로 부과처분을 받은 경우에 적용한다.

나. 부과권자는 위반행위의 정도, 위반행위의 동기와

[서식4] 협동조합등 사업계획서
[서식5] 협동조합등 사업결산 보고서
[서식6] 총회, 대의원 총회, 이사회 활동상황
[서식7] (협동조합, 협동조합연합회) 해산신고서
[서식8] (사회적협동조합, 사회적협동조합연합회) 설립 인가 신청서
[서식9] 사회적협동조합등 수입 · 지출 예산서
[서식10](사회적협동조합 · 사회적협동조합연합회) 설립인가증
[서식11](사회적협동조합, 사회적협동 조합연합회)정관 변경인가 신청서
[서식12] 사회적협동조합등 사업계획서
[서식13] 사회적협동조합등 사업결산 보고서
[서식14] 사회적협동조합등 사업결과 보고서
[서식15] 소액대출 및 상호부조 사업 결과 보고서
[서식16] (사회적협동조합, 사회적협동 조합연합회)해산신고서

협동조합기본법	협동조합기본법 시행령	협동조합기본법 시행규칙
	그 결과 등 다음 사항을 고려하여 제2호의 개별기준에서 정한 금액의 2분의 1 범위에서 그 금액을 줄일 수 있다. 다만, 과태료를 체납하고 있는 위반행위자에 대해서는 그러하지 아니하다. 1) 위반행위자가 「질서위반행위규제법 시행령」 제2조의2제1항 각 호의 어느 하나에 해당하는 경우 2) 위반행위가 사소한 부주의나 오류로 인한 것으로 인정되는 경우 3) 위반행위자가 법 위반상태를 시정하거나 해소한 경우 2. 개별기준 (별표 참조)	

협동조합기본법시행령 과태료 부과 개별기준 (별표)

위반행위	근거 법조문	과태료 금액	
		1차 위반	2차 이상 위반
가. 법 제3조제3항을 위반하여 명칭을 사용한 경우	법 제119조 제1항	100	200
나. 협동조합등 및 사회적협동조합등이 법 제22조제2항(법 제76조 · 제91조 및 제115조제1항에 따라 준용되는 경우를 포함한다)을 위반하여 조합원등 1인의 출자좌수 제한을 초과하게 한 경우	법 제119조 제2항제1호	100	200
다. 협동조합등 및 사회적협동조합등이 법 제23조제1항(법 제91조에 따라 준용되는 경우를 포함한다)을 위반하여 조합원의 의결권 · 선거권에 차등을 둔 경우	법 제119조 제2항제2호	100	200
라. 협동조합등 및 사회적협동조합등이 법 제46조, 제81조 및 제95조(법 제115조제2항에 따라 준용되는 경우를 포함한다)를 위반하여 조합원등이 아닌 자에게 협동조합등의 사업을 이용하게 한 경우	법 제119조 제2항제3호	100	200
마. 협동조합등 및 사회적협동조합등의 임직원 또는 청산인이 법 제49조제2항(법 제82조에 따라 준용되는 경우를 포함한다) 및 법 제96조제2항(법 제115조제3항에 따라 준용되는 경우를 포함한다)에 따른 서류비치를 게을리한 때	법 제119조 제3항제2호	50	100
바. 협동조합등 및 사회적협동조합등의 임직원 또는 청산인이 법 제49조제3항 및 제4항(법 제82조에 따라 준용되는 경우를 포함한다), 법 제96조제3항 및 제4항(법 제115조제3항에 따라 준용되는 경우를 포함한다)에 따른 운영의 공개를 게을리한 때	법 제119조 제3항제3호	50	100
사. 협동조합등 및 사회적협동조합등이 법 제94조를 위반하여 소액대출 및 상호부조의 총사업한도, 이자율, 대출한도, 상호부조의 범위, 상호부조금, 상호부조계약 및 상호부조회비 등을 초과하게 한 경우	법 제119조 제2항제4호	100	200
아. 협동조합등 및 사회적협동조합등의 임직원 또는 청산인이 신고 · 등기를 게을리한 때	법 제119조 제3항제1호	50	100
자. 협동조합등 및 사회적협동조합등의 임직원 또는 청산인이 감독기관 또는 총회에 대하여 거짓의 진술 또는 보고를 하거나 사실을 은폐한 때	법 제119조 제3항제4호	50	100
차. 협동조합등 및 사회적협동조합등의 임직원 또는 청산인이 감독기관의 검사를 거부 · 방해 또는 기피한 때	법 제119조 제3항제5호	50	100

《 참고문헌 》

구도완, 『마을에서 세상을 바꾸는 사람들 : 생태적 대안운동을 찾아서』, 창비, 2009
그레그 맥레오드, 『몬드라곤을 보는 또 다른 시각-협동조합으로 지역개발하라』, 이인우 역, 한국협동조합연구소, 2012
김기섭, 『깨어나라! 협동조합 : 더 좋은 세상을 만드는 정직한 노력』, 들녘, 2012
김수환, 『협동조합 해외 선진사례 및 도입방안 연구』, 중소기업연구원, 2009
김현대 외 2인, 『협동조합, 참 좋다 : 세계 99%를 위한 기업을 배우다』, 푸른지식, 2012
김형미 외 4인, 『한국 생활협동조합운동의 기원과전개』, 아이쿱협동조합연구소, 푸른나무, 2012
박성재, 『성공적인 협동조합의 리더십에 관한 연구 : 일선 농협』, 한국농촌경제연구원, 2011
스테파노 자마니, 베라 자마니, 『협동조합으로 기업하라 : 무한경쟁시대의 착한 대안기업』, 송성호 역, 한국협동조합연구소, 북돋움, 2012
아이쿱생활협동조합연구소, 한겨레연구소, 『세상을 바꾸는 소비자의 힘』, 한겨레출판, 2009
에드가 파넬, 『협동조합 : 그 아름다운 구상』, 염찬희 역, 그물코, 2012
오사와 마리, 『생활 속의 협동 : 더불어 사는 사회로』, iCOOP생활협동조합연구소 역, 2009
와카츠키 타케유키, 『꺼지지 않는 협동조합의 불꽃』, 이은선 역, 그물코, 2012
이회수 외 3인, 『살맛나는 세상을 꿈꾸는 사회적기업가 21인의 세상고쳐쓰기』, 도서출판 부키, 2012

존스턴 버챌, 『사람중심 비즈니스, 협동조합 : 진화하는 조합원소유 비즈니스』, 장승권 역, 한울아카데미, 2012
장원봉, 『소비자생활협동조합연합회의 공제조합운영에 관한 연구』, 아이쿱협동조합연구소, 2010
장종익 · 김아영, 『친환경농업의 육성을 위한 지자체와 소비자생활협동조합의 협력방안』, 아이쿱협동조합연구소, 2011
정은미 외 2인, 『생협 경제사업의 성과와 정책과제 = The economic fruits and policy tasks of consumer cooperatives in Korea』, 한국농촌경제연구원, 2011
중소기업청, 『작은 가게, 꿈을 디자인하다』, 소상공인진흥원, 2011
허은영 · 김동준 외 2인, 『문화예술 분야 협동조합 기초연구』, 한국문화관광연구원, 2012

內橋克人 · 栗本昭, 『協同組合の役割と未來 : 共に生きる社會をめざして』, 家の光協會, 2011
堀越芳昭, 『協同組合の社會經濟制度 : 世界の憲法と獨禁法にみる』, 日本經濟評論社, 2011